utb 2986

Eine Arbeitsgemeinschaft der Verlage

Böhlau Verlag · Wien · Köln · Weimar
Verlag Barbara Budrich · Opladen · Toronto
facultas · Wien
Wilhelm Fink · Paderborn
A. Francke Verlag · Tübingen
Haupt Verlag · Bern
Verlag Julius Klinkhardt · Bad Heilbrunn
Mohr Siebeck · Tübingen
Nomos Verlagsgesellschaft · Baden-Baden
Ernst Reinhardt Verlag · München · Basel
Ferdinand Schöningh · Paderborn
Eugen Ulmer Verlag · Stuttgart
UVK Verlagsgesellschaft · Konstanz, mit UVK/Lucius · München
Vandenhoeck & Ruprecht · Göttingen · Bristol
Waxmann · Münster · New York

Basiswissen Soziologie

herausgegeben von Nina Degele,
Christian Dries und Dominique Schirmer

Nina Degele

Gender/ Queer Studies

Eine Einführung

Wilhelm Fink

Die Fotos im Innenteil wurden von der Münchner Foto-Designerin Lisa Renninger erstellt.

Online-Angebote oder elektronische Ausgaben sind erhältlich unter **www.utb-shop.de**

Bibliografische Information der Deutschen Nationalbibliothek

Die Deutsche Nationalbibliothek verzeichnet diese Publikation in der Deutschen Nationalbibliografie; detaillierte bibliografische Daten sind im Internet über http://dnb.d-nb.de abrufbar.

(Wilhelm Fink GmbH & Co Verlags-KG, Jühenplatz 1, D-33098 Paderborn)
Internet: www.fink.de

Printed in Germany.
Herstellung: Ferdinand Schöningh, Paderborn
Einbandgestaltung: Atelier Reichert, Stuttgart

UTB-Band-Nr: 2986
ISBN 978-3-8252-2986-3

Vorwort der HerausgeberInnen der Reihe

Die Gesellschaft ist im Wandel. Und mit ihr die Universität. Lehrbedingungen und Lerngewohnheiten ändern sich. Lehrbücher neuen Typs sind gefragt: konzentriert auf wesentliche Informationen, anwendungsorientiert, didaktisch modern aufbereitet, lesefreundlich und kompakt.

Unsere Einführungsreihe „Basiswissen Soziologie“ wird diesen Anforderungen gerecht. Studierende erhalten einen schnellen und umfassenden Überblick über ihr Fachgebiet und eine sichere Grundlage für weiterführende, vertiefende Studien. Grafische Elemente erleichtern die Leserführung und strukturieren den Stoff auch optisch. Zahlreiche Fallbeispiele verknüpfen anschaulich Theorie mit Praxis.

Darüber hinaus zeichnet sich unsere Reihe durch zwei besondere Merkmale aus: *Erstens* will sie keine fertigen Antworten liefern und statisches Wissen bloß kanonisieren, sondern Fragen stellen und vermeintliche Gewissheiten irritieren. So wie die Soziologie selbst, die vor über hundert Jahren als Reaktion auf gesellschaftliche Umbrüche, Krisen und Verunsicherungen entstand – nicht nur, indem sie gesellschaftliche Transformationsprozesse einfach beschrieb, sondern auch, indem sie vermeintlich Selbstverständliches entlarvte und als sozial konstruiert auswies. In diesem Sinn bietet „Basiswissen Soziologie“ einen Überblick über die gängigsten, aber auch einige weniger bekannte Methoden und Theorien.

Zweitens verstehen wir diese Methoden und Theorien allesamt als Werkzeuge, mit denen sich die Wirklichkeit buchstäblich bearbeiten und auseinandernehmen lässt. „Basiswissen Soziologie“ ist deshalb sowohl eine Lehrbuchreihe als auch ein Werkzeugkasten. Wir wünschen unseren Leserinnen und Lesern gute Lektüre und frohes Schaffen.

Nina Degele Christian Dries Dominique Schirmer

Freiburg, im September 2007

Inhaltsverzeichnis

Gender/Queer Studies: Wozu dieses Buch? 1.

Überblick

Geschlecht ist zu einer zentralen Kategorie der Sozialwissenschaften geworden, die kaum noch ein Überblick zu soziologischem Denken oder ein Forschungsprojekt guten Gewissens ignorieren darf. Dabei haben sich verschiedene Strömungen entwickelt, die das Phänomen Geschlecht in der Gesellschaft aus unterschiedlichen Perspektiven betrachten, analysieren und erklären. In diesem Kapitel geht es um einen ersten Überblick über die drei Perspektiven sowie das damit verbundene Ziel: diese für ein *gender*- und queertheoretisches Verständnis von Soziologie beziehungsweise einen soziologischen Zugang zu Gender/Queer Studies nutzbar zu machen. Dies wird in fünf Kapiteln geschehen. Nach einer Konkretisierung der Zielsetzung

(1) umreißt das Buch die disziplinären Hintergründe der Gender/Queer Studies und stellt sie in einen soziologischen Kontext (2). Darauf folgt die Vorstellung der drei zentralen theoretischen Strömungen der Gender/Queer Studies (3) und die methodologische Einrahmung (4). Das fünfte Kapitel bietet sieben verschiedene Anwendungen der Theorien auf empirische Gegenstandsfelder, um die Möglichkeiten und Grenzen der jeweiligen Ansätze auszuloten.

Gender und Queer Studies: getrennt oder vereint?

Eine Einführung in Gender/Queer Studies? Geht das überhaupt zusammen? Reicht es nicht, sich mit einer der beiden Fachrichtungen herumzuschlagen? Bislang ist das jedenfalls die übliche Vorgehensweise, zumindest in Lehrbüchern. Dafür mag es historische Gründe geben. So haben sich die Gender Studies aus der Frauenforschung der 1970er Jahre heraus entwickelt, die Queer Studies sind jünger. Sie entstanden in den 1990ern vor allem aus philosophischen und literaturwissenschaftlichen Zusammenhängen des französischen Poststrukturalismus. Die Gender- und Queer Studies teilen zwar die Analyse und Kritik von Ungleichheit, Macht und Herrschaft rund um Geschlecht und Sexualität. In den frühen 1990er Jahre schien sich dabei allerdings eine Arbeitsteilung einzuspielen, nämlich die Zuständigkeit der Gender Studies für Geschlecht und der Queer Studies für Sexualität[1]. Mit diesen Zuordnungen konnte niemand zufrieden sein. So kämpft die Geschlechterforschung damit, sich ihrer Kategorien zu versichern, weil ihr in den letzten Jahren ihr Hauptbegriff Geschlecht verloren gegangen zu sein scheint („was sind Frauen?"). Ebenfalls scheint ihr eine wie auch immer vorgestellte politische Basis abhanden gekommen zu sein: ‚Wozu noch Feminismus?' fragen viele junge Frauen, für die Gleichberechtigung und Emanzipation zur längst nicht mehr begründungspflichtigen Selbstverständlichkeit geworden ist[2]. Die Queer Studies dagegen fühlen sich immer

1 Vgl. Abelove/Barale/Halperin (1993: xv), zur Kritik vgl. Butler (1997a); Hark (1993); Schlichter (2003). In die Kritik geriet diese Unterscheidung nicht zuletzt, weil sie Pappkameradinnen aufbaute: „The feminism against which queer theory defines itself is a feminism reduced almost to caricature: a feminism tied to a concern for gender, bound to a regressive and monotonous binary opposition." (Weed 1997: xi).

2 Eine Antwort darauf könnten sie in dem Band „Das F-Wort" finden, das die „sexy-Seite" des Feminismus stark macht (Stöcker 2007).

weniger (wie die gay and lesbian studies als ihre Vorläuferinnen) lediglich für Abweichungen rund um Heterosexualität zuständig. Vielmehr ist die Analyse und das Hinterfragen von Normalitäten sowie von wirklichkeitserzeugenden Kategorien zum Dreh- und Angelpunkt ihres Tuns geworden.

Verbindendes statt Trennendes

Das ungeklärte Verhältnis zwischen Gender und Queer Studies schlägt sich auch in den zur Verfügung stehenden Lehrbüchern nieder. Für die Gender Studies gibt es Regale von Literatur, für die Queer Studies wird es zunehmend mehr, für eine Verbindung der beiden Perspektiven dagegen ist kaum etwas zu finden (Ausnahme: Wilchins 2004). Dabei kommt es doch gerade darauf an, die Queer Studies geschlechtertheoretisch abzufedern und die Gender Studies auf queerende Weise zu betreiben. Damit ist gemeint, sie auf ihre unhinterfragten und nicht reflektierten Naturalisierungen[3] und Ausschlussmechanismen hin zu überprüfen. Entsprechend geht es in dieser Einführung weniger um das, was Gender- und Queer Studies trennt. Sie als abgrenzbare Disziplinen gegenüber zu stellen entspricht weder deren jeweiligem Anspruch, noch dem Stand der Forschung. Zwar haben sie sich aus unterschiedlichen historischen Zusammenhängen mit verschiedenen Themen und Interessen entwickelt. Dennoch gibt es so deutliche inhaltliche und personelle Überschneidungen wie auch gemeinsame Fragestellungen, dass es wenig Sinn macht, die historisch unterschiedlich gesetzten Themenschwerpunkte gegeneinander auszuspielen. Das soll hier auch nicht geschehen. Vielmehr schlägt sich das Programm dieser Einführung bereits im gewählten Buchtitel nieder: Es geht nicht um eine Einführung in Gender- oder Queer Studies, sondern um eine in Gender/Queer Studies.

Geschlecht queeren

Für eine Präzisierung von queer ist das delikat, weil die Verweigerung einer Definition bereits im Begriff selbst steckt: Als Adjektiv meint queer „seltsam, komisch, unwohl“, „gefälscht, fragwürdig“ und ist damit negativ konnotiert. To queer als Verb heißt jemanden „irreführen“, etwas „verderben“ oder „verpfuschen“. To queer hat damit zu tun, etwas oder jemanden aus dem Gleichgewicht, aus einer selbstverständlichen Ordnung zu bringen. Queer soll verstören, anstatt theoretische, methodische oder disziplinäre Sicherheiten zu schaffen. Das kann und soll sich auch auf das eigene Denken beziehen. Entsprechend war ein Definieren und

3 Naturalisierung bedeutet, dass soziale Phänomene wie Geschlecht, Heterosexualität und Rasse als natürlich erscheinen (sollen). Zum Begriff Rasse vgl. 2.3.

ein Festklopfen von Begriffen nie die Sache der Queer Studies. Ihr Ziel beseht vielmehr darin, Normalitäten sowie daran geknüpfte Mechanismen und Prozesse gesellschaftlicher Normierungen und Ausschlussmechanismen sichtbar zu machen und zu kritisieren. Das ist prinzipiell in jeder Disziplin möglich und genau darin besteht auch die gegenwärtige Herausforderung für die Gender Studies. Denn ihnen geht es heute um Konzepte (Theorien und Methodologien), die Macht, Ungleichheit, Ausschluss und Diskriminierung über mehr als lediglich die Kategorie Geschlecht konstruieren. Dafür hat sich der Begriff Intersections beziehungsweise deutsch: Intersektionalität durchgesetzt (vgl. 4.3). Das führt zwangsläufig zur Frage nach dem Stellenwert dieses in der Geschlechterforschung lange Zeit so unhinterfragten Begriffs Geschlecht. Soll er unter dem Einfluss queerer Kritik nur noch in Geschichtsbüchern seinen Platz finden? Eine erste Antwort darauf ist einfach: Wenn damit gemeint ist, nicht mehr nach der Bedeutung von Geschlecht in gesellschaftlichen Zusammenhängen zu fragen, steht hier ein klares Nein. Anders liegt der Fall, wenn es darum geht, Geschlecht zu kontextualisieren, d.h. in den Zusammenhang mit anderen Faktoren zu stellen, die gesellschaftliche Differenzen, Ungleichheiten und Hierarchien schaffen und strukturieren. Dann könnte die mittel- bis langfristige Selbstaufhebung der Kategorie Geschlecht als zentraler Strukturgeber gesellschaftlicher Ungleichheit durchaus das Ziel sein. Davon ist jede Gesellschaft freilich noch weit entfernt.

Verbindung durch Soziologie als Verunsicherungswissenschaft

Eine Verbindung von Gender/Queer Studies liefert das Konzept der Verunsicherung. Dazu knüpfe ich an die Soziologie als Verunsicherungs- und als Modernisierungswissenschaft an. Hintergrund dafür ist die historische Herausbildung der Soziologie als Produkt der Moderne, von Modernisierungsprozessen[4]. Diese waren mit Enttraditionalisierungen, einem grundlegenden Wandel der Strukturen der Gesellschaft, Wirtschaft, Politik, Kultur und des Alltagslebens – kurz: Verunsicherungen verbunden. Das betraf auch die machtgetränkten Beziehungen der Geschlechter

---

4 MODERNISIERUNG meint einen *multidimensionalen, ambivalenten* und *paradoxen Entwicklungsprozess*, in dessen Verlauf sich ‚positive' wie ‚negative' Entwicklungslinien einer gemäß der Modernisierungsprozessen innewohnenden Steigerungslogik (‚mehr, schneller, besser') *ko-evolutiv*, d.h. parallel zueinander, dabei aber nicht notwendig im gleichen Tempo, entfalten und auf vielfältige Weise miteinander kreuzen (vgl. Degele/Dries 2005). Beispiele dafür können sein: Auto-Mobilität, Computerisierung der Gesellschaft, Wahlrecht für Frauen, Verbot von Vergewaltigung in der Ehe, rechtliche Gleichstellung gleichgeschlechtlicher PartnerInnenschaften.

sowie die gesellschaftlich dominierenden Bilder von dem, was Männer und Frauen zu sein und zu tun hatten. Zum Thema machte das die Soziologie vor hundert Jahren allerdings noch kaum, sie beschäftigte sich mit Modernisierungsprozessen und -folgen weitgehend ohne die Berücksichtigung von Geschlecht. Auf den Zusammenhang von Modernisierung, Verunsicherung und Geschlecht hat sie sich erst spät und auch recht zögerlich eingelassen[5]. Das geschah erst im Zuge der Frauenbewegung seit den späten 1960er und der beginnenden Frauenforschung der 1970er Jahre. Vor allem die Frauenforschung – auch ein Modernisierungsprodukt – reagierte auf gesellschaftliche Verunsicherungen rund um geschlechtliche Hierarchien und Ungleichheitsstrukturen, Rollenbilder und Befreiungsansprüche. Gleichwohl hat die Soziologie einige Grundlagen dafür geschaffen, auch und gerade wissenschaftliches Wissen nicht als sicheres Wissens, sondern als Widerspiegelung gesellschaftlicher Verunsicherungsprozesse zu begreifen. Schließlich war die Soziologie vor hundert Jahren einmal mit dem Programm angetreten, beobachtbare Ungleichheiten zwischen Menschen(gruppen) konsequent als soziale und nicht als naturgegebene Unterschiede zu analysieren. Dahinter steckt eine Lieblingsfrage der Soziologie: Wie kommt es, dass Menschen miteinander auskommen? Wie ist Gesellschaft möglich? Antworten dafür gibt es viele: Es sind Normen und Werte, die unsere Gesellschaft zusammenhalten; es sind Machtstrukturen, die für Ordnung sorgen; es können aber auch Grenzziehungen sein, die ein soziales Miteinander möglich machen: Die einen sind drinnen, die anderen draußen. ‚Boundary work' heißt das in der Soziologie. Mit dieser Brille bewaffnet kann man etwa nach der Abgrenzung von Wissenschaft und Nicht-Wissenschaft, InsiderInnen und OutsiderInnen, modernen, vor- oder nachmodernen Gesellschaften fragen – und vielem mehr.

Soziologie und Geschlechterforschung als paradigmatische Verunsicherungswissenschaften

Wenn zur Herstellung und Aufrechterhaltung von Ordnung zwischen Individuen, Gruppen, Handlungslogiken und Systemen Grenzen gezogen werden, liegt darüber hinaus eine Frage nah: In welchem Zusammenhang stehen Unterschied und Ungleichheit, also Differenz und Hierarchie? Genau diese soziologische Frage lässt sich auf Geschlecht beziehen: Welche gesellschaftliche Bedeutung hat die Unterscheidung von Frauen und Männern? Die Furcht vor einer Verwischung geschlechtlicher Grenzen hat die

---

5 Soziologie und Geschlecht. Eine frühe Ausnahme war die Arbeit des amerikanischen Soziologen Harold Garfinkel (1967) zur Transsexualität und damit zur Konstruktion von Geschlecht.

amerikanische Anthropologin Gayle Rubin (1997) vor einem Vierteljahrhundert als ‚sameness-taboo' bezeichnet: Männer und Frauen können tun, was sie wollen, solange es nur unterscheidbar ist und damit in Hierarchien überführt werden kann. Beispiele für symbolische Markierungen von Grenzen sind Kleiderordnungen, räumliche Separierungen oder auch – und das war von Anfang an ein zentrales Thema der Geschlechterforschung – die Aufteilung von Arbeit in ‚männliche' und ‚weibliche' Tätigkeiten. Dies steckt nicht als Natur im Menschen und ist auch nicht als göttliches Schicksal vom Himmel gefallen. Soziologie und Gender Studies suchen dafür vielmehr soziale Ursachen. Genau in diesem Sinn entselbstverständlichen sie Selbstverständlichkeiten alltäglichen und wissenschaftlichen Wissens und sind Verunsicherungswissenschaften par excellence.

Vergleich dreier Theorieperspektiven

So kommt es auch in dieser Einführung nicht darauf an, eine Illusion sicheren Wissens zu produzieren. Statt dessen will ich zeigen, welche Fragen in dem hier vorgeführten theoretischen Zusammenhang überhaupt erst theoretisch gestellt (und dann auch empirisch untersucht) werden können. Um dies zu verdeutlichen, werde ich in diesem Buch drei grundlegende Strömungen in der feministischen Theoriebildung unterscheiden: strukturorientierte Gesellschaftskritik (Geschlecht als sozialstrukturelles Phänomen), interaktionistischer Konstruktivismus (Geschlecht als interaktiv hergestellt) und diskurstheoretischer Dekonstruktivismus (Geschlecht als Ordnungsprinzip auf der Ebene von Bedeutungen). Mit dieser Unterscheidung knüpfe ich an grundlegende Fragen an, wie sie Sozialwissenschaften stellen (sollten). Erstens: Welche (gesellschaftlichen) Strukturen rahmen die zu untersuchenden Phänomene und das damit verbundene Handeln ein? Zweitens: Welche Grenzen, Möglichkeiten und Identitäten verbinden interaktiv handelnde Individuen damit? Drittens: Wie schlagen sich untersuchte Phänomene und Prozesse auf der Ebene symbolischer Repräsentationen und Ordnungen nieder?[6] Diese drei Fragen lege ich im Folgenden den drei skizzierten Theorieströmungen aus dem Kontext der Gender/Queer Studies zugrunde. Dabei handelt es sich um grobe Zuordnungen, was vor allem nicht heißt, dass sich diese nicht überlappen und überschneiden können. Wie sich vor allem bei der Anwendung dieser Perspektiven auf empirische Phänomene herausstellen wird (vgl.

---

[6] Vgl. zu dieser Unterscheidung wissenschaftstheoretisch Harding (1990), soziologisch Jackson/Scott (2002: 1), Lengermann/Niebrugge (1996: 336 f.) und Nickel (2000).

	strukturorientierte Gesellschaftskritik	interaktionistischer Konstruktivismus	diskurstheoretischer Dekonstruktivismus
zentrale Begriffe	Frau, Geschlecht als Strukturkategorie, Patriarchat, Geschlechterverhältnisse	Interaktion, doing gender, Zweigeschlechtlichkeit, Vergeschlechtlichung	Heteronormativität, Macht, Performativität, Identitätskritik
Untersuchungsgegenstand	Sozialstruktur, empirische gesellschaftliche Phänomene auf der Makro- und Mesoebene, Verhältnis von Theorie und Politik	empirische Interaktionen auf der Mikroebene, methodologische Bedingungen und Konsequenzen	(ebenenübergreifende) Theorien und Diskurse, metaphilosophische Kritik von Theorien
Gesellschaftstheorie	zentral, Anknüpfung z.B. an Marxismus und Ungleichheitstheorien	irrelevant, Bezug auf Interaktion	irrelevant, Kritik der ‚großen Erzählungen'
Politik und Kritik	kritische politische Perspektive auf gesellschaftliche Verhältnisse/ Strukturen Gleichberechtigung von Frauen	schwache sozialkritische Konzepte Kritik von Kategorien	schwache strukturkritische Konzepte Kritik von Kategorien und Machtverhältnissen
Essenzialismus/ Universalismus, Identität	historisch: Neigung zu essenzialistischen Ideen, aber Weiterentwicklung von universalem und vereinheitlichenden Begriff von ‚Frau' zu multiplen Identitätskonzepten	anti-essenzialistische Perspektive empirische Rekonstruktion von Identitätskonzepten und -prozessen	anti-essenzialistische Perspektive theoretische Dekonstruktion von Identitätskonzepten
ProtagonistInnen	Regina Becker-Schmidt, Ursula Beer, Claudia Honegger, Sylvia Walby,	Regine Gildemeister, Carol Hagemann-White; Stefan Hirschauer, Suzanne Kessler, Wendy McKenna	Hannelore Bublitz, Judith Butler, Sabine Hark, Nikki Sullivan für Dekonstruktion und Diskurstheorie: Jacques Derrida, Michel Foucault
	perspektivenübergreifend: Gudrun-Axeli Knapp, Cornelia Klinger, Andrea Maihofer, Angelika Wetterer		

Abb. 1: Drei Theorieperspektiven im Vergleich

5), ist eine Zuordnung mitunter gar nicht trennscharf vorzunehmen und dient vielleicht nur einer ersten Orientierung. Das ist nicht weiter schlimm, im Gegenteil. Vielmehr soll auf diese Weise deutlich werden, dass sich gender/queeres Denken bewegt, weiter entwickelt, Positionen auch durchaus verändert. Dies aber lässt sich nur beobachten, wenn man weiß, auf Grundlage welcher theoretischen Strömung eine Position entstanden ist beziehungsweise umgekehrt: Welcher theoretischer Begründungen sich eine Analyse empirischer Phänomen bedient.

Unterschiede vs. Gemeinsamkeiten

Diese drei Strömungen haben unterschiedliche Bezüge zu den Gender/Queer Studies. So sind die Gender Studies in der strukturorientierten Gesellschaftskritik verwurzelt, während die Queer Studies stärkere Gemeinsamkeiten mit dem diskurstheoretischen Dekonstruktivismus aufweisen. Entsprechend operieren sie auf verschiedenen Ebenen, bevorzugen abweichende Methoden und sind in unterscheidbarer Weise politisch verwurzelt. Dennoch würde eine krude Zuordnung der Gender Studies zur strukturorientierten Gesellschaftskritik und der Queer Studies zum diskurstheoretischen Dekonstruktivismus diesen theoretischen Konzepten und Denkströmungen Gewalt antun. Überdeutlich wird das bei Arbeiten, die ich dem interaktionistischen Konstruktivismus zuordne. Diese Strömung ist nur teilweise geschlechterpolitischen Kontroversen oder Diskussionen sexueller Befreiungsbewegungen entsprungen, sondern blickt zuerst einmal auf eine innerwissenschaftliche Tradition zurück. In diesem Sinn nehme ich die beiden Denkrichtungen der Gender und Queer Studies nur im ersten Schritt als disziplinär getrennt ernst (was sie faktisch nie wirklich waren), nämlich als Produkt historisch-gesellschaftlicher und wissenschaftlicher Auseinandersetzungen. In systematischer Hinsicht dagegen werde ich die beiden Denkrichtungen nicht als getrennte Blöcke betrachten, sondern den Schwerpunkt auf die drei theoretischen Strömungen in den Gender/Queer Studies legen:

- Strukturorientierte Gesellschaftskritik. Diese Strömung hängt eng mit dem Entstehen der Frauenbewegung zusammen. Letztere verfolgte vor allem politische Ziele und forderte die Abschaffung geschlechtlicher Ungleichbehandlung in allen gesellschaftlichen Bereichen. In den letzten beiden Jahrzehnten hat sich eine deutlich wissenschaftlichere Absicht in den Vordergrund geschoben, das heißt die *Frauen*forschung versteht sich in zunehmendem Maß als *Forschung* (nicht nur von und über Frauen, sondern von Personen über Geschlechterverhältnisse) und weniger als politische Kraft. Wissenschaft und Politik haben sich in diesem Sinn als zwei Sphären oder Logiken ausdifferenziert. Ob die Frauen- beziehungsweise Geschlechterforschung damit unpolitischer geworden ist, darüber streiten sich die Beteiligten. Im Vordergrund jedoch steht nach wie vor die strukturelle Ebene gesellschaftlicher Geschlechterungleichheit. Die strukturorientierte Gesellschaftskritik hat sich dabei vor allem auf der Makroebene gesellschaftlicher Strukturen (also etwa dem Verhältnis von Erwerbs- und Hausarbeit, diskriminierender Gesetzgebung oder sexistischer Werbung) mit der Situation und Unterdrückung von Frauen auseinandergesetzt. Dafür war in den 1970er und 1980er Jahren der Begriff ‚Patriarchat' gebräuchlich (vgl. 2.2). Dieser Begriff ist aus der Mode gekommen, inzwischen ist eher von hierarchischen Geschlechterverhältnissen[7] die Rede. Die Leitkategorien der strukturorientierten Gesellschaftskritik sind ‚Geschlecht als Strukturkategorie' und ‚Frau', und an diesen Kategorien orientieren sich Theoriebildung, empirische Forschung und politische Praxis.

- Interaktionistischer Konstruktivismus. Ebenfalls auf einer empirisch zu beobachtenden gesellschaftlichen Ebene setzt der interaktionistische Konstruktivismus an. Im Gegensatz zur strukturorientierten Gesellschaftskritik geht es aber weniger um die Analyse von Ungleichheits*strukturen,* sondern sehr viel mehr um die konkreten *Prozesse,* wie Geschlechter (und damit eben auch vergeschlechtlichte Strukturen und der gesellschaftliche Tatbestand der Zweigeschlechtlichkeit) *gemacht* werden. Das kommt im Konzept des *doing gender* zum Ausdruck. Dort interessiert weniger das ‚was' (das ist bekannt: zwei verschiedene Geschlechter, geschlechtlich ungleiche Strukturen in Politik, Ökonomie, Wissenschaft, Kultur, Alltag und wo auch immer), und noch weniger das ‚warum' (etwa der Entstehung von Zweigeschlechtlichkeit und der gesellschaftlichen Bevorzugung von Heterosexualität). Vielmehr geht es um das ‚wie': Wie stel-

7 Geschlechterverhältnis. Unter Geschlechterverhältnis ist die Art und Weise zu verstehen, wie Beziehungen zwischen Männern und Frauen in bestimmten historischen Konstellationen gesellschaftlich organisiert und institutionalisiert sind (vgl. Becker-Schmidt/Knapp 1995: 7). Dabei handelt es sich um ein mehrdimensionales Phänomen: Geschlechterverhältnisse sind konstruiert (im Diskurs), gemacht (in Interaktionen) und geworden (in der Geschichte und durch gesellschaftliche Strukturen) (vgl. Knapp 1995: 187 f.). Auch diese Unterscheidung setzt an den drei Ebenen Struktur, Individuum (hier: Interaktion) und symbolische Repräsentatione (hier: Diskurs) an. Die Pluralform deutet darauf hin, dass es sich um die Organisation und Institutionalisierung von Beziehungen zwischen Menschen über die Kategorie Geschlecht handelt – dies müssen aber nicht lediglich zwei Geschlechter sein.

len AkteurInnen Geschlecht her? Der interaktionistische Konstruktivismus bewegt sich auf der Ebene empirisch beobachtbarer gesellschaftlicher Interaktionen. Wenn KonstruktivistInnen analysieren, wie auf der Straße, im Büro oder in der Schule Geschlechter hergestellt werden, operieren sie damit deutlich kleinräumiger und prozessorientierter als die strukturorientierte Gesellschaftskritik. Sie konzentrieren sich vor allem auf die Analyse von Interaktionen, also sozialer Prozesse, die durch die Kopräsenz (zum Beispiel von Angesicht zu Angesicht, auditiv über Telefon, schriftlich über Briefe, SMS oder email) mindestens zweier Personen gekennzeichnet ist. Der interaktionistische Konstruktivismus beobachtet – deshalb die hier gewählte Bezeichnung – empirische gesellschaftliche Herstellungsweisen (Konstruktionen) von Geschlecht in Interaktionen. Beobachten heißt hier: Beschreiben und analysieren, wie solche Herstellungsprozesse genau funktionieren. Das macht den rekonstruktiven Anteil der wissenschaftlichen Arbeit aus. Kurz und komprimiert ausgedrückt: Der interaktionistische Konstruktivismus rekonstruiert gesellschaftliche Konstruktionen von Geschlecht.

- Diskurstheoretischer Dekonstruktivismus. Beim diskurstheoretischen Dekonstruktivismus geht es nicht um einen über Methoden der empirischen Sozialforschung vermittelten Zugriff auf empirisch beobachtbare Geschlechterverhältnisse. Er setzt nicht auf der empirischen gesellschaftlichen Ebene an, sondern vorwiegend auf der Ebene von Theorien, die sich wiederum auf Diskurse beziehen beziehungsweise Teil von Diskursen sind. Diskurs bezeichnet die Verknüpfung von einzelnen sprachlichen Ereignissen und kontextabhängiger Zuweisung von Bedeutung (Keller 2004: 14). Es handelt sich in diesem Sinn um institutionalisierte, geregelte Redeweisen und Bedingungen, die es ermöglichen, Aussagen als sinnhaft aufzufassen (Karpenstein-Eßbach 1995: 128-130). Dahinter steht die Annahme, dass Diskurse Bedeutungen und damit gesellschaftliche Realität produzieren, das heißt performativ sind. Diskurse liegen gesellschaftlicher Realität zugrunde. Im Vordergrund stehen damit symbolische Ordnungen und ihre damit verbundenen offenen und versteckten Aussagen. Diskurstheoretische DekonstruktivistInnen berücksichtigen damit nicht nur das, was in Mainstream-Diskursen explizit auftaucht (etwa Inszenierungen glücklicher Kleinfamilien), sondern auch das, was ausgeschlossen wird (zum Beispiel Nicht-Heterosexuelle, Geschlechtsuneindeutige, Nicht-Weiße). Bedeutung entsteht in diesem Verständnis aus einem Wechselspiel von An- und Abwesenheit. Dies wiederum ermöglich eine Analyse und Kritik der zugrundegelegten Kategorien und Begriffe. Fragen dekonstruktivistische Diskurstheorien immer auch danach, was ausgeschlossen wird, folgt daraus ein methodologisches Interesse, wie etwa, ob eine Forschungsfrage mit ausreichend differenzierten Begriffen arbeitet. Ebenfalls interessiert, ob die zugrunde liegende Methodologie genug Abstand zum Alltagswissen herzustellen imstande ist. Das wiederum ist nötig, um Allgemeinplätzen und Stereotypen in Alltag und Wissenschaften nicht auf den Leim zu gehen. Konkret heißt das etwa, dass sich Begriffe wie ‚männlich' und ‚weiblich' als gänzlich ungeeignet erweisen können, wenn es darum geht, die Bedeutung von Geschlecht und Sexualität in Themenfeldern wie Arbeit, Beziehung, Sport oder Wirtschaft zu erfassen (Degele 2007). Bei der Analyse von Diskursen tun DekonstruktivistInnen (das sind diejenigen, die sich mit der Analyse von Diskursen in einer noch näher zu erläuternden Weise auseinandersetzen) somit zweierlei: Erstens nehmen sie symbolische Ordnungen (wie die Idee universeller Wahrheit, natürlicher Sexualität oder die Kategorie Frau) als sprachliche und damit kulturelle Erfindungen auseinander. Zweitens fahnden sie nach subtilen Machtmechanismen und Interessen hinter solchen Begriffen und Kategorien und versuchen, damit verbundene Ausschlüsse sichtbar zu machen. Beides zusammengenommen macht das aus, was Dekonstruktion heißt: keine Methode, keine Theorie, eher eine Haltung, die Begriffen und Kategorien gegenüber kritisch entgegen tritt.

Komplementarität statt Ausschließen

Natürlich lassen sich die drei Theorieperspektiven problemlos als sich wechselseitig ausschließend lesen. Genau so konstruieren es auch mehr als genug ProtagonistInnen der Theoriebildung. Möglich ist aber auch ein pragmatischer Zugang, der Stärken und Schwächen der jeweiligen Ansätze gegenstandsbezogen analysiert. Dies ist der Anspruch dieses Buchs. Ich will zeigen, auf welchen Ebenen und mit welchen Begriffen die drei theoretischen Strömungen ansetzen, welche Fragen sie stellen und welche Begriffe und Methoden sie verwenden. Das führt dann etwa zu einer komplementären Sichtweise: Die eine Perspektive ist gut darin, empirische Prozesse wie die Konstruktion von Geschlecht zu rekonstruieren, die andere dagegen bekommt eher gesellschaftliche Machtverhältnisse in ihrer Verschränkung mit Sozialstruktur in den Blick, während die dritte ihr Augenmerk darauf legt, ob die gewählten Kategorien der jeweiligen Frage angemessen sind. Das ist sicher nicht das übliche akademische Vorgehen, bei dem es mehr um die Verteidigung exklusiver Kompetenzen und Sicherung der jeweiligen Pfründe als um die Sache selbst geht. Darüber hinaus zieht ein solches Konzept recht schnell den Vorwurf eines gnadenlosen Eklektizismus[8] nach sich: Man werfe unterschiedliche Theoriekomponenten in einen Topf, rühre kräftig um, würze mit einer Prise Unverständlichkeit und fertig ist die zwar immer und überall anwendbare, aber dennoch recht dünnflüssige Theorie-Minestrone. Darum soll es selbstredend nicht gehen. Die drei gewählten theoretischen Konzepte bilden jeweils ein strömungsverbindendes Dach der jeweiligen historisch-systematischen Diskussion von Gender/Queer Studies. Jede Perspektive *sieht* etwas anderes, weil sie *nach* etwas anderem sieht. Deshalb ist nicht jede für alle Forschungsfragen in gleicher Weise sinnvoll anwendbar. Die drei Perspektiven haben ihre Stärken und Schwächen, und das soll auch – vor allem in Kapitel fünf – deutlich werden.

Gemeinsamkeit: feministisches Anliegen

Trotz der Verschiedenheit dieser Perspektiven lassen sich einige gemeinsame Themen feststellen: Geschlecht „denotes a hierarchical division between women and men embedded in both social institutions and social practices" (Jackson/Scott 2002: 1), die Ebene der bedeutungsproduzierenden Symbole ist hier noch hinzuzufügen. Die Ansätze teilen damit ein *feministisches* Anliegen in der Theoriebildung, so unterschiedlich sie dies auch konkretisieren. In erster Annäherung kreise ich feministische Theorien im Anschluss an eine bereits ältere, aber immer noch brauchbare Definition von Janet Saltzman Chafetz (1988: 5) mit drei Merkmalen ein: Erstens bildet Geschlecht einen zentralen Fokus der Theoriebildung, was in der vielleicht bedeutendsten Entdeckung der Frauen- und späteren Geschlechterforschung mündete, nämlich der *sex/gender*-Unterscheidung. Damit wiesen feministische WissenschaftlerInnen die frühmoderne Auffassung von Geschlechtscharakteren zurück. Diese leitete nämlich aus anatomischen Unterschieden zwischen Männern und Frauen (*sex*) ‚weibliche und männliche Wesenseigenschaften' (*gender*) ab. Die Frauenforschung feierte es als Fortschritt, *gender* von *sex* unterscheiden zu können – bis aus den eigenen und queeren Reihen Zweifel an dieser Unterscheidung laut wurden. Die zweite Gemeinsamkeit der drei Perspektiven liegt in der Auffassung, dass die gegenwärtigen Geschlechterverhältnisse problematisch seien und der Veränderung bedürfen. Drittens – und das hängt eng mit

---

8 Eklektizismus. Damit ist die Verbindung von Teilen verschiedener Theorien und Perspektiven zu einem neuen Ganzen gemeint.

dem vorangegangenen Punkt zusammen – gelten diese weder als naturgegeben noch als unveränderlich. Gemeinsam ist damit das Motiv des *Entnaturalisierens:* Vermeintlich ,Natürliches' wie eben Geschlecht oder Sexualität soll als sozial konstruiert ausgewiesen, neudeutsch: dekonstruiert werden. Dazu bietet sich der Begriff der *Heteronormativität* an, der zwei Annahmen kritisiert: Menschsein sei natürlicherweise zweigeschlechtlich organisiert und Heterosexualität die ausschließliche und essenzielle, das heißt naturgegebene und unveränderbare Grundlage. Heteronormativität beschreibt also ein als natürlich erscheinendes, binäres Geschlechtersystem, in welchem lediglich und genau zwei Geschlechter akzeptiert sind, die sich in ihrer Sexualität aufeinander beziehen. Die Annahme der Zweigeschlechtlichkeit als Naturtatsache bildet den vermutlich härtesten Stabilitätskern des Alltagswissens: Nichts verunsichert Menschen im alltäglichen Umgang miteinander und Institutionen mehr, als nicht zu wissen, ob das Gegenüber Mann, Frau oder etwas anderes ist.

Anwendung: Theorien als Werkzeuge

Theorien auf empirische Phänomene und Forschungsfragen anwenden? Theorien gar als Methoden benutzen? Üblich ist das nicht. Zu den Problemen der bislang praktizierten Arbeitsteilung aufgrund der unterschiedlichen historischen und wissenschaftlichen Perspektiven gesellt sich eines des Transfers. Denn Gender/ Queer Studies stehen nicht im Verdacht außerordentlicher Praxistauglichkeit, noch nicht einmal, sich darum zu bemühen. Was sollte man auch mit sperrigen Formulierungen anfangen, die vor allem ein Gefühl von Hilflosigkeit hinterlassen[9]? Genau diesen Stier der vermeintlichen Nicht-Transferierbarkeit will dieses Einführungsbuch an den Hörnern packen. Mit den skizzierten Theorieströmungen im Hintergrund will ich gemeinsam mit einigen

9 VERSTÄNDLICHKEIT. Als Beispiel vgl. etwa Wagner (1998: 150-156) mit der Analyse/Dekonstruktion einer längeren Textpassage Butlers (1997b: 154) zur „rhetorischen Performativität", die sie zur These der grundlegenden Zirkelhaftigkeit in Butlers Argumentation führt: „Die Beweisführung hat den Anschein klassisch hermeneutischer Fortführung, ist aber, genauer betrachtet, bisweilen nur die zirkuläre Rückführung einer These auf ihre Hypothesen." (Wagner 1998: 149). Das Problem der schwierigen Zugänglichkeit postmoderner Theorien (worunter sie Butlers Dekonstruktivismus subsummiert) thematisiert auch Riki Wikchins in ihrer Einführung „Queer Theory, Gender Theory". Sie kommt vor dem Hintergrund einschlägiger biografischer Erfahrungen des geschlechtlichen Andersseins, der Unmöglichkeit einer eindeutigen Verortung sowie der damit verbundenen Ausgrenzung zum Schluss: „Postmodernism is the set of tools that enables me to nagivate my world." (Wichins 2004: 4). Eine Erfahrung, die ich in dieser Ungebrochenheit nicht teile, wohl aber respektiere – viele Wege führen zur Anwendbarkeit von Theorien.

weiteren AutorInnen prüfen, ob und inwiefern in luftigen Höhen schwebende Theorien auf gesellschaftlich diskutierte, problematisierte oder auch unter den Tisch gekehrte Fragen anwendbar sind und ob sich damit Überraschungseffekte, neue Sichtweisen und Hilfestellungen für politische Positionierungen ermöglichen lassen – von Handlungsanweisungen oder einer direkten Übersetzbarkeit in politische Zusammenhänge möchte ich hier nicht sprechen. So werden in diesem Buch sieben AutorInnen die skizzierten theoretischen Perspektiven auf einige, von den Gender/Queer Studies unterschiedlich gut beforschte Fragen anwenden. Dies erstreckt sich auf die Felder Politik, Ökonomie, Kultur und Körper. Die konkreten Themen dabei sind Gleichstellungspolitik, Personenstandsgesetz, Hartz IV, Prostitution, Pornografie, Filmanalyse und Naturwissenschaftskritik. An den vorgeführten Gegenstandsfeldern soll deutlich werden, dass es keine disziplinären Exklusivitäten von Gender Studies oder Queer Studies gibt. Wohl aber gibt es Neigungen und Leerstellen theoretischer Perspektiven[10].

Aufbau

Vor diesem Hintergrund stelle ich die disziplinären Hintergründe der Gender/Queer Studies in einen soziologischen Zusammenhang (2), rekonstruiere drei zentrale theoretische Strömungen der Gender/Queer Studies (3) und rahme sie methodologisch ein (4). Wie man die vorgestellten Theorien für empirische Analysen nutzen kann, zeigt das fünfte Kapitel. Sollte dies LeserInnen dazu ermuntern, mit dem entwickelten theoretischen Werkzeugkasten selbst die Empirie zu bearbeiten, hat das Buch seinen Zweck erfüllt.

Literatur

Degele, Nina/Christian **Dries** (2005): Modernisierungstheorie. Eine Einführung. München: Fink: UTB.

Jagose, Annamarie (2001): Queer Theory. Eine Einführung. Berlin: Querverlag.

Karsch, Margret (2004): Feminismus für Eilige. Berlin: Aufbau.

[10] THEORIEN ALS WERKZEUGE. Das Modell für ein solches Vorgehen bildet die Einführung in Modernisierungstheorie (Degele/Dries 2005), in der acht modernisierungsrelevante Faktoren vorgestellt und an vier Beispielen (u.a., Homehe, Fitnessstudios, Schönheitsoperationen) vorgeführt wurden.

Zur Geschichte der Gender/ Queer Studies 2.

Überblick

Wissenschaften haben nicht unbedingt den Ruf, zu verunsichern oder verunsichern zu wollen. Schließlich geht es ja darum, ‚wahres' Wissen hervorzubringen, Sicherheiten zu schaffen, zu wissen, was ‚ist'. Weder bei der Geschlechterforschung, noch weniger bei den Queer Studies und noch nicht einmal in der Frauenforschung war und ist das so, im Gegenteil. Damit teilen sie ein zentrales Merkmal einer Disziplin, die man mit guten Gründen als Verunsicherungswissenschaft schlechthin bezeichnen kann, nämlich die Soziologie. So werden in diesem Kapitel die beiden Geschichten der Gender Studies (2.2) und der Queer Studies (2.3) getrennt rekonstruiert, um über das Dach soziologischen Verunsicherns und Entselbstverständlichens von vermeintlich Selbstverständlichem Gemeinsamkeiten sichtbar zu machen. (2.1).[1]

2.1. Soziologie als Verunsicherungswissenschaft der Moderne

Soziologie, Modernisierung, Verunsicherung

Die Soziologie blickt auf eine ganz andere Geschichte als die Gender- und Queer Studies zurück (vgl. Degele 2003a). Sie ist als Antwort auf gesellschaftliche Verunsicherungen im Zuge von Modernisierungsprozessen in die Welt gekommen: Vor einem Jahrhundert war es die Auflösung traditioneller sozialer Gefüge, die Vereinzelung, Sinnverlust und Orientierungslosigkeit mit sich brachte und die Soziologie als wissenschaftliche Disziplin entstehen ließ. Ein dreiviertel Jahrhundert später hat die nicht mehr als selbstverständlich hingenommene Vorherrschaft von Männern in der Öffentlichkeit, der Wissenschaft und im Alltag einen feministischen Generalangriff auf androzentrische Weltauslegung und -bemächtigung auf den Plan gerufen. Sie führte über die Frauenbewegung zur akademischen Institutionalisierung der Frauenforschung und später der Gender Studies. Soziologie und Gender Studies reagier(t)en aber nicht nur auf gesellschaftliche Verunsicherungen, sie erzeugen selbst welche. Wissenschaftlich verbrieft ist schließlich, dass ArbeitnehmerInnen zu UnternehmerInnen ihrer eigenen Arbeitskraft mutieren – aber nicht, was eine Normalbiografie heute sein kann; dass der globale Terrorismus ‚ordentliche' Kriege abzulösen begonnen hat – aber nicht, welche Herausforderungen damit für die nationalen Sicherheiten einhergehen; dass nicht nur Männer Pornografie konsumieren – aber nicht, was das für die gesellschaftliche Ordnung von Geschlecht bedeutet; und dass eigentlich mehr als unklar ist, was

[1] Deutschland/USA. Die beiden Geschichten sind üblicherweise auf die USA hin orientiert und im Sinne eines nachhinkenden Verhältnisses gezeichnet. Danach kamen/kommen die amerikanischen Diskussionen in Deutschland mit mindestens einem Jahrzehnt Verspätung an. Das stimmt nur bedingt. Die deutschsprachige Diskussion hat weder Geschlecht durchgehend essenzialisiert (d.h. als wesenhaft und natürlich behauptet), noch Frauen als einheitliche Gruppe mit gleichen Interessen ins Feld geführt. Zum einen hat Carol Hageman-White (1988) bereits in den 1980ern, also noch vor dem Erscheinen Judith Butlers *gender trouble*, die Konstruiertheit von Geschlecht deutlich benannt. Zum anderen hat ebenfalls in den 1980ern Christa Thürmer-Rohr (1983, 2004) mit ihrer These der weiblichen Mittäterschaft die Perspektive auf Differenzen zwischen Frauen gelenkt – *sisterhood* war auch in Deutschland nie einheitlich (Perko 2005: 122-134; Selders 2003: 85). Die deutschsprachige Diskussion zeichnet sich vielmehr durch einige Besonderheiten wie etwa die Debatten um ‚Lohn für Hausarbeit', ‚weibliches Arbeitsvermögen' oder die Auseinandersetzung um den § 218 StGB aus. Von einer ‚Kopie' amerikanischer Auseinandersetzungen kann dabei keine Rede sein.

Männer und Frauen denn heute noch ‚wirklich' sind. Was einmal unhinterfragt galt, ist nicht mehr selbstverständlich, sondern Gegenstand politischer, zwischenmenschlicher und wissenschaftlicher Auseinandersetzungen.

Das Moderne moderner Gesellschaften

Unsicherheit ist zunächst einmal das Selbstverständlichste der Welt, nämlich eine Strukturbedingung von Handlung (Giddens 1995: 156, Wohlrab-Sahr 1993a: 10). Unsicherheiten in der zeitlichen Dimension bestehen etwa im Hinblick darauf, ob Erwartungen eintreffen oder nicht (Werde ich bald einen Job finden?). Die sachliche und soziale Dimension beschreibt die Ambiguität der Ausgangssituation, die eine eindeutige Erwartungsbildung nicht erlaubt (Ist der Mensch mir gegenüber ein Mann oder eine Frau?). Auf der anderen Seite konstruieren Alltagsmenschen wie auch WissenschaftlerInnen ständig Fiktionen von Sicherheit, die – gemessen an Maßstäben eindeutiger sozialer Zurechnung, weitgehender moralischer Regulierung und der Vorhersehbarkeit von Abläufen – Unsicherheit schon geradezu pathologisch erscheinen lassen. Damit steigert jede Wissenschaft, die sich mit Unsicherheit und ihrer Bewältigung auseinandersetzt, erst einmal Unsicherheit. Denn sie macht die Kontingenz von Entwicklungen und Ereignissen bewusst. Kontingent heißt möglich, aber nicht notwendig und auch nicht zufällig: Die Verhältnisse sind, wie sie sind, aber sie könnten auch ganz anders sein. Das hat mit Beliebigkeit nichts zu tun. Ob die Arbeitslosenquote in den nächsten Jahren etwa die Fünfzehn-Prozent-Marke erreichen wird, unter drei Prozent fallen wird, lässt sich nicht prognostizieren; wohl aber, dass Zeiten der Vollbeschäftigung und des Normalarbeitsverhältnisses mit regelmäßiger 35-40-Stundenwoche und unbefristetem Arbeitsvertrag für die Mehrheit der Bevölkerung der Vergangenheit angehören wird. Die Verhältnisse sind kontingent und werden es mit steigenden Wahlmöglichkeiten und Wahlzwängen immer mehr. Genau das macht auch das Moderne moderner Gesellschaften aus. Von diesen Möglichkeiten verschiedener Konstruktionen und Beobachtungen machen die Gesellschaft, ihre AkteurInnen und auch die Wissenschaften zunehmend Gebrauch[2].

Soziologie als Modernisierungsprodukt

So besteht die am meisten verunsichernde Entdeckung und auch Begründung der Soziologie darin – und das verbindet sie mit

---

2 GESELLSCHAFTSBEGRIFFE. Dies schlägt sich etwa in der Vielzahl von Gesellschaftsbeschreibungen wie etwa Informations-, Risiko-, Klassen-, Freizeitgesellschaft, multikulturelle, technisierte und funktional differenzierte Gesellschaft nieder: Sie konstruieren Gesellschaft aus einer je anderen Perspektive, vervielfältigen sie und machen sie damit zu einer „polykontexturalen Gesellschaft" (Luhmann 1997: 36 f., 743-776).

den Gender/Queer Studies –, vermeintlich Individuelles, Natürliches oder auch Gottgegebenes als Soziales zu entlarven. Das taten die soziologischen Klassiker, als sie Erfahrungen der Entfremdung und des Sinnverlusts als gesellschaftlich produzierte Befindlichkeiten diagnostizierten, die sie zu einer bestimmten Wirtschaftsweise, religiösen Ethik oder auch Form des Zusammenlebens in Beziehung setzten. In einem solchen Krisenbewusstsein ließen sie vor einem Jahrhundert die Soziologie als wissenschaftliche Disziplin entstehen, genauer: als Antwort auf die großen Transformationen des 19. Jahrhunderts, nämlich des Übergangs von einer traditionalen, agrarischen, hierarchisch organisierten Ständeordnung zu einem modernen, bürokratischen, industriellen, klassenbasierten, formal aber demokratischen System (Polanyi 1997). Die Soziologie ist ein Produkt und eine Wissenschaft gesellschaftlicher Modernisierungsschübe, eine Krisenwissenschaft, die sich mit der Moderne als Form ihrer Selbstbeschreibung herausgebildet hat (vgl. Schimank 1996: 8-25). Während Karl Marx die Spaltung zwischen Arbeiterklasse und Kapitalisten als notwendige Folge gesellschaftlich entfremdeter Produktionsverhältnisse begriff, rekonstruierte Emile Durkheim den Verlust an mechanischer, d.h. auf Zusammengehörigkeit basierender Solidarität als Ausfluss einer fortschreitenden Teilung der sozialen Arbeit. Beschrieb Max Weber gesellschaftliche Modernisierung als Auseinanderfallen von Wertsphären und als Entzauberung der Welt im Zuge von Rationalisierung und Bürokratisierung, diagnostizierte Georg Simmel die größer werdende Lücke zwischen der Entwicklung einer ‚objektiven' Gesamtkultur und der ‚subjektiven' Kultur des Einzelmenschen als ‚Tragödie der Kultur'. Entfremdung, Gemeinschafts- und Sinnverlust, das waren die Diagnosen der Klassiker. Indem sie dies nicht individuell, göttlich oder Naturgewalten zurechneten, sahen sie die Wurzel in der Organisation menschlichen Zusammenlebens – im Sozialen.

Modernisierung als Verunsicherung

Bezeichnet Modernisierung miteinander zusammenhängende strukturelle, kulturelle und individuelle Veränderungen, die sich seit dem zwanzigsten Jahrhundert beschleunigt fortsetzen, sind damit Veränderungen wie Industrialisierung, Verweltlichung, Demokratisierung und Emanzipation, Pluralisierung der Lebensstile, Massenkonsum, Urbanisierung und so weiter gemeint[3]. Die damit verbundenen Folgen waren und sind ambivalent. Unüber-

[3] MODERNISIERUNGSMECHANISMEN. Zugrunde liegende Mechanismen solcher Phänomene sind Differenzierung, Individualisierung, Rationalisierung, Domesti-

sehbar sind einerseits sichtbare Modernisierungsgewinne im Kontext von Differenzierung, Steigerung der Individualität und Rationalität: Wissenschaften sind nicht mehr von religiösen Dogmen abhängig, Liebe nicht mehr an Standesgrenzen gebunden, und Produktivitätssteigerungen der Wirtschaft heben den Lebensstandard breiter Massen. Damit verband sich ein unerschütterlicher Glauben an die Gestaltbarkeit der Welt, an Forschritt und die eigene Urheberschaft des Wandels. Andererseits gingen damit aber auch grundlegende Verunsicherungen wie eine Enttraditionalisierung der Lebensführung, Rationalisierung von Weltanschauungen und Versachlichung von Sozialbezügen einher. Die Individuen vor einem Jahrhundert waren mit Anforderungen konfrontiert, die vormals Familie, Verwandtschaft oder traditionelle Arbeitsverhältnisse bearbeitet und handhabbar gemacht haben. Das meint Individualisierung: Die Menschen „werden aus den scheinbar naturgegebenen Lebensformen und Selbstverständlicheiten der Industriegesellschaft freigesetzt; und dieses Ende des ‚post-Historie' fällt zusammen mit dem Verlust des historischen Bewußtseins ihrer Denk-, Lebens- und Arbeitsformen" (Beck 1986: 251). Novum ist dabei die Quantität: Was früher nur wenigen zugemutet wurde (ein eigenes Leben zu führen), betrifft nun fast alle. Individualisierungsprozesse sind unbeabsichtigte Nebenfolgen der Modernisierung, die von den Individuen zu tragen sind. So müssen sie sich heute im Alltag zunehmend mit Problemen auseinandersetzen, die die Gesellschaft nicht mehr lösen kann oder lösen will: Dass die Öffnungszeiten von Ämtern und Arbeitszeiten nur ungenügend aufeinander abgestimmt und die zu wenigen Kindergärten und Krippen nicht mit öffentlichen Verkehrsmitteln erreichbar sind, dass nicht nur FreiberuflerInnen, sondern auch Angestellte in zunehmendem Maß als UnternehmerInnen ihrer eigenen Arbeitskraft auftreten, dass im Zuge medizinischer Spezialisierung, gesundheitspolitischer Prävention und Aufklärung die Einzelnen für ihre Krankheiten, Krankheitsvorsorge und Gesunderhaltung selbst verantwortlich gemacht werden. Mit solchen Modernisierungsfolgen sind nun Individuen konfrontiert und sehen sich der Integrationszumutung ausgesetzt, Unterschiedliches funktional zu verbinden. Das verunsichert und überfordert.

Soziologie entnaturalisiert

Solche alltäglichen Zumutungen fallen freilich nicht vom Himmel. Sie sind auch Symptom eines zunehmenden, sich selbst in

zierung, Vergeschlechtlichung, Globalisierung, Temposteigerung und Integration (vgl. Degele/Dries 2005).

die Verantwortung Setzens': Die moderne Gesellschaft muss die Begründung ihrer Werte und Organisationsformen aus sich selbst schöpfen, sie ist auf ihre eigene Rationalität verwiesen. Nicht mehr kosmische Vorhersehung, ein göttlicher Plan oder eine natürliche Ordnung sind verantwortlich für die Welt, wie sie ist, sondern menschliches, genauer: soziales Handeln. Das wesentliche Verunsicherungspotential der Soziologie besteht vor diesem Hintergrund also darin, scheinbar Individuelles, Gottgegebenes oder auch Natürliches als sozial konstruiert zu demaskieren. Menschliches Handeln muss sich selbst rechtfertigen. Das Programm der Soziologie war und ist damit die Entzauberung der Welt: Gesellschaftliche Ungleichheiten jeglicher Couleur sind menschengemacht und keine urwüchsige Entwicklung. Und was Menschen gemacht haben, ist auch veränderbar. Die Soziologie der Jahrhundertwende gab den Menschen damit ein Stück Handlungsfreiheit wieder, ihre Geschichte selbst zu machen, freilich – wie Marx es einschränkte – unter vorgefundenen Bedingungen. Der Preis der Entdeckung von Phänomenen als sozial gemachte war allerdings nicht, neue Sicherheiten an ihre Stelle zu setzen. Die Soziologie konnte Verunsicherung konstatieren, Verunsicherungsquellen benennen, aber keine neuen Sicherheitsstifter dingfest machen. Was hat das nun alles mit Geschlechtern, Frauen und der dazu gehörigen Forschung zu tun?

2.2. Von bewegten Frauen zu den Gender Studies

Frauen- und/vs. Geschlechterforschung

Bei der Definition von Frauenforschung stößt man schnell auf eine Schwierigkeit, denn der Begriff ist reflexiv. Das heißt, sowohl Subjekt wie auch Gegenstand können (oder sollen? müssen?) auf Frauen bezogen sein. Dürfen Männer dann keine Frauenforschung betreiben? Ist Frauenforschung Forschung über Frauen, über Geschlechterverhältnisse oder Forschung mit einem ‚frauenspezifischen' oder feministischen Blick? Definiert man Frauenforschung als eine reflexive Forschung, „die um ihre eigene Bedingtheit durch gesellschaftliche Verhältnisse und Prozesse weiß und diese immer wieder mit reflektiert" (Brück u.a. 1997: 10), spricht nichts dagegen, auch Forschung etwa auch über Männer zu betreiben – ob von Frauen, Männern, Transgender, Trans- oder Intersexuellen[4]. Auch wenn die theoretischen Diskussionen

4 TRANSGENDER, TRANSSEXUELLE, INTERSEXUELLE. Unter Transgender sind einerseits Menschen zu verstehen, die ihre ursprüngliche Geschlechtszuweisung als

über die Zuständigkeiten und den Sinn von Frauenforschung im Gegensatz zur Geschlechterforschung nicht ganz abgeebbt sind, hat das Entstehen der Gender Studies einige dieser Fragen doch faktisch beantwortet. Denn Menschen leben in (Geschlechter-) verhältnissen, die keine Forschung auf eine reine Frauenangelegenheit reduzieren kann. Diskussionen gibt es allerdings nach wie vor darum, ob mit dem Begriff Gender Studies oder Geschlechterforschung der kritische Stachel der Frauenforschung verloren gegangen ist. Denn – so die Unterstellung – wenn es der Geschlechterforschung um die Analyse von Geschlechterverhältnissen und dann auch um die Zurichtungsformen mehrerer Geschlechter gehe, sei ja nicht mehr die patriarchale Unterdrückung der Fokus, um den sich alles dreht. Verloren gehe damit „eine explizit gesellschafts- und wissenschaftskritische Zielsetzung" (Brück u.a. 1997: 19), die zur individuellen und gesellschaftlichen Emanzipation von Frauen beitrage. Werde diese nicht verteidigt, trage dies zu einer Entpolitisierung der Geschlechterfrage bei. Die Philosophin Rosi Braidotti (1994: 9) spricht in diesem Zusammenhang von einer „Verarmung des politischen Einsatzes". So daramtisch sich dies anhört, hat dieser Streit dennoch nicht zu einer Spaltung, sondern zu einer friedlichen Koexistenz und sogar weitreichenden Überschneidung von Frauenforschung und Gender Studies geführt – es existieren unter beiden Überschriften Studiengänge und Forschungsprogramme.

Historischer Rückblick Frauenbewegung und Feminismus

Die gegenwärtige Geschlechterforschung hat sich aus der (sich feministisch verstehenden) Frauenforschung der 1970er und 1980er Jahre heraus entwickelt. Letztere wiederum hatte eine starke inhaltliche, wenn auch nicht unbedingt institutionelle Verbindung zur Soziologie. Denn das feministische Credo, das Persönliche sei politisch, ist nichts anderes als die verschärfte Fassung der soziologischen Binsenweisheit, Individuelles habe gesellschaftliche Ursachen, und diese seien in Machtverhältnisse ver-

---

unpassend empfinden. Transgender ist in diesem Zusammenhang auch ein politischer Begriff für eine emanzipatorische Bewegung, die nicht nur eine eindeutige Geschlechtszuweisung für sich selbst in Frage stellt, sondern auch das binäre System der Zweigeschlechtlichkeit (vgl. Prosser 1997). Transsexuelle lehnen den Begriff Transgender für sich in der Regel ab, da sie sich in ihrem Körpergefühl, ihrer Körperwahrnehmung und ihrer Geschlechtsidentität eindeutig als Mann beziehungsweise Frau sehen (für diesen Hinweis danke ich Christian Schenk). Bei Intersexuellen ist bei der Geburt keine eindeutige biologische Zuordnung als Junge oder Mädchen möglich, was der alltäglichen Wahrnehmung meist als skandalös erscheint. Deshalb werden diese Menschen kurz nach der Geburt meist operativ vereinheitlicht, was oftmals fürchterliche Leidensgeschichten zur Folge hat (Chase 1998).

woben. Die gesellschaftlichen Rahmenbedingungen der Frauenforschung gründen in der im Zuge der 68er-Bewegung entstandenen Frauenbewegung, und die Frauenbewegung als politische Kraft blickt auf eine Geschichte zurück, die bis ins 19. Jahrhundert reicht (zum Zusammenhang der beiden Frauenbewegungen vgl. den sehr informativen Aufsatz von Gerhard 1995). Zunächst zu den Begriffen *Frauenbewegung* und *Feminismus*.

Anliegen und Transformationen von Frauenbewegungen

In Konkurrenz zu Gender Mainstreaming, Geschlechterdemokratie und *managing diversity* mag der Begriff Frauenbewegung geradezu anachronistisch erscheinen. Geht es dabei nicht um längst geschlagene Schlachten rund um Abtreibung, Lohn für Hausarbeit oder Quoten, mit der einige Ewiggestrige geradezu hilflos politische Forderungen ausstaffieren und legitimieren? Keineswegs. „Frauenbewegungen sind mobilisierende kollektive AkteurInnen, die sich in verschiedenen sozialhistorischen Milieus entwickeln. In ihnen setzen sich Personen unter maßgeblicher Beteiligung von Frauen für einen grundlegenden Wandel der Geschlechterverhältnisse und damit verbundener gesellschaftlicher Ungleichheit und Abwertung ein. Sie kritisieren die herrschenden gesellschaftlichen Leitbilder, Normen und Diskurse und entwerfen Alternativen, die zu neuen Normierungen führen können. Frauenbewegungen artikulieren sich in und zu Modernisierungsprozessen und tragen auf vielfältige Weise zu ihnen bei – indem sie sie fördern, beeinflussen oder auch hemmen und kanalisieren." (Lenz 2004: 666). Diese Definition berücksichtigt eine große Breite von sozialen Bewegungen, hebt auf Praxis ab, ist nicht normativ und empirisch offen. Frauenbewegungen haben sich von Anfang an im Plural entwickelt, das heißt sie bilden sich in verschiedenen Klassen-, ethnischen und kulturellen Milieus heraus (Lenz 2004: 665). Frauenbewegungen sind in der Moderne verwurzelt und damit dem Erbe der Aufklärung verpflichtet. Denn sie teilen die Grundgedanken der Freiheit, Selbstbestimmung, Gleichheit und Solidarität. In Deutschland haben sich die Frauenbewegungen in zwei Wellen entwickelt. Die erste war die bürgerliche und proletarische Frauenbewegung im Kaiserreich, die mit dem Nationalsozialismus zum Erliegen kam. Zentrale Forderung vor einem Jahrhundert waren der Zugang von Frauen zum Studium sowie das Frauenstimmrecht. Neben dem Kampf um Rechtsgleichheit ging es dieser Frauenbewegung aber auch um die Anerkennung der Differenz der Geschlechter (vgl. Karsch 2004: 29-49; Gerhard 1995: 248 f.). Erst nach 1968 bildete sich die zweite, die Neue Frauenbewegung, deren Nachwirkungen immer noch spürbar sind. Noch offen ist, ob man im Zusammenhang mit den globalen Netzwerken und den dabei entstehenden Diskursen nach 1990 von einer dritten Welle sprechen kann. So haben die deutsche Wiedervereinigung und die zunehmende Globalisierung neue Mobilisierungswellen begünstigt. Die IV. Weltfrauenkonferenz 1995 in Peking etwa verabschiedete eine Aktionsplattform mit weitreichenden zukunftsorientierten Maßnahmen, die sich als transnationale Charta der Frauen- und Menschenrechte lesen lässt. Seit 1980 bildete sich ein Dreieck von Frauenbewegungen, GleichstellungspolitikerInnen und WissenschaftlerInnen heraus. Damit ist auch ein ‚Einfahren der Ernte' rechtlicher Reformen verbunden: „die Gleichstellung als Staatsaufgabe in der Verfassung 1994, Verbesserung des Aufenthaltsschutzes für misshandelte Migrantinnen 1993, Vergewaltigung in der Ehe als Straftat 1997, Lebenspartnerschaftsgesetz 2001, Gewaltschutzgesetz 2002, Gesetz zur Verbesserung der rechtlichen und sozialen Situation der Prostituierten um 2002." (Lenz 2004: 673).

Bewegung (Politik) und Wissenschaften

Dabei haben auch einige Erkenntnisse wissenschaftlicher Zusammenhänge Eingang in politische Forderungskataloge gefunden. Dazu gehört etwa die Kritik von Identitätspolitik aus der sich in den 1990er Jahren formierenden Queer Theory (vgl. 2.3). Dieser Kritik ging und geht es darum, gefühlte Gemeinsamkeiten wie etwa Frausein, Schwulsein oder Lesbischsein (sexuelle Identität) nicht als Grundlage für politische Programme zu bemühen, da dies unnötige Ausschlüsse und zweifelhafte Einschlüsse produziere. Vielmehr solle es um eine offene Bündnispolitik gehen, die einen inklusiven Ansatz von BürgerInnenschaft (citizenship) vertritt und dabei zweigeschlechtlich verwurzelte Institutionen aus den Angeln zu heben versucht (vgl. Quaestio 2000: 13 f.). Weiter sollte der Ansatz der Geschlechterdemokratie nicht nur Frauen mobilisieren, sondern auch andere Geschlechter. Gleichwohl bleibt ein Blick zurück auf Kontinuitäten und Streitpunkte der verschiedenen Wellen der Frauenbewegungen an einigen Themenfeldern hängen, worin sich zwar einzelne Forderungen verändern, aber dennoch auch Konstanz zu beobachten ist. Dazu zählen Arbeit (Zugang von Frauen zu Berufen, die bislang nur Männern vorbehalten waren, gleicher Lohn für gleiche Arbeit, Anerkennung von Reproduktionsarbeit als Arbeit, aktuelles Stichwort: Elternurlaub), Liebe und Sexualität (Forderung nach Abschaffung des Abtreibungsverbots, Anerkennung der freien Ehe und Mutterschaft sowie Abschaffung der staatlich kontrollierten Prostitution bis hin zu Vergewaltigung in der Ehe als Straftatbestand und Schutz vor sexuellem Missbrauch und Belästigung) und inzwischen vermehrt nationale Unabhängigkeit und Antikolonialismus sowie internationale und globale Frauennetzwerke (Lenz 2004: 666 f.; Gerhard 1995: 262-270).

Frauenstudium und Arztberuf

Ich greife ein Beispiel der ersten Frauenbewegung vor einem Jahrhundert heraus, um die Kontinuität und auch den Wandel frauenbewegter Kampffelder zu illustrieren. Es handelt sich um die Forderung nach Bildung und der Zulassung von Frauen zum Studium – und dem Zugang zu prestigeträchtigen beruflichen Tätigkeiten (Karsch 2004: 37-40, Wetterer 2002). Diese Forderung setzte die Frauenbewegung am Beispiel ärztlicher Berufe auch durch, freilich um einen hohen Preis (vgl. Wetterer 1999, 2002, Ziegeler 1993). Im Jahr 1899 durften Frauen in Deutschland das medizinische Staatsexamen der Medizin ablegen (es war der erste akademische Beruf, den Frauen ergreifen konnten). Dies geschah gegen den Widerstand der Ärzte, die um einen Prestigeverlust ihrer Profession fürchteten. Bei der Forderung nach der Öffnung des ärztlichen Berufs für Frauen waren es zwei Argumente, die in Öffentlichkeit und Ministerialbürokratie Unterstützung fanden. Zum einen fruchtete – Stichwort Gleichheitspostulat – der Verweis darauf, dass Frauen im Ausland (wie an der Universität Zürich in der Schweiz) ein Medizinstudium schon erfolgreich absolviert hatten – so dumm konnten sie also gar nicht sein. Zum anderen war der gesundheitspolitische Notstand zu beklagen, dass sich viele Frauen aus Schamgefühl weigerten, Männer als Ärzte aufzusuchen (Ziegeler 1993: 112 f.; Wetterer 2002: 419-421)[5]. Frauen seien hier aus ‚sittlicher Sicht' besser geeignet, Frauen zu behandeln.

‚Weibliche' Ärzte für Frauen

Dieses Argument der ‚weiblichen Ärzte für Frauen' zog am besten, womit der Zuständigkeitsbereich von Ärztinnen von Anfang an eingeschränkter war: Frauen mussten sich mit dem zufrieden geben, was ihnen die Männer überließen, nämlich der Beratung und Behandlung von Frauen und Kindern (vor allem der mittellosen Stände). Der Preis für die Zulassung von Frauen zum Studium wie auch zur Ergreifung medizinischer Berufe war eine Naturalisierung ihrer Kompetenz und ihres Geschlechts. Denn die Begrenzung ihrer Zuständigkeitsbereiche wurde biologisch begründet und auch akzeptiert. Sowohl BefürworterInnen wie auch GegnerInnen des Frauenstudiums operierten mit gleichen Argumenten, nämlich der Natur des ‚weiblichen' Körpers.

---

5 Dazu kam die Angst vor Übergriffen durch männliche Ärzte wie besonders in der Psychiatrie, „wo die Beziehung zwischen Arzt und Patientin nicht in jedem Fall als völlig asexuell angesehen wurde" (Ziegeler 1993: 129).

Der Feminismus opponierte zwar gegen die Folgen einer solchen Einschränkung, seltener aber auch gegen die Ursachen. Dieses Beispiel verdeutlicht die Zweischneidigkeit gut gemeinter politischer Strategien. Frauen durften studieren und Ärztinnen werden (ein Erfolg), sie waren aber von Anfang an die Anderen, das heißt diejenigen, die es aufgrund ihrer Geschlechtszugehörigkeit nicht besser können konnten und können durften. Die Frauenbewegung vor einem Jahrhundert hat sich über ihren Erfolg gefreut und die Kröte der Naturalisierung geschluckt. In genau dieser Verwicklung steckt auch heute noch das Ringen um die geeignete politische Strategie: Kämpft man für ein Gesetz für Lebenspartnerschaften (Homo-Ehe), das noch nicht einmal volle Gleichberechtigung garantiert, wenn man die privilegierte Stellung der Ehe eigentlich abschaffen möchte? Sollte das vorsichtige Angebot des Elternurlaubs für Väter Unterstützung finden, wenn es eigentlich darum geht, dass Elterngeld erst dann in vollem Umfang in Anspruch genommen werden darf, wenn sich auch Väter an der Erziehungs- und Hausarbeit entsprechend beteiligen? Sind Arbeitsverbote für Frauen in Bergwerken (zu ihrem Schutz!) akzeptabel, wenn sie mit der ‚Natur der Frau' begründet werden? Konterkarieren Feminismus und auch sexuelle Befreiungsbewegungen damit nicht ihre ursprünglichen Ziele der Gleichberechtigung? Damit komme ich zum Feminismus.

Was heißt Feminismus?

Der Begriff Feminismus tauchte zuerst 1880 in Frankreich in Zusammenhang mit Olympe de Gouges „Erklärung der Rechte der Frau und der Bürgerin" auf, dann beim Frühsozialisten Charles Fourier, der die Befreiung von Frauen zum Gradmesser der menschlichen Entwicklung erklärte. In Deutschland dagegen war im 19. und frühen 20. Jahrhundert ein anderer Begriff üblicher, nämlich ‚Emancipation', Feminismus wurde erst zur Bezeichnung der zweiten Frauenbewegung der 1970er Jahre gebräuchlich (Thiessen 2004: 35, Karsch 2004: 8, Gerhard 1995: 248). Der Feminismus war Teil des europäischen Demokratisierungsprozesses, die französische Revolution von 1789 gilt als Geburtsstunde des modernen Feminismus. Im Vordergrund stand dabei die Ausweitung der Menschenrechte auf Frauen. Im Zuge des Napoleonischen Rechts gelang dies zwar noch nicht, die Forderung nach einem Ende der Unterdrückung aber war nicht mehr niederzuhalten (Karsch 2004: 11-29). Wie sieht es also aus mit dem Feminismus der Gegenwart? Der Duden aus dem Jahr 2001 definiert Feminismus als „Richtung der Frauenbewegung, die ein neues Selbstverständnis der Frau und die Aufhebung der traditionellen Rollenverteilung anstrebt". Diese Definition sollte man sich auf der Zunge zergehen lassen. Stutzig machen nämlich die vielen Singulare: „ein neues Selbstverständnis“, „die Frauenbewegung“, „die Frau“, „die traditionelle Rollenverteilung“. Als wären all das stabile Einheiten. Als gäbe es Frauen im Singular mit einem gemeinsamen Selbstverständnis, eine alle betreffende traditionelle Rollenverteilung und eine geteilte Aufhebung. Und als seien sich alle über die Forderungen und die Bedeutung der verwendeten Begriffe einig. In dieser Definition schlagen sich erstens Kraft und Schwäche feministischer Theorien und Praxen, zweitens die Spannung zwischen *gendertheoretisch* und queer verwurzelten Denkweisen wie auch drittens die zwischen Wissenschaft und Politik nieder.

- Kraft und Schwäche feministischer Theorien und Praxen. Feministische Strömungen speis(t)en sich aus einer als geschlechtlich fundierten Solidarität zwischen Gruppen von Menschen, nämlich vor allem Frauen und Männern. In der Tat lässt sich damit etwas bewegen. So initiierte Alice Schwarzer 1971 im *Stern* eine öffentlichkeitswirksame Aktion gegen den § 218, worin sich 374 Frauen öffentlich zu ihrer damals strafbaren Abtreibung bekannten. 28 der Frauen waren auf dem Titelbild zu sehen. Der Erfolg dieser Aktion basiert gerade auf einer solchen gefühlten und artikulierten Verbundenheit von Frauen, die nicht die gleiche Erfahrung einer illegalen Abtreibung gemacht haben mussten. Sie wussten aber um die Bedeutung eines solchen Schritts und auch darum, dass sie selbst vielleicht in eine ähnliche Situation kommen könnten. Das verlieh der entstehenden Frauenbewegung eine enorme Schlagkraft. Die Zusammengehörigkeit scherte aber auch die Hälfte der Bevölkerung über einen Kamm und grenzte damit diejenigen aus, die sich nicht in vergleichbaren Lebenszusammenhängen befanden. Dass eine Minderheit weißer Mittelschichtsfrauen für alle Frauen schlechthin gesprochen hatte, machte Hazel Carby (1982: 233) mit ihrer Anfrage an weiße Mittelklasse-Feministinnen deutlich: „what exactly do you mean when you say WE?“ Genau vor diesem Problem stand und steht die feministische Theoriebildung: Wer oder was ist ihr Subjekt?
- Gendertheoretisch versus queer verwurzelte Denkweisen. Eng mit dem ersten Punkt sind die verschiedenen Denkweisen verbunden, die aus verschiedenen Traditionen rühren. Geschlechtertheorien haben sich aus Konzepten der Frauenforschung heraus entwickelt, die mit der Zentralkategorie ‚Geschlecht‘ operiert. Die Queer Studies wurzeln nur teilweise in der Frauen- und Geschlechterforschung, und mindestens ebenso sehr in

poststrukturalistischen Strömungen, die mit essenziellen Sicherheiten brechen (zum Beispiel was Männer und was Frauen *sind*) und die politische Solidarität nicht auf der Ebene von Geschlecht festzumachen wünschen („Wir sind Frauen, wir sind viele, wir wollen die Hälfte der Macht"). Queer Studies sind vor diesem Hintergrund als eine Denkbewegung zu verstehen, die auf Erkenntnissen und Errungenschaften der Geschlechterforschung aufbauen, diese aber zu erweitern versuchen, indem sie Kategorien wie Alter, Hautfarbe, Ausbildung, Religion und Sexualität in die Analyse von Macht und Ungleichheit einbeziehen[6]. Auch wenn dies alles feministische Anliegen waren/sind (Butler 1997a), verschafften sich in den 1990er Jahren doch dominierende Strömungen der Queer Studies die Definitionsmacht über die Zuständigkeit für Sexualität und Ausgrenzungen (vgl. Abelove/Barale/Halperin 1993, Kraß 2003: 18).

- Spannung zwischen Wissenschaft und Politik. Wissenschaftliche Praxis lebt von Differenzierung, kritischem Abwägen, einem Blick auf Details, sie ringt um wahrheitsfähige Aussagen. Politik dagegen kämpft um Mehrheiten, bringt politische Botschaften auf den Punkt, vereinfacht, ebnet ein, versucht, auf der Grundlage eines kleinsten gemeinsamen Nenners mehrheitsfähig zu sein; ihr geht es um das Erlangen und Sichern von Macht. Dies umreißt in etwa die verschiedenen Logiken von Wissenschaft und Politik. Die Spannung zwischen Wissenschaft und Politik findet ihren Widerhall im Verhältnis von Gender Studies und Gender Mainstreaming mit den jeweiligen Strategien des – plakativ gesprochen – Unterminierens und Unterlaufens (von Denkgewohnheiten und -voraussetzungen in der Wissenschaft) und Anpassens (an Logiken der Mehrheitsbeschaffung wie Kompromisse und Entradikalisierung in der Geschlechterpolitik) (Degele 2003b).

Gesellschaftlicher Kontext der Frauenbewegung

In Deutschland war 1966 die Große Koalition von SPD und CDU zum Synonym für Stillstand geworden, die sich 1967 konstituierende Außerparlamentarische Opposition (APO) wandte sich nicht nur gegen den Vietnamkrieg der Amerikaner und gegen Kapitalismus, sondern experimentierte auch mit neuen Lebens- und Beziehungsformen (freie Liebe). Das ging zwar auch auf Kosten der beteiligten Frauen, dennoch setzte in den 1970er Jahren

6 Weitere Kategorien. Dass dies kein Widerspruch zu feministischen Anliegen der Frauen- und Geschlechterforschung sein muss, ging lange Zeit unter. Unter dem Stichwort ‚Intersektionalität' kam dies in den 1990er Jahren als zentraler Punkt auf die Agenda der Geschlechterforschung (vgl. 4.3).

eine Liberalisierung der Sexualmoral ein. Symptome dafür waren eine langsam wachsende Akzeptanz gegenüber gleichgeschlechtlicher Sexualität und der Verbreitung der Anti-Baby-Pille; letztere stand und steht für die Entkoppelung von Sexualität und Fortpflanzung. Die internationalen Frauenbewegungen der 1970er waren durchgängig mittelschichtsgebunden, sie setzen auf öffentlichkeitswirksame Aktionen (zum Beispiel der Krönung eines Schafs zur Schönheitskönigin in Amerika, dem Hinterherpfeifen und Zwicken in den Hintern von Männern in den Niederlanden, dem Entblößen der Brüste während einer Universitätsveranstaltung in Deutschland), schufen mit Frauencafés und -häusern eine eigene Kultur und kämpften gegen geschlechtliche Arbeitsteilung und politische Diskriminierung (vgl. Karsch 2004: 91-106). Am Ende war und ist der Feminismus als politische Bewegung damit nicht. Was aber steckte hinter der akademisch formulierten Kritik an den herrschenden Geschlechterverhältnissen?

Androzentrismus im Alltag

Der Arzt, der Ingenieur, der sich die Haare raufende, bis spät in der Nacht im Labor stehende oder vor dem Computer sitzende Wissenschaftler: Das sind alles keine Bilder geschlechtsneutraler Menschen (wie sollte eine Vorstellung davon aussehen?) und schon gleich gar nicht von Frauen. Diese Bilder sind androzentrisch. Das bedeutet, dass etwas als allgemein Menschliches ‚verkauft' wird, was aber eigentlich ‚männlich' gedacht ist. Was Frauen tun, äußern und denken, wird nicht zur Kenntnis genommen, unter den Tisch gekehrt oder schlicht ignoriert. Androzentrismus meint „eine Zentrierung auf Männlichkeit(en) und Männer, ihre Werte, Normen und Lebenszusammenhänge." (Brück u.a. 1997: 22, vgl. Harding 1990: 89). Warum beispielsweise wählte im Jahr 1960 die NASA 13 Pilotinnen als Top-Astronautinnen aus und lehnte sie nach monatelangen medizinischen und wissenschaftlichen Tests schließlich ab, obwohl sie Voraussetzungen mitbrachten, die sie für einen Aufenthalt im All geeigneter machten als viele Männer, nämlich einen niedrigeren Sauerstoffverbrauch pro Minute und eine größere Unempfindlichkeit gegenüber einem Entzug von Sinneseindrücken? Antwort: „They were the right stuff, but the wrong sex" (Wajcman 2000: 447). Nicht besser verhält es sich mit technischen Innovationen, die von Frauen stammen: „Die Register in den Standardwerken zur Technikgeschichte [...] beinhalten kein einziges Stichwort zu z.B. einem so bedeutsamen kulturellen Artefakt wie dem Nuckelfläschchen. Hierbei geht es um ein einfaches Gerät, das eine grundlegende menschliche Erfahrung für eine ungeheure Anzahl von Säuglingen und Müttern verändert hat und das ein sehr umstrittener

Exportartikel westlicher Technologie in unterentwickelte Länder ist – trotzdem findet es keinen Platz in unserer Technikgeschichte." (Schwartz Cowan 1979: 52). Medikamententests, die nur Männer berücksichtigen und deshalb die Einnahme solchermaßen geprüfter Präparate für viele Frauen zum Gesundheitsrisiko machen können, sind ebenfalls Beispiele für Androzentrismus.

Androzentrismus in der Institution Wissenschaft

Dass Berufe, Handlungsweisen, Denken und auch Fühlen nur scheinbar geschlechtsneutral sind – vor diesem Kurzschluss sollte man sich hüten –, bedeutet allerdings nicht, dass es ‚männliche' versus ‚weibliche' Formen des Handelns, Denkens und Fühlens gibt. Es bedeutet vielmehr, dass Geschlecht als eine Komponente der gesamten Lebensumstände an der Art und Weise, wie Menschen handeln, fühlen und denken, beteiligt ist. Die Kritik an einer vermeintlichen Geschlechtsneutralität zieht sich wie ein roter Faden durch die ersten Jahre der Frauenbewegung wie auch der Frauenforschung. Arbeit wurde auf Erwerbsarbeit reduziert, während die unbezahlte Hausarbeit keine Beachtung fand, im Privaten ausgeübte (Männer)Gewalt machte überhaupt erst die Frauenbewegung und -forschung zum Thema, sie entlarvte die Normalbiografie als am Lebenslauf von Männern orientiert, sie deckte die vermeintliche Objektivität, Geschlechtsneutralität, Rationalität und Universalität von Wissenschaft als von Männern geprägt auf. Zu Beginn der feministischen Theoriearbeit als Androzentrismuskritik ging es vor allem darum, blinde Flecken der Forschung zu füllen, Dimensionen von Frausein und ‚Weiblichkeiten' als zusätzliche Perspektive in die Wissenschaft zu bringen (Brück u.a. 1997: 20-26).

Androzentrismus in der Soziologie

Soziologinnen wie Karin Jurczyk, Carmen Tatschmurat und Ilona Ostner etwa haben hundert Jahre industriesoziologische Forschung durchgearbeitet und festgestellt, dass Industriearbeiterinnen bis 1977 von den Kollegen so gut wie gar nicht beachtet wurden; Frauenarbeit war ein absolutes Spezialistinnenthema (vgl. Hering 2004). So war nicht nur die Beschäftigung der Arbeitsgruppe um die Hannoveraner Soziologin Regina Becker-Schmidt mit dem Alltag von kindererziehenden Akkordarbeiterinnen schon ein absolutes Novum. Die methodische Annäherung an das Thema war es ebenso. Denn den Forscherinnen gelang es nur über die Berücksichtigung der wechselseitigen Bezogenheit von Berufs- und Familienarbeit, die Bedeutung der Fabrikarbeit von Frauen zu erfassen: „Auf- und Abwertungen beider Arbeitsformen – der privaten und der bezahlten – ergeben sich erst aus der Analyse zueinander in Beziehung gesetzter Kontrasterfahrungen, von denen die Akkordarbeiterinnen selbst – als Expertinnen ihrer Lebensverhältnisse – berichteten."[7] Warum erscheinen soziologische Lehrbücher, in denen renommierte Wissenschaftler zentrale Theorien in der gebotenen Ausführlichkeit beschreiben, beim Kapitel zu Geschlecht aber Inkompetenz und/oder Desinteresse demonstrieren und es einer (gerade verfügbaren?) Kollegin überlassen (Ritzer 1996)?

Über Androzentrismus hinaus: Sexismus

Eine Konsequenz dieser fast schon systematischen Ausblendung und Negation von Frauen war die nahezu konkurrenzlose Dominanz einer Perspektive von Männern in den Wissenschaften (Eichler 1994). Die Philosophin Sandra Harding (1994: 28-31) geht sogar einen Schritt weiter, wenn sie Wissenschaft aufgrund ihrer geschlechtlich geprägten Grundbegriffe und Normen wie Rationalität, Objektivität und Universalität als sexistisch begreift. Damit sind Handlungen, Äußerungen und Einstellungen gemeint, die zur Unterdrückung von Person(engruppen) aufgrund ihres Geschlechts beitragen (vgl. Janssen-Jurreit 1979, Millett 1994). Die Abgrenzung zum Androzentrismus ist schwierig. Wenn sich in volkswirtschaftlichen Berechnungen ‚Produktivität' etwa nur auf bezahlte Lohnarbeit bezieht und Hausarbeit und Reproduktion ausblendet, sind diese nicht nur androzentrisch, sondern sexistisch. Denn diese schlagen bis zur erfahrenen Realität der schlechteren Bezahlung von Frauen auf dem Arbeitsmarkt durch. Eine solche Begriffsarbeit kennzeichnete den Beginn einer Geschlechtersensibilität in den Wissenschaften. Genau so hat die Frauenforschung angefangen: Sie entdeckt blinde Flecken, deren Analyse und Überwindung es erfordern, ihre Thematisierung ins Zentrum des wissenschaftlichen Fokus zu stellen.

Patriarchat und Kapitalismus

Die frühe feministische Theoriebildung konstituierte sich damit zunächst einmal als Kritik der gesellschaftlichen Stellung von Frauen, das Label der Wahl war ‚Patriarchat'. Der Begriff Patriarchat soll Ungleichheiten und Diskriminierungen als Teile eines übergreifenden Phänomens erfassen. Darunter werden „die Beziehungen zwischen den Geschlechtern verstanden, in denen Männer dominant und Frauen untergeordnet sind" (Cyba 2004: 15). Für die britische Gesellschaftstheoretikerin und Geschlechterforscherin Sylvia Walby (1990: 20) ist es „a system of social structures and social practices in which men dominate, oppress and exploit women". Es geht also um die Monopolisierung von Machtpositionen durch Männer in allen sozialen Bereichen. Bei diesen Analysen spielte die Kritik am Kapitalismus bis in die

[7] Becker-Schmidt/Bilden (1991: 26). Vgl. dazu Becker-Schmidt u.a. 1982, als Überblick vgl. Siemers/Pretzsch 2005.

1990er Jahre eine wichtige Rolle. Die Soziologin Ursula Beer (1990, 1991) etwa entwickelte ein Konzept des Sekundärpatriarchalismus als Weiterwirken der Dominanz von Männern in der kapitalistisch-warenproduzierenden Gesellschaft: Mit der Trennung von Familie und Erwerb habe der Industriekapitalismus einen gedoppelten, heute tendenziell in Auflösung begriffenen Patriarchalismus hervorgebracht. Auf der einen Seite sei es der ‚klassische' Primärpatriarchalismus mit Eigentum an Grund und Boden als zentrales Kriterium, auf der anderen Seite ein Sekundärpatriarchalismus, der sich durch eine Spaltung zwischen besitzenden und lohnabhängigen Männern definiere. Der Patriarchalimus gehöre grundlegend zum Wesen des Kapitalismus, denn „[d]urch die Monopolisierung von Machtpositionen durch Männer reproduziert sich über die berufliche Dominanz (‚marktlicher Sekundärpatriarchalismus') hinaus auch ihre überragende Machtposition in der ‚privaten' Sphäre von Familienbeziehungen (‚familialer Sekundärpatriarchalismus')." (Cyba 2004: 17).

Weg von und zurück zur Kapitalismuskritik

So klar sind die Verhältnisse immer weniger, wenn sie es je waren. Vor allem besteht hier die Gefahr einer zirkulären Begründung: „Die Diskriminierung der Frauen besteht in der Vorherrschaft von Männern und wird durch diese Vorherrschaft verursacht, Diskriminierung also aufgrund von Diskriminierung erklärt." (Cyba 2004: 17; Pollert 1996). Was ist also die Basis der Aufrechterhaltung des Patriarchats? Institutionen wie die biologische Reproduktion (Firestone 1975), die Zwangsheterosexualität (Rich 1991) oder die Kontrolle des Ehemanns über die Arbeit seiner Frau (Delphy 1984)? Heute beschreiben Begriffe wie Individualisierung, Habitus, Milieu, Lebensstil oder soziokulturelle Orientierungsmuster eine um kulturelle Kategorien erweiterte Ungleichheitsanalyse (Eickelpasch 2001), die allerdings nicht mehr als Patriarchatskritik auftritt. Dennoch untersucht vor allem Walby (1990, 1997) den Zusammenhang verschiedener Lebensbereiche (Beschäftigung, Reproduktion, Kultur, Sexualität, Gewalt und die staatliche Regelung von Geschlechterbeziehungen) nach wie vor unter der Perspektive der Patriarchatskritik. Umstritten ist dabei, ob das Konzept Patriarchat allein die Benachteiligung von Frauen erfassen kann. Denn der Kapitalismus durchdringt alle Lebensbereiche, es geht also um die Verschränkung dieser beiden Institutionen. Problematisch ist weiterhin die Subsummierung *aller* Frauen unter das Patriarchatskonzept: die gut bezahlte Managerin und die arbeitslose Schulabbrecherin werden patriarchale Verhältnisse sehr unterschiedlich erfahren. Kein Zufall dagegen, dass der Begriff des Kapitalismus seit den 1990er

Jahren eine Renaissance erlebt. Es ist nicht mehr altmodisch, sondern geradezu politisch korrekt, gesellschaftliche Verhältnisse einer Kapitalismuskritik zu unterziehen (vgl. Sennett 2005, Boltanski/Chiapello 2006), und das gilt tendenziell auch für die Geschlechterforschung (vgl. Knapp 2005).

Neudefinition Feminismus

Vor diesem Hintergrund möchte ich eine neuere Definition von Feminismus vorstellen: „Feminismus lässt sich als Ensemble von Debatten, kritischen Erkenntnissen, sozialen Kämpfen und emanzipatorischen Bewegungen fassen, das die patriarchalen Geschlechterverhältnisse, die alle Menschen beschädigen, und die unterdrückerischen und ausbeuterischen gesellschaftlichen Mächte, die insbesondere Frauenleben formen, begreifen und verändern will.“ (Hennessy 2003: 155) Diese Definition unterscheidet sich von der oben genannten Definition des Dudens in mehrerlei Hinsicht. Zunächst einmal geht es um die negativen Folgen von Geschlechterverhältnissen, also um Strukturfolgen und nicht um Schuldzuschreibungen an eine geschlechtlich zu differenzierende Sorte Mensch. Diese Folgen haben Auswirkungen auf *alle* Menschen, auch wenn darunter insbesondere Frauen zu leiden haben. Dann bleibt Geschlecht eine zentrale Kategorie der Analyse, es werden aber auch andere ‚soziale Kämpfe‘ mitgedacht als ausschließlich die Frauenbewegung. Entschieden ist ebenfalls nicht, für wen ‚der Feminismus‘ eigentlich spricht und was genau seine Ziel sind. Diese trägt vor allem dem (queertheoretisch begründeten) Anspruch auf einer Erweiterung von Perspektiven Rechnung. Schließlich laufen in dieser Definition die verschiedenen Ebenen der Verhandlung von Feminismus zusammen, wenn es nämlich um ‚begreifen‘ (Wissenschaft) und ‚verändern‘ (Politik) geht. Ziel ist eine gesellschaftliche Veränderung der Lebenssituation und Positionierung von Frauen – und der Strukturen und Prozesse, die eine solche Unterordnung von Frauen hervorbringen. Ohne politische Veränderungen sind feministische Ideen nicht umsetzbar, und gleichzeitig bedürfen diese Ideen einer theoretischen Begründung. Kurz: Dem Feminismus geht es um „die Untersuchung binärer Oppositionen als Strukturprinzip moderner Gesellschaften und Grundlage hierarchischer Geschlechterverhältnisse sowie die Perspektive der Veränderung diskriminierender Verhältnisse.“ (Thiessen 2004: 36).

Zweifrontenkampf Frauenbewegung

Für die zweite Frauenbewegung waren die bewegten StudentInnenproteste von 1968 ein Aufbruchsignal. Sie formierte sich nicht nur gegen das bürgerliche Establishment, sondern auch gegen den Chauvinismus in den eigenen, von Männern besetzten, revolutionären Reihen. Für heterosexuelle Aktivistinnen entsprach das einem Zweifrontenkampf, nämlich gegen traditionelle Ansprüche von Männern und gegen radikal-emanzipatorische Forderungen der lesbischen Mitstreiterinnen. Diese hatten es in dieser Hinsicht leichter, sie brauchten sich gegen Männer ‚nur' politisch abzugrenzen, nicht jedoch als Sexual- oder Beziehungspartner. Wenn in der Frauenbewegung also zwei Strömungen zusammen kommen – wie sieht es mit den jeweiligen historischen Hintergründen aus? Lässt sich ein Bogen zu den schwul-lesbisch-transgender-intersexuellen-Befreiungsbewegungen spannen? Die Geschichten berühren sich bei den gesellschaftlichen Umbrüchen, die mit einer Lockerung des Verständnisses von Geschlechterrollen und Sexualmoral verbunden waren. Das macht den gemeinsamen Kern aus. Lassen sich die Geschichten als parallel oder aufeinanderfolgend begreifen? Was hat das alles mit queer und Queer Studies zu tun? Vor allem: Was ist damit eigentlich gemeint?

2.3 Von Gay liberation zu queer

Programm Queer Studies

Die Queer Studies mischen seit einem guten Dutzend Jahren das akademische Parkett auf. Sie wollen keine ‚normale' wissenschaftliche Disziplin sein (noch weniger als die Gender Studies, die damit ohnehin schon Probleme haben), sondern vielmehr die etablierte gesellschaftliche Ordnung als zweigeschlechtlich und heterosexuell organisierte Zwangsveranstaltung auf den Kopf stellen – mit wissenschaftlichen Mitteln. Zielscheiben der Kritik sind deshalb nicht mehr wie in frauenbewegten Zeiten der 1970er und 80er Jahre ‚die Männer' und ‚das Patriarchat', sondern normalisierende Praxen und Glaubenssätze rund um Geschlecht, Sexualität und andere ‚Normalitäten' (wie etwa Weißsein oder Nichtbehinderung). Queere TheoretikerInnen kritisieren Institutionen (wie die Ehe), Ideologien (wie der ‚weibliche Führungsstil') und die Logik des binären Denkens (wie die Zweigeschlechtlichkeit), wie es sich etwa in wissenschaftlichen Lehrgebäuden der Soziobiologie oder auch der Philosophie niederschlägt. Um normalisierende Normierungen handelt es sich, weil WissenschaftlerInnen dort unreflektiert oder schlicht ignorant mit Konzepten ‚natürlicher' Zweigeschlechtlichkeit und Heterosexualität hantieren. Damit verbundene Wissensprodukte, Organisationsprinzipien und Institutionen entlarven und sezieren queere DenkerInnen mit viel Kreativität und Fleiß als ‚heteronormativ'. Die Entwicklung bis hin zu diesem Programm möchte ich nun kurz skizzieren.

Definition Queer Studies

Die Annäherung an Queer Studies beziehungsweise Queer Theory[8] über eine griffige Definition fällt schwer. Es gibt zwar einige, aber verständlich sind die meisten nicht, zumindest nicht ohne ein breites theoretisches Vorwissen. Dafür ein Beispiel: „Queer Studies bzw. Queer Theory bezeichnet einen interdisziplinären Korpus von Wissen, der Geschlecht(skörper) und Sexualität als Instrumente und zugleich als ‚Effekte bestimmter moderner Bezeichnungs-, Regulierungs- und Normalisierungsverfahren' [...] begreift, d.h. Geschlecht und Sexualität liegen der Kultur nicht voraus, sondern sind gleichursprünglich mit ihr. Eine zweite zentrale Annahme von Queer Studies ist die These, dass die Zwei-Geschlechter-Ordnung und das Regime der Heterosexualität in komplexer Weise koexistieren, sich bedingen und wechselseitig stabilisieren. Insbesondere garantieren sie wechselweise jeweils ihre ‚Naturhaftigkeit' und beziehen ihre affektive Aufladung voneinander." (Hark 2005a: 285). Begriffe wie ‚komplex', ‚affektive Aufladung', ‚Regime der Heterosexualität' und moderne ‚Bezeichnungs-, Regulierungs- und Normalisierungsverfahren' mögen tiefsinnig klingen, geklärt ist damit zunächst noch nicht viel.

Queer als Begriff

Versucht man einen Zugang über die Bedeutung von queer, dann fand und findet queer als Adjektiv im englischsprachigen Raum noch immer als Schimpfwort gegen Lesben und Schwule Verwendung. Gleichzeitig haben sich diese Gruppen den Begriff seit den späten 1980ern aber auch mit Stolz angeeignet. Als Substantiv ist *queer* ein politischer Sammelbegriff für GLBT (*Gay-Lesbian-Bi-Transsexuals/-gender*) beziehungsweise für all diejenigen, die sich nicht in das Korsett eindeutiger heterosexueller Orientierungen und binärer Geschlechtszuordnungen zwängen lassen wollen[9]. In den USA der späten Achtziger waren das nicht nur Homosexuelle, son-

---

8 QUEER THEORY UND QUEER STUDIES. In der Literatur findet meist der Begriff Queer Theory Verwendung (vergleiche etwa die Einführungen von Jagose 2001, Sullivan 2003). Ich verwende im Folgenden diese Bezeichnung, wenn es um vorwiegend theoretische Fragen geht. Für darüber hinausgehende methodologische und methodische Überlegungen, disziplinäre Standortbestimmungen sowie empirische Beobachtungen benutze ich den Begriff Queer Studies.

9 FEHLENDE ETHIK. Das wirft ein nicht zu unterschätzendes Problem auf: Wer gehört (nicht) dazu? Wenn sich queer nicht nur auf marginalisierte homosexuelle Praktiken beziehen soll, wie sieht es dann mit der Abgrenzung zu anderen sexuellen Abweichungen aus? Dürfen Voyeure, Zuhälter, Pädophile und Kannibalen dieses Etikett für sich reklamieren – mit dem Argument der Ausgrenzung aus dem sexuellen Mainstream? An dieser Stelle scheint sich der Bedarf nach einer queeren Ethik aufzudrängen – was theoretisch noch gänzlich ungelöst ist.

dern fast im Gegenteil auch diejenigen, die sich von einer kommerziell gewordenen, lifestyle-orientierten und elitären Schwulenkultur einerseits und von separatistischen Feministinnen andererseits, die gegen Pornografie, Promiskuität und SM Vorbehalte äußerten, nicht mehr in der schwul-lesbischen Bewegung repräsentiert sahen. Dazu kamen empfindliche Angriffe einer neuen Rechten gegen Abtreibung, deren Diskriminierung von Homosexuellen sowie die sozialen Folgen von AIDS (Jagose 2001: 95-98; Woltersdorff 2003). Vor diesem Hintergrund entstand queer als eine neue Form der Bündnispolitik unterschiedlicher gesellschaftlicher AußenseiterInnen. Queerendes Denken als Affekt gegen Festlegungen und für Mehrdeutigkeit ist gleichzeitig auch mit einer wissenschaftlichen und auch politischen Positionierung verbunden. Diese bezieht ihre Kraft aus der Auseinandersetzung mit Denkformen und Institutionen, die vereinfachen, binarisieren, hierarchisieren und ausgrenzen. In diesem Sinn bedeutet „to queer – to make strange, to frustrate, to counteract, to delegitimise, to camp up – heteronormative knowledges and institutions, and the subjectivities and socialities that are (in)formed by them and that (in)form them." (Sullivan 2003: vi). In erster Annäherung will ich deshalb die Queer Studies als eine dreifach kritische Denkströmung beschreiben:

- Begriffs- und Kategorienkritik. Erstens lieferte die Kritik am Erkenntnisanspruch des westlich-aufgeklärten und autonomen Subjekts den theoretischen Hintergrund für queerende Theorie und Forschung. Damit geht der methodologische Anspruch einer permanenten Durcharbeitung und Reflexion der verwendeten Begriffe und Kategorien einher. Das bezieht sich sowohl auf die Analyse theorieexterner Wissensbestände wie auch auf die eigenen Grundlagen.
- Identitätskritik. Zweitens wenden sie die Queer Studies gegen ein essenzialisierendes, das heißt Eigenschaften und Identitäten festschreibendes und damit Ausschlüsse produzierendes Denken – und auch gegen ein solches Politikverständnis. Gemeint sind damit etwa ‚schwul' und ‚lesbisch' als essenzialisierende Identitätskategorien, das heißt als Bezeichnung dessen, was jemand *ist.* In diesem Sinn fällt schwul und lesbisch *sein* gerade nicht mit queer zusammen. Vielmehr gehe es darum, (politische) Solidarität jenseits solcher (Selbst)Kategorisierungen zu praktizieren. Frühe ProtagonistInnen der Queer Studies waren vor diesem Hintergrund die linken Nach-Sechziger, die mit der Schwulen- und Lesbenbewegung zuerst eine Protest- und damit Gegenidentität schufen, dann aber identitäre Fixierungen hinter sich zu lassen versuchten.

- HETERONORMATIVITÄTSKRITIK. Drittens orientieren sich die Queer Studies in inhaltlicher Hinsicht an der Kritik von Heteronormativität, die mit der unhinterfragten Prämisse der Naturhaftigkeit von Zweigeschlechtlichkeit und Heterosexualität einhergeht.

Akademische Wurzeln

Bei queer verbindet sich also ein begriffs-, identitäts- und heteronormativitätskritisches Politik- und Theorieverständnis, das sich zunächst einmal auf die Kategorien Sexualität und Geschlecht bezog. Die akademischen Wurzeln der Queer Studies nun liegen in den Literaturwissenschaften und der Philosophie der späten 1980er Jahre[10]. Die Geburtsstunde – so wird es überliefert – datiert auf einer Konferenz 1989 in Santa Cruz/Kalifornien, wo die Literaturwissenschaftlerin Teresa de Lauretis (1991) den Begriff *Queer Theory* prägte. De Lauretis hat sich später allerdings wieder von dem Begriff distanziert, weil nicht zuletzt aufgrund dessen modischer Verwendung sein subversives Potenzial verloren gegangen sei (Lauretis 1997). Blättert man nun die queere Geschichtsschreibung um einige Kapitel zurück, sind Anfänge nicht erst mit der 68er-Bewegung, sondern bereits bei den schwulen und lesbischen Kulturen der Weimarer Republik auszumachen.

Das WHK und der § 175

Ein Vorkämpfer war Magnus Hirschfeld (1868-1935), ein jüdischer Arzt, Sozialist und Kämpfer für die Rechte von Homosexuellen (vgl. Sullivan 2003: 1-22, Dreyer 1997: 28-52). Er setzte große Hoffnungen in die medizinische Forschung, um religiöse Vorurteile und traditionelle Moral zu überwinden. Im Jahr 1897 gründete er das Wissenschaftlich-humanitäre Komitee (WHK)[11]. Damit ging auch der Kampf gegen die Strafbarkeit von Homosexualität einher. Der entsprechende §175 steht seit 1871 im RStGB (beziehungsweise StGB). Nach einer Petition für dessen Anschaffung 1897 kam es 1909 zu einem Entwurf eines neuen Strafrechts für das deutsche Reich, das den § 175 auf die Strafbarkeit der Homosexualität bei Frauen ausdehnen sollte (wozu es allerdings nicht kam). Der Paragraf wurde 1935 nach dem Röhm-Putsch verschärft: Der bloße Verdacht der Homosexualität reichte für dessen Verurteilung. Der § 175 galt im Nazi-Deutschland dennoch weiterhin nicht für Frauen, „weil im allgemeinen wohl angenom-

---

10 vgl. Jagose (2001: 13-19; 98-107); Kirsch (2000: 32-34); Seidman (1994: 173); Sullivan (2003: 1-22).

11 WHK-BEFRAGUNG. Das WHK veröffentlichte 1901 die Broschüre „Was soll das Volk vom dritten Geschlecht wissen?" und führte 1903 eine Fragebogenaktion unter 3000 Berliner Studenten zu ihrer sexuellen Orientierung durch. Fünf Studenten fühlten sich dadurch beleidigt und zeigten Hirschfeld an, er musste 200 Mark Strafe zahlen. 1921 eröffnete das WHK das Institut für Sexualwissenschaft in Berlin, das 1933 durch die Nazis zerstört wurde.

men werden könne, daß eine verführte Frau wohl dadurch nicht dauernd dem normalen Geschlechtsverkehr entzogen werde, sondern bevölkerungstechnisch nach wie vor weiter nutzbar [sic!] bleiben werde.“ (Dreyer 1997: 32).

Geschichte der Lesbenkultur in der Weimarer Republik

Die erste Frauenbewegung seit Ende des 19. Jahrhunderts bis Ende der 1920er Jahre ging zu einem guten Teil aus der ‚harmlosen‘ Frauenfreundschaftskultur seit Ende des 18. Jahrhunderts hervor. Harmlos, weil Frauen keine eigene Sexualität zugesprochen wurde (vgl. Jäger 1998: 38-41). Das heißt nicht, dass lesbische Sexualität nicht diskriminiert wurde. In den 1870ern bis in die 1890er wurden vereinzelte pathologische Sonderfälle ‚weiblicher Konträsexualität‘ klassifiziert und behandelt, 1890 bis zum ersten Weltkrieg fand eine Ausweitung der Jagd auf Frauen statt. 1910 drohte die Ausweitung des § 175 auf Frauen, wozu die Frauenbewegung eher defensiv Stellung bezog. Sie wies auf die geringe Verbreitung hin wie auch auf die Gefahr der Verleumdung und Erpressung. Zur Herausbildung eines lesbischen Selbstverständnisses und lesbischer Kulturen kam es erst zu Beginn des 20. Jahrhunderts, diese fiel mit einem Niedergang der Frauenfreundschaftskultur zusammen. Es entstanden lesbische Lebensgemeinschaften als Resultat von Modernisierungsprozessen; Individualisierung, Arbeit und Leistung wurden zu Orientierungspunkten von Selbstverwirklichung. Damit gingen auch Tendenzen der Entpolitisierung einher, wie es vor allem im Berlin der 1920er zu beobachten war. Mit der nationalsozialistischen Machtergreifung kam die entstandene lesbische Kultur zum Erliegen.

Homosexuellen- und Frauenbewegung: Naturalisierung als Gemeinsamkeit

In diesem Zusammenhang ist vor allem eine Parallele zur Geschichte der Frauenbewegung aufschlussreich. Denn auch BefürworterInnen der Straffreiheit des § 175 übernahmen letztlich den Anomaliediskurs der um die damalige Jahrhundertwende entstandenen Sexualpathologie, und viele Gruppen wehrten sich auch nicht gegen Versuche der Therapie. Das Interesse an der Durchsetzung politischer Ziele (im einen Fall die Abschaffung des § 175, im anderen die Zulassung zum Frauenstudium und zur Ausübung des Arztberufs von Frauen) war also daran geknüpft, Argumente der Gegenseite zur ‚Natur‘ von Homosexuellen oder Frauen zu übernehmen. Die strategische Vereinnahmung der (Sexual-)Wissenschaften und ‚honoriger Männer‘ (Professoren waren im autoritären Kaiserreich hoch geachtet, die Wissenschaft genoss höchstes Ansehen) war daran geknüpft, Homosexualität als angeboren und damit auch unpolitisch auszuweisen. Dies gelang auch teilweise, nämlich durch eine strategisch kluge, an Juristen angepasste Argumentation, einer Mischung aus Wissenschaft, Elitenbeeinflussung und aufklärender Öffentlichkeitsarbeit und breiter publizistischer Tätigkeit – wie es etwa im Jahrbuch für sexuelle Zwischenstufen seinen Ausdruck fand (vgl. Dreyer 1997: 49-52, Hirschfeld 1983). Das WHK setzte auf die Karte Wissenschaft, die Frauenbewegung auf Politik, die Zuständigkeiten waren also klar verteilt. Der Preis freilich war hoch: den Gegner einerseits mit eigenen Mitteln zu schlagen, indem man sich auf dessen Diskurs einließ, auf der anderen Seite aber mit dessen Argumenten zur Natur von Homosexuellen und von Frauen identifiziert zu werden – und sich vielleicht sogar selbst damit zu identifizieren.

Zwischen Assimilation und Fundamentalkritik

Die verschiedenen Geschichten der lesbischen, schwulen und transgendered Emanzipationsbewegungen lassen sich nicht zuletzt vor diesem Hintergrund als Entscheidung zwischen Assimilation oder Fundamentalkritik lesen. Die politischen Bewegungen seit der Nachkriegszeit, die AIDS-Krise seit den 1980ern sowie poststrukturalistische Denkströmungen auf der wissenschaftlichen Seite sind die historischen Ausgangspunkte für queer – zumindest in den USA. Für den englischsprachigen Raum in den USA, Großbritannien und Australien gab es in den 1950er Jahren zahlreiche Organisationen, die sich für die Entkriminalisierung der Homosexualität einsetzten. Als sich Homosexualität als Identität herauskristallisiert hatte, entstand in den 1950ern in den USA die Homophilenbewegung. ‚Mattachine Society' (Gründung 1951) und ‚Daughters of Bilitis' (Gründung 1955) verfolgten eine Strategie der Anpassung, wurden aber nie zu einer Massenbewegung (Jagose 2001: 37-46). Ihre Ziele bestanden in Aufklärung, rechtlichen Reformen und der Unterstützung von Homophobieopfern. Für Toleranz nahmen die AktivistInnen in Kauf, dass Differenzen unsichtbar oder zumindest nebensächlich gemacht wurden (Sullivan 2003: 23). Die Gruppen bezogen sich häufig auf die von Karl Heinrich Ulrich in der in den 1860er und 1870er Jahren entwickelte These der biologisch determinierten/angelegten und damit nicht selbst verschuldeten Homosexualität. Damit machten sich Lesben und Schwule zu Opfern, die Aufgrund ihrer Veranlagung nicht verfolgt und verurteilt werden dürften. Entsprechend wehrten sich auch viele Gruppen nicht gegen eine Medikalisierung/Pathologisierung und gegen Versuche der Therapie. Problematisch war weiterhin die Trennung von privater und öffentlicher Sphäre, die bei diesen Gruppen Unterstützung fand: Homosexualität könne man ja praktizieren, so lange NachbarInnen, KollegInnen, Bekannte davon nichts mitbekämen. Dieses Argument hat nichts von seiner damaligen Aktualität verloren, kennzeichnet es etwa den Umgang mit Homosexualität beim amerikanischen Militär (vgl. Butler 1998: 149-179).

Von Stonewall...

Denkt man an queer als politische Bewegung, sind *Stonewall* und *Christopher Street* nicht weit (vgl. Bravmann 2003, Jagose 2001: 46-48, Perko 2005: 120-135, Sullivan 2003: 26 f.). Allsommerlich stattfindende Paraden, Demonstrationen und Straßenfeste bestehend aus Schwulen, Lesben, Transgender, bunten Vögeln und anderen SympathisantInnen feiern auf dem *CSD (*für *Christopher Street Day*) die eigene Kultur und Lebensweise, mitunter gespickt mit politischen Forderungen wie etwa der Homo-Ehe oder völliger rechtlicher Gleichstellung. Der Gründungsmythos der queeren community will es so haben, dass sich am 27.6.1969 lesbischer und schwuler Protest als politische Kraft äußerte. An diesem Tag nämlich provozierte die Polizei mit einer Razzia in der New Yorker Schwulen- und Tuntenkneipe *Stonewall Inn* in der *Christopher Street* tagelange Straßenkämpfe. Damit waren lesbisches und schwules Selbstverständnis als Widerstandsidentität geboren (nach dem Motto: nichts eint mehr als ein gemeinsamer Feind). Auch wenn dieses Wochenende noch nicht die queere Befreiungsbewegung auslöste, markierte es doch einen Bruch mit der Assimilationsstrategie der Homophilenbewegung, die auf Toleranz, Einsicht und den Nachweis der eigenen Harmlosigkeit setzte. An diese Stelle trat ein wütend gewordenes Selbstbewusstsein, das nicht um Akzeptanz von Andersartigkeit bettelte, sondern sie forderte.

... zur politischen Massenbewegung?

Natürlich genügt der Tatbestand, als Minderheit unterdrückt zu werden, nicht aus, um es bis zu einer politischen Massenbewegung zu bringen. Der britische Soziologe und Historiker Jeffrey Weeks (1985) formuliert in diesem Zusammenhang fünf weitere Faktoren, die für eine Mobilisierung erforderlich sind: „die Existenz einer großen Zahl von Menschen in derselben Lage, räumliche Ballung, klar erkennbare gegnerische Ziele, plötzliche Ereignisse oder Veränderungen in der gesellschaftlichen Position und eine intellektuelle Führung mit Zielvorgaben, die ohne weiteres verständlich sind.“ (Weeks in Jagose 2001: 191). In den USA war dies vor allem durch das Bündnis mit der neuen Linken gegeben, das ein grundlegend anderes gesellschaftliches Klima prägte[12]:

---

12 ENTPOLITISIERUNG? Vor allem der letzte Punkt in Weeks‘ Liste liefert eine Erklärung für die bei vielen AktivistInnen gegenwärtig zu beobachtende Klage einer Entpolitisierung des CSD und dessen Reduktion auf Spaßkultur. Denn bei faktisch weitgehend vollzogener rechtlicher Gleichstellung von Homo- und Heterosexuellen fällt es schwer, politische Ziele plakativ auf den Punkt zu bringen und zu vermitteln. Denkbar wäre das zwar hinsichtlich einer Verän-

Der Protest gegen den Vietnam-Krieg, Black Power, Frauenbewegung und Studentenproteste, die schwul-lesbischen Bewegungen waren lediglich ein Teil der Mobilisierung der 1968er. Allesamt lehnten sie Assimilationsstrategien zugunsten grundlegender rechtlicher Reformen ab. Die australische Kulturwissenschaftlerin Nikki Sullivan (2003: 29-31) benennt dazu vier einende Kernkonzepte: *pride, choice, coming-out, liberation*. Mit *(gay) pride* ist gemeint, sich für den eigenen Lebensstil nicht zu rechtfertigen oder zu entschuldigen, sondern im Gegenteil offensiv damit umzugehen – wie etwa, diesen beim CSD zu feiern. Homosexualität gilt weiterhin als Wahl (*choice*) und nicht mehr als naturgegebenes Schicksal, was der gegnerischen Propaganda freilich auch Munition frei Haus lieferte. Eine wichtige Komponente des schwullesbischen Selbstbewusstseins bildet weiterhin das *coming-out*, das Öffentlichmachen der eigenen Homosexualität. Schließlich soll sich die erwünschte Befreiung (*liberation*) auf die gesamte Gesellschaft beziehen. Die sexuelle und geschlechtliche Revolution der Gesellschaft galt als Notwendigkeit, eigene Bedürfnisse und Seinsweisen überhaupt erkennen zu können, auch und besonders für Heterosexuelle. Gemessen an diesem Anspruch ist die Homo-Bewegung sicherlich gescheitert, ein gesellschaftlicher Umsturz hat nicht stattgefunden. Das hat teilweise mit mangelnder Macht der Bewegung zu tun gehabt. Ein anderer Grund liegt in der schwierigen Bildung von Koalitionen. Offen ist dabei, ob Identitäten (als Frau? als Lesbe? als Schwuler?) versus gemeinsamen Interessen (Welche könnten das sein außer dem abstrakten Interesse an Emanzipation?) dafür die entscheidende Voraussetzung waren und sind.

Lesbischer Feminismus und Heterofrauen

Viele Frauen befanden sich jedenfalls in einem Dilemma. Auf der einen Seite hatten viele (heterosexuelle) Feministinnen nicht nur zu Zeiten der ersten Frauenbewegung, sondern auch während der Aufbruchstimmung der 1970er Jahre Schwierigkeiten, sich mit Lesben zu solidarisieren. In den 1970er Jahren distanzierten sich die Initiatorin und Hauptprotagonistin der amerikanischen Frauenbewegung Betty Friedan (1966) und ihre Organisation *National Organisation for Women* (NOW) von Lesben, weil sie befürchteten, der offene Lesbianismus könnte den Zielen der vorsichtigen Schritte hin zur Gleichberechtigung schaden. Das

derung des Personenstandsgesetzes in Richtung einer Abschaffung der Zweigeschlechtlichkeit als gesellschaftlicher Institution (vgl. 5.2), dafür aber fehlen gesellschaftliche Mehrheiten. So mögen sich noch nicht einmal subkulturelle Minderheiten durchgängig mit der Sicht von Zweigeschlechtlichkeit als gesellschaftlicher Zwangsveranstaltung anfreunden, die es abzuschaffen gilt.

hatte eine Gegenbewegung der *woman-identified-women* zur Folge (vgl. Jagose 2001: 62-78, Sullivan 2003: 30 f.). Ergebnis: Es dauerte Jahre, bis etablierte Frauenrechtsorganisationen und Lesben zumindest als strategisches Bündnis kooperierten.

Lesben und Schwule

Auf der anderen Seite taten sich nicht nur hetero- und homosexuelle Frauen schwer mit einer solidarischen Gemeinschaftsbildung. Mindestens ebenso konfliktreich war das Verhältnis zwischen Lesben und Schwulen. Profitieren Schwule aufgrund ihres Geschlechts von Privilegien, die eine Solidarität mit Frauen unmöglich macht? Sind sie damit Unterdrücker wie heterosexuelle Männer? Genügt die gleichgeschlechtliche Objektwahl als Grundlage von Solidarität? „Lesben und Schwule sind nicht zwei Geschlechter innerhalb einer sexuellen Kategorie. Sie haben unterschiedliche Geschichten, die sich deshalb unterscheiden, weil die komplexe Organisation männlicher und weiblicher Identitäten genau anhand der Frage von Geschlecht verläuft." (Weeks in: Jagose 2001: 61 f.). Deshalb plädierte auch die amerikanische Schriftstellerin Adrienne Rich (1991) in ihrem einflussreichen Aufsatz zu „Zwangsheterosexualität und lesbische Existenz" für den Primärstatus von Geschlecht: Schwule stünden letztlich loyal zu Männern und deren Privilegien, schwule und lesbische Beziehungskulturen unterschieden sich grundlegend, Schwule pflegten einen Äußerlichkeitskult, den Lesben ablehnten, entsprechend sei Geschlecht und nicht Sexualität die zentrale Unterdrückungskategorie. Rich begreift Heterosexualität als unhinterfragte Norm, die Frauen aufgezwungen wird, indem beispielsweise die lesbische Existenz historisch und kulturell geleugnet wird. Statt einer Abgrenzung lesbischer von heterosexuellen Frauen betont Rich das lesbische Kontinuum und meint damit alle Formen der Solidarität zwischen Frauen. Lesbischsein „heißt, ohne irgendein erreichbares Wissen von einer Tradition, einer Kontinuität und ohne soziales Fundament zu leben" (Rich 1991: 159). Noch drastischer ausgedrückt: Lesben sind keine Frauen – weil Frauen durch ihren Bezug auf Männer definiert sind.

Geschlecht und Sexualität

Die schwierigen Beziehungen von Schwulen, lesbischen und heterosexuellen Frauen (heterosexuelle Männer spielten hier bestenfalls als Abgrenzungsfolie eine Rolle) verweisen auf Konflikte, die mit dem Zusammenhang von Geschlecht und Sexualität zu tun haben. Für die Frauenforschung wie auch für die lesbische Theorie der 1980er Jahre noch war Geschlecht die unhinterfragte Primärkategorie. In der Queer Theory dagegen sind Geschlecht und Sexualität zwei analytisch und politisch zu unterscheidende Kategorien, die sich wechselseitig definieren und Realität in einer bestimmten Weise konstruieren (Hark 1993: 105 f., Rubin 2003). Der politische Streit um die Vorrangstellung von Geschlecht oder Sexualität hatte Folgen auf verschiedenen Ebenen, nämlich erstens theoretisch und zweitens politisch.

- Vorrang einer Theorie von Geschlecht oder von Sexualität? *Theoretisch*, weil die Verschränkung von Geschlecht und Sexualität zu einem zentralen, sowohl verbindenden wie auch trennenden Thema der Frauenforschung und der beginnenden Queer Theory wurde. Eine deutliche Position dazu formulierte Gayle Rubin: „Wie Geschlecht ist Sexualität eine politische Kategorie." (Rubin 2003: 77). Rubin kritisiert eine (der Frauenforschung unterstellte) Reduktion von Sexualität auf Geschlecht und behauptet statt dessen Sexualität als autonome Domäne. Dafür entwickelt sie ein Modell sexueller Stratifizierung, das sie modernisierungstheoretisch begründet, nämlich als Resultat von Industrialisierungsschüben. In diesem Modell unterscheidet sie spezifische Formen sexueller Verfolgung, die gesellschaftlich unterschiedlich bewertet werden. Auf der einen Seite gibt es ‚gute' (heterosexuell, ehelich, monogam, fruchtbar, zu Hause praktiziert) und ‚schlechte' Sexualität (Transvestiten, Transsexuelle, Fetischisten, Sadomasochisten, Sex für Geld, über Generationengrenzen, öffentlich) (Rubin 2003: 41-44, 53). Unverheiratete heterosexuelle Paare, promiskuitive Heterosexuelle, Selbstbefriedigung, stabile Langzeitbeziehungen schwuler und lesbischer Paare, Lesben in Bars sowie Schwule in Parks oder Saunen zählen zu den ‚besonders umkämpften Zonen'. Vor diesem Hintergrund konstruiert Rubin Sexualität als nicht „auf Klasse, Rasse, ethnische Zugehörigkeit oder Geschlecht" reduzierbaren Unterdrückungvektor (Rubin 2003: 62). Genau dies nun erfordere die Entwicklung einer autonomen Theorie und Politik der Sexualität. Gegen diese Sicht hat sich etwa Judith Butler (1997a) deutlich abgegrenzt. Sie möchte eine Reduktion von Sexualität auf Geschlecht nicht umstandslos dem Feminismus zugerechnet wissen. Denn die ‚Überweisung' von Geschlecht an den Feminismus unterschlage dessen Geschichte der radikalen feministischen Sexualpolitik. Dazu zählt etwa Kate Millets Buch „Sexus und Herrschaft" (1974), das Sexualität als Kategorie gesellschaftlicher Positionierung begreift. Ebenfalls ausgeklammert – so Butler – blieben sozialistischer, postkolonialer und Dritte-Welt-Feminismus, auch die Reduktion von Sexualität auf patriarchale Unterdrückung greife zu kurz – und schließlich werde mit der Reduktion von Geschlecht auf Sexualität die Geschichte der *sex/gender*-Unterscheidung ausgelöscht. Ergebnis: „Politically, the costs are too great to choose between feminism, on the one hand, and radical sexual theory, on the other.“ (Butler 1997a: 18).

- POLITIK: SOLIDARISIERUNG JENSEITS VON IDENTITÄT, NATURALISIERUNG UND DIFFERENZIERUNG. Der Streit um den Vorrang von Geschlecht oder Sexualität war gleichzeitig Basis für *politische* Koalitionen und Differenzen. Auf der einen Seite sahen sich Lesben und Schwule Ende der 1980er mit einer aggressiven und homophoben sexistischen Mobilisierung christlicher und rechter Bewegungen konfrontiert (Hark 2005a: 291-293). Sexualität wurde zum Schauplatz der Verhandlungen der gesellschaftlichen Krise, die AIDS-Krise war das gefundene Fressen für homophobe Mobilmachung. Über Geschlechter-, Klassen- und Rassenpolitik[13] wurde auch die Ungleichheit der *community* deutlich, immer wieder ging es darum, wer dazu gehörte und wer nicht. Die AIDS-Krise hat die Bewegung mit den Konsequenzen von Separatismus und Liberalismus konfrontiert. Zu diesem Zeitpunkt sollte queer neue politische Identitäten entwerfen (Crimp 1993: 314). In *ACT UP* und *Queer Nation* etwa arbeiteten viele Schwule und Lesben zusammen. Der Staat wurde zur Arena politischer Auseinandersetzung und AIDS zum Motor für ein neues Projekt identitätsübergreifender politischer Mobilisierung. Auf der anderen Seite ebneten die *sex wars* (dazu zählen etwa Debatten um die Frauenfeindlichkeit von Pornografie und die politische Korrektheit von SM) der 1980er in den USA den Weg für eine Desexualisierung des Lesbianismus und eine gleichzeitige Politisierung. Die Grundlage dafür lieferte Richs Konzept des ‚lesbischen Kontinuums‘ (s.o.): Wenn sie Heterosexualität als eine politische Institution rekonstruiert, die syste-

[13] BEGRIFF RASSE. Im deutschsprachigen Kontext erscheint in der gender- und queertheoretischen Literatur der Begriff Rasse mit Rücksicht auf die nationalsozialistische Vergangenheit zumeist in Anführungszeichen. Alternativ findet der englische Begriff *race* statt Rasse Verwendung, „um die biologistischen und besonders die faschistischen Konnotationen des Begriffs zu vermeiden“ (Dietze 2001: 31). Dieses Verfahren scheint mir zumindest im Zusammenhang der Gender/Queer Studies abgenutzt, weil inzwischen zum nicht mehr registrierten Kanon der politischen Korrektheit gehörend. Gerade deshalb werde ich im Folgenden auf Anführungszeichen verzichten, um nämlich deutlich zu machen, dass eine solche Wortkosmetik dem Gegenstand, nämlich Prozessen der Rassisierung, also der Rasse erst konstruierenden Ausgrenzung und Diskriminierung, nicht gerecht wird. Für andere Kontexte mag die Entscheidung für die passende Schreibweise durchaus anders ausfallen. Soweit nicht anders markiert, gilt diese Schreibweise auch für die Beiträge der AutorInnen in Kapitel fünf.

matisch zum Nachteil von Frauen agiert, entnaturalisiert sie damit zwar Heterosexualität, allerdings um den Preis einer Naturalisierung von Geschlecht. Denn Lesbischsein sei eine genuin ‚weibliche' Erfahrung wie die Mutterschaft, und dies liefere die Grundlage für ein Modell radikaler feministischer Veränderung. Dennoch sah es mit der Solidarität lesbischer und heterosexueller Frauen nicht immer so aus, wie die Theorie sich das ausmalte. Viele Lesben fühlten sich aus der Frauenbewegung ausgeschlossen, ohne deshalb Solidarität mit und bei Schwulen zu finden. Auch heute noch ist es schwierig, politische Bündnisse auf der Grundlage sexueller Diskriminierung zu schmieden. Als Zwischenergebnis ist deshalb eine doppelte politische Differenzierung festzuhalten. Zum einen fächerte sich die Bewegung zunehmend auf – und zum anderen wurden auch zunehmend Differenzen zwischen den jeweiligen AkteurInnen betont: zwischen Homosexuellen, zwischen Frauen, zwischen Mittelschichtsangehörigen, zwischen Weißen, zwischen Generationen und so weiter.

Anspruch queer: Normalitäten dekonstruieren

Immerhin hat der Streit drei wichtige Spuren in der Debatte um queer hinterlassen (Jagose 2001: 77), nämlich die Berücksichtigung der Kategorie Geschlecht, das Verständnis von Sexualität als institutionell statt persönlich sowie die Kritik der Zwangsheterosexualität beziehungsweise Heteronormativität (vgl. Gigi 2006, vgl. 3.2.2). Die Queer Studies verstehen sich keineswegs lediglich als sexualitätstheoretische Erweiterung der Geschlechterforschung. Zunehmend geht es in den Queer Studies darum, die Genese und Wirkungsmacht von Normalität und Normalisierungsprozessen durch Institutionen und Regelungen zu rekonstruieren. Im Zentrum steht dann auch nicht mehr eine disziplinäre Beschäftigung mit Minderheiten, sondern „a study of those knowledges and social practices which organize ‚society' as a whole by sexualizing – heterosexualizing or homosexualizing – bodies, desires, acts, identities, social relations, knowledges, culture, and social institutions." (Seidman 1994: 174). Was die Queer Studies damit nicht nur rekonstruieren, sondern auch systematisch aus den Angeln heben wollen, sind Naturalisierungen, und zwar in dem Sinn, dass Normalität zur Natur beziehungsweise Natürlichkeit erhoben wird. Das betrifft nicht nur Sexualität, sondern etwa auch Rasse und (Nicht)Behinderung. Entsprechend geht es inzwischen auch um die Übertragbarkeit von queer auf andere gesellschaftliche Bereiche wie die „Geschichte radikaler Theoriebildung, die Bedeutungen des Subjekts, Medizin und

Recht, Mediation, Cyberfeminismus, Gendermainstreaming, Rassismus und Hybridität" (Perko 2005: 28). Queer versteht sich dabei immer auch als herrschafts- und normkritisches Projekt. Denn es geht um Anerkennung von Differenzen und (politischer) Gleichheit, um die Auflösung eindeutiger Identitäten und die Dekonstruktion von Kategorisierungen.

Spezifikum deutschsprachiger Queer Studies

Dies sind die Rahmenbedingungen sozialer Bewegungen wie auch akademischer Diskurse, die ihren Teil zur Entstehung der Queer Studies beitrugen. Sie wären ohne die Frauen- beziehungsweise Geschlechterforschung nicht denkbar gewesen, der umgekehrte Fall gilt nicht. Was nun die deutschsprachigen Queer Studies angeht, sind akademische (vgl. Hark 2005a: 289-291, Jagose 2001: 167-195, Nachwort zur deutschen Ausgabe) und politische Aneignungen (Perko 2005: 122-128) zu unterscheiden.

Queer in Deutschland: politisch

Politisch war und ist queer in weiten Teilen immer noch eher ein Synonym für lesbisch-schwul und steht weniger für eine Anti-Identitätspolitik. Queer findet vielmehr als politisch-strategischer Überbegriff für diejenigen Verwendung, die gesellschaftlich herrschenden Normen nicht entsprechen (Perko 2005: 17-21). Das liegt auch daran, dass sich queer im deutschsprachigen Raum als Modebegriff einsetzen lässt, im Englischen dagegen mit einem negativen Beigeschmack behaftet ist. Queer ist im Deutschen viel zu unbekannt, um in durchgreifender Weise zu provozieren, ebensowenig liegt der Bezug auf Sexualität offen. Am ehesten hat queer noch die Bedeutung von seltsam oder auch von quer-liegend und damit als Ablehnung von Eindeutigkeit. Die vom Bedeutungsgehalt wohl korrekte Übersetzung mit ‚pervers' wäre im deutschsprachigen Raum queeren Projekten sicher nicht zuträglich. Auch die AIDS-Krise führte in Deutschland mehr zu Protesten gegen das Gesundheitssystem als gegen Homophobie wie es in den USA zu beobachten war. Dennoch stimmt es nicht, dass der deutschsprachige Raum im Gegensatz zu den USA einer kruden Identitätspolitik verhaftet war, bis in den 1990ern die erst poststrukturalistisch geschulten DenkerInnen begriffen, was es mit queer ‚eigentlich' auf sich hatte. Auch in den 1980ern gab es in Deutschland bereits eine deutliche Differenzierung bei und von Frauen (wie es etwa die These der ‚weiblichen' Mittäterschaft belegt). Frauen waren keineswegs eine einheitliche Gruppe mit gleichen Interessen. Und auch „die Kritik bisexueller Frauen an lesbisch-feministischen Monokulturen" (Perko 2005: 124) zeigt, dass lesbische (Anti)Identitätspolitik schon früher entwickelt wurde als zur Zeit der Übernahme von queer aus den USA.

Queer in Deutschland: akademisch

Akademisch erfolgte die deutschsprachige Rezeption von queer zunächst nicht über Judith Butlers heterosexualitätskritische Perspektive, sondern über ihre Kritik der *sex/gender*-Unterscheidung (Butler 1991a: 26, vgl. 3.2). Daran schlossen deutschsprachige Arbeiten an wie etwa zu ‚devianten Subjekten' (Hark), Repräsentationskritiken (Engel), kulturwissenschaftliche Studien zu subkulturellen Formen sexuell Marginalisierter vor allem in den Kulturwissenschaften (Funk, Hark, Berger, Haase), demokratietheoretische Studien zur politischen Regulierung von Zweigeschlechtlichkeit und BürgerInnenrechten (Genschel, Quaestio), politische (Genschel, Hark) und rechtspolitische Analysen (Quaestio) (als Überblick vgl. Hark 2005a: 290). Ebenfalls in den Blick geraten das Verhältnis von Rassismus und Sexualität, noch im Wartestand befinden sich queere Analysen über kapitalistische Verhältnisse (vgl. 5.3). Dies beträfe etwa Fragen, ob und inwiefern Heterosexualität kapitalistisch strukturiert, queer ein Phänomen der etablierten Mittelklasse ist und wie die Beziehung von Sexualität und Arbeit aussieht. Düster sieht es auch mit queeren Analysen zu Globalisierungsprozessen wie etwa der Migration von Dienstmädchen oder der Herausbildung einer globalen queeren Spaß- und Konsumkultur aus – vor allem, auf wessen Kosten sie geht.

Homo-Ehe

In den letzten Jahren ist es um die politischen Dimensionen von queer ruhiger geworden. Der Streit um die Homo-Ehe um die Jahrtausendwende sowie deren rechtliche Institutionalisierung im Jahr 2001 war der bislang letzte Höhepunkt schwuler und lesbischer Politik. Auf queere Liebe stieß dieser Vorstoß nicht. Er wurde vielmehr als Rückfall in traditionelle, eingefahrene Beziehungsmuster kritisch beäugt. In dieser Perspektive schafft es die Homo-Ehe möglicherweise, den Bereich des ‚Normalen' und Anerkannten ein wenig auszudehnen, jedoch geschieht dies zulasten all derjenigen, die weder traditionelle, zweigeschlechtliche Identitätsangebote annehmen wollen, noch ihre Liebe auf eine als dauerhaft angelegte, ausschließliche Zweierbeziehung gründen lassen wollen. Fragwürdig ist in dieser Perspektive vor allem die Macht des Staates, der in omnipotenter Manier seine Regeln über die vermeintliche Privatsphäre von Individuen stülpt. Die Ordnungsfunktion, die damit verbunden ist, dass der Staat durch Gesetze die Mitglieder einer Gesellschaft zu berechenbaren und gut sortierten BürgerInnen macht, ist nur vordergründig positiv: Die feministische Kritik an Institutionen wie Familie und Ehe hat schon längst darauf hingewiesen, dass der Staat aktiv und offensiv eine Geschlechter- und Sexualpolitik betreibt, die zu zweigeschlechtlicher und heterosexueller Identifizierung zwingt (vgl. 3.1). Die Ehe als staatliche Institution unterstützt die Vorherrschaft und Macht von Männern gegenüber Frauen, die sozial, ökonomisch und politisch eingebunden ist. Zudem legitimiert die Ehe den Ausschluss von Frauen aus der Öffentlichkeit mit dem Verweis auf eine ‚natürliche', sich liebende Reproduktionsgemeinschaft, in der Frauen durch ihre Gebärfähigkeit die Rolle der Mutter und Haushälterin quasi mit in die Wiege gelegt bekommen haben. Gleichzeitig ist es der Staat, der durch seine Gesetzgebung genau diese heterosexuellen Beziehungsmuster in Form der Ehe als gültig absegnet und alternative Beziehungsmodelle ausschließt. Hier wird deutlich, dass weder die Sichtweise von Ehe als einer Privatangelegenheit haltbar ist, noch gesellschaftliche Zuordnungsdichotomien wie öffentlich versus privat oder materiell versus symbolisch voneinander entkoppelt werden können (vgl. Degele/Dries/Stauffer 2002).

Ansatz für queer

Der Kampf um die Durchsetzung der Homo-Ehe steht in einer Linie mit der frühen Assimilationspolitik der Homophilenbewegung der 1950er und 1960er: Von Schwulen und Lesben geht keine Bedrohung aus, sie sind genauso normal und harmlos wie andere BürgerInnen auch. Vielleicht ist das ja auch ein Spezifikum gegenwärtiger schwuler und lesbischer Bewegungen, nämlich eine Art Normalitätsnachweis zu erbringen, um den Anspruch auf gleiche Rechte zu legitimieren. Queere Politik mag dagegen aufbegehren (wie es etwa der WHK gegen die Homo-Ehe versuchte), macht aber doch vor allem deutlich, wo die Grenzen der Durchsetzbarkeit politischer Programme liegen: im alltäglichen Wissen um eine gesellschaftliche Ordnung, die um die Existenz zweier Geschlechter gebaut ist, ob homo- oder heterosexuell. Hier beginnt erst die eigentliche Auseinandersetzung um den Zusammenhang von Geschlecht und Sexualität, um das, wofür Gender/Queer Studies auch angetreten sind: zu verunsichern.

Literatur

Becker-Schmidt, Regina/Gudrun-Axeli **Knapp** (2000): Feministische Theorien zur Einführung. Hamburg: Junius.

Degele, Nina (2003a): Happy together: Soziologie und Gender Studies als paradigmatische Verunsicherungswissenschaften. In: Soziale Welt 54, S. 9-29.

Heintz, Bettina (Hrsg.) (2001): Geschlechtersoziologie. Kölner Zeitschrift für Soziologie und Sozialpsychologie, Sonderheft 41. Opladen: WDV.

Rubin, Gayle (2003) [Orig. 1984]: Sex denken: Anmerkungen zu einer radikalen Theorie der sexuellen Politik. In: Andreas Kraß (Hrsg.): Queer Denken. Ffm: Suhrkamp, 31-79.

Sullivan, Nikki (2003): A Critical Introduction To Queer Theory. New York: NY University Press.

Theorie: Gender/Queer Studies als Verunsicherungswissenschaften 3.

Überblick

Dieses Kapitel konzentriert sich auf die Darstellung einer feministisch verwurzelten und strukturorientierten Gesellschaftskritik (3.1), interaktionistisch orientierter und konstruktivistisch verorteter Positionen des *doing gender* (3.2) sowie poststrukturalistisch beheimateter und diskurstheoretisch ausgerichteter Arbeiten zur Dekonstruktion (von Geschlecht) (3.3). Weil diese viel zu facettenreich sind, um sie guten Gewissens als einen einheitlichen Komplex abhandeln zu können, werden Einebnungen und Ausblendungen in Kauf genommen, um Konfliktpunkte der Diskussion zuzuspitzen. Jede dieser Strömungen stellt bestimmte Fragen, bekommt damit spezifische Facetten von Phänomenen in den Blick und blendet andere aus. Entsprechend wird jede dieser Strömungen aus ihrem jeweiligen wissenschaftshistorischen und politischen Hintergrund ernst genommen, ohne sie gegeneinander ausspielen zu wollen.

3.1. Strukturorientierte Gesellschaftskritik: Geschlecht entdecken, sex und gender unterscheiden

Überblick

Die strukturorientierte Gesellschaftskritik ist eine Theorieströmung, die aus der Frauenforschung der 1970er und 1980er hervorgegangen ist. Letztere hatte das schlechte Image, einem essenzialistischen und universalistischen Denken verhaftet zu sein, das an etwas übergeschichtlich und wesenhaft verankertem ‚Weiblichen' festhält. Das nämlich sei die Grundlage für politische Solidarität von Frauen in Abgrenzung und in Gegnerschaft zu frauenunterdrückenden Männern. Heute klingt das wie eine Karikatur. Eine differenziertere Sichtweise sollte drei Punkte berücksichtigen, die ich hier knapp anführe, aber erst im Fortgang ausführlicher darstelle.

- KEINE UNTERDRÜCKTE HOMOGENITÄT. Auch die frühe Frauenforschung war nie eine homogene Einheit gewesen, die Frauen lediglich in der Opferrolle sah. So haben Auseinandersetzungen um ‚neue Weiblichkeit', ‚neue Mütterlichkeit', Subjektivismus und Innerlichkeit, Spiritualismus und lesbischen Separatismus sowie damit verbundene Ausschlüsse und Machtkämpfe unter Frauen auch im deutschsprachigen Feminismus eine Rolle gespielt (Selders 2003: 85; Becker-Schmidt/Knapp 2000: 103 f.). Ebenso erschütterten vor allem die Arbeiten Christina Thürmer-Rohrs (1983, 2004) zur Mittäterschaft von Freuen die Annahme von Frauen in der Opfersituation nachhaltig. Vielmehr kollaborier(t)en auch Frauen mit dem Patriarchat, auch Frauen wussten sich patriarchale Herrschaftsverhältnisse zunutze zu machen, es gab mehr und weniger privilegierte Frauen. Entsprechend konnte und kann von gleichen Interessen nicht die Rede sein.
- UNIVERSALISMUS IST NICHT ESSENZIALISMUS. Viele ForscherInnen der frühen Jahre beabsichtigten, mit der Gegenüberstellung von ‚männlich' versus ‚weiblich' Phänomene wie Denken, Moral, Zugang zur Technik und so weiter in geschlechtsspezifischer Hinsicht zu unterscheiden. Dieser Zugang entpuppte sich als Sackgasse. Denn was sind ‚männliche' und ‚weibliche' Eigenschaften, wenn nicht Stereotypen des Alltags? Das Nachplappern solcher Kategorisierungen machte auf schmerzliche Weise deutlich, dass die wissenschaftliche Theoriebildung nicht genug Distanz von den in der Gesellschaft vorherrschenden Sichtweisen hatte. Entsprechend richtete sich die folgende Kritik nicht mehr allein gegen hierarchische Geschlechterverhältnisse. Die Rede von einer wie auch immer gearteten ‚Natur' oder einem ‚Wesen'

'der Frau' geriet unter heftigen Beschuss. Zielscheiben der Kritik wurden auch und vor allem Essenzialisierungen in der eigenen alltäglichen Praxis wie auch der wissenschaftlichen Theoriebildung selbst (Gildemeister/Wetterer 1992). Auch das hatte seinen Preis. Denn die Kategorie 'Frau' nicht zu essenzialisieren, ist eine Sache. Der gleichzeitige Verzicht auf die Kategorie der Universalisierung dagegen ist etwas anderes und wird in der strukturorientieren feministischen Theoriebildung deutlich als Selbstgefährdung wahrgenommen (vgl. Klinger 1998, Ferguson 1992, Knapp 2001, Nagl-Docekal 1999: 170). Denn feministische Theorie und Politik ziele sehr wohl auf „Umgestaltung des hierarchischen und asymmetrischen Geschlechterverhältnisses, auf Beendigung der Vorherrschaft des männlichen Geschlechts" (Klinger 1998: 36). Feministische Analysen kommen nicht ohne eine politische Dimension aus, und das sei mit einer universalen Definition verbunden und auch nicht ohne normative Grundlagen möglich. Dafür sei die Anerkennung der Bedeutung von Geschlecht als eine für alle Gesellschaften relevante Kategorie für Analysen der Teilung gesellschaftlicher Arbeit, Ein- und Ausschlüssen aus gesellschaftlichen Machtpositionen sowie zur Verteilung von Potenzialen und Ressourcen notwendig.

- Differenzen zwischen Frauen. Vor diesem Hintergrund hat sich die Theoriediskussion vor allem unter dem Eindruck poststrukturalistischer Arbeiten in den letzten zehn Jahren deutlich weiter entwickelt. Anfangs war die Betrachtung auf Unterschiede *zwischen* (den, und das heißt: genau zwei) Geschlechtern gerichtet. Aber spätestens zu Beginn der neunziger Jahre war offenkundig geworden, dass jeder Versuch, 'Frauen' auf eine vereinheitlichende Form zu bringen, die Erfahrungen einer Mehrheit von Frauen ausschließen musste. So kamen im Lauf der Zeit Unterschiede *zwischen* Frauen deutlicher in den Blick. Geschlecht bleibt damit nach wie vor eine zentrale, ungleichheitsgenerierende Kategorie. Geschlecht ist aber keine 'Totschlagkategorie', die Klasse, Rasse, Religion, Alter, (Nicht)Behinderung oder Sexualität schlichtweg dominiert. Vielmehr geht es inzwischen mehr und mehr darum, der Bedeutung von Geschlecht in ihren Wechselwirkungen mit anderen Kategorien nachzuspüren. Vor allem das seit über einem Jahrzehnt verstärkt diskutierte Konzept der Intersektionalität (vgl. 4.3) trägt diesem Umstand Rechnung.

Die strukturorientierte Gesellschaftskritik ist feministischen Anliegen in der Weise verpflichtet, dass sie der Bedeutung von Geschlecht im gesellschaftlichen Zusammenhang, und das heißt: als ungleichheitsstrukturierende Kategorie nachspürt (3.1.1). Die Unterscheidung von *sex* und *gender* war dabei sicherlich einer der wichtigsten Durchbrüche (3.1.2), in gesellschaftstheoretischer Hinsicht ist es die Frage nach der Bedeutung im Sinne einer Thematisierung und Dethematisierung von Geschlecht (3.1.3).

3.1.1 Geschlecht als Strukturkategorie

Naturalisierung von Geschlecht: historisch

Die Naturalisierung von Geschlecht und der Geschlechterverhältnisse sind historische Phänomene. Wie kam es dazu? Im 18. Jahrhundert wurden physiologisch diagnostizierte Unterschiede zwischen Männern und Frauen als natürlich, die Geschlechterhierarchie als anatomischer Sachverhalt, und Mütterlichkeit zur bio-ethischen Notwendigkeit erklärt (Honegger 1989). Daraus ergab sich die Vorstellung von Geschlechtscharakteren. Danach werden einem bestimmten Geschlecht zugeschriebene Eigenschaften und Verhaltensweisen „als eine Kombination von Biologie und Bestimmung aus der Natur abgeleitet und zugleich als Wesensmerkmal in das Innere des Menschen verlegt" (Hausen 1976: 369 f.). Frauen erscheinen als ‚dunkle Seite' der Aufklärung. Im Zuge von Modernisierungsprozessen finden nur die kulturellen Leistungen der Männer ihre Würdigung; was Frauen leisten, denken und empfinden, gilt als Ausdruck ihrer ‚Natur'. Das hat die Soziologie vor einem Jahrhundert nicht anders gehalten als die übrigen Wissenschaften und die Philosophie der Aufklärung auch[1]. Frauen wurden im 18. Jahrhundert aus der damals entstehenden bürgerlichen Rechtsordnung ausgegrenzt, sie wurden gezähmt, verhäuslicht, domestiziert, ‚hausfrauisiert'. Im Lauf des 18. Jahrhunderts findet mit der Entstehung der bürgerlich-kapitalistischen Gesellschaft auch eine Verschiebung des Geschlechterverständnisses hin zu einer fundamentalen Differenz statt (vgl. Maihofer 1995: 21-40). Das zeigen etwa historische

1 SEXISMUS. Das demonstriert etwa eine Äußerung von Denis Diderot aus dem Jahr 1772: „Die Frauen unterliegen einer epidemischen Wildheit [...] Sie sind zwar äußerlich zivilisierter als wir; aber innerlich sind sie wahre Wilde geblieben, [...]. Sie sind weniger Herr ihrer Sinne als wir, [...] O Frauen, ihr seid merkwürdige Kinder! [...] Die Idee von Gerechtigkeit, Tugend, Laster, Güte, Bosheit schwimmen and der Oberfläche ihrer Seele. Eigenliebe und Egoismus dagegen haben sie in ihrer ganzen natürlichen Kraft erhalten. [...] Die Frauen sind selten systematisch, immer dem Augenblick unterworfen."' (Denis Diderot in: Bublitz 1992: 60).

Forschungen zum sich verändernden Verständnis von Geschlechtskörpern und ihrer determinierenden Bedeutung für die Wesensbestimmung der Geschlechter (Honegger 1991), zur Veränderung der Wahrnehmung des geschlechtlichen Körpers in den aufkommenden medizinischen und anatomischen Wissenschaften (Laqueur 1992) und zur Andersartigkeit der Körpererfahrungen von Frauen im 17. Jahrhundert im Kontrast zu modernen Körpererfahrungen (Duden 1991).

Aufstieg der weiblichen Sonderanthropologie

Im Mittelpunkt steht dabei die Entwicklung der Wissenschaften vom Menschen und dabei vor allem einer weiblichen Sonderanthropologie in der zweiten Hälfte des 18. Jahrhunderts (Honegger 1991)[2]. Um 1800 entsteht eine Spezialisierung, bei der die Gynäkologie die Hauptzuständigkeit auf das weibliche Geschlecht erhält. Und mit dem Aufstieg der Anatomie zur neuen Grundlagenwissenschaft (ihr zufolge entscheidet der anatomische Bau über die Funktion) sind vier Konsequenzen verbunden (Maihofer 1995: 24 f.). Erstens ist der Unterschied zwischen Männern und Frauen nicht mehr nur an den Geschlechtsorganen festzumachen, sondern am ganzen Körper. Der männliche Körper wird als Maßstab, der weibliche Körper als Abweichung begriffen. Zweitens folgt daraus, dass sich die Geschlechter überhaupt und grundsätzlich voneinander unterscheiden, also auch psychisch. Drittens werden aus der anatomischen Differenz der Geschlechter Geschlechtsrollen und -identitäten wie auch die bestehende Geschlechterordnung direkt abgeleitet. Viertens schließlich wurde der Dualismus der Irritabilität und Sensibilität (vormals Körper und Geist) nun auf die Geschlechter projiziert. Die Geschlechterdifferenz erweist sich damit „als ‚Effekt‘ des modernen bürgerlichen Geschlechterdiskurses sowie als ‚Erfindung‘ medizinischer, biologischer, psychiatrischer, philosophischer und politischer Diskurse“ (Maihofer 1995: 20). Zwischen 1790 und 1850 gab es dann kaum noch ein Werk der integrierten Anthropologie, „das sich nicht ausführlichst mit der weiblichen Psycho-physiologie beschäftigt hätte“ (Honegger 1989: 148). Damit war die Grundlage für die Erfindung und Konsolidierung polarer Geschlechter-

---

2 Klasse und Geschlecht. Methodologisch ist hierbei interessant, dass man zur Erklärung dieses Sachverhalts mit zwei Kategorien arbeiten muss, nämlich mit Geschlecht und Klasse. Denn das (männliche) Bürgertum grenzte sich gegen die feudalistische Gesellschaft ab, die mit der Dominanz von Frauen in der höfischen Kultur assoziiert wurde. Eine Gegenbewegung war dann die Etablierung einer männlichen Kultur unter Rückgriff auf die griechische Kultur. Die Abgrenzung bürgerlicher Männer ist damit nicht nur gegen Frauen gerichtet, sondern ebenso auch gegen andere Klassen.

theorien des neunzehnten Jahrhunderts geschaffen: eine kulturtheoretische ,Biologisierung der Weiblichkeit'.

Biologisches Kontinuum statt Polarität

Die moderne Erfindung der Geschlechterdichotomie lässt sich auch als Reaktion auf – beziehungsweise als prophylaktische Abwehr des Emanzipationsbestrebens von Frauen verstehen: In dem Moment, in dem Frauen nach gesellschaftlicher Macht drängen, stehen ihnen Ideologien im Weg. Das war nicht nur nach der Aufklärung und vor einem Jahrhundert so. Auch heute findet dieser Mechanismus einen sogar körperlichen Niederschlag. So wurden Frauen gerade dann dünner und unsichtbarer, als die zweite Frauenbewegung zunehmend in gesellschaftliche Machtpositionen drängte[3]. Geschlechterdichotomien sind also wirkungsmächtige gesellschaftliche Ideologien beziehungsweise Konstruktionen, die sehr viel rigider konzipiert sind als die Biologie, die ihnen zugrunde liegen soll. Denn die biologischen Fakten des Sexualdimorphismus lassen sich nicht umstandslos in eine soziokulturelle Dichotomie übersetzen, im Gegenteil. Biologische Befunde legen keineswegs die Annahme von Geschlecht als Polarität, sondern vielmehr als Kontinuum nahe. Darauf verweisen die verschiedenen Möglichkeiten der Differenzierung der Geschlechter (chromosomal, gonadal, hormonal, morphologisch) (Christiansen 1995, Fausto-Sterling 2002, Schmitz 2006). Es sind also vielmehr geistes- und sozialwissenschaftliche, politische und philosophische Diskurse, die Männer und Frauen als sich ausschließende Geschlechtszugehörigkeit sozial herstellen – was im

---

3 Magersüchtige Models. Das hat so weit geführt, dass inzwischen einige Fotomodelle an Magersucht gestorben sind – die Modebranche indes weist jede Schuld von sich. Gleichwohl dürfen magere Models künftig an der Madrider Modewoche ,Pasarela Cibeles' nicht mehr teilnehmen. Rund ein Drittel der Bewerberinnen für die internationale Modenschau 2006 lehnten die Veranstalter wegen Untergewichts ab. Hintergrund des Teilnahmeverbots sind eine Empfehlung des spanischen Parlaments von 1999 sowie anhaltende Proteste von VerbraucherInnenverbänden. Spanische PolitikerInnen hatten immer wieder davor gewarnt, dass das Bild zu dünner Models die ohnehin verbreiteten Krankheiten Magersucht und Bulimie bei Jugendlichen fördern könnte. Die Veranstalter der ,Pasarela Cibeles' reagierten daraufhin als erste Modenschau auf diese Empfehlungen. So dürfen nur Models mit einem BMI über 18 bei der Szene-Show über den Laufsteg stolzieren. Der BMI (Body-Maß-Index) errechnet sich aus dem Körpergewicht dividiert durch die Größe zum Quadrat. Bei einer Größe von 1,75 Meter müsse ein Model mindestens 56 Kilogramm wiegen, sagten die VeranstalterInnen der Modenschau. Liege der BMI unter 16, müsse man von Magersucht oder Bulimie ausgehen (http://onleben.t-online.de/c/96/44/57/9644574.html. Zugriff am 17.11.06).

Zuge der technischen Manipulierbarkeit des Körpers umso mehr gilt (Weber 2003)[4].

Moderne Differenzierung: Mutti spült, Papa arbeitet

Die Herausbildung polarer ‚Geschlechtscharaktere' mit der Konstruktion von Gegensätzen wie aktiv/passiv, rational/emotional, stark/schwach und so weiter ist ein durch und durch modernes Phänomen (vgl. Bock/Duden 1977, Hausen 1976, Kontos/Walser 1979). Das heißt nicht, dass in traditionalen, also auf Familienwirtschaft beruhenden Gesellschaften keine geschlechterhierarchische Grundordnung vorgeherrscht hätte. Sie wurde aber erst mit dem Übergang zur bürgerlichen Gesellschaft und der Trennung von Erwerbs- und Familienarbeit festgeschrieben, ideologisch abgesichert und strukturell verfestigt: Männer tun anderes als Frauen und Männerarbeit ist höher bewertet. Geschlechtliche Arbeitsteilung basiert auf der Trennung produktiver, das heißt entlohnter, und reproduktiver, das heißt nicht entlohnter Hausarbeit. Weil in der kapitalistischen Gesellschaft nur zählt, was monetär verrechnet werden kann, gilt Hausarbeit nicht als Arbeit. Hausarbeit erscheint als reproduktive Tätigkeit ohne eigenen gesellschaftlichen Wert, die Familie als Rollenverstärker scheinbar natürlicher Geschlechterbeziehungen, bei denen Frauen und Männer sich wechselseitig ergänzende Rollen spielen. Frauen seien für das Heim, Männer für die Welt draußen prädestiniert. „Mutter spült, Vater arbeitet", so heißt es in einer Geschichte in einem Schulbuch für die Grundschule (Klein 1995: 205), das den ‚gewöhnlichen Tagesablauf' aus der Sicht eines Mädchens beschreibt. Quintessenz dabei: Die konkrete Verrichtung der Hausarbeit wird Nicht-Arbeit genannt, die nicht konkret benannte Tätigkeit des Mannes dagegen Arbeit. Hausarbeit wird als Nicht-Arbeit abgewertet. Nicht zuletzt das Zusammentreffen von Öffentlichkeit (Sichtbarkeit) und Privatheit (Unsichtbarkeit) machte Arbeit von Anfang an zu einem Schlüsselthema der sozialwissenschaftlichen Geschlechterforschung.

Haus- und Erwerbsarbeit

So ging es den Frauenbewegungen vor allem um die Gleichheit und Anerkennung in der Lohnarbeit und in der Familien- und

[4] Kein Einlassen auf Biologie. Dennoch sei hier vor einer oberflächlichen Übernahme biologischer Unsicherheiten bei der Zuordnung von Geschlecht gewarnt. Denn die Kritik der naturalistischen Kategorien ist nach wie vor eine vor allem äußerliche, die sich auf Inszenierungs- und Identitätsfragen bezieht. Auf die Materialität von Körperlichkeit und Geschlecht haben sich weder die Geistes- noch Sozialwissenschaften eingelassen (vgl. Degele/Schmitz 2007). Als Konsequenz hält derzeit ein neuer Biologismus Einzug, „der auch geschlechtliche Unterschiede evolutionspsychologisch begründe" (Schönwälder/Wille 2003: 19).

Versorgungsarbeit. Die zweite Frauenbewegung stellte dabei die Verbindung zu einer Kritik des Kapitalismus her: Die Idee freier Lohnarbeit sei Ideologie, weil sie auf der unsichtbaren und unbezahlten Reproduktionsarbeit von Frauen beruhe. Hausarbeit sei die unbezahlte Voraussetzung jeglicher Erwerbsarbeit, und deshalb seien auch Kapitalismus und Patriarchalismus in der Gesellschaft geradezu unauflöslich miteinander verbunden. Die Frauenbewegungen waren insofern erfolgreich, als für junge Frauen heute eine gute Ausbildung und ein qualifizierter Beruf selbstverständlicher geworden sind. Dennoch ist die UN-Statistik von 1985 immer noch aktuell, „dass bei der Berücksichtigung der Lohn- und Versorgungsarbeit Frauen zwei Drittel der Arbeit auf der Welt leisten, aber nur 10% des Einkommens erhalten und nur über 1% der produktiven Ressourcen verfügen." (Lenz 2004: 668, Klein 1995: 206). Die gesellschaftliche Anerkennung von Versorgungsarbeit ist zwar grundsätzlich gesetzlich abgesichert, die gesellschaftliche Realität hinkt dem aber noch weit hinterher. Entsprechend findet noch immer eine Transformation von biologischen Unterschieden in soziale Benachteiligungen und gleichzeitig eine Ideologisierung statt: Frauen werden von der Erwerbsarbeit ausgeschlossen, weil sie mit Familie und Haus ohnehin genug zu tun hätten, weil sie den Männern sonst die Arbeitsplätze wegnähmen, weil sie im innersten ihres Herzens lieber zu Hause blieben, weil es ihre Bestimmung sei – und welche Ideologien sonst noch alle ins Feld geführt werden mögen.

Doppelte Vergesellschaftung

Wie kommt es zu einer solchen Ideologisierung und Abwertung der Arbeit von Frauen, die ja kein Spezifikum der Hausarbeit ist, sondern sich in der Erwerbsarbeit fortsetzt? Mit der Verbindung der beiden Sphären der öffentlichen Berufs- und der privaten Hausarbeit setzt sich das Konzept der doppelten Vergesellschaftung auseinander. Vor zwei Jahrzehnten entwickelte die Hannoveraner Soziologin Regina Becker-Schmidt (1987a, b) eine solche Verbindung über den Begriff der Vergesellschaftung. Einfache Vergesellschaftung meint die Einbindung von Menschen in die Produktionsbedingungen, thematisiert also den Klassenaspekt. Neben dieser Zurechnung ist aber ein zweiter Vergesellschaftungsmodus von Bedeutung, nämlich der über Geschlecht. Was heißt das? In jeder gesellschaftlichen Hierarchie nehmen Frauen die untersten Ränge ein, oder bei Becker-Schmidt (1987b: 191): „Innerhalb jeder sozialen Klasse gibt es noch einmal eine Unterschicht: die Frauen." Klassen- und Geschlechterhierarchie wirken dabei wechselseitig verstärkend ineinander, man kann sie als positiv rückgekoppelt bezeichnen. Als Kritik an Marx' Stilisierung des (männlichen) Proletariats als unterdrückter Gruppe schlechthin kann man diese doppelte Bestimmung auch anders formulieren: In der Lohnarbeit sind Frauen eine geschlechtslose Arbeitskraft. Als geschlechtliche Wesen sind sie durch private Reproduktionsarbeit definiert. Frauen sind somit doppelt vergesellschaftet, indem sie an Produktion wie auch Reproduktion beteiligt sind. Sie sind gleichzeitig doppelt unterdrückt, was in der ungleichen Verteilung und Bewertung von Arbeitsfeldern sichtbar wird. Sozialstrukturelle Verfestigungen solcher Ungleichheiten werden etwa daran deutlich, dass nur jede vierte bis fünfte Führungsposition von einer Frau besetzt wird, in den Leitungszirkeln von Top-Firmen und auch an Universitäten ist der Anteil deutlich geringer (Brader/Lewerenz 2006). In den Aufsichtsräten der deutschen im DAX notierten Unternehmen findet sich 2007 noch immer keine Frau. Umgekehrt dagegen gilt nach wie vor: „je randständiger ein Aufgabenbereich, je weniger Aufstiegsmöglichkeiten es gibt und je weniger einflußreich eine gesellschaftliche Gruppe ist, um so größer ist die Wahrscheinlichkeit, daß Frauen in diesen Feldern vertreten sind“ (Bublitz 1992: 72; vgl. auch Heintz u.a. 1997: 16). So verwundert es nicht, dass 1989 etwa 67 Prozent der Frauen in nur zehn Berufsgruppen tätig waren; die meisten Frauen arbeiteten in Verwaltungs- und Büroberufen (als Sekretärinnen), als ‚Warenkaufleute‘ (Verkäuferinnen) und in Gesundheitsberufen (als Krankenschwestern und Sprechstundehilfen) (Klein 1995: 210). Die Arbeits- und Berufsrealitäten von Männern und Frauen sind – das ist hier die entscheidende Beobachtung – in hohem Maße segregiert (Game/Pingle 1983)[5]. Jede Arbeit ‚hat‘ also ein bestimmtes Geschlecht (Wetterer 1995), und diese spiegelt das gesamtgesellschaftliche Kräfteverhältnis der Geschlechter recht genau wider.

Geschlecht als Strukturkategorie; Geschlechterverhältnisse

Arbeitsformen und -verhältnisse sind nicht nur Schlüsselkategorien für die Erklärung sozialer Macht- und Herrschaftsverhältnisse. Mit der Erforschung des ‚weiblichen Lebenszusammenhangs‘ und der Entdeckung des Mechanismus der doppelten Vergesellschaftung war die Voraussetzung geschaffen, Geschlecht als Strukturkategorie zu begreifen, das heißt als Ursache sozialer Ungleichheit, die sich nicht auf andere Ursachen reduzieren lässt. Geschlecht wurde zum sozialen Platzanweiser, das heißt zum Bezugspunkt für die Zuweisung von Status und Lebenschancen. Geschlecht „erklärt als soziale Strukturkategorie Machtstrukturen

5 SEGREGIERTE Berufe sind solche, bei denen der Anteil des anderen Geschlechts unter 30 Prozent liegt.

auf der Ebene von Geschlechterbeziehungen und ihnen innewohnende Kräfteverhältnisse, die Unterdrückungs- und Ausgrenzungsphänomene sowie Benachteiligungen von Frauen beinhalten" (Bublitz 1992: 67). Dem Verständnis von Geschlecht als Strukturkategorie zufolge sind die wesentlichen gesellschaftlichen Strukturen und sozialen Beziehungen geschlechtlich geprägt. Dabei geht es vor allem um das Verhältnis, das Männer und Frauen als soziale [sic!] Gruppen zueinander in Relation und Abhängigkeit setzt. Entsprechend zielt die Analyse von Geschlechterverhältnissen „auf die Art und Weise, in der das Verhältnis der Geschlechter als sozialen Gruppen in die Reproduktion der Gesamtgesellschaft eingelassen ist" (Gottschall 2000: 25). Gemeint sind in Anlehnung an Becker-Schmidt all jene institutionellen und normativen Regulative, in denen nicht nur die Verteilung und Organisation der gesamtgesellschaftlich notwendigen Arbeit und des gesellschaftlichen Reichtums erfolgt, sondern auch langlebige und veränderungsresistente Entscheidungsstrukturen und sexuelle Normierungen verankert sind. Eine solche Ungleichheit ist „eine im Prinzip alle gesellschaftlichen Bereiche (insbesondere Erwerbssystem und Staat, politische Öffentlichkeit und Kultur, Ehe und Familie) und soziale Verhältnisse (insbesondere des Staatsbürgerstatus, die Erwerbsposition, die privaten Beziehungen der Geschlechter) prägende Struktur, die als gesellschaftlich beziehungsweise sozial hergestellte Struktur in einer umfassenden Analyse sozialer Ungleichheit Berücksichtigung finden müsste."[6] (Gottschall 2000: 13).

3.1.2 Die sex/gender-Unterscheidung als feministische Entdeckung

Kritik von Geschlecht als natürliche Tatsache

Die Kritik der Ontologie des Geschlechts, also von Geschlecht als natürliche Tatsache, geht auf Simone de Beauvoirs (1992: 334) wohl am meisten zitierten Satz zurück: „Man kommt nicht als Frau zur Welt, man wird es.". Dahinter verbirgt sich keine einheitliche Theorie, wohl aber die geteilte Annahme, dass vermeintlich

6 KRITIK AN DISKURSTHEORIE. Dies ist ein Punkt, den feministische TheoretikerInnen der strukturorientierten Tradition diskurstheoretischer Strömungen immer wieder als Defizit vorhalten, nämlich die mangelnde gesellschaftstheoretische und empirische Fundierung ihrer Aussagen: Geschlecht als Strukturkategorie existiere dort nicht. Dies aber – so die Argumentation – sei als Referenz entscheidend, wenn es um die Begründung und Relevanz thematisierter Ungleichheiten, Konstruktionsprozesse und auch Kategorien gehen soll (vgl. dazu 3.3.3 und 4.3).

Natürliches keineswegs natürlich sein müsse, sondern sehr wohl menschengemacht, sozial konstruiert sein kann. Eine konstruktivistische Perspektive liegt auch den Überlegungen des in diesem Kapitel vorgestellten strukturorientierten Ansatzes zugrunde, wenngleich damit andere Zugangsweisen und Interessen als im interaktionistischen Konstruktivismus (vgl. 3.2) verbunden sind. Die Auseinandersetzung zur sozialen Konstruktion und Konstitution von Geschlecht dauert nun schon über drei Jahrzehnte an, und dabei entstandene Verunsicherungen schlugen sich in der ‚*sex/gender*-Debatte' theoretisch nieder (vgl. Feministische Studien 1993, Waniek/Stoller 2001, Wobbe/Lindemann 1994). Die Trennung von *sex* (als biologisches, anatomisches Geschlecht) und *gender* (als Geschlechtsidentität und sozial-kulturelle Dimension von Geschlecht) ist seit den 1970er Jahren in der feministischen Theorie gebräuchlich. Sie stammt allerdings nicht aus der Frauen- oder Geschlechterforschung, sondern aus dem medizinischen Kontext der Behandlung Trans- und Intersexueller in den 1960er Jahren (Stoller 1968, vgl. Garrels 1998). Im klinischen Kontext ging es um die Herstellung einer übereinstimmenden Anatomie mit erwarteten geschlechtstypischen Verhaltensweisen. Dagegen sollte die Unterscheidung in der Geschlechterforschung der Annahme einer ‚natürlichen' Bestimmung von Geschlecht, wie sie mit den Geschlechtercharakteren der bürgerlichen Moderne Eingang in den alltäglichen und wissenschaftlichen Diskurs gefunden hatte, das Wasser abgraben.

Gewinn der Unterscheidung: Geschlecht als Konstruktion

Die Trennung von *sex/gender* nun weist jeglichen Kausalzusammenhang zurück: *Gender* ist keine zwangsläufige Konsequenz von *sex*, und die biologische Geschlechterdifferenz begründet keinerlei gesellschaftliche Ungleichheit! Vielmehr basiere *gender* auf der Wahrnehmung von Unterschieden zwischen Geschlechtern und ihrer Übersetzung in kulturelle Zuschreibungen von ‚Mannsein' und ‚Frausein'. Die *sex/gender*-Unterscheidung hatte eine wichtige politische Funktion für die feministische Theoriebildung in den 1970er Jahren. Damals ging es nämlich darum, biologistische Auffassungen zur ‚Natur der Frau' zurückzuweisen. Vielmehr – das war die Entdeckung – gab es da etwas sozial Gemachtes, das unabhängig von Natur war. Für die Diskussion zur Hierarchie von Geschlechtern war das ein nicht zu unterschätzender Fortschritt. Die *sex/gender*-Unterscheidung war mit anderen Worten Offenbarung für die Frauenbewegung und -forschung. Denn Geschlecht wurde als sozial konstruiert, als gesellschaftlich bedingt ausgewiesen, und damit kritisier- und veränderbar. Dies geschah als Trennung: auf der einen Seite das biologische Geschlecht (*sex*), also

Natur, auf der anderen Seite die soziale Formung von Geschlecht hinsichtlich der Identität, Rolle und Wahrnehmung, also Kultur (*gender*). *Gender* nun sollte nicht auf *sex* reduzierbar sein, denn Ausprägungen wie etwa Härte, Aufmerksamkeit, Aktivität, Sanftmut, Geiz, Mut, Emotionalität und Pünktlichkeit stünden grundsätzlich allen Menschen offen.

Kosten der Unterscheidung: Was sind Frauen?

Der Preis indes war hoch, nämlich das Festhalten an etwas Natürlichem, von Gesellschaft nicht Kontaminiertem, dem vermeintlich natürlichen biologischen Geschlecht als Grundlage des sozialen Geschlechts. Unangetastet blieb damit die Unterscheidung von Natur und Kultur/Gesellschaft. Dass bereits diese Unterscheidung eine sozial Gemachte und keineswegs eine Natürliche ist, fiel damit durch die Maschen. Das damit heraufbeschworene Problem war kein geringeres als das Folgende: Was sind Frauen, „auf welche empirischen Referenzen bezieht sich der fundierende Begriff des Feminismus?" (Becker-Schmidt/Knapp 2000: 64). Und wenn auch kulturanthropologische und historische Forschungsarbeiten belegen, dass Geschlechterunterscheidungen keine natürliche Tatsache sind, sondern Ergebnis kultureller Prozesse, stellt sich die Frage, ob dann nur noch die Anatomie, und dabei vor allem Zeugungs- und Gebärfähigkeit als differenzierendes Merkmal übrig bleibt (vgl. Landweer 1994).

Frauen als imagined community

Was also sind Frauen? Diese Frage ist eine Gretchenfrage der Geschlechterforschung und entscheidet über ihren Gegenstand. Eine Konkretisierung dazu stellt Gudrun-Axeli Knapps (2003: 243 f.) Vorschlag dar, die Kategorie Frau über eine ‚imagined community', also über vorgestellte Gemeinsamkeiten zu fassen. Dort fallen Identität und Interessen nicht in eins, beziehen sich aber dennoch aufeinander. Knapp begreift Gemeinsamkeit „als Chiffre, als Reflexionskategorie, der eine heuristisch-methodische Funktion zukommt" (Knapp 2003: 264). Sie zeige Beziehungen statt Identitäten an, und die Felder von Gemeinsamkeit seien Relationierungen und nicht Subjekteigenschaften. Das können Interessen sein, aber auch gefühlte Übereinstimmungen. Die einzige Voraussetzung dieses Ansatzes besteht darin, dass es Männer und Frauen als Referenzsubjekte ‚gibt'. Der kleinste gemeinsame Nenner ist das Kategorisiertwerden als Mann oder Frau, Identitäten sind daraus nicht ableitbar. „Dabei ist die Frage nach dem, was Frauen verbindet, nicht zu verwechseln mit der Frage danach, was Feministinnen verbindet: Frausein ist im Regelfall nicht Resultat einer Wahl, Feministinsein wohl." (Knapp 2003: 246). Knapp sieht dabei sehr wohl eine grundlegende Unlösbarkeit im Feminismus, nämlich die Gleichzeitigkeit wissenschaftlicher

Wahrheits- und politischer Veränderungsansprüche. Entsprechend sei die Kategorie ‚Frau' in dieser Abstraktheit wissenschaftlich nicht mehr haltbar, für politische Zwecke allerdings unverzichtbar. Die Philosophin Cornelia Klinger hat das als ‚Bewusstseinsspaltung' beschrieben: Theoretisch existieren Frauen nicht, politisch aber schon. Der entsprechende Leitspruch wäre dann: „Das mag zwar theoretisch falsch sein, ist aber für die politische Praxis unabdingbar". (Klinger 1998: 31). Mit diesem Dilemma hat jede Strömung in der Geschlechterforschung zu kämpfen.

Beibehalten der sex/gender-Unterscheidung?

Solche Argumente stecken das Feld der aktuellen Diskussion ab. Sie haben aus der poststrukturalistischen Kritik an Vereinheitlichungen (vgl. 3.3.2) gelernt, dass die verwendeten Kategorien mit Vorsicht zu gebrauchen sind. Das bedeutet nicht, damit alle älteren, ‚vor-dekonstruktivistischen' Ansätze vom Tisch wischen zu müssen. Eine ‚materialistische Analyse der Unterdrückung von Frauen' (so der ins Deutsche übertragene Titel eines Klassikers der feministischen Theorie aus den 1980er Jahren) der französischen Soziologin Christine Delphy (1984) etwa drehte die übliche Logik der *sex/gender*-Unterscheidung schon vor einem Vierteljahrhundert um – vor der poststrukturalistischen Wende. Sie postulierte *gender* als Grundlage von *sex* (und nicht umgekehrt) „in the sense that the hierarchical division of humanity into two transforms an anatomical difference (which is itself devoid of social implications) into a relevant distinction for social practice" (Delphy 1984: 144): Nicht nur der Inhalt (*gender*), auch der der kategoriale Rahmen (Mann und Frau) sollte als soziales Produkt behandelt werden. So gibt es inzwischen nicht wenige, die heute noch und wieder dafür plädieren, an der *sex/gender*-Unterscheidung festzuhalten (Jackson/Scott 2002: 20, Nagl-Docekal 1999: 67, Scott 1994). Dafür spricht, dass es sich bei *gender* um ein durch und durch soziologisches Konzept mit beträchtlichem analytischen Potenzial handle. Indem es Männer und Frauen als soziale Konstruktionen begreife, fordere es die vermeintliche Natürlichkeit von Kategorien heraus. Ebenfalls gestatte es, Geschlechterverhältnisse und damit Relationen und Prozesse in den Blick zu bekommen. Schließlich lenke es den Blick auf die hierarchische Beziehung zwischen Männern und Frauen, berücksichtige damit Macht und auch die Einverleibung gesellschaftlicher Normen. Das Operieren mit nur einer Kategorie (wie etwa *sex*) dagegen ebne Unterschiede ein, die nur Kanonenfutter für neue Biologismen böten. Doch noch einmal zurück zur strukturorientierten Grundlegung feministischer Gesellschaftskritik. Auch dort blieb die Diskussion nicht stehen.

3.1.3 Modernisierung und Dethematisierung von Geschlecht

Modernisierung der Geschlechterverhältnisse

Der Wandel der Geschlechterverhältnisse der letzten Jahrzehnte ist in grundlegender Weise mit sozialstrukturellen Modernisierungsprozessen verknüpft (vgl. Gottschall 2000: 28-33). Bis Anfang der 1970er befand sich die bundesdeutsche Gesellschaft in einer Prosperitätsphase. Dabei fand ein Umbau der Erwerbsstruktur (zunehmend Beschäftigte im Dienstleistungs- und eine abnehmende Zahl Erwerbstätiger im Agrar- und Produktionssektor) und ein Ausbau sozial- und bildungspolitischer wohlfahrtsstaatlicher Leistungen statt. Aufgaben der Kinderbetreuung, Erziehung, Sorge für Alte und Kranke waren keine reine Privatangelegenheit mehr, sondern wanderten teilweise als öffentliche Aufgaben ins Erwerbssystem. Das wiederum schuf Erwerbsmöglichkeiten für Frauen. Gleichzeitig stiegen die Ansprüche im Privaten, wie etwa das nach mehr Selbstbestimmung und einem eigenem Leben. Mit einer zunehmenden Differenzierung der Struktur sozialer Ungleichheit seit den 1980ern sind dabei neue Öffnungen und Schließungen des sozialen Raums zu beobachten. So markieren die Tertiarisierung und die wachsende Bedeutung von Bildung Öffnungen, das heißt mehr Wahlmöglichkeiten. Das verändert auch die Bedeutung von Ungleichheit in Bezug auf Geschlecht. Einfach ausgedrückt: Inzwischen sind auch zunehmend Männer von Ausschlüssen aus dem Arbeitsmarkt bedroht, für Frauen wirken sich damit verbundene Unsicherheiten allerdings häufig gravierender aus[7].

Dethematisierung systemtheoretisch

Wo und wie Geschlecht nun bedeutungsvoll ist/wird und welche Funktionen damit verbunden sind, ist eine empirische Frage. Zu ihrer Beantwortung haben vor allem Soziologinnen wie Ursula Pasero (1995, 1997) und Christine Weinbach (2004) die Systemtheorie Niklas Luhmanns für die Geschlechterforschung nutzbar gemacht. Luhmann (1997, vgl. Degele/Dries 2005: 54-70, 206-215) geht von einer historischen Entwicklung von Gesellschaftsformen aus. Gegenwärtig – so die These – habe eine funktionale Differenzierungsform eine stratifikatorische überlagert, weitegehend sogar abgelöst. Das bedeutet, dass nicht mehr ‚naturwüchsige' Kategorien wie Stand, Herkunft und Geschlecht für gesellschaftliche Modernisierungsprozesse entscheidend seien.

---

7 Glass ceiling. Ebenso können Frauen nach wie vor nicht im gleichen Maß Bildungszertifikate in Berufserfolg umsetzen. Dafür hat sich auch der Begriff ‚glass ceiling Phänomen' durchgesetzt. Er bezeichnet eine ‚gläserner Decke', ein unsichtbares, aber dennoch fest strukturiertes Hindernis, das Frauen von prestigereichen Positionen fern hält.

Vielmehr habe sich die funktionale Differenzierung als primäre Differenzierungsform durchgesetzt, was die soziale Mobilität beträchtlich erhöht habe. Das Arbeitermädchen könne prinzipiell studieren, der Bauernjunge sei nicht gezwungen, den Betrieb des Vaters weiter zu führen; für ein Unternehmen sei es gleichgültig, ob es von einem Mann oder einer Frau in die roten Zahlen gefahren würde. Systemtheoretisch gesprochen heißt das, dass mit dem Übergang zur funktionalen Differenzierung der Gesellschaft das Geschlecht keine prominente Rolle (mehr) spiele, die Geschlechterdifferenzierung sei sekundär und dysfunktional geworden. Das hat auch mit dem Erbe der Aufklärung und den Erfolgen der Emanzipationsbewegungen von Frauen zu tun. Denn mit dem Übergang von stratifikatorischer zu funktionaler Differenzierung kann „die Unterscheidung von Männern und Frauen nicht mehr in einem asymmetrischen Sinn benutzt werden [...] Die entsprechende Semantik muß ersetzt werden durch eine Semantik der Gleichheit.“ (Luhmann 1988: 47). Weil – auch das gehört zu dieser These – die soziale Kommunikation gleichgültiger gegenüber körperlicher Anwesenheit wird (für mein Bedürfnis, zum Frühstück frische Brötchen zu erstehen, spielt es keine Rolle, ob mich in der Bäckerei eine Frau oder ein Mann bedient), müssen Individuen nicht mehr immer und überall als Geschlechtswesen in Erscheinung treten. Denn Frauen und Männer haben Zugang zu allen funktionalen Subsystemen, figurieren nur noch als ‚Personen‘ mit eingeschränktem Verhaltensrepertoire (Pasero 1994: 276 f., 286 f., Weinbach/Stichweh 2001: 34). Die Geschlechterforschung ist also mit einer vertrackten Mischung aus Gleichheitsanforderungen und Differenzbehauptungen konfrontiert. Denn für das Geschlechterarrangement der Moderne ist nicht nur die Gleichheitssemantik der Aufklärung, sondern auch die Steigerung und Neuthematisierung der Geschlechterdifferenz kennzeichnend: Frauen werden als (gleichberechtigte) Menschen entdeckt, zugleich wird aber auch die ‚natürliche Ungleichheit der Geschlechter‘ über Wissens- und Denksysteme neu abgesichert (Pasero 1994: 273-276)[8]. Mit der Akzeptanz von Gleichheitsansprüchen ist die Öffentlichkeit sensibler geworden gegenüber Verletzungen derselben. Vor fünfzig Jahren mussten Ehefrauen selbstverständlich ihre Männer um Erlaubnis fragen, wenn sie erwerbstätig sein wollten, heute ist das gesetzeswidrig und sexis-

8 BIOLOGISMUS. Die Popularität populärwissenschaftlicher Versatzstücke aus Biologie und Evolutionstheorie zur Erklärung von Geschlechterunterschieden ist dafür ein eindrückliches Beispiel.

tisch. Gleichheit und Differenz stehen damit in einem wechselseitigen Steigerungszusammenhang. Denn einerseits taucht eine erhöhte soziale Sensibilität für Gleichstellung zu einem Zeitpunkt auf, in dem Rechtsungleichheiten zwischen den Geschlechtern so weitgehend relativiert wurden wie nie zuvor. Andererseits gehen Gleichheitsforderungen mit Forderungen nach der Anerkennung von Differenzen einher, und nach wie vor verdienen Frauen weniger als Männer und dringen nur in Ausnahmefällen in gesellschaftliche Machtpositionen vor. Mit einer ähnlichen Stoßrichtung sprechen Heintz/Nadai (1998) von ‚De-Institutionalisierungsprozessen' der Geschlechterverhältnisse. Danach verliere Geschlecht als konstitutive Kategorie sozialer Ungleichheit empirisch an Bedeutungskraft. Denn geschlechtliche Zuschreibungen und Hierarchisierungen seien zunehmend von kontextspezifischen Bedingungen wie unter anderem Klasse, Alter, Rasse, Region abhängig und damit nicht mehr primär erklärungsrelevant. Deshalb sollte man sich – so die Konsequenz von Pasero und Heintz – von der Setzung von Geschlecht als Leitdifferenz verabschieden.

Argumente gegen Bedeutungsverlust

Gegen diese These der sozialstrukturellen Dethematisierung setzen sich Soziologinnen wie Gudrun-Axeli Knapp (2001), Helga Krüger (2001) und Angelika Wetterer (2003) zur Wehr. Knapp etwa betrachtet Geschlecht als „Klassifikationskategorie, der Menschen in unserer und in anderen Gesellschaften nach bestimmten (vor allem körperlichen) Merkmalen zugeordnet werden" (Knapp 2001: 18). So müsse vor allem präzisiert und konkretisiert werden, auf welcher Ebene überhaupt von einer Dethematisierung die Rede ist. Das Raster der Thematisierung und Dethematisierung entpuppe sich für Analysen sozialen Wandels viel zu grob und abstrakt. Konkret lauten die Kritikpunkte:

- Kognitivistische Verengung. Der Zuschnitt des Begriffspaars (Thematisierung/Dethematisierung) sei viel zu kognitivistisch, er könne nicht zwischen verbaler und affektiver Ebene unterscheiden. Dethematisierung bedeute also nicht Irrelevanz, denn auch auf einer affektiven Ebene könne Geschlecht Bedeutung haben. Unterschwellige Mechanismen fänden sich etwa bei der Segregation des Arbeitsmarktes, die zur Unsichtbarmachung von Ungleichheit beitrage. Diese seien freilich kein Thema (und politisch korrekt ist in Stellenausschreibungen ja auch zu lesen, dass Frauen bei gleicher Qualifikation bevorzugt würden), aber gerade in ihrer Nichtthematisierung umso schwerer greifbar. Es werde also nicht deutlich, dass die unterschwelligen Mechanismen der Segregation des Arbeitsmarktes (wie etwa Mechanismen der ‚gläsernen Decke‘ oder der von Männern geprägten Seilschaften) zur Unsichtbarmachung von Ungleichheit beitrügen. Angleichungs- und Nivellierungsprozesse seien mithin eher Oberflächenphänomene. Geschlechterungleichheit dagegen operiere als ein konstitutives Merkmal der Gesellschaftsformation, die die verschiedenen Funktionsbereiche (zum Beispiel Erwerbssphäre und private Reproduktion) miteinander verbinde. Die asymmetrischen Verknüpfungen bildeten die Tiefenstruktur der Geschlechterungleichheit und reproduzierten sie immer wieder aufs Neue. Weiter gefragt: Findet durch die Integration von Frauen in die Berufswelt tatsächlich eine Dethematisierung oder nicht auch (und vielleicht vor allem) eine Re-Vergeschlechtlichung statt (Wetterer 2004)?

- Normen versus Strukturen. Ein weiterer Kritikpunkt besteht im Verhältnis von Thematisierung von Geschlechterdifferenz und gesellschaftlich-struktureller Organisation des Geschlechterverhältnisses: „Pasero verwendet einen wissenssoziologisch-formtheoretisch angelegten Begriff von ‚Geschlecht‘, hat aber keinen erkennbaren gesellschaftstheoretischen Begriff von ‚Geschlechterverhältnissen‘.“ (Knapp 2001: 67). Bei dem, was sie mit ‚gesellschaftlichen Vorgaben‘ meint, sei nicht klar, ob es sich dabei ausschließlich um normative Präskriptionen (was sein soll) oder auch um objektivierte Strukturzusammenhänge (was ist) handeln solle, die Verhaltensspielräume einschränken. Normen und Realitäten/Strukturen seien damit nicht zu trennen. Knapp (2003: 260 f.) moniert also die kommunikationstheoretische Unterscheidung von Thematisierung/Dethematisierung. Fairerweise sollte hier die Kritik aus der umgekehrten Richtung nicht fehlen: „Während systemtheoretisch inspirierte Arbeiten mitunter dazu neigen, Semantik und Struktur zu vermischen und von der Norm der Gleichberechtigung auf faktische Gleichheit zu schließen, ist die in Teilen der Frauenforschung verbreitete Tendenz, das Prinzip der geschlechtlichen Indifferenz als ein ideologisches Konstrukt zu betrachten, das die faktische Ungleichheit bloß verdeckt, nicht weniger problematisch.“ (Heintz 2001: 15).
- Unklarer Inklusionsbegriff. Schließlich ist der gesellschaftsanalytische Status des Inklusionsbegriffs umstritten: „Durch die kurzschlüssige Rückbindung an das Gerüst einer modernisierungstheoretischen Grundargumentation (‚Umstellung‘ von stratifikatorischer auf funktionale Differenzierung) bleibt unbestimmt, in welchem Maße der Zusammenhang funktional differenzierter Bereiche in modernen Gesellschaften selbst strati-

fiziert ist." (Knapp 2001: 68). Nicht in den Blick komme beispielsweise, dass sich Inklusionsprozesse (also Prozesse des Einschlusses von Frauen in gesellschaftliche Teilbereiche) auch über geschlechtliche Segregation vollziehen können. ‚Frauen als Ärztinnen' ist dafür ein Beispiel. Denn Frauen haben sich sehr wohl den Zugang zu dieser prestigereichen Tätigkeit erkämpft, allerdings um den Preis der Marginalisierung und Naturalisierung (vgl. 2.2). Das Problem liegt (wie beim vorhergehenden Kritikpunkt) darin, dass der systemtheoretisch-wissenssoziologische Zuschnitt den Zusammenhang von Semantik und Struktur nicht klar benenne. Genau darin wurzle auch ein Grundproblem der Systemtheorie: Es hört sich so an, als fiele vollständige Inklusion mit Irrelevanz von Geschlecht zusammen.

Rhetorische Modernisierung

Ein gutes Beispiel für die notwendige Relativierung der Dethematisierungsthese liefert die Soziologin Angelika Wetterer (2003) in ihrem Aufsatz zur ‚rhetorischen Modernisierung'. Dort setzt sie sich mit theoretischen und methodischen Problemen und Konsequenzen des ‚Nicht-Gesagten' auseinander. Zum Gang ihrer Argumentation: Zunächst diagnostiziert sie Widersprüche und Brüche zwischen der These der Verfestigung und Stabilität hierarchischer Geschlechtersegregation einerseits und dem Verschwinden von Geschlecht als Leitdifferenz andererseits. Dahinter stehe eine Verschiebung des Kultur- und Strukturzusammenhangs. Beispielsweise komme es nicht als politisch korrekt an, wenn Frauen zugeben, dass sie für ihren Partner die Wäsche waschen oder den Beruf aufgeben, wenn das Paar ein Kind erwartet. Denn was Frauen heute täten – auch das sei Teil der Rhetorik –, sei Ergebnis freier Wahl und nicht von Zwang (beziehungsweise hat es zu sein). Bei der Teilung der Hausarbeit bleibe unter dem Strich vor allem in den individualisierten Milieus alles beim Alten (Koppetsch/Burkhard 1999). Novum aber: Es werde als eigene Wahl verkauft, womit sich doch wieder Frauen die Bürde aufzubrummen hätten, wenn es zu einer traditionelleren Rollenverteilung komme als geplant. Um die Beziehung nicht zu gefährden, gingen Frauen dann Kompromisse ein, verschwiegen die geschlechtsspezifischen Zuständigkeiten und aus expliziten würden dann latente Geschlechternormen. Mehr noch: Die Mehrarbeit der Frauen werde entwertet, und die Frauen wirkten daran aktiv mit (Ohnmacht der Diskurse). Im stillschweigenden Aufräumen des häuslichen Chaos komme schließlich zum Ausdruck, „dass die Beziehung wichtiger ist als die Idee der Gleichheit" (Wetterer

2003: 299). Letztere sei dabei auf der Ebene der Diskurslogik angesiedelt, die Praxis der Haushaltsführung dagegen folge einer praktischen Logik. Damit sei man in der Falle des ‚weiblichen' inkorporierten (Haushalts-)Wissens und des davon abweichenden diskursiven Wissens. Das diskursive Wissen ändere sich zwar, ihm folge aber nicht die verkörperte Praxis – eigentlich nichts anderes als Strukturzwänge. Anders gesagt: Die Praxis hält mit der Theorie nicht mit. Rhetorische Modernisierung bezeichnet also die Diskrepanz zwischen dem Alltagswissen (Rede um gewandelte Geschlechterverhältnisse) und sozialstrukturellen Verhältnissen beziehungsweise Zwängen. Gesellschaftliche Brüche haben sich dabei von der Sozialstruktur in die Individuen hinein verlagert. Die These deshalb: „Die rhetorische Modernisierung, die Modernisierung des diskursfähigen Differenzwissens, schließt als ihre Kehrseite die Dethematisierung der Ungleichheit zwischen den Geschlechtern ein. Im Prozess der rhetorischen Modernisierung verändert sich nicht nur das Reden über die Geschlechter, sondern auch das Schweigen; verschiebt sich die Grenze zwischen dem, worüber sich sprechen, und dem, worüber sich nur Stillschweigen bewahren lässt." (Wetterer 2003: 290). Der Theorieebene fehle damit eine Verknüpfung von Handlungspraxis und Sozialstruktur, eine Vermittlung zwischen Präskription und Deskription bei Geschlechterverhältnissen sowie ein Verfahren, das damit verbundene Fehlschlüsse und -interpretationen vermeide.

Unterschiedliche Wissenschaftskulturen

Entsprechend sieht dann auch die strukturorientierte Abrechnung mit Ansätzen aus, die sich auf die diskurstheoretische Ebene symbolischer Bedeutungen (3.3) konzentrieren: Der Erklärungsgehalt für gesellschaftliche Zusammenhänge sei gering, die Frage dränge sich auf, „wie soziale Konstruktionen überhaupt begriffen und erklärt werden können, wenn die materiellen Verhältnisse, in denen sie entstehen, ausgeblendet werden" (Selders 2003: 73; vgl. Klinger 1998: 29 f.). Denn auch wenn man von der Konstruiertheit von Phänomenen ausgeht, heißt das ja immer auch, dass etwas soziale Ursachen hat und nicht fiktiv ist. An diesem Punkt werden disziplinäre Differenzen deutlich und enden oft mit einem Kulturenstreit: Geisteswissenschaftliche DekonstruktivistInnen interessieren sich eher sekundär für sozialstrukturell fundierte Machtverhältnisse, ihr Terrain sind symbolische Bedeutungen. SozialwissenschaftlerInnen dagegen verteidigen den Durkheim'schen Anspruch, Soziales aus Sozialem zu erklären, und nicht aus Biologie, Religion, Sprache oder Ideologien. Zusammengefasst sieht der Ertrag der strukturorientierten

Gesellschaftskritik seit Beginn der Frauenforschung folgendermaßen aus:

- Historischer Nachweis der Konstruiertheit von Geschlecht. Der strukturorientierte Feminismus weist polare Geschlechtscharaktere als Erfindung der modernen Arbeitsteilung nach. Diese sei durch die Trennung von Haus- und Erwerbsarbeit sowie der Höherbewertung letzterer verbunden. Die *sex/gender*-Unterscheidung bringt dabei die Entkoppelung von Biologie und Sozialem auf den Punkt. Sie machte den Weg dazu frei, bis dato Männern oder Frauen zugewiesene Eigenschaften und Verhaltensweisen als Phänomene zu begreifen, die nicht auf das biologische Geschlecht reduzierbar waren. Die feministische Deutung war ‚antibiologistisch' in dem Sinn, dass soziale Ungleichheiten nicht auf biologisch-körperliche Unterschiede zurückgeführt wurden, sondern auf materielle Grundlagen der Organisation der Gesellschaft.
- Die Krise von Geschlecht als Identitätskategorie. Das Festhalten an ‚Frau' als einer Identitätskategorie führte den strukturorientierten Feminismus in eine Krise, die ihn zur Reflexion über die eigenen Grundannahmen zwang. Dies betrifft die Kategorie Geschlecht in inhaltlicher wie auch methodischer Hinsicht: Inhaltlich geht es um eine Erweiterung der zur Verfügung stehenden Kategorien, um Geschlecht gesellschaftlich zu kontextualisieren. Methodisch stand und steht die Frage im Raum, wie die Bedeutung von Geschlecht adäquat zu erfassen und zu rekonstruieren sei, ohne Geschlecht bereits vorab stereotyp zu dichotomisieren (vgl. 4.1). Geschlecht geriet aber auch als politische Identitätskategorie unter Beschuss, weil das Wissen um die Nichtdefinierbarkeit von ‚Frau' und die Forderung nach Überwindung von Geschlecht als Identität mit dem politischen Anspruch der Schaffung von Mehrheiten und Bildung von Koalitionen kollidiert. Denn auch diese müssten auf etwas Gemeinsames rekurrieren können, und letztlich seien auch Interessen an Identitäten gebunden. Zwischenergebnis ist damit eine Aporie, also das unlösbare Problem zwischen theoretischer Relativierung und politischem Festhalten an der Kategorie Geschlecht sowie daran geknüpfte Versuche, Vereinheitlichungen zu vermeiden.
- Entdeckung von Geschlecht als Strukturkategorie. In die kapitalistische Produktionsform – so eine weitere These der strukturorientierten Gesellschaftskritik – seien Geschlechterungleichheiten eingelagert. Die materiellen Grundlagen der Gesellschaft seien eine zentrale Dimension, die bei der Analyse geschlechtlicher

Ungleichheiten Berücksichtigung finden müsse. Geschlecht ist in dieser Sicht eine grundlegende Dimension sozialer Ungleichheit, die nicht auf andere reduziert werden könne. Damit gingen Benachteiligungen und Unterdrückungen in allen gesellschaftlichen Bereichen wie auch im privaten Beziehungs- und Familienleben einher. Diese Entdeckung führt(e) zum Streit um die These des Bedeutungsverlusts von Geschlecht: Von einer Dethematisierung von Geschlecht könne keine Rede sein, wenn man sich nicht auf rhetorische Argumentationsfiguren beschränke, sondern die soziale Struktur der Geschlechterverhältnisse sowie tatsächliche Handlungspraxen der Beteiligten berücksichtige. Entsprechend führe die Vervielfältigung und Anerkennung von Differenzen bei der strukturorientierten Gesellschaftskritik nicht zu einer Auflösung der Bedeutung von Geschlecht in Diskurse, sondern vielmehr zur Forderung, dekonstruktivistischen Ansätzen eine gesellschaftstheoretische Fundierung zur Seite zu stellen. Gerade gegenwärtig zu beobachtende Prozesse von Globalisierung und Neoliberalisierung verlangten eine feministische Gesellschaftstheorie (vgl. Maihofer 2007) – und nicht nur eine diskursanalytische Positionierung.

Diese Einsichten und Verunsicherungen blieben nicht unbeantwortet. Zum einen arbeiteten sich diskurstheoretische Dekonstruktionen an der *sex/gender*-Unterscheidung ab und machten damit auf Grenzen feministischer Analysen aufmerksam. Zum anderen konzentrierten sich interaktionistische Rekonstruktionen auf empirische Prozesse, wie Geschlecht gemacht wird. Im Mittelpunkt steht dabei die Konstruktion von Zweigeschlechtlichkeit. Darum geht es im nächsten Kapitel.

3.2 Interaktionistische Rekonstruktionen: doing gender, sexuality und difference

Soziologie/Gender Studies als weitergehende Modernisierungswissenschaften

Auch wenn die Soziologie als moderne Wissenschaft viele Selbstverständlichkkeiten wie Status, Arbeit und Familie hinterfragte, hielt sie sich doch lange Zeit an einigen Selbstverständlichkeiten fest. So wusste sie zum Beispiel immer, was Männer und was Frauen sind, und sie wusste um die ‚Natürlichkeit' der Zweigeschlechtlichkeit[9]. Damit hat der soziologische Mainstream eine ganze Menge ausgeklammert: Geschlecht, Sexualität, die Organi-

9 Ausnahmen waren sicherlich Harold Garfinkel 1967 und Erving Goffman 1977.

sation des Körpers, geschlechtliche und sexuelle Identität sowie die ganzen darum gebildeten und diese Phänomene organisierenden Institutionen (Seidman 1994). Trotz weitreichender Entnaturalisierungsversuche hat die Soziologie also immer noch eine natürliche Ordnung unterstellt, nämlich eine, die *sex* (als biologisches Geschlecht), *gender* (als soziales Geschlecht) und Sexualität (im Sinne sexueller Orientierung) zu einem einheitlichen Konzept von Heteronormativität verbindet: ‚Natürlich' sind zwei Geschlechter, woran sich ‚natürlicherweise' Heterosexualität knüpft. Wie also kommt es zur Herstellung genau zweier Geschlechter? Als erste Schritte zu einer Antwort stellten vor allem Forschungen zur Transsexualität folgende richtungsweisende Fragen: Welche Zuschreibungen, Inszenierungen und Darstellungen sind für eine gelungene Geschlechtszugehörigkeit erforderlich? Daran anknüpfende Arbeiten zu Arbeit, Arbeitsteilung und menschlichem Arbeitsvermögen in Zusammenhang mit Geschlecht haben dazu geführt, die Frage nach dem Zusammenhang von der *Bedeutung* und der *Omnirelevanz* von Geschlecht zu stellen (3.2.1). Diese Überlegungen und Beobachtungen sind nicht auf die Herstellung von Geschlecht beschränkt, sondern lassen sich ebenso für die Rekonstruktion anderer, als ‚natürlich' erscheinender Merkmale nutzen, nämlich Sexualität (3.2.2) und Rasse (3.2.3).

3.2.1 Doing gender bei der Arbeit und am Körper

Gesellschaft als sinnvermittelndes Interaktionssystem

Mit der Idee, die unterstellte ‚Natur der Zweigeschlechtlichkeit' nicht einfach zu übernehmen, sondern die soziale Genese von Konzepten wie ‚Männlichkeit' und ‚Weiblichkeit' empirisch zu rekonstruieren, hat sich vor allem die ethnomethodologische und phänomenologische Mikrosoziologie auseinander gesetzt. Sie gilt als eine Spielart des Sozialkonstruktivismus (vgl. Knorr Cetina 1989). Der Sozialkonstruktivismus oder einfach Konstruktivismus geht auf das 1966 erschienene Buch ‚Die gesellschaftliche Konstruktion der Wirklichkeit' der beiden Soziologen Peter L. Berger und Thomas Luckmann zurück. Den Autoren geht es dort um die Rekonstruktion von Gesellschaft als ‚sinnvermittelndes Interaktionssystem'. Gesellschaft – so die Annahme dahinter – kann es losgelöst von sozialem Handeln gar nicht geben. Dabei lassen sich drei Punkte unterscheiden. Erstens sind die Dinge nicht so, wie sie ‚sind', sondern so, wie die Gesellschaft (also ihre Mitglieder) sie deutet. Zweitens wollen Berger/Luckmann gesellschaftliche Realität auch als Objektivität begreifen, das heißt menschliches Handeln schafft gesellschaftliche Strukturen und Institutionen, die nicht einfach wegzudiskutieren sind. Drittens geht es den Autoren auch (in sozialisationstheoretischer Hinsicht) darum, Prozesse der Verfestigung nachzuzeichnen; es interessiert mit anderen Worten, wie es tatsächlich zur Herstellung gesellschaftlicher Objektivität kommt.

Konstruktivistische Geschlechterforschung

Konstruktivistische Ansätze aus den Sozialwissenschaften wenden sich kritisch gegen Erklärungsmodelle, die naiv auf (zumeist stereotypes) Alltagswissen zurück greifen, um Annahmen, Vorstellungen und Befunde zu Geschlecht plausibel zu machen. Vielmehr komme es darauf an, genau dieses (zweigeschlechtlich geprägte) Wissen zum Gegenstand der Untersuchung zu machen: Welche Komponenten, Vorurteile und Selbstverständlichkeiten fließen in das Alltagswissen ein? Wie kann man – das ist die methodologische Frage – einen vermeintlich ‚bekannten' Erkenntnisgegenstand so verfremden, dass damit tatsächlich neues/nicht-dichotomes Wissen über Geschlecht produziert wird? Ziel ist ein Wissen über Geschlechtsbedeutungen und Herstellungsweisen. Dahinter steht die Frage, wie es überhaupt zu der binären, wechselseitig exklusiven Klassifikation von zwei Geschlechtern kommt und wie die alltägliche Aufrechterhaltung dieser Exklusivität funktioniert. Geschlecht ist damit kein individuelles Merkmal, sondern wird prozessualisiert, das heißt als interaktive und situationsspezifische Konstruktionspraxis beschrieben. Die Frage nun: Wie stellen es AkteurInnen an, dass die von ihnen konstruierten Phänomene (nämlich Mannsein und Frausein) eine Stabilität erlangen, dass sie als durchaus schwer oder gar nicht veränderbar erscheinen?

Transsexualität

Das empirische Feld dieser Ergebnisse war die Forschung zur Transsexualität (Hirschauer 1993, Lindemann 1993, Maihofer 1995: 53 f.)[10]. Zum einen ist damit eine produktive Verfremdung von vormals Selbstverständlichem verbunden. Denn für Transsexuelle ist zunächst einmal kein Verhalten mehr selbstverständlich, sie müssen ‚richtiges' Verhalten von Männern beziehungsweise Frauen lernen. Zum anderen lassen die Erfahrungen von

[10] TRANSSEXUALITÄT. Der Begriff Transsexualität ist nicht zuletzt aufgrund des medizinischen Kontexts, dem er entstammt, umstritten. Denn im Vordergrund steht das Empfinden einer anderen geschlechtlichen Identität als der biologisch vorgesehenen und nicht von Sexualität. Deshalb finden inzwischen auch zunehmend ‚transgender' und ‚transident' als Bezeichnungen für entsprechende Personen Verwendung. Weil über einen Alternativbegriff bislang noch nicht einmal bei den beteiligten AkteurInnen Einigkeit besteht, bleibe ich bei Transsexualität.

Transsexuellen zur Nichtübereinstimmung von Geschlechtsempfinden und Geschlechtszuschreibung auf die Fragwürdigkeit körperlicher Geschlechtlichkeit als natürliche Basis des Geschlechts schließen. Auch weist sie auf Gesellschaft als Zwangsveranstaltung hin. Denn in der Alltagswahrnehmung wie auch in politisch und rechtlich institutionalisierten Zusammenhängen gibt es nur Männer oder Frauen. So zeigte vor rund vier Jahrzehnten Harold Garfinkel (1967: 118 f., 137 f.) in seiner ‚Agnes-Studie', was die transsexuelle Agnes nach ihrer Operation zur Frau an Interaktionsarbeit zu leisten hatte, um als Frau ‚durchzugehen' (passing). Dazu gehörte, sich in spezifischer Weise zu bewegen (zum Beispiel mit kleineren Schritten), das Tragen von Kleidern, langen Haaren, sich von Männern die Tür aufhalten zu lassen und sich in Gesprächen zurückzuhalten. Hintergrund dieser Beobachtung war die Überlegung, dass soziale Ordnung auf nicht bewussten Grundlagen beruht. So ‚wissen' die AkteurInnen des Alltags, dass sie sich am Telefon mit ‚hallo' oder mit der Nennung des Namens zu melden haben und nicht mit ‚nein'. In gleicher Weise ist das Wissen über das Geschlecht beziehungsweise die Geschlechtszugehörigkeit implizit wirksam. Es wird nur in Krisensituationen explizit gemacht, also wenn mit der ‚normalen' Ordnung irgend etwas nicht stimmt. Transsexualität ist eine solche Krisensituation, sowohl für die Transsexuellen selbst wie auch für ihre InteraktionspartnerInnen. Gemeinsam sind sie dafür verantwortlich, dass eine Person als Mann oder als Frau ‚durchgeht'[11].

Doing gender

Solche Befunde brachten Candace West/Don Zimmerman auf den Begriff des *doing gender* (1987): Geschlecht als Geschlechtsattribution ist das Ergebnis sozialen Handelns, eine interaktive Leistung der beteiligten AkteurInnen, ein routinisiertes Tun, die ProtagonistInnen (Garfinkel 1967: 181) wie auch RezipientInnen (Kessler/McKenna 1978: 158) täglich aufs Neue erbringen müssen (vgl. zusammenfassend Hirschauer 1993, 1994). Geschlecht als Geschlechtsdarstellung beziehungsweise *doing gender* ist damit ein zirkulärer Prozess zwischen DarstellerIn und BetracherIn. Das bezeichnet man auch als Sexuierung, wo ‚eigentlich' bedeutungslose körperliche Phänomene und Verhaltensweisen im Sinne geschlechtlicher Zuschreibung bedeutungsvoll werden: Wenn Frauen Stöckelschuhe, Röcke oder Kopftücher tragen, wer-

11 Transsexualität und Geschlechtlichkeit. Problematisch ist bei diesem Typ von Forschung freilich, dass sie Transsexuelle tendenziell in ihrer Geschlechtlichkeit aufgehen lässt – als gäbe es im Leben von Transsexuellen nichts, das nicht mit Geschlecht zu tun hätte.

den sie zu ‚weiblichen' Objekten, woraufhin die Personen, die sich in dieser Weise kleiden, zu Frauen gemacht werden (Villa 2000: 76). Menschen haben also kein Geschlecht, sondern machen es. Im Vordergrund stehen Prozesse der Differenzierung in genau zwei Geschlechter, nicht die Geschlechterdifferenz selbst. Damit können KonstruktivistInnen die Frage nach dem ‚warum' der Zweigeschlechtlichkeit nicht beantworten, wohl aber die Frage nach dem ‚wie'.

Selbstverständlichkeiten

Statt Geschlecht als Merkmal von Individuen zu begreifen, streicht die interaktionistische Geschlechterforschung den performativen Aspekt beziehungsweise die interaktive Leistung bei der Konstruktion von Geschlecht heraus. Ebenso weist sie das Alltagswissen wie etwa das Wissen um zwei Geschlechter als Begründungsressource zurück und analysiert statt dessen den tatsächlichen empirischen Prozess des *doing gender*. Ergebnis ist eine Entselbstverständlichung des alltäglichen, unhinterfragten Selbstverständlichen, wozu vor allem vier Annahmen zählen (Garfinkel 1967: 122 ff., Kessler/McKenna 1978: 113 f., Tyrell 1986). Erstens sei die Menschheit zweigeschlechtlich organisiert (und nur das), zweitens entschieden körperliche, insbesondere genitale Merkmale über die Zugehörigkeit zum einen oder anderen Geschlecht, drittens sei die Geschlechtszugehörigkeit exklusiv (es gibt keine doppelte Zugehörigkeit) und viertens sei die Geschlechtszugehörigkeit zugeschrieben und invariant. Entgegen diesen Annahmen ist Zweigeschlechtlichkeit in konstruktivistischer Perspektive eine soziale Konstruktion, eine kulturelle Performanz oder eine interaktive Leistung; noch deutlicher formuliert: ein Zwangssystem, das KonstruktivistInnen ad absurdum führen wollen.

Arbeit konstruiert Geschlecht

Konstruktivistische Ansätze haben vor allem in den Feldern Arbeit und Beruf zahlreiche Studien und Beispiele zur Herstellung von Geschlecht vorgelegt. Weitere stark beforschte Gebiete sind Sport, Körper, Familie und Schule. Dort demonstrieren KonstruktivistInnen, dass und wie AkteurInnen bei der Krankenpflege, dem alltäglichen Sich-schön-machen, Tangotanzen oder bei Schmerzerfahrungen über genau diese Phänomene, Erfahrungen und Handlungen Geschlecht konstruieren. In diesem Sinn kann man die konstruktivistische Auseinandersetzung mit Arbeit als eine Fortsetzung der Studien begreifen, die mit der ‚Erfindung' von Geschlecht als Strukturkategorie ihren Anfang genommen haben (vgl. 3.1.1). Geschlecht fungierte dort als sozialer Platzanweiser, der maßgeblich darüber entschied, mit welchen Chancen und Grenzen Menschen im Berufsleben zu rechnen hatten. Nachdem im Zuge der Weiterentwicklung feministischer Ansätze nicht mehr nur Geschlecht, sondern auch andere Kategorien sozialer Ungleichheit Berücksichtigung fanden, verschob sich auch der Fokus der Auseinandersetzung mit dem Zusammenhang von Arbeit und Geschlecht. Nicht zuletzt durch konstruktivistische Einflüsse ging es nicht mehr nur darum, wie die jeweiligen Geschlechter Arbeit ‚machen', sondern umgekehrt, wie Arbeit Geschlecht macht. Ein wegweisendes Buch zu genau dieser Frage schrieben die australischen Soziologinnen Ann Game und Rosemary Pringle (1983) bereits vor rund einem Vierteljahrhundert, es trägt den Titel „Gender at work". Mit der Relativierung der Bedeutung von Geschlecht als Strukturkategorie rückte damit die Strukturierung sozialer Ungleichheit als Klassifikationsprozess in den Vordergrund. Was heißt das?

Kritik von Klassifikation statt deren Folgen

Mit der Überführung von Struktur- in Prozesskategorien stehen nicht mehr Folgen der Geschlechterklassifikation, sondern die Klassifikation selbst im Mittelpunkt. Geschlecht beziehungsweise genauer: Zweigeschlechtlichkeit wird danach nicht nur soziokulturell produziert, sondern – so die These – der Prozess des Klassifizierens stelle auch gleichzeitig Asymmetrien und Hierarchien her (Gildemeister/Wetterer 1992, West/Zimmerman 1987). Die Vorstellung von Geschlechterklassifikationen ersetzt diejenige von strukturell definierten Geschlechterverhältnissen. Als Folge setzen ungleichheitsrelevante Fragestellungen tiefer an: Im Vordergrund stehen nicht mehr die Gründe und Folgen sozialer Ungleichheit, sondern die Herstellungsmodi von Ungleichheit durch die Klassifikation von Geschlecht.

Geschlechterkonstituierende Arbeitsteilung

Damit bin ich bei Forschungen zu Arbeit und Arbeitsteilung als prominenter Form sozialer Klassifikation. Die Verbindung zum Thema Arbeit und Arbeitsteilung liegt dabei auf der Hand: Galt bei Emile Durkheim (mit seinen Überlegungen zur Teilung der Arbeit als ursprüngliche Fassung der Ordnungsproblematik) „die geschlechtliche Differenzierung als Modell der Arbeitsteilung und der Herstellung sozialer Integration überhaupt, so kehren konstruktivistische Ansätze den Zusammenhang um: Hier wird Arbeitsteilung als eine zentrale Möglichkeit angesehen, Zweigeschlechtlichkeit herzustellen; sie ist insofern in modernen Gesellschaften nicht geschlechtsspezifisch, sondern geschlechtskonstituierend." (Gottschall 2000: 333). Die Crux dieser Aussage liegt in der Unterscheidung zwischen ‚geschlechtsspezifisch' und ‚geschlechtskonstituierend'. Denn die Annahme ist nicht mehr die der vorgängigen Existenz zweier Geschlechter, die entsprechend Unterschiedliches (oder Dinge unterschiedlich) tun (geschlechtsspezifisch). Vielmehr schafft (konstruiert, konstituiert) erst die Arbeitsteilung Geschlecht (geschlechtskonstituierend). Geschlecht basiert mit anderen Worten auf einer ebenso geschlechtshierarchischen wie auch geschlechtskonstituierenden Arbeitsteilung (Wetterer 1999). Das ist erklärungsbedürftig.

Beliebigkeit der Inhalte

Zunächst einmal operiert die Geschlechtszuschreibung von Berufen unabhängig von den jeweiligen Inhalten. Das heißt, dass verschiedene Aspekte ein- und derselben Tätigkeit nach Bedarf im Vordergrund stehen können, wodurch Berufe fast beliebig zu typisch ‚männlichen' oder ‚weiblichen' werden (Cockburn 1985). Denn je nachdem, ob Männer oder Frauen beim Röntgen assistieren oder Immobilien makeln, dominiert die Zuschreibung von *technisch* und *durchsetzungsfähig* oder eben *empathisch* und *kundenorientiert*. Die Beliebigkeit der Inhalte, welche ‚die' Differenz ausmacht, darf natürlich nicht als solche in Erscheinung treten. Und ob sekretarielle Tätigkeiten oder die Arbeit des Setzens als ‚männlich' oder ‚weiblich' definiert sind, ist historisch sehr variabel. Vor hundert Jahren etwa gab es durchgehend Männer als Sekretäre, die eine prestigereiche Tätigkeit ausübten. Solche Prozesse sind mit einem Strukturwandel der Frauenarbeit zwischen 1880 und 1980 eng verknüpft (Willms-Herget 1985): Frauen dringen zum einen in Berufe vor, wenn sie für Männer hinsichtlich Einkommen und Aufstiegsmöglichkeiten an Attraktivität verloren haben beziehungsweise verlieren. Zum anderen stehen ihnen Berufe in expandierenden Bereichen offen, solange noch nicht genug ausreichend qualifizierte Männer zur Verfügung stehen. Bei der Zuordnung von Geschlecht und Arbeit ist ‚Verweiblichung' also mit Statusverlust (vom Sekretär zur Sekretärin), ‚Vermännlichung' dagegen mit Statusgewinn verbunden (von der Putzfrau zum Gebäudereiniger oder der Krankenschwester zum Krankenpfleger).

Macht

Damit kommt eine bereits in der strukturorientierten Gesellschaftskritik zentrale Kategorie ins Spiel, nämlich Macht[12]: Berufe sind Medien einer Geschlechterordnung, die Differenz in Hierarchie übersetzen und Hierarchie in Differenznormen transformieren. Einfach gesagt: was sich unterscheiden lässt, kann man auch hierarchisieren. Dies geschieht mittels eines Rückgriffs auf duale Geschlechternormen jenseits der Beruflichkeit. Wichtiger als der jeweilige Inhalt der Arbeit ist „die in der prinzipiell dualistischen Form der Geschlechterstereotype verankerte Qualität, Distanzen und Dominanzverhältnisse anzuzeigen, die sich mit unterschied-

12 Vgl. Heintz u.a. 1997, Knapp 1995: 11-28, Kreissl 2000, Teubner 2001: 300; Wetterer 1999.

lichen ‚Inhalten' verknüpfen können" (Knapp 1993: 31). Instrumentalisiert wird also die Logik binärer Klassifikationen, die die inhaltliche Variabilität für die Legitimation und Aufrechterhaltung bestehender Machtverhältnisse nutzt. Anders formuliert: Auch wenn die Inhalte wechseln, bleibt die geschlechtshierarchische Positionierung in der Regel unangetastet. Inhalte sind beliebig, der Mechanismus der Hierarchiebildung ist es nicht: „Wenn das Männliche jeweils als dominant gesetzt wird, unabhängig davon, was den Inhalt der Männlichkeit ausmacht, dann ist es hilfreich, Männlichkeit als Code im Sinne einer systemtheoretisch argumentierenden Machttheorie aufzufassen." (Teubner 1995: 259). Dies wiederum spricht dafür, Geschlecht als Klassifikationsmechanismus zu verwenden: ‚Männlichkeit' als Code ist nicht mit einer Inhaltskategorie gleichzusetzen, sondern mit einer symbolischen Positionskategorie, deren Inhaltlichkeit einzig aus der Abgrenzung zu ‚Weiblichkeit' erfolgt. Genau dies reduziert Komplexität und ermöglicht Strukturbildungen. Denn die Funktionalisierung von Geschlecht erleichtert die Verteilung von Arbeitsgebieten, die Zuweisung von Kompetenzen und Begrenzung von Einflussräumen. Ein Beispiel dafür liefert die geschlechtskonstituierende Arbeitsteilung in der ärztlichen Profession (vgl. 2.2.2), wo Vergeschlechtlichung als Mechanismus gesellschaftlicher Strukturbildung operiert. Damit ist eine zweite Annahme verbunden. Die konstruktivistische Antwort bei der Frage nach der Reproduktion von Geschlechterungleichheit basiert auf der These der Gleichursprünglichkeit von Differenzbildung und Hierarchisierung: *Doing gender* ist damit immer auch ‚doing male dominance' (West/Zimmerman 1987). Daraus lässt sich im historischen Rückblick der Schluss ziehen, dass in Arbeitszusammenhängen Geschlechterdifferenz und Hierarchie gleichursprünglich produziert werden, und dass die Hierarchie zwischen den Geschlechtern die Konstante im Geschlechterverhältnis bildet (Wetterer 1999).

3.2.2 Doing sexuality, constructing heteronormativity

Geschlecht und Sexualität als moderne Erfindungen

Wie auch Geschlecht sind Homo- und Heterosexualität keine ‚natürlichen' Tatbestände, sondern moderne Erfindungen, also Konstruktionen. In diesem Zusammenhang haben die Gender/Queer Studies dem französischen Philosophen und Historiker

Michel Foucault einige elementare Einsichten zum Zusammenhang von Sexualität, Identität und Macht zu verdanken[13].

- Sexualität als moderne Erfindung. Foucault rekonstruiert Sexualität als modernes Produkt des medizinisch-psychiatrischen Diskurses der zweiten Hälfte des 19. Jahrhunderts – statt als natürliche Tatsache. Was bedeutet das? Sexuelle Handlungen zwischen Männern stellten viele Jahre einen Straftatbestand dar, schwule Geschichte war damit auch und vor allem eine Geschichte der Suche nach Freiräumen und ihrer Sicherung. Vor allem im 18. Jahrhundert definierten Lexika und Gesetzestexte Männer mit gleichgeschlechtlichen Sexualpraktiken als Sodomiten, das heißt als Männer, die ihre Zeugungsglieder auf ‚unnatürliche' Weise gebrauchen. Unnatürlich war alles jenseits des ehelichen Beischlafs, was nicht dem Ziel der Zeugung diente. Dazu gehörten Masturbation, Sex mit Tieren, Leichen oder Minderjährigen, unnatürliche Koitusstellungen und auch gleichgeschlechtliche Sexualität[14]. Das Gesetz sah für alle solche Formen der Unzucht wider die Natur Strafen bis hin zur Verurteilung zum Tode vor. Die Vorstellung des Sodomiten umfasste zwei gleichgeschlechtlich agierende Subjekte. Zum einen war das der ‚Päderast' als aktiver, penetrierender, eigentlicher Sodomit, zum anderen der passive, vom Päderasten verführte und penetrierte und damit weniger schuldige Lustknabe. Dieses komplementäre Modell des ‚alten, aktiven Verführers' und des ‚jungen, passiven Lustknaben' erschien im 18. Jahrhundert erstmalig als Geschlechtermodell: Der Lustknabe wurde zur ‚verweiblichten', mit Verführungskünsten ausgestatteten ‚Molly'. Erst im späten 19. Jahrhundert setzte sich Foucault zufolge ein modernes Verständnis von Homosexualität durch, das auf einem Identitätskonzept basiert. Danach sind fast alle körperlichen und seelischen Erscheinungsformen des Homosexuellen determiniert, was als Folge die freie Willensäußerung außer Kraft setzte. Interessant ist also, dass Sodomie nicht als angeborene Eigenschaft oder als Wesensmerkmal, sondern als Handlung, als Ergebnis einer freien Willensentscheidung gesehen wird. Als Sodomie bezeichneten Handlungen liegt keine spezifische psychische Konstitution zugrunde. Foucault (1983: 58) formuliert das so: „Die Sodomie – so wie die alten zivilen oder kanonischen Rech-

---

[13] Vgl. Foucault 1983, Eder 2002: 151-170, Jagose 2001: 19-36, Jäger 1998: 17-59, Sullivan 2003: 1-22.

[14] Bei Frauen waren nicht die lesbischen Akte die Provokation schlechthin, sondern ‚acting like a man'.

te sie kannten – war ein Typ von verbotener Handlung, deren Urheber nur als ihr Rechtssubjekt in Betracht kam. Der Homosexuelle des 19. Jahrhunderts ist zu einer Persönlichkeit geworden, die über eine Vergangenheit und eine Kindheit verfügt, einen Charakter, eine Lebensform, und die schließlich eine Morphologie mit indiskreter Anantomie und möglicherweise rätselhafter Physiologie besitzt. [...] Der Sodomit war ein Gestrauchelter, der Homosexuelle ist eine Spezies."

- HOMOSEXUALITÄT ALS IDENTITÄT. Zweitens ist Identität mehr als Handlung, Identität umreißt ein Bild, das Menschen von sich und anderen haben, das sie von anderen wahrgenommen wissen möchten und auch, wie andere eineN selbst wahrnehmen. So textet der US-amerikanische Rapper Eminem: „I am whatever you say I am." Das heutige Verständnis von Homosexualität ist stark an das Verständnis einer homosexuellen Identität geknüpft, das heißt an ein Selbstverständnis von AkteurInnen, die nicht nur sagen oder denken: ‚ich handle homosexuell' (oder etwa lesbisch, schwul, bisexuell, heterosexuell), sondern: ‚ich bin homosexuell' (oder etwa lesbisch, schwul, bisexuell, heterosexuell). Identitäten nun wiederum konstituieren sich auch und vor allem über Abgrenzungen. Denn wenn man weiß, wer man *nicht* ist, weiß man zumindest ein bisschen besser, wozu oder zu wem man gehört und wer man ist. So erstaunt es nicht, dass Heterosexualität als Kategorie erst entstand, nachdem Homosexualität bereits als Identitätskategorie existierte: Der Begriff Homosexualität wurde 1869 geprägt, der Begriff Heterosexualität dagegen erst 1880, also mehr als ein Jahrzehnt nach der ‚Erfindung' der Homosexualität[15]. Das wiederum zeigt, dass erst Abweichung Normalität als Tatbestand schafft.
- IDENTITÄT UND MACHT. Die Herausbildung von Identität als Modernitätsmerkmal ist drittens nicht als losgelöster Widerstand oder als Gegenbewegung zu verstehen. Vielmehr ist Identität Teil einer alles durchdringenden gesellschaftlichen Macht. Foucault konzipiert Macht keineswegs als lediglich repressiv, sondern immer auch als produktiv. Macht dient der Verfestigung herrschender Diskurse im Sinne dessen, worüber in der Gesellschaft gesprochen wird, was als Problematik und Thema verhandelt wird und zur kulturellen Sinnproduktion beiträgt. Dis-

[15] BEGRIFF HOMOSEXUALITÄT. Ob es sich beim Namensgeber um den deutsch-ungarischen Schriftsteller Karl Maria Kertbeny (Eder 2002: 159) oder den Schweizer Arzt Karoly Maria Benkert (Kraß 2003: 14; Sullivan 2003: 2) handelt, ist offen, hier aber nicht entscheidend. Vgl. auch für die USA Jonathan Katz 1995: 18 f..

kurse sind machtgetränkte Wissensformen wie auch wissensgesättigte Machtkonstellationen, die gesellschaftliche Realitäten und Identitäten mit den entsprechenden Wahrnehmungsmustern erzeugen und bestimmen. Sexuelle (wie auch geschlechtliche) Identitäten wurzeln also in Diskursen beziehungsweise kulturell erzeugten Kategorien. Und das wiederum bedeutet, dass Heterosexuelle ohne Homosexuelle gar nicht wüssten, wogegen sie sich abgrenzen sollten (und umgekehrt). Man könnte auch anders formulieren: Nichts eint mehr als ein gemeinsamer Feind, und das gilt für beide Seiten. Foucault entzaubert damit nicht zuletzt auch die Befreiungsdiskurse der sexuellen Revolution, die sich jenseits der kritisierten Verhältnisse wähnen (Halperin 1995: 38-67).

Definitionsmacht der Sexualforschung und -pathologie

Das moderne Verständnis von Homosexualität als Identität gründete zu weiten Teilen auf den Ergebnissen der um die Jahrhundertwende entstehenden Sexualforschung wie auch der Psychoanalyse (Sullivan 2003: 2-20). Das hatte Konsequenzen für den Umgang mit dieser Abweichung von gesellschaftlicher Normalität. Der deutsche Anwalt Karl Heinrich Ulrich etwa publizierte zwischen 1864 und 1879 zahlreiche Artikel, in denen er Homosexualität als ein Resultat der Natur (insofern nicht unnatürlich) beschrieb. Weil es eben von Natur aus ‚weibliche Männer' und ‚männliche Frauen' gebe, dürfte niemand Homosexuelle für ihr sexuelles Handeln verantwortlich machen und auch nicht kriminalisieren. Ulrich beschrieb mit dem ‚Urning' als drittes Geschlecht eine ‚weibliche' Seele in einem ‚männlichen' Körper, der einer heterosexuellen Frau ähnlicher sei als einem Mann. Das ‚weibliche' Pendant der ‚Uranierin' wäre entsprechend das vierte Geschlecht. Wie auch bei seinen Nachfolgern kommt bei Ulrich lesbische Sexualität zu kurz. In der Praxis findet sie keine Erwähnung, da in dieser Sichtweise erst Penetration Sexualität zu Sexualität macht. Der sich in den verschiedenen wissenschaftlichen Disziplinen entwickelnde sexualpathologische Diskurs geht vor allem auf Richard von Krafft-Ebings Klassifikation aller nicht prokreativen Sexualitätsformen zurück. Ausgestattet mit einem Interesse in forensischer Psychiatrie sah von Krafft-Ebing solche ‚Perversionen' nicht als Sünde, sondern als Krankheit, die durch Vererbung und Degeneration weiter gegeben würden. Mit einer ähnlichen Intention erklärte Havelock Ellis ‚Inversionen' (einem damals üblichen Begriff für Homosexualität) durch eine Kombination von Vererbung und Erziehung, als eine Abnormalität, aber nicht als Krankheit. Vielmehr machte er die Frauenbewegung und die Bildung für Frauen als Grund für die Verbreitung von ‚männlichen Frauen' verantwortlich. Im Gegensatz zu vielen Zeitgenossen plädierte Ellis für Nichtbehandlung und auch eine Nichtbestrafung von Homosexualität. Mit der Popularität der Schriften dieser Denker kam eine neue Berufsgruppe ins Spiel, nämlich Psychiater als Spezialisten für kranke Seelen. Wenn es um die Be- und Verurteilung von Sexualvergehen ging, wurden nun Sexualpathologen statt Gerichtsmediziner konsultiert. Homosexualität galt als angeborene Entwicklungsstörung, deren Ursachen im Gehirn, in Keimen und Körpersäften zu suchen waren. Da ein degeneriertes Gehirn nicht für sein Handeln verantwortlich sein konnte, waren es die Sexualpathologen, die mit medizinisch-psychiatrischen Methoden über Homosexualität richteten – sie hatten die Definitionsmacht an sich gezogen. Die gesellschaftliche Organisation von Sexualität mit der Bevorzugung heterosexueller Lebensweisen ist damit ein Mittel, „moderne Gesellschaften in sich zu strukturieren und in eine hierarchische Form zu bringen." (Ott 2000: 189). Das nun macht Heteronormativität zu einem zentralen Begriff, den ich hier konstruktivistisch reformulieren will.

Definition Heteronormativität

Heteronormativität beschreibt in erster Annäherung ein binäres Geschlechtersystem, das lediglich genau zwei Geschlechter akzeptiert, und das Geschlecht mit Geschlechtsidentität, Geschlechtsrolle und sexueller Orientierung gleichsetzt: Die Basiseinheiten sind Männer und Frauen, die sich in ihrer Sexualität aufeinander beziehen[16]. Heteronormativität basiert auf zwei alltagsweltlich und auch wissenschaftlich tief verwurzelten Annahmen: Menschsein sei natürlicherweise zweigeschlechtlich organisiert und Heterosexualität die ausschließliche und essenzielle Grundlage. Heteronormativität bezeichnet aber nicht nur Naturalisierungen von Zweigeschlechtlichkeit und Heterosexualität, sondern bezieht sich darüber hinaus auch auf gesellschaftliche Strukturen und Organisationsweisen. Heterosexualität und Heteronormativität fallen also nicht zusammen. Denn während Heterosexualität im binären System der Zweigeschlechtlichkeit Formen sexueller Praktiken zwischen Männern und Frauen bezeichnet, bezieht sich Heteronormativität auf dahinter stehende Institutionen, Denkstrukturen und Wahrnehmungsmuster, die Heterosexualität nicht nur zur Norm stilisieren, sondern als

16 Vgl. dazu Butler (1991a: 22-24, 68-122), Degele (2005), Dyer (1997), Haller (2001), Ingraham (1996), Jackson (1999: 1-28, 163-179), Ott (2000), Sulivan (2003: 119-135).

Praxis und Lebensweise privilegieren. Die Berücksichtigung gesellschaftlicher und kultureller Strukturen und Funktionen ermöglicht folgende, auf den ersten Blick komplizierte Definition: Heteronormativität ist ein binäres, zweigeschlechtlich und heterosexuell organisiertes und organisierendes Wahrnehmungs-, Handlungs- und Denkschema, das als grundlegende gesellschaftliche Institution durch eine Naturalisierung von Heterosexualität und Zweigeschlechtlichkeit zu deren Verselbstverständlichung und zur Reduktion von Komplexität beiträgt – beziehungsweise beitragen soll. Zur Erläuterung:

- Naturalisierung. Heteronormativität ist das Ergebnis gesellschaftlicher Normalisierungsprozesse (s.o.), die Heterosexualität und Zweigeschlechtlichkeit naturalisieren, das heißt mit dem Schein von Natürlichkeit versehen. Zweigeschlechtlichkeit ist danach ein unhinterfragter gesellschaftlicher Tatbestand, Heterosexualität die selbstverständliche, sich nicht selbst benennende und schon gleich gar nicht sich selbst als legitimierungsbedürftig wahrnehmende Norm: Wie sollte – so das Alltagswissen – die Menschheit auch weiter bestehen können, gäbe es keine Heterosexualität? Und genau dies habe die Natur ganz praktisch einfach so eingerichtet.
- Unbewusstheit. Die heteronormativ organisierten Wahrnehmungs-, Handlungs- und Denkschemata müssen den Beteiligten keineswegs bewusst sein. Heteronormativität funktioniert in diesem Zusammenhang wie der Habitus. Darunter versteht der französische Soziologe Pierre Bourdieu „Systeme dauerhafter Dispositionen, strukturierte Strukturen, die geeignet sind, als strukturierende Strukturen zu wirken, mit anderen Worten: als Erzeugungs- und Strukturierungsprinzip von Praxisformen und Repräsentationen, die objektiv ›geregelt‹ und ›regelmäßig‹ sein können, ohne im geringsten das Resultat einer gehorsamen Erfüllung von Regeln zu sein." (Bourdieu 1976: 164 f.). Entsprechend ist Heteronormativität verinnerlichte Gesellschaft und bringt eine strategisch orientierte Praxis und auch Körperlichkeit hervor, ohne dass die dadurch produzierten Strategien ins Bewusstsein gebracht werden (müssen).
- Institutionalisierung in Strukturen. Heteronormativität ist nicht nur in den Individuen (mental und physisch) verankert, sondern auch in gesellschaftlichen Strukturen. Beispiele dafür sind die Rechtsprechung (zum Beispiel der besondere Schutz der Ehe und die Subventionierung dieses Paarungsmusters), Schulbücher (‚Mutti spült, Papa arbeitet'), Wissenschaft (die in der Biologie vorherrschende Konstruktion vom aktiven Sperma

und passiven Ei) oder auch Karrieremuster in Wirtschaft und Politik (trotz eines geouteten Berliner Bürgermeisters sind ein Arbeitgeberpräsident mit Lebenspartner oder eine Bundespräsidentin mit Lebenspartnerin bislang immer noch nicht vorstellbar).

- REDUKTION VON KOMPLEXITÄT. Heteronormativität geht nicht nur in institutionelle Regelungen ein, sondern auch in gesellschaftliche Kommunikation. Dort operiert dieses überpersonale kognitive und institutionelle System als Mechanismus zur Reduktion von Komplexität, indem es ein berechenbares Verhaltensterrain und damit Erwartungssicherheit schafft: Die Herren machen Geschäfte und Politik, die Gattinnen nehmen am Kulturprogramm teil. Heteronormativität kanalisiert damit Handlungen im Sinne einer gesellschaftlichen Wiedererkennbar- und Verarbeitbarkeit, um Bedeutungsüberschüsse im Zusammenhang von Geschlecht und Sexualität handhabbar zu machen.

Was kann man mit dieser abstrakten Definition anfangen? Man kann etwas ganz Soziologisches tun, nämlich das Geschäft des Entselbstverständlichens betreiben. Dann zeigt man zum Beispiel, dass erst Abweichung Normalität als Tatbestand schafft. So verhält es sich etwa mit der Frage: ‚Warum sind Sie heterosexuell?' Die meisten reagieren darauf sehr verblüfft, teilweise fühlen sie sich auch angegriffen. Denn Heterosexualität wird so sehr als Norm empfunden, dass die Frage danach den meisten Personen als Affront erscheint[17]. In jedem Fall gehört es nicht zu den üblichen Erwartungen, etwas so ‚Normales' wie Heterosexualität erklären zu müssen. Umgekehrt werden ganze wissenschaftliche Disziplinen mobilisiert, um Erklärungen für homosexuelle Handlungen und Identitäten zu liefern.

Merkmale der Heteronormativität

Hier sind alle Merkmale der Heteronormativitätsdefinition versammelt: Erstens sind Männer größer, kantiger, weniger schönheitsbewusst, kurz: anders als Frauen (Naturalisierung). Zweitens ist das so selbstverständlich geworden, dass es uns schon gar nicht mehr auffällt (Unbewusstheit). Drittens sind die Regeln bekannt

---

17 HETEROSEXUALITÄT ENTSELBSTVERSTÄNDLICHEN. Das war das Ergebnis eines Experiments, das mit einer Videokamera bewaffnete Studierende eines Seminars zu *Queer Studies* 2002/03 in der Fußgängerzone durchführten: Sie konfrontierten harmlose PassantInnen mit eben dieser Frage nach dem *Warum* von Heterosexualität. Damit unterstellten sie Heterosexualität einerseits als selbstverständlichen Tatbestand, hinterfragten ihn aber zugleich – und produzierten damit Empörung, Unverständnis und Irritation (für diesen Beitrag danke ich Jennifer Jäckel, Claudia Münzing und Saşa Vukadinovic).

Beispiel

Zur Illustration des skizzierten Heteronormativitätskonzepts ziehe ich empirische Befunde zum alltäglichen Sich-schön-machen und zur Inszenierung von ‚Geschlechtern in Anzügen' heran (Degele 2004). Der Wunsch nach Anerkennung genügt als Motiv, sich einem mitunter brutalen Schönheitskult zu unterwerfen, der die Beteiligten in ein enges Korsett von Schlankheit, Jugend, Attraktivität, Sportlichkeit, Gesundheit und Leistungsfähigkeit schnürt. Denn Schönheit ist ein entscheidender Teil des Eindrucks, den Menschen nach außen transportieren, Schönheit wird kommuniziert, und Sich-schön-machen ist die Grundlage dafür, dass genau dies geschehen kann. In einem solchen Kontext erscheint Schönheit – so einige Studien – als ein Unterdrückungsinstrument, bei dem Schönheit von Frauen gegen Status getauscht wird. Über Sich-schön-machen werden auch Berufe täglich aufs Neue vergeschlechtlicht (wobei als ‚weiblich' konstruierte Arbeit fast durchgängig hierarchisch niedriger angesiedelt ist), aufstiegswillige Frauen müssen besser sein als Männer, dürfen dabei aber nicht ‚ihre Weiblichkeit verlieren'. So geben Frauen in mittleren und höheren beruflichen Positionen einen großen Teil ihres Einkommens für Selbst-Instandsetzungs- und Selbst-Inszenierungsprodukte wie Kosmetik, Make-Up, Kleidung, Fitness-Center und Beauty-Farmen aus. Weiter tragen sie mitunter als nachlässig inszenierte Frisuren plus edlen Schmuck und Make-up – um nämlich die sexuelle Wirkung insbesondere langer Haare zu ‚veredeln', das heißt nicht ins ‚Vulgäre' abzugleiten.

und in Karrieremustern verankert: Frauen müssen mehr Aufwand für ihre äußere Erscheinung betreiben, was sich in der Herausbildung ganzer Industrien niederschlägt (Institutionalisierung in Strukturen). Viertens schließlich genügt ein kurzer Blick, und wir wissen nicht nur, wer Männer und Frauen sind, sondern was sie zu tun und zu unterlassen haben (Reduktion von Komplexität). Diese Beobachtungen fixieren Vorstellungen von dem, was Männer und Frauen sind und tun. Sie blenden per definitionem Praxen aus, die nicht in die Vorgaben der Unterwerfung von Frauen und der Machtausübung von Männern passen.

Abweichungen von Heteronormativität

Um nun verschiedene Grade und Abweichungen von Heteronormativität unterscheiden zu können, kann man ein Kontinuum von den genannten Heteronormativitätsmerkmalen mit den komplementären Negativwerten konstruieren. Dies erlaubt, verschiedene Ausprägungen von Heteronormativität empirisch zu unterscheiden:

- Bewusstmachen statt Unbewusstheit. Ein Bewusstmachen von regelgeleitetem heteronormativem Handeln und heteronormativer Institutionalisierung ist vor allem durch Regelbrüche und

Erwartungsenttäuschung möglich. ‚Warum sind Sie heterosexuell?‘ wäre eine solche regelbrechende Entselbstverständlichung. Eine andere Strategie stellen parodierende Antworten dar, wie etwa auf die von Männern an Frauen in ‚männlichen‘ Positionen oder Situationen gestellte Frage: ‚Wären Sie (manchmal) gern ein Mann?‘ – ‚Nein, Sie?‘

- ENTNATURALISIERUNG STATT NATURALISIERUNG. Regelbrüche und Erwartungsenttäuschungen bleiben nicht auf der Ebene der Interaktion stehen, sondern gehen in gesellschaftliche Leitbilder in Wirtschaft oder auch Politik ein. Eine Entnaturalisierung findet zum einen statt, wenn Frauen ‚es auch können‘ (Deutschland regieren, ein Unternehmen führen oder im Gegensatz zur Männer-Nationalelf die Fußballweltmeisterschaft gewinnen), zum anderen, wenn heteronormative Kategorien auf breiter Ebene angegriffen werden.
- ENTINSTITUTIONALISIERUNG STATT INSTITUTIONALISIERUNG. Beim Prozess der Entinstitutionalisierung statt Institutionalisierung handelt es sich um ein Wechselspiel. Beispiele dafür sind die Klagen Intersexueller, im Pass als ‚Zwitter‘ geführt zu werden oder auch die rechtliche Anerkennung von Wahlfamilien. Gelänge dies, würde die Erschütterung der Zwangszweigeschlechtlichkeit in neue Institutionen überführt werden.
- ERHÖHUNG STATT REDUKTION VON KOMPLEXITÄT. Mit einer Erhöhung statt Reduktion von Komplexität ist eine Veruneindeutigung von Handeln gemeint; man muss zweimal schauen, um zu wissen, mit welcher Situation man es zu tun hat[18]. Travestie und Transsexualität, beziehungsweise Transgender sind dazu die sichtbarsten Beispiele. Auf einer weniger plakativen Ebene kämen Akte der Verweigerung als KandidatInnen für eine Erhöhung von Komplexität in Frage: dem Freund oder Mann nicht die Socken zu waschen, in gegengeschlechtlich definierte und besetze Positionen drängen et cetera. All das ist für die Umwelt (noch) mit einem erhöhten Aufwand von Informationsverarbeitung verbunden.

Verunsicherte Zweigeschlechtlichkeit

Eine konstruktivistische Perspektive trägt dazu bei, Zweigeschlechtlichkeit und Heterosexualität als kulturelle Konstrukte und unhinterfragte Prämissen für den konstitutiven Zusammen-

[18] ERHÖHUNG VS. REDUKTION VON KOMPLEXITÄT. Das ist sicherlich der heikelste Punkt. Denn eine Erhöhung von Komplexität ist an Entschleunigung, an Interesse und auch an Wissen gebunden – was angesichts der zu beobachtenden Tendenzen sich modernisierender Wissensgesellschaften eher unwahrscheinlich ist. Für diesen Hinweis danke ich Christian Schenk.

hang von Geschlecht und Macht zu fassen. Statt über die binäre Geschlechterordnung soziale Zusammenhänge zu naturalisieren und Heterosexualität zur Form der natürlichen Sexualität zu stilisieren, beraubt sie vermeintlich Selbstverständliches seiner Selbstverständlichkeit und weist es als sozial konstruiert aus. Dies teilen Soziologie und Gender/Queer Studies. Diese Disziplinen beziehungsweise Denkrichtungen sind nicht nur als Reaktion auf Modernisierungsprozesse entstanden, sondern als wissenschaftliche Form der Selbstbeschreibung von Gesellschaft ohne Modernisierung gar nicht denkbar. Mehr noch: Sie sind selbst paradigmatische Verunsicherungswissenschaften geworden. Zwar sind sie wie alle Wissenschaften angetreten, Unwissen durch Wissen und damit Unsicherheit durch Sicherheit zu ersetzen. Statt aber Sicherheit zu stiften, setzen sie Verunsicherung mit wissenschaftlichen Mitteln fort. Wenn heute Wissenschaft noch behauptet, sicheres Wissen zu produzieren, wird sie entweder mit Gegengutachten konfrontiert oder schlicht nicht mehr ernst genommen.

3.2.3 Doing difference

Von doing gender zu doing difference

Die klassischen konstruktivistischen Überlegungen zum *doing gender* gehen von der Omnirelevanz von Geschlecht aus. Danach kann man Geschlecht nicht ‚nicht tun': „Doing Gender is unavoidable" (West/Zimmerman 1987: 137). Geschlecht muss aber nicht immer Thema sein, es kann auch als Hintergrundressource mitlaufen, irrelevant gemacht werden oder nur bei Bedarf aktualisiert werden (vgl. Deutsch 2007, Hirschauer 2001). So haben West/Fenstermaker (1995) die Omnirelevanzannahme von *doing gender* in der Hinsicht relativiert, dass statt Geschlecht auch andere Differenzen wie Klasse oder Rasse im Vordergrund stehen können: *doing difference* statt lediglich *doing gender*. Für diese Erweiterung der Perspektive gibt es auch historisch-sozialstrukturelle Gründe. So schlug sich das Bewusstsein für Differenz in den USA, einem Schmelztiegel mit starken Minderheiten, seit den frühen 1980er Jahren sehr viel deutlicher nieder als hierzulande. Gekoppelt mit einer dekonstruktivistischen Anti-Identitätspolitik (vgl. 3.3) und Überschneidungen mit den Postkolonialen Studien[19]

[19] POSTKOLONIALE STUDIEN. Der Begriff Postkolonialität hat eine chronologische und eine epistemische Dimension (Dietze 2004: 304). Chronologisch ist damit die zeitliche Epoche nach dem Kolonialismus gemeint. Diese ist durch zwei Epochenzäsuren bedingt, nämlich erstens der Aufklärung und ihrem universalistischen Denken, und zweitens der industriellen Revolution, die mit dem

sorgte das für die Forderung nach Anerkennung kultureller Vielfalt wie auch zu einer Wende zu lokalem Wissen und Kontextualismus (Singer 2003: 229). Der Ausgangspunkt dabei ist die (reflexive) Kritik an Ausgrenzungen durch diejenigen, die sich selbst als Ausgeschlossene konstruiert haben, also Frauen und Schwule, die selbst ausgrenzen, wenn sie weiß sind und der Mittelklasse angehören, mit anderen Worten: Dominanzkulturen (Rommelspacher 1995).

Naturalisierung, Konstruktion, Identität

Diese verschiedenen Diskussionen vom ausschließenden Charakter geschlechtlicher, sexueller, rassischer und ethnischer Identitäten konvergieren in drei Punkten. Zunächst kritisieren sie die Annahme einer vermeintlich naturgegeben Basis von Geschlecht, Sexualität, Etnizität und Rasse. Diese gilt es statt dessen als soziale Konstruktion zu rekonstruieren. Weiter findet dies in der Form einer Verflüssigung beziehungsweise Prozessualisierung von Kategorien statt. Bei einer solchen Transformation von Struktur- in Prozesskategorien wird aus ‚gender' *doing gender*, aus sexuality, race und ethnicity wurden doing sexuality, doing race und doing ethnicity. Schließlich fällt diese Prozessualisierung mit der Kritik statischer und ausgrenzender Identitätskategorien zusammen, womit die Suche nach Alternativen laut wird – ein bislang ungelöstes Problem.

- Kritik Naturalisierung. Wie Sexualität ist auch Rasse ein modernes Konstrukt des 18. Jahrhunderts – zur gleichen Zeit haben sich um beide Phänomene herum Wissenschaften entwickelt[20]. Wissen – ein spezifisches Wissen – ist eine der

Hochimperialismus zu einer formalen Kolonisierung fast der ganzen Erde führte. Epistemisch meint Postkolonialität ein Denken jenseits des Kolonialismus, der letzteren aber als ‚Labor der Moderne' versteht. Im Jahr 1978 erschien das Gründungsbuch des US-amerikanisch-palästinensischen Intellektuellen *Edward Said* ‚Orientalism. Western Concepts of the Orient'. Dort rekonstruiert er erstens den impliziten Rassismus von Orientwissenschaften und legt zweitens die Wirkungsmächtigkeit von Orient versus Okzident für die notwendige Konstruktion des Anderen dar. Eine weitere zentrale Größe der postkolonialen Studien ist *Homi Bhabha*. Er legt den Fokus auf das Verhältnis zwischen den Kolonisierenden und den Kolonisierten. Am einflussreichsten ist sein Konzept der Hybridität, „das transkulturelle Formen von ‚Dazwischen-Sein' (in-betweeness) im nachkolonialen ‚Dritten Raum' (third space)" beobachtet (Dietze 2004: 309). Mit dem Konzept wird die Dritte Welt aus dem Status des Objektseins erlöst, es erkennt auch der Diaspora die Produktivkraft zur Schaffung eines dritten ‚postkolonialen' Subjekts zu; Hybridität als Vorstellung zusammengesetzter Identitäten. Die dritte wichtige Figur im postkolonialen Diskurs, die indische Theoretikerin *Gayatri Spivak* (1988), schlägt die Brücke zum Feminismus. Als Überblick vgl. auch Castro Varela/Dhawan 2005.

20 Begriff Rasse. Der Begriff Rasse ist im Deutschen wegen seiner Konnotation im Zusammenhang mit dem Holocaust tabuisiert. Ersetzt man ihn aber

Grundlagen für Rassismus. Das entspricht dem, was Foucault ein ‚Dispositiv' genannt hat, nämlich einen Macht-Wissen-Komplex, in dem es „keine Machtbeziehung gibt, ohne daß sich ein entsprechendes Wissensfeld konstituiert, und kein Wissen, das nicht gleichzeitig Machtbeziehungen voraussetzt und konstituiert" (Foucault 1977: 39). Das entscheidende Merkmal dabei ist eine Bezeichnungs- und Definitionspraxis, die ein spezifisches Wissen über vermeintlich natürliche Unterschiede zwischen ‚uns' und ‚den Anderen' hervorbringt. Es geht beim Rassismus nicht um eine Übertreibung, falsche Behandlung oder Instrumentalisierung von Unterschieden zwischen Menschengruppen, sondern darum, dass politische Interessen in den Mantel natürlicher Differenzen gekleidet werden. So definiert Robert Miles (1991) Rassismus als Zuschreibung naturgegebener Tatsachen (heute sind das vor allem naturgegebene kulturelle Unterschiede) zur Hierarchisierung von Menschen: Man benutzt reale Unterschiede zur Ausgrenzung oder erfindet welche. Die Funktion ist eine Erklärung für soziale Unterschiede trotz herrschender Gleichheitsideologie. Der Mechanismus der Naturalisierung betrifft auch die Konstruktion von Differenzen, die gar nicht mehr als biologische Unterschiede erscheinen. Darunter fällt etwa das ‚Recht auf Differenz' als eine neue Form des Rassismus. Das Schreckgespenst ist dabei eine Vermischung von Kulturen. Eine solche Naturalisierung von Kultur entspricht der Naturalisierung von Gruppen als Rassen (Hall 2000). Sowohl biologischer Rassismus wie auch Rassismus ohne Rassen, Neorassismus, kultureller Rassismus oder differenzieller Rassismus gehen von einer grundsätzlichen Unvereinbarkeit von Kulturen aus, was essentialistisch begründet

durch weniger verfängliche Konstrukte wie ‚Ethnie' oder ‚kulturelle Identität', werden damit rassistische Ausgrenzungen und Diskriminierungen tendenziell verschleiert und auch salonfähig gemacht. Die sozialwissenschaftliche Karriere dieses Begriffs begann in den 1960er Jahren in den USA. Der Soziologe Ezra Park hatte ihn schon 1950 entwickelt, um die offenbar unüberwindbaren Modernisierungshemmnisse nicht biologisch, sondern kulturell zu begründen: Aus Rasse wurde Ethnizität, aus genetischem Mangel wurde ein Kulturdefizit. Ethnizität bezeichnet „eine Fremdzuschreibung kultureller Identität und Besonderheit" (Eickelpasch/Rademacher 2004: 90). Tatsächlich aber geht es immer auch „um einen abwertenden, pauschalisierenden, vereinheitlichenden Diskurs über ‚erkennbar' gemachte Fremde, der mit einer Ausschließungs- und Diskriminierungspraxis gekoppelt ist." (Singer 1997: 45). Vgl. auch Hall 2000, Miles 1991, Räthzel 2004, Singer 1997, Sullivan 2003: 57-80.

wird[21]. Statt von einer natürlichen Ungleichheit verschiedener Rassen spricht man eben von der Unaufhebbarkeit kultureller Differenzen (Balibar/Wallerstein 1990: 28). Gemeint ist aber das Gleiche. Politik und Medien schaffen beispielsweise mit Begriffen wie ‚Wirtschaftsflüchtling' und Redeweisen wie ‚das Boot ist voll' ein Klima, nach dem ein konfliktfreies Zusammenleben nur bei einer verminderten Zahl von MigrantInnen möglich sei. Dazu ist eine Ideologie erforderlich, die erklären kann, dass bestimmte Gruppen nicht länger nach Deutschland einwandern dürfen. Die Konstruktion radikaler Positionen soll die Toleranz des liberalen Mainstream betonen und Rassismus als Form alltäglicher Abneigung darstellen und moderate Formen des Rassismus verteidigen. Rassistisch ist dann also vor allem die Logik der Argumentation. Auch die Propaganda des Multikulturalismus ist rassistisch, wenn sie ein Recht auf Differenz propagiert – weil sie damit die Differenz verabsolutiert.

- Rasse als soziale Konstruktion. Rassen sind keine biologischen Tatsachen, sondern soziale Konstruktionen. Ein interdisziplinärer Unesco-Kongress nach dem zweiten Weltkrieg verabschiedete eine Erklärung, wonach es keine wissenschaftliche Basis für die Einteilung der Menschheit in Rassen gebe, denn 99,9% der DNA aller Menschen ist identisch (Räthzel 2004: 249, Kattmann 1999). So spiegelt bereits die Aufteilung der Menschheit in Weiße, Schwarze, Rote und Gelbe durch den schwedischen Naturforscher Carl von Linné (1707-1778) die Farbenlehre des Kolonialismus wider. Dahinter standen drei Annahmen (Sullivan 2003: 58): Erstens gebe es aufgrund von physiologischen Charakteristika unterscheidbare Rassen, zweitens seien psychische Komponenten wie Intelligenz, Moral und Charakter auch rassenspezifisch verteilt, drittens seien diese Unterschiede Ursachen für kulturelle und sprachliche Differenzen zwischen verschiedenen Rassen. Rasse ist also eine politische Kategorie – die auch als Ausgrenzungspraxis wirksam wird. Ausgrenzungspraxen bestimmen implizit Kriterien, nach denen anderen Zutritt gewährt wird, Ausgrenzung definiert also auch immer gleichzeitig Zugehörigkeit. Ebenso war auch die

---

[21] Formen des Rassismus. Weitere Formen des Rassismus sind institutioneller Rassismus (institutionalisierte Formen der Ausgrenzung durch Gesetze, Bestimmungen, die auf einem ursprünglich rassistischen Diskurs basieren), Ethnozentrismus (Assimilation an die eigene Kultur ist prinzipiell möglich) und Xenophobie (mit der empirisch und theoretisch zweifelhaften Annahme, dass das Fremde Angst erzeugt). Auch sie basieren allesamt auf Naturalisierungen.

kolonialé Ausbeutung durch eine gleichzeitige Einverleibung und Ausgrenzung der Kolonisierten gekennzeichnet. Letztere wurden durch Ausgrenzung dazu gebracht, „dass wir uns selbst als ‚Andere' wahrnahmen" (Hall 1994: 30). So basiert der Prozess der ‚Rassifizierung' auf einer asymmetrischen Bezeichnungspraxis (Singer 1997: 45), bei der die Bezeichnenden sich selbst als Maßstab und nicht als etwas Relatives einbringen (zum Beispiel Christen und Heiden, Zivilisierte und Wilde). Die beiden Seiten sind natürlich aufeinander verwiesen: die Bezeichnenden wissen nur, wer sie sind, wenn sie wissen, wer sie nicht sind (vgl. Hetero- und Homosexualität). In die rassistische Konstruktion von Andersheit sind also Macht und Hierarchie schon konstitutiv eingelassen. Darin spiegelt sich eine koloniale Machtgeometrie: „die Spaltung der Welt in Zentrum und Peripherie." (Eickelpasch/Rademacher 2004: 81). Der Kampf gegen Rassismus muss damit immer auch ein Kampf gegen Klassifikationen sein. Vor diesem Hintergrund sind Geschlecht, Sexualität, Rasse und Ethnizität schlechte Substantive zur Beschreibung von Strukturen, weil diese Strukturen als Prozesse in Erscheinung treten. Sinnvoller sind Prozessbegriffe. Im Englischen ist das einfach: *doing gender*, sexuality, race und ethnicity lassen sich durch eine Koppelung leicht herstellen. Die deutschen Pendants Ver- und Entgeschlechtlichung, Rassifizierung und Ethnisierung kommen da schon sperriger daher, Sexualisierung wäre schlicht missverständlich. Aber auch ohne passende begriffliche Entsprechung haben die sich zuständig fühlenden Disziplinen beziehungsweise Denkströmungen doch den gleichen Prozess durchgemacht: Geschlechter- und Migrationsforschung, Queer Studies und Postkoloniale Studien haben sich von der Beschreibung stabiler Identitäten verabschiedet und auf die Rekonstruktion von Prozessen verlegt. Geschlecht, Sexualität, Rasse und Ethnizität sind soziale Positionierungen, Elemente von Fremd- und Selbstzuweisung und ein Mechanismus sozialer Differenzierung. Wie auch Geschlecht wird Rasse getan – und ist kein Merkmal.

- Kritik Identitätskategorien. Bei der Konkretisierung der zu repräsentierenden Frauen hat auch der Feminismus Ausschlüsse und Hierarchien hervorgebracht. Während in der ersten Frauenbewegung die Auseinandersetzung zwischen bürgerlichen und proletarischen Strömungen im Vordergrund stand, war es in der zweiten die Auseinandersetzung zwischen der ‚Dominanzkultur' (Rommelspacher 1995) des weißen Mittelschichtsfeminismus und ausgegrenzten Schwarzen, Jüdinnen und Migrantinnen. Nicht-weiße Feministinnen wehrten sich gegen einen feministischen Eurozentrismus, der die Dritte Welt als unwissend, arm, ungebildet, lokalen Traditionen verpflichtet, familienorientiert und als Opfer konstruierte (Carby 1982, Davis 1983, Gümen 1998, hooks 1981, Mohanty 1988). Rassistisch war für sie der Standpunkt weißer Mittelschichtsfeministinnen, die ihre eigenen Werte unhinterfragt zum Maßstab Anderer machten. Bei der Kritik von Ausschlüssen sind einige Gemeinsamkeiten zwischen den Diskussionen um Geschlecht, Sexualität, Rasse und Ethnizität zu beobachten. An die Entdeckung und Kritik der Nichtberücksichtigung (Androzentrismus, Heteronormativität, Rassismus, Ethnozentrismus) schließt sich die Phase der Formierung an. Das geschieht oftmals in der Form politisch-sozialer Bewegungen. Diese suchen zunächst eine gemeinsame Position in Abgrenzung zur herrschenden und schaffen damit eine kollektive Gegenidentität. Der Entdeckung von Identität folgt aber auch die Entdeckung von Differenzen: auch ‚schwarz' ist eine kulturell konstruierte Kategorie, ‚Schwarze' sind keine sozial einheitliche Gruppe[22], und damit setzt meist Ernüchterung ein: Was etwa verbindet eine weiße Sozialhilfeempfängerin mit einer schwarzen Managerin? Die selbst konstruierten Solidargruppen sind als Gruppen mit einer eigenen Identität gar nicht eindeutig zu identifizieren. Entscheidend war dabei die Erkenntnis, dass Identitäten über Ausschlüsse gestiftet werden. Identität und Gemeinschaftsbildung sind an Mechanismen der Ein- und Ausgrenzung gebunden. *Dazu* gehört, wer nicht ausgeschlossen ist und umgekehrt: wer nicht drin ist, ist draußen. Leitmotiv der Gruppenbildung ist die Herstellung eines homogenisierten Innenraums der Wir-Gruppe gegenüber Anderen, Fremden. So funktioniert die Herstellung von Geschlecht, Sexualität, Rasse und Ethnizität: Eine Gemeinschaft „wird sozial konstruiert, indem durch die Abgrenzung nach außen die innere Gemeinschaft geschlossen wird" (Lenz 1994: 60). Hängt Identität von Zuschreibungen, Wahrnehmungen und Benennungen Anderer ab, steht also je nach Kontext eine andere Identität im Vordergrund. Beim Vorstellungsgespräch für einen neuen Job geht es nicht in erster Linie um

[22] Schwarz/schwarz. Ich folge hier der Schreibweise, wie sie in den postcolonial studies üblich ist: ‚schwarz' steht für Menschen afrikanischer Herkunft. Demgegenüber ist ‚Schwarze' ein politisches Konzept, „um auf diejenigen Menschen zu verweisen, die Rassismus erfahren" (Ferreira 2002: 128). ‚Schwarze' stellt also einen Bezug auf die gemeinsamen Rassismuserfahrungen verschiedener, mittels der Kategorie Rasse markierter Gruppen her.

sexuelle Präferenzen, in der Phase erster Verliebtheit mag die Schichtzugehörigkeit des geliebten Menschen eine nachgeordnete Rolle spielen. Dies theoretisch und methodologisch zu fassen und empirisch umzusetzen ist eine der größten Herausforderungen der Gender/Queer Studies, genauer, der Intersektionalitätsanalyse (vgl. 4.3).

Konstruktivismus als Mainstream und Kritik am Konstruktivismus

Die Geschlechterforschung ist heute stark konstruktivistisch geprägt. Wer Geschlecht nicht als soziale Konstruktion unterschreibt, gerät schnell in Verdacht, EssenzialistIn zu sein und Biologismen auf den Leim zu gehen. Konstruktionen sind menschengemacht und damit auch veränderbar. Das konkretisiert aber noch nicht, ob und wie dies tatsächlich geschieht. Soziale Konstruktionen weisen oftmals eine starke Beharrungskraft auf: Wer beim Besuch im Stammcafe zwei Mal freundlich begrüßt wird, wundert sich, wenn dies beim dritten Besuch unterbleibt. Die Institution des Ehegattensplitting hat ihren Sinn, die Kinderaufzucht zu fördern, längst eingebüßt (und fördert statt dessen lediglich das veraltete Modell der Hausfrauenehe), wird aber dennoch nicht abgeschafft. So sind auch folgende Kritikpunkte an konstruktivistischen Ansätzen zu verstehen.

- Wie statt warum: Reduktion auf Interaktion und Vernachlässigung von Strukturen. In der klassischen Form des interaktionistischen Konstruktivismus besteht der Geschlechterunterschied darin, „dass angenommen wird, es gebe ihn, und Menschen sich entsprechend dieser Annahme verhalten“ (Selders 2003: 70). Als Konsequenz wird Geschlecht in Prozesse des Geschlecht-Machens aufgelöst und als Strukturkategorie aufgegeben. Damit ist eine interaktionistische Verengung verbunden. Sie besteht darin, „die Entstehung geschlechtlicher Zeichen ausschließlich in Interaktionen und zudem noch ausschließlich in alltäglichen Interaktionen zu verorten.“ (Maihofer 1995: 63). Aber auch andere gesellschaftliche Kontexte entwickeln (Geschlechts)Zuschreibungen. Außerdem sind Zweifel angebracht, ob Geschlechtsnormen wirklich ausschließlich Effekt alltäglicher interaktiver Leistungen sind. Damit bleiben auch Fragen nach Interessen, Macht und Herrschaft ausgeblendet. Es scheint, als befände sich der interaktionistische Konstruktivismus in einem politisch und normativ luftleeren Raum. Denn was zählt, ist lediglich die wissenschaftlich korrekte Rekonstruktion von Konstruktionen. Damit hängt auch die Verweigerung einer Ursachenforschung zusammen, der Konstruktivismus klammert ‚warum'-Fragen konsequent aus. Das wiederum kann zu neuen Denkverboten und Selbstbeschränkungen führen (Rödig 1994).

- GLEICHURSPRÜNGLICHKEIT VON DIFFERENZ UND HIERARCHIE: EMPIRISCH VERSUS LOGISCH. Die konstruktivistisch behauptete Gleichursprünglichkeit von *sex* und *gender* ist auch mit der These der Gleichursprünglichkeit von Differenz und Hierarchie verbunden. Diese These findet vor allem im Feld der Konstruktion von Geschlecht über Arbeit zahlreiche empirische Bestätigungen, aber nicht nur dort. Zwar gibt es klassische geschlechterkonstituierende Zuordnungen in der Zahnmedizin mit dem größten Frauenanteil in der Schul- und Kinderzahnpflege. Überraschenderweise finden sich aber auch viele Frauen in der prestigeträchtigen Kieferorthopädie (Kuhlmann 1999). Die Beziehung zwischen Geschlechterdifferenz und -hierarchie ist also keine logisch zwingende.
- OMNIPRÄSENZ UND OMNIRELEVANZ: OFFEN. Macht Geschlechtszugehörigkeit immer einen Unterscheid? Ist Omnipräsenz (also die Allgegenwärtigkeit von Geschlecht) immer auch mit Omnirelevanz gleichzusetzen? Geschlecht ist nicht immer und in jedem Kontext (gleich) relevant, es können auch Faktoren wie Alter, Attraktivität oder Status relevant sein. Zwar haben West/Fenstermaker (1995) das ursprüngliche Konzept des *doing gender* zugunsten eines doing difference relativiert und gestehen zu, dass auch andere soziale Kategorien in Interaktionen von primärer Bedeutung sein können. Wie jedoch mit dem Zusammenhang und der Wechselwirkung relevanter Kategorien umzugehen ist, wirft zahlreiche inhaltliche wie auch methodologische Probleme auf. Das ist kein Spezifikum des Konstruktivismus. Die feministische Gesellschaftskritik hat sich daran auch schon die Zähne ausgebissen. Wegen seines vor allem wissenschaftlichen Erkenntnisinteresses wie auch der Fokussierung auf Prozesse des Machens selbst haben sich konstruktivistische Ansätze allerdings selbst eine große Begründungslast aufgebürdet.

3.3. Diskurstheoretische Dekonstruktionen: sex und gender entdifferenzieren

Für die frühe Frauenforschung war die Entkoppelung von *sex* und *gender* zweifellos ein Gewinn: Stereotype und geschlechtlich differenziertes Verhalten waren nicht mehr auf ein biologisches Schicksal zurückzuführen. Was Männer und Frauen taten und tun, ließ sich nun als Produkt gesellschaftlicher Machtverhältnisse deuten. Der interaktionistische Konstruktivismus wiederum spürte den konkreten Mechanismen und Prozessen nach, wie Männer und Frauen tatsächlich gemacht wurden und meldete dabei Zweifel an einem vorgesellschaftlichen Status dieser Unterscheidung an. Erst der diskurstheoretische Dekonstruktivismus jedoch hat daraus eine grundlegende Kategorienkritik gemacht. Er geht davon aus, dass nicht nur *gender*, sondern auch *sex* Produkte von Machtverhältnissen sind. DekonstruktivistInnen verhandeln dies allerdings weniger auf der Ebene empirisch zu untersuchender Interaktionen und Strukturverhältnisse, sondern häufiger auf der abstrakteren Ebene gesellschaftlicher Diskurse, genauer: von Theorien. Zur Rekonstruktion will ich im ersten Schritt den Zusammenhang von Poststrukturalismus, Dekonstruktion und Diskurs beleuchten (3.3.1), dann auf den dekonstruktivistischen Umgang mit der *sex/gender*-Unterscheidung zu sprechen kommen (3.3.2), um schließlich kritische Positionen und Weiterentwicklungen vorzustellen (3.3.3).

Poststrukturalismus, Dekonstruktion und Diskurs 3.3.1

Ein Muster, das soziale Ordnung und Hierarchie herstellt, ist die Geschlechterklassifikation. Um diese zu beschreiben, zu analysieren und schließlich auch aus den Angeln zu heben, bot sich ein Verfahren aus dem poststrukturalistischen Theoriekontext an, nämlich die Dekonstruktion. Für diesen Zusammenhang wiederum spielen Diskurse eine Schlüsselrolle.

Strukturalismus

Der Poststrukturalismus wurzelt in der Linguistik, genauer in den Arbeiten des Schweizer Sprachwissenschaftlers Ferdinand de Saussure (1875-1913). De Saussure begreift Sprache als Zeichensystem, innerhalb dessen das Sprachzeichen nicht ein Ding und einen Namen verbindet, sondern eine Vorstellung und ein Lautbild (vgl. Frank 1984: 30-40, Köhler 1988, Raab 1998: 10-18). Erst durch Sprache – das ist eine grundlegende Annahme dieser Theorie – konstituiert sich Realität, das Sprachzeichen ist wie alle Strukturelemente differenziell bestimmt. Nicht der Inhalt, sondern die Differenz zwischen den Elementen entscheidet über ihren Bedeutungsinhalt. Dahinter steht die strukturalistische Annahme, dass es in der Sprache nur Verschiedenheiten gibt, weshalb Bedeutung durch Negativität, also Ausschließung konstituiert wird. Das war in dieser Einführung schon einige Male Thema: Weil die beiden Begriffe aufeinander verweisen, macht etwa Heterosexualität nur über ihre Abgrenzung zur Homosexualität Sinn (und umgekehrt). Hier kommt die These der binären Codierung von Strukturen des französischen Soziologen und Anthropologen Claude Levi-Strauss ins Spiel. Sein Argument: „Binär operiert der menschliche Geist deswegen, weil er den Übergang des Menschen von der Natur zur Kultur zu verkraften, in eine Ordnung hinüberzuführen und begrifflich zu verarbeiten hat." (Köhler 1988: 50).

Poststrukturalismus

PoststrukturalistInnen wie Michel Foucault, Jacques Derrida, Julia Kristeva, Lacques Lacan und Luce Irigaray nun halten an der Bedeutung von Differenzen fest – sie zeigen Hierarchien an und sind Indikatoren für Machtverhältnisse. Sie wenden sich allerdings gegen die ahistorischen Denkvoraussetzungen des Strukturalismus. Wenn etwa Levi-Strauss Gesellschaft als durch ein Gesamtsystem von Regeln und Gewohnheiten (Codes) organisiert sieht, analysiert er die verschiedenen Codes (Kleidung, Mythen et cetera) nicht nach ihrem Inhalt, sondern nach Funktionen (in der gegebenen Gesellschaft) – und diese seien immer binär organisiert. Aber warum muss das immer und überall so sein? Der Strukturbegriff erweist sich für die Analyse sich wandelnder gesellschaftlicher Phänomene als zu statisch. Deshalb betont der Poststrukturalismus Diskontinuität und Wandel, er wendet sich gegen vorab festgelegte Bedeutungen, wie sie der Strukturbegriff nahelegt. Damit ist auch ein prinzipiell entnaturalisierendes Denken verbunden: Dinge sind geworden, und dafür sind diskursiv verfasste Zusammenhänge verantwortlich. Diskurse nun sind eine Menge von Aussagen, die zur selben diskursiven Formation gehören (Foucault 1981: 170). Der Clou liegt nun darin, dass Diskurse gesellschaftliche Wirklichkeiten nicht einfach abbilden, sondern vielmehr schaffen, indem sie, wie Foucault schreibt, „die Wirkungsbedingungen der Aussagefunktion definiert haben." (Foucault 1981: 171). Diskurse als ein System sprachlicher und nicht-sprachlicher Elemente sind „auf materielle Anordnungen des diskursiv Konstruierten bezogen" (Bublitz 2003: 7), sie sind mit materiellen Institutionen verbunden und können „nicht losgelöst davon betrachtet werden" (Foucault 1981: 150). Diskurse schaffen also Materialität, die sich nicht auf die rein semiotischen Aspekte von Aussagen beschränkt. In Diskursen verschränken sich vielmehr Diskursives und Physisches, Semantisches, Gesellschaftliches und Technisches, Symbolisches und Materielles. Diskurse materialisieren sich und sind damit mehr als Symbole. Denn das Objekt des Diskurses ist zwar sprachlich verfasst, aber nicht Sprache schlechthin. Deshalb liegt der Sinn auch nicht in der Aussage, sondern in einem Außen, in den Bedingungen, die Diskurse erst ermöglichen. So ist ein (literarischer) Text für sich noch kein Diskurs. Das Objekt von Diskursen ist „nicht die Sprache, sondern die Menge des Gesagten, sein durch Strategien der Verknappung in Grenzen gehaltenes und zugleich geregeltes Wachsen, das erst im Außen des Gesagten, in jenen Beziehungen erkennbar wird, die den machtvollen Raum des ‚Zwischen', der Relationen und Anschlußstellen eröffnen." (Karpenstein-Eßbach 1995: 133). Es geht also immer um Kontexte, das heißt sinnstiftende Komponenten außerhalb des sprachlichen Analysegegenstandes.

Dekonstruktion als textkritisches Verfahren

Dieses neue Verständnis schlägt sich in der textkritischen Praxis der Dekonstruktion nieder. Diese geht davon aus, dass hegemoniale, durch Normen und Zwänge geprägte Machtverhältnisse in Diskursen zum Ausdruck kommen. Sie schaffen Wirklichkeiten, indem sie Dinge benennen, Ausschlüsse produzieren und damit menschliche Wahrnehmung und Handeln rahmen, prägen, steuern. Konstruktivismus und Dekonstruktion teilen einige Gemeinsamkeiten, vor allem das Hinterfragen und Verstören des Alltagswissens. Dennoch entstammen beide Verfahren verschiedenen Kontexten und gehen unterschiedlich vor. Geht es im Konstruktivismus um die Rekonstruktion empirisch beobachtbarer Phänomene, konzentriert sich die Dekonstruktion auf die symbolische Ebene von Diskursen und Theorien. Sie untersucht (und dekonstruiert) soziale Ordnung nicht auf der Ebene gesellschaftlicher Interaktions- oder auch Strukturzusammenhänge, sondern auf der Ebene von Sprache.

Dekonstruktion als Entfaltung von Differenzen

Die Dekonstruktion geht vor allem auf die differenztheoretischen Arbeiten des französischen Philosophen Jacques Derrida (1972, 1974; vgl. Culler 1988, Wartenpfuhl 1996, Zima 1994: 34-72) zurück. Er entwickelte ein Vorgehen, um hinter scheinbar eindeutige Bedeutungen zu schauen, um dahinter steckende Ideologien und Machtansprüche aufzudecken. Denn jeder Begriff und jeder Text enthält potenziell unendlich viele Deutungsmöglichkeiten, von denen meist nur ein kleiner Ausschnitt aktualisiert wird. Genau hier setzt die Dekonstruktion an, nämlich an der Unabschließbarkeit von Bedeutungen, am Verdrängten, nicht Gedachten, aber dennoch (implizit) Vorhandenen, das es freizulegen gilt. Dazu muss sie sich in das Innere des Diskurses beziehungsweise zu dekonstruierenden Feldes begeben und die Hierarchie des Texts (zum Beispiel philosophische Gegensätze) umstürzen, ja sogar zerschlagen: „Die Dekonstruktion hat notwendigerweise von innen her zu operieren, sich aller subversiven, strategischen und ökonomischen Mittel der alten Struktur zu bedienen" (Derrida 1974: 45). Weil die benannte Seite immer auch die herrschende ist, geht es in der Dekonstruktion um das Herausarbeiten und Benennen von Unterschienden, ohne sie in einer neuen Einheit verschmelzen zu lassen. Die Dekonstruktion operiert damit im Grenzbereich von Darstellbarem und Nicht-Darstellbarem. Nach Derrida sind binäre Oppositionen in die Krise geraten, weil es sich nicht um neutrale Gegensätze, sondern um hierarchische Beziehungen handelt (Dornhof 2005: 273)[23]. Ergebnis ist eine neue, abweichende Sichtweise, eine neue Sinnkonstruktion. Damit ist auch ein politischer Anspruch verknüpft. Denn das Ausgeschlossene, bislang nicht zur Sprache gekommene soll nicht nur eine Stimme erhalten, sondern damit auch gesellschaftliche Wirklichkeit werden.

Benennung des Ausgeschlossenen

Auch wenn die Texte der zur Ikone stilisierten Theoretikerin Judith Butler nicht leicht zu lesen sind und sie – diesen Eindruck kann man zumindest gewinnen – nicht viel Mühe darauf verwendet, sich verständlich auszudrücken, formuliert sie ihre Vorstellung von Dekonstruktion dennoch klar. Indem sie „eine Voraussetzung infrage stellen“ (Butler 1993: 52), begreifen DekonstruktivistInnen Phänomene als historisch gewordene Effekte von Machtwirkungen (auch wenn sie diesen Anspruch empirisch viel zu selten einlösen). Dekonstruktionen versehen Phänomene mit einem Fragezeichen, setzen sie unter Bedingtheitsvorbehalt, spielen den Gedanken durch, es könnte auch ganz anders sein. Dazu rekonstruieren sie benannte und unbenannte (ausgeschlossene) Phänomene, identifizieren aber auch Zwang und Macht: „Eine dekonstruktivistische Sicht auf bipolare Geschlechtskonstruktionen und andere Matrixformen von Differenzen (wie Ethnizität, Klasse, Sexualität) kann die hegemonialen Ein- und Ausschlußverfahren aufdecken, wodurch Subjektpositionen konstruiert und konstituiert werden“ (Wartenpfuhl 1996: 206 f.). Auch eine solche Praxis feministischer Wissenschaftskritik begibt sich in die Sache (Diskurse) hinein und fahndet nach dem Ausgeschlossenen.

3.3.2 Dekonstruktion von sex und gender

Dekonstruktion von Geschlecht als Provokation

Wie bereits angedeutet, ist die dekonstruktivistische Provokation für die Frauenforschung untrennbar mit dem Namen Judith Butler verbunden, genauer, mit ihrem 1991 in deutscher Übersetzung erschienenen Buch „Das Unbehagen der Geschlechter“: „Gerade

23 Dekonstruktion und Androzentrismuskritik. In dieser Perspektive ist Dekonstruktion sogar gut mit der feministischen Androzentrismuskritik vereinbar. Denn diese versucht ja auch, das Ausgeschlossene sichtbar zu machen.

weil ‚weiblich' nicht länger als ein feststehender Begriff erscheint, ist seine Bedeutung ebenso verworren und unfixiert wie die Bedeutung von ‚Frau'. Und weil beide Termini ihre verstörte Bedeutung jeweils nur als Termini einer Relation erhalten, legt diese Untersuchung ihren Schwerpunkt auf die Geschlechtsidentität und die relationale Analyse." (Butler 1991a). Unbehagen kann dieser Klappentext in mehrerlei Hinsicht auslösen:

- Frau, ‚weiblich', Geschlecht. Im Alltagswissen selbstverständlich gebräuchliche Begriffe wie ‚weiblich' und ‚Frau' seien nicht voraussetzungslos und schon gleich gar nicht feststehend. Was aber ist dann damit gemeint? ‚Frau' und ‚weiblich' könnten sich nicht wechselseitig erklären oder gar definieren, sondern trügen im Gegenteil zur Verwirrung der Bedeutung bei. Wo hat eine Erklärung dann anzusetzen? Beide Termini seien in fataler Weise aufeinander bezogen. Über Geschlecht? Über eine zu kurz greifende Auffassung von Geschlecht?
- Geschlechtsidentität. Warum legt die Untersuchung ihren Schwerpunkt auf die Geschlechtsidentität (*gender*) und nicht etwa *sex*, Geschlechtswahrnehmung, Geschlechtskörper? Warum ist diese Fokussierung eine logische Folge der wechselseitigen Verwirrung von ‚weiblich' und ‚Frau'? Was ist überhaupt mit Geschlechtsidentität gemeint? Etwas Feststehendes, Definierbares? Ein empirisches Korrelat? Ein begrifflicher Verweisungszusammenhang?
- Relationalität. Betrifft die Relationalität lediglich die begriffliche Beziehung zwischen ‚weiblich' und ‚Frau'? Oder steckt noch etwas anderes dahinter? Was relationiert Butler womit? Begriffe mit Begriffen? Begriffe mit Empirie? Empirie mit Empirie?

Fragen und Unsicherheiten, durchaus ein Unbehagen darüber, aber auch Neugier, was in diesem Buch inszeniert werden soll. Dass „das Geschlecht (sex) definitionsgemäß immer schon Geschlechtsidentität (gender) gewesen ist" (Butler 1991a: 26), darin besteht wohl die zentrale Provokation Butlers. Die Kategorie ‚Frau' als Subjekt des Feminismus – davon ist Butler überzeugt – schade letztlich der feministischen Sache, weil sie immer noch etwas Naturgegebenes, Außersprachliches, Vorgängiges bezogen sei. Geschlecht aber ist keine „vordiskursive anatomische Gegebenheit" (Butler 1991a: 26), sondern eine diskursiv erzeugte Materialisierung, die es zu entnaturalisieren, genauer: dekonstruieren gelte (Butler 1991a: 218). Butler zufolge ist auch der anatomische Geschlechtsunterschied sozial konstruiert, Zweigeschlechtlichkeit ist ein Produkt von Normierungen und Wahrnehmungsformen und stellt eine symbolische Ordnung dar. Damit sind auch Zweigeschlechtlichkeit und Heterosexualität keine Naturtatsachen, sondern soziale Konstruktionen.

Gender Trouble als Dekonstruktion von Naturhaftigkeit

Vor diesem Hintergrund setzt sich Butlers Arbeit aus zwei Komponenten zusammen, wenn auch mit einem deutlichen Schwerpunkt bei der zweiten: Rekonstruktion der sozialen Konstruktion vermeintlich natürlicher Tatsachen einerseits und Analyse nicht expliziter, eigenlogischer Widersprüche in der textlichen Produktion von Sinn andererseits. Es geht also um die Kritik der diskursiven Erzeugung von Naturhaftigkeit, und dazu geht Butler begriffsanalytisch, und das heißt hier: theorieimmanent vor[24]. Butler denkt dekonstruktivistisch, insofern sie immer wieder auf Brüche und Instabilitäten vermeintlich sicherer und eindeutiger Diskurse schaut. Heterosexualität ist dafür ein Beispiel. Dekonstruktion verfährt damit immer auch negativ: Sie bezieht sich auf vorliegende Begriffe und Texte und zeigt, was fehlt, was widersprüchlich ist und was nicht funktioniert. Entsprechend ist Geschlecht nichts Natürliches, sondern der performative Effekt von Wiederholungen: Wer von der ersten Sekunde des eigenen Lebens zu hören bekommt, sie sei ein Mädchen, glaubt es auch und verhält sich irgendwann entsprechend. Diese Wiederholungen finden in einem eng definierten diskursiven beziehungsweise gesellschaftlichen Rahmen statt und produzieren genau damit den Anschein von Natürlichkeit. Dahinter steht eine deutlich formulierte Kritik an der (humanistischen) Unterscheidung von Subjekt und Handlung, genauer: Das Subjekt sei die Ursache von Handlung. Im Gegenteil – so Butler – wird das Subjekt erst über Handlung konstruiert, es ist ein Effekt von Handlungen. Anders ausgedrückt: Geschlechter sind Ergebnisse von Identitätsdiskursen. Wie das empirisch aussieht, dazu sagt Butler kaum etwas.

Gender Trouble empirisch

Empirisch übersetzen ließe sich eine dekonstruktivistische Perspektive in zweierlei Hinsicht: Erstens demonstrieren vor allem Studien zu Transsexuellen, dass Menschen erst dann Männer oder Frauen sind, wenn sie als Männer oder Frauen ‚durchgehen' (passing). Und dafür müssen sie entsprechend handeln und sich inszenieren. Zweitens zeigen Arbeiten, dass verschiedene Tätig-

---

[24] Diskursontologie? (Villa 2004: 144.) Ob Butler damit eine neue Ontologie schafft, nämlich eine von Diskursen, ist umstritten. Diesem Vorwurf zufolge löse Butler Realität und Materialität in Text auf (Maihofer 1995: 51 f., Duden 1993, Lorey 1993: 15 ff.).

keiten und Handlungen Geschlecht machen: ärztlich handeln, Sich-schön-machen oder Tangotanzen sind Beispiele dafür, dass und wie bestimmte Medien im Sinne von Gegenstandsfeldern Geschlecht konstruieren. Umgekehrt funktionieren gesellschaftliche Diskurse so, dass bestimmte Handlungen als Ausdruck von Identität kategorisiert werden – bei anderen und bei den Handelnden selbst. Wer geschminkt, mit langen Haaren, Kleid, Stöckelschuhen, Handtasche und wogendem Hüftschwung durch die Straßen geht, wird für eine Frau gehalten – bis das Gegenteil ‚erwiesen' ist. Das heißt wiederum, dass ein bestimmtes Alltagswissen darüber, was Männer und Frauen ‚sind' (gleichgültig, ob sich dieses Wissen im konkreten Fall als zutreffend erweist oder nicht), den Rahmen dafür schafft, welche Formen von Identität existieren können und dürfen. Ein Beispiel für die schmale Grenze von Erlaubtem und Ausgegrenzte sind Umarmungen zwischen Männern beim Fußball. Ohne den Kontext eines Fußballspiels könnte man hier durchaus an schwule Handlungen denken, der Torjubel dagegen macht daraus eine heterosexuelle Inszenierung. Küsse nach einem Torerfolg würden diese Grenze sicherlich überschreiten, der heterosexuelle Rahmen würde nicht mehr passen. Die (nur selten explizite) Norm ‚Fußballer sind nicht schwul' liefert dabei den entsprechenden Interpretions- und Handlungsrahmen, der Ein- und Ausschlüsse schafft. Dies wiederum führt im Sinne permanenter Wiederholung zu einer Bekräftigung und Verfestigung der eigenen Identität. Allgemeiner gesagt: Nicht nur Geschlecht, auch Sexualitätskategorien wie hetero-, bi-, multi- und homosexuell sind kulturelle Fiktionen, und das lässt sich auch empirisch rekonstruieren. Butler dagegen interessiert sich mehr für die dahinter stehenden abstrakten Wissens- und Machstsysteme – das hört sich jetzt sehr nach Foucault an – die das Feld von Geschlecht (wie auch von Sexualität) konstituieren und regulieren.

Dekonstruktion von Geschlecht als umgekehrter Kausalschluss

Bezogen auf *sex* und *gender* heißt das: Der Körper ist eine „kulturelle Situation" (Butler 1991b: 64) *gender* eine „wiederholte Stilisierung des Körpers" (Butler 1991a: 60) und Geschlecht „eine performativ inszenierte Bedeutung" (Butler 1991a: 61) „eine Weise, seinen Körper zu existieren" (Butler 1991b: 64). Die Trennung von *sex* und *gender* ist ein kulturelles Konstrukt, *sex* entpuppt sich als *gender* (Butler 1991b: 65)[25]. Butler dreht damit – und das war

---

25 Körper, sex und gender. In diesem frühen Text versieht Butler den Körper sogar mit binären geschlechtlichen Merkmalen: „Zweifellos gibt es Differenzen, die binär, materiell und exakt bestimmbar sind, und wir befinden uns

und ist für die Frauenforschung skandalös – einen im Alltagswissen selbstverständlichen Kausalschluss schlichtweg um, indem sie etwas, das sich als ursprünglich kaschieren will (*sex*), als Effekt (von *gender*) auszuweisen versucht. Dazu rekonstruiert sie das gängige, verdrehte Verhältnis von *sex* und *gender* als Resultat eines logischen Zirkelschlusses (Wagner 1998: 85): Nicht *sex* liege *gender* zugrunde, sondern weil Heterosexualität als natürliche und ursprüngliche Form der Sexualität erscheine, weil das Gefühl von Frausein etwas mit Gebärfähigkeit und kulturell definierten Geschlechtsmerkmalen zu tun habe, weil ‚männliche' Identität an den Besitz eines Penis gebunden sei, kurz: weil unsere Denk- und Wahrnehmungskategorien zweigeschlechtlich funktionieren (wir haben es nicht anders gelernt und erfahren es im Alltag auch nicht anders), nehmen wir auch physiologisch genau zwei Geschlechter wahr. Was nicht in dieses bipolare Schema passt, werde passend gemacht. ‚Frauen' und ‚Männer' sind soziale Kategorien, die sehr viel mehr in Beziehung zu- und in Abgrenzung voneinander definiert werden als auf der Grundlage vorsozialer biologischer Wesensbestimmungen. Ist die Unterscheidung von biologischem und sozialem Geschlecht eine kulturell konstruierte Ideologie, interessiert dann, welche subtilen Machtmechanismen und Interessen hinter solchen Kategorien stecken. Dies nun ist wieder das Geschäft sprachlicher Dekonstruktion.

Dekonstruktion von Identität: es gibt keine Frauen

Sprache konstruiert Subjekte mit einer ‚festen' Identität und damit auch eine hierarchisch angelegte Konstruktion wie die Geschlechterdifferenz. Auf einer allgemeineren Ebene richtet sich die Kritik gegen die Vorstellung eines Subjekts als eines mit sich selbst identischen Selbsts, das genau weiß, was es ist und was es nicht ist – in der Gegenwart wie auch in der Zukunft. Statt dessen begreift Butler Identität als fragmentiert, pluralistisch und im Wandel begriffen. Hier könnte man sogar an sozialwissenschaftliche Konzeptionen eines „Leben im Plural: Identitätsbildung in der ‚Postmoderne'" (Eickelpasch/Rademacher 2004: 6) denken, das neue Formen der Identitätsarbeit als ‚riskante Chance' begreift. Hier ist fast alles im Fluss. Weder Arbeitsverhältnisse, Beziehungen noch kulturelle Sinnangebote liefern noch so etwas wie Sicherheit und Stabilität. Um so schlimmer, wenn sogar noch die letzte Sicherheit, nämlich das Wissen um die Unterteilung von

---

nicht in der Zange politischer Ideologie, wenn wir diese Tatsache bestätigen." (1991b: 66). Am Körper interessiert im Folgenden nur noch, was vergeschlechtlicht ist, der Rest ist neutral. Zu Geschlecht als ‚Erfindung' (Butler 1991b: 62) und ‚Fiktion' (1991b: 65) vgl. Maihofer 1995: 40-53. Vgl. auch Butler 1991a: 24, 26.

Menschen in Männer und Frauen unter Beschuss gerät. Genau das tut Butler, wenn sie vereinheitlichende Kategorien wie ‚Frau', ‚Mann', ‚Patriarchat' hinterfragt. Wenn Dekonstruktion nun auch heißt, das dabei Ausgeschlossene zu benennen und weiter, Ausschlüsse zu hinterfragen und eventuell zu vermeiden, gelingt das – so die Hoffnung von Butler – am ehesten durch Solidarität und Bindungen, die nicht auf Identitäten basieren, sondern auf gemeinsamen Zielen und Interessen. Denn Identitätsversuche riefen Zersplitterung hervor, hätten einen normativen und ausschließenden Charakter, und „‚Identität' als Ausgangspunkt kann niemals den festigenden Grund einer politischen feministischen Bewegung abgeben." (Butler 1993: 49). Offen bleibt dabei freilich, ob und inwiefern sich gemeinsame Interessen von Identitäten lösen lassen und wie dies als gemeinsame Grundlage für (politische) Aktionen überhaupt theoretisch gefasst werden kann.

Dekonstruktivismus und Feminismus: ein Widerspruch? 3.3.3

Theorie und Politik, cultural turn, Differenz und Hierarchie

Die Spannung zwischen dekonstruktivistischen, strukturorientierten und interaktionistisch-konstruktivistischen Strömungen in der feministischen Theoriebildung will ich entlang dreier Themen darstellen. Erstens geht es um den Zusammenhang von Theorie und Politik, hinter dem auch unterschiedliche disziplinäre Selbstverständnisse stecken. Zweitens stelle ich den Streit um ‚Dinge versus Symbole' in den theoriegeschichtlichen Zusammenhang des ‚cultural turn'. Drittens greife ich die im vorangegangenen Kapitel (3.2) formulierte These der Gleichursprünglichkeit von Differenz und Hierarchie auf und verorte sie neu.

THEORIE UND POLITIK: AKADEMISCH-ALLTÄGLICH. Der dekonstruktivistische Feminismus provoziert, weil er die Differenzierung in zwei dichotome Geschlechter in Frage stellt. Außerhalb des akademischen Fachpublikums stößt dies auf geringes Interesse: Männer sind Männer, Frauen sind Frauen, und bei der Differenzierung und Zurechnung reicht das Alltagswissen aus. Zumindest macht es so den Anschein. Haben sich Theoriebildung und (politische) Praxis also hoffnungslos voneinander entfernt? Einiges spricht dafür. So überschrieb die ZEIT in ihrer Ausgabe vom 24.8.06 (Nr.35) das Bedauern fünfzehn prominenter Frauen darüber, dass sie die Bereitschaft von Männern überschätzt hätten, Macht abzugeben, mit dem Titel: „Wir brauchen einen neuen Feminismus". Haben sich der Feminismus und die Frauenbewegung überschätzt? Haben sie mit poststrukturalistischen Theorievarianten auf das falsche Pferd gesetzt?

Strategischer Essenzialismus

Vielleicht aus der Sicht von SozialwissenschaftlerInnen. Denn theoretisch mag einleuchten, dass Menschen nicht viel miteinander teilen müssen, nur weil sie sich als Frauen bezeichnen und auch von anderen in diese Kategorie eingeordnet werden. Politisch sieht das mitunter anders aus. Denn politische Handlungsfähigkeit setzt gefühlte Gemeinsamkeiten voraus. Ob es sich dabei um Identität handeln muss, darüber streiten sich die feministischen Lager. Was, so fragt die Philosophin Cornelia Klinger (1998: 29), „ist Feminismus ohne ein Subjekt Frau – also ohne eine *essentialistische* Identitätskategorie? Was bleibt vom Feminismus in den vielen kleinen lokalen Kämpfen – also nach dem Abschied von jeder Form von *Universalismus*?" Die Lösung, eine Koalitions- statt Identitätspolitik zu betreiben, also Bündnisse auf gemeinsame Interessen und nicht auf gemeinsame Identitäten zu gründen, ist für sie nur eine Scheinlösung. Denn offen bleibt, was die Gemeinsamkeit konstituiert. Ebenso wenig befriedigt die Lösung der ‚Bewusstseinsspaltung': theoretisch existieren Frauen nicht, politisch aber schon (Klinger 1998: 31). Im Klartext heißt das: AkteurInnen halten an Strategien fest, die theoretisch schon längst überwunden sein sollten. Das ist strategischer Essenzialismus, der sich auch dekonstruktivistisch erklären lässt. Denn das Bestreben nach Befreiung ist selbst in die Machtstrukturen verwickelt, die es bekämpft. Dafür gibt es nur eine vorläufige Lösung, die Verteidigerinnen wie Judith Butler (1996: 24) und Gayatri Chakravorty Spivak (1984/1985) zwar nicht theoretisch begründen können, mit der sie sich aber zumindest zwischen einer Paradoxie hindurchlavieren. Die Literatur- und Kulturwissenschaftlerin Dorothea Dornhof beschreibt diese so: „Die Dezentrierung aller sozialen Identitäten bewegt sich im Spannungsfeld von Inanspruchnahme eines prozessierenden Subjekts – eines strategischen Essentialismus – und seiner gleichzeitigen Infragestellung." (Dornhof 2005: 271). Der Vorteil des Konzepts des strategischen Essentialismus liegt also darin, das es „zwar dekonstruktive Skepsis gegenüber Subjekten und Gründungsnarrationen/großen Erzählungen als Gefahr von Essentialismen und Universalien teilt, aber ‚von Zeit zu Zeit' zugunsten politischer Bündnisse strategisch auf unterdrückte ‚Identitäten' rekurriert." (Dietze 2005: 312).

Scheitern der Frauenbewegung

Mit dieser theoretischen Unsauberkeit (Cornelia Klinger spricht von einem ‚Irrtum') im argumentativen Handgepäck erscheint im historischen Rückblick auch die theoretisch plausible Dekonstruktion von Frauen als Identitätskategorie in einem anderen Licht. Vielleicht nämlich hat die Frauenbewegung Schiffbruch erlitten, weil Gruppen- und Anerkennungskämpfe die Oberhand gewonnen haben und nicht, weil kollektive Identitäten zwangsläufig scheitern müssen? Eine historische Analyse – so die These von Claudia Koppert (2003a: 133) – könnte zeigen, dass soziale Bewegungen mit Desillusionierungen einher gehen und dass der flexibel gewordene Kapitalismus elastische und zielorientierte Bündnisse verlangt(e). Genau das habe die Frauenbewegung nicht geschafft. Wenn dies zutrifft, greift die dekonstruktivistische Verdammung von Identitätspolitik zumindest in diesem Punkt ins Leere. Denn statt die historische Konstellationen nicht in ihrer sozialen Genese rekonstruieren, mache sie aus den beobachteten Phänomenen eine ontologische Konstellation.

Geistes- versus Sozialwissenschaften

Was lässt sich aus diesen Beispielen lernen? Zunächst einmal, dass es recht verschiedene Erkenntnisinteressen gibt. Und dann, dass dies auch mit den Disziplinen zu tun hat, denen die Theorien entstammen. Der Dekonstruktivismus hat seine Wurzeln in den Geisteswissenschaften (vor allem der Philosophie und den Literaturwissenschaften), und dort geht es um die Arbeit mit Texten. DekonstruktivistInnen interessieren sich für die Bedeutung der Vewendung (und auch Nicht-Verwendung) bestimmter Begriffe und Kategorien. Sie wollen wissen, wie (hegemoniale) Denksysteme Bedeutungen, Normen und Selbstverständlichkeiten herstellen, was sie dabei in den Vordergrund stellen und was sie ausgrenzen. Dafür lassen sie sich auf den analysierten Text ein, kritisieren, destruieren und konstruieren Kategorien. SozialwissenschaftlerInnen dagegen wollen immer auch wissen, welche empirisch beobachtbaren sozialen Strukturen in der Gesellschaft welche sozialen Prozesse bedingen, steuern, beeinflussen und wie die Zusammenhänge aussehen. Natürlich müssen sie dazu die Angemessenheit der verwendeten Begriffe und Kategorien überprüfen. Diese Arbeit steht aber nicht so unangefochten im Vordergund wie beim Dekonstruktivismus. Diese verschiedenen Interessen gilt es immer zu berücksichtigen, wenn es um eine Bewertung von Stärken und Schwächen der jeweiligen Ansätze geht. So können unterschiedliche Strömungen und Disziplinen durchaus voneinander profitieren. Gudrun-Axeli Knapp (1998: 197 f.) etwa begrüßt Weiterentwicklungen strukturorientierter feministischer Theorien unter dem Einfluss des Poststrukturalismus und Dekonstruktivismus. Dazu zählt sie eine intensivere Selbstreflexion feministischer Theorien hinsichtlich ihrer (unhinterfragten) epistemologischen und politischen Grundlagen sowie eine gestiegene Sensibilität für Machtpotentiale in Sprache und Diskursen.

GESELLSCHAFTLICHE STRUKTUREN VERSUS SPRACHLICHE BEDEUTUNGEN. Der diskurstheoretische Dekonstruktivismus geht davon aus, dass Diskurse gesellschaftliche Materialität konstruieren. Danach sind materiell-empirische und symbolisch-kulturelle Bedeutungsebene eng miteinander verbunden oder fallen ganz zusammen. Aus Sicht der strukturorientierten Gesellschaftskritik hat das Tücken. Denn Geschichte und Gesellschaft sind nur recht abstrakt präsent, nämlich im Rahmen hegemonialer Machtverhältnisse. Epistemologisch gibt es nichts als Sprache, die Zweidimensionalität des Körpers verdünnt sich „zur eindimensionalen Linearität einer textlichen Zeichenkette" (Maihofer 1995: 51). Weiter gedacht gerät Materialität aus dem Blick, Geschlecht wird zum Bewusstseinsphänomen und geht in einer kulturell konstituierten Zeichenrealität auf. Darin liegt durchaus eine Gefahr. Wenn nämlich Unterdrückungsverhältnisse nicht in Gesellschaftsstrukturen, sondern in überhistorischen Denkmustern beziehungsweise in Sprache wurzeln, kann auch der Blick auf gesamtgesellschaftliche Zusammenhänge wie etwa den Kapitalismus verloren gehen. Gabriele Geiger bringt diese Bedenken in einer frühen Auseinandersetzung mit den damals im deutschen Sprachraum noch eher unbekannten postmodernen und poststrukturalistischen Ansätzen in der Geschlechterforschung deutlich auf den Punkt: „Trotz der obligaten Bezugnahme auf ‚gesellschaftlichen Wandel' bleiben die Ansätze a-kontextuell und a-historisch; auf Gesellschaft wird *verwiesen*, die Determinanten für die Veränderung von Subjektivität werden *beschrieben*, ohne daß der Ort der Herstellung dieser Verknüpfung, d.h. die spezifischen Entstehungsbedingungen für gerade diese Deutungsmuster reflektiert würden." (Geiger 1993: 147).

Cultural turn

Diese Entwicklung lässt sich als Pendelbewegung rekonstruieren: In den siebziger Jahren operierten feministische Theoretikerinnen mit der Universalkategorie ‚Frau' – sei es im Kontext kapitalistischer oder patriarchaler Gesellschaften – und der dichotomen Unterscheidung ‚männlich' versus ‚weiblich'. Dies taten sie, um Androzentrismen in der Konstruktion von Wissenschaft, aber auch Differenzen und Ungleichheiten auf gesellschaftlicher Ebene auf die Spur zu kommen. Seitdem verschoben sich die Schwerpunkte der Diskussion deutlich weg von der material-sozialen Ebene geschlechtlicher Ungleichheiten hin zur symbolisch-kulturellen Ebene um Identität, Fragmentierung und

Differenz. Der Begriff *cultural turn*[26] beschreibt in diesem Zusammenhang die Ausdifferenzierung eines strukturorientierten und dekonstruktivistischen als sozialstrukturell fundierten versus diskursiv operierenden Feminismus. Ebenfalls fand eine inhaltliche und methodische Arbeitsteilung statt.

- INHALTLICHE UND METHODISCHE ARBEITSTEILUNG. Was die *Arbeitsteilung zwischen inhaltlichen und methodischen Fragestellungen* betrifft, fühlen sich literaturwissenschaftliche, philosophische und auch psychoanalytische Ansätze vor allem für Bedeutungen von Identität und ihrer Dekonstruktion auf der Ebene der symbolischen Ordnung zuständig (Müller 2001: 252). Empirische Subjekte interessieren dabei weniger in ihrer Geschichtlichkeit und sozialstrukturellen Einbindung (wobei Foucault sicher eine Ausnahme darstellt). Auf der anderen Seite der materiellen Ordnung dagegen bleiben (,dekonstruktivistisch unreflektierte') Sozialwissenschaften für Fragen der strukturellen Ungleichheit verantwortlich – und gehen weiterhin (notgedrungen) von Geschlecht als Strukturkategorie aus. Damit schleichen sich in die Geschlechterforschung unnötige und sogar hinderliche Oppositionsbeziehungen – fast möchte man sagen: Essenzialisierungen – ein: Diskurs/Struktur, symbolische/materielle Ordnung, Verhältnis/Identität, Konstruktion/Essenz sind solche Dichotomien.
- KULTUR STATT GESELLSCHAFTSBEGRIFF. Fast unbemerkt ersetzte – dies markiert die zweite Entkopplung von Gesellschafts- und Kulturanalyse – der Kulturbegriff in den späten achtziger Jahren weitgehend den Gesellschaftsbegriff: „Taken to its logical conclusion, the cultural turn implied the abandonment of analyses of the material conditions of women's lives, the denial of any over-arching system of power, and a move towards a focus on

[26] CULTURAL TURN. Den Begriff brachte die britische Soziologin Michèle Barrett (1992) in die Diskussion. (Vgl. auch Maynard 1995; Adkins/Lury 1995; Crompton 1995; Knapp 2001; Jackson 1998). Der *cultural turn* schmückt nicht nur die Geschlechterforschung. Die Soziologie etwa spricht von einer ,kulturalistischen Wende' (Eickelpasch 2001), womit vor allem die klassische Ungleichheitsforschung zu kämpfen hat: Begriffe wie „klassenzusammenhanglose[ ] Individualisierung" (Beck 1986: 146), Habitus, Milieu, Lebensstil und soziokulturelle Orientierungsmuster beschreiben den Weg von einer Struktur- zur Kulturanalyse, die – wie vor allem Bourdieu es tut – ökonomische Strukturen in kulturelle Klassifikationen und prestigedifferenzierte Lebensstile via Habitus übersetzen. Zu leitenden Analysekategorien avancierten damit Begriffe wie Klassifikation, Taxonomie, symbolische Repräsentation und kulturelle Konstruktion statt Herrschaft, Ausbeutung, Unterdrückung, Kapitalismus oder Klassenlage.

culture and the discursive construction of difference" (Jackson 1998: 24). Nicht mehr die Sozialwissenschaften, sondern Philosophie, Kultur- und Literaturwissenschaften avancierten zwischenzeitlich zu Wortführerinnen feministischer Diskurse. Geschlecht als Strukturkategorie spielt bei ihr wie auch anderen dekonstruktivistischen (postmodernen oder auch postfeministischen) DenkerInnen keine Rolle.

Forderung nach social (re)turn

Solche Entkopplungen behindern sicherlich den Dialog zwischen kultur- und sozialwissenschaftlich orientierten Spielarten der Geschlechterforschung (wie es etwa bei der *sex-gender-Kontroverse* in den Feministischen Studien 1993 festzustellen ist). Schlimmer noch: Sie können zu einer Selbstversiegelung empirisch unbeleckter Dekonstruktionsübungen führen. Im Ergebnis hätten sich dann strukturorientierte und dekonstruktivistische feministische Theorien kaum noch etwas zu sagen. Zumindest verwundert es nicht, dass der *cultural turn* eine Gegenbewegung des *social (re)turn* (Klinger 2003: 24) nach sich gezogen hat, der an der Kategorie ‚Frau' festhält. Denn die Lösung für empirische Forschung könne – so die Argumentation – nicht darin bestehen, die Kategorien Frau oder Geschlecht zu dekonstruieren, „um andererseits eine anonyme Geschlechtskategorie vollzustopfen mit einer schier endlosen Liste an sozialen und kulturellen Gehalten" (Trettin 2001: 183). Was bedeutet das?

Beibehalten der Kategorie Frau

Nicht nur für die politische Praxis, auch für die empirische Forschung bleibt die theoretisch naiv gewordene Annahme von ‚Männern' und ‚Frauen' unerlässlich, weil eine kategorienlose oder -leere Wissenschaft nicht praktikabel ist. Denn „[A]ls Soziolog/inn/en müssen wir immer noch in der Lage sein, die Welt zu beschreiben, unbeschadet aller Schwierigkeiten, die durch unsere ontologischen Reflexionen aufgetreten sind" (Crompton 1995: 143). Mit dem Beibehalten der Kategorie ‚Frau' grenzen sich deshalb einige SoziologInnen von der ‚theoretischen Orthodoxie' der neunziger Jahre[27] ab. Statt dessen halten sie erstens am Konzept der Identität im Sinne eines Kern-Selbsts fest, unterscheiden

[27] THEORETISCHE ORTHODOXIE. Diese sei erstens geprägt durch den Trend zu Sprache, Diskurs und Textanalyse, zweitens eine Dezentrierung des Subjekts als Selbst, drittens die erkenntnistheoretische Kritik an Großtheorien, viertens die Ablehnung von Großgruppenstatistik (‚patriarchale Beziehung' statt ‚Patriarchat' und Konzentration auf situierte Beziehungen anstatt auf holistische Systeme), fünftens die Abkehr von Fundamentalismen und Monokausalität mit einem Hang zur Infragestellung von Kausalität, sechstens die Orientierung weg von der Perspektive der Unterdrückung von Frauen als dem zentralen

zweitens zwischen Universalisierung und Generalisierung, begreifen drittens ‚Frau‘ als einende statt vereinheitlichende Kategorie und theoretisieren viertens Erfahrungen und empirisch beobachtbare Phänomene anstatt Theorie.

Differenz, Hierarchie, Ausschluss. In der konstruktivistischen Diskussion tauchte bereits das Argument der Gleichursprünglichkeit von Differenz und Hierarchie auf. Dazu gibt es zahlreiche Beispiele aus der Segregationsforschung (vgl. 3.2.1 und 3.2.2). Das habe ich unter dem Stichwort ‚Beliebigkeit der Inhalte‘ angedeutet: Wenn Frauenarbeit am Computer mit ‚Kommunikationsfähigkeit‘ und die von Männern mit ‚technischer Kompetenz‘ zusammenfällt und entsprechend unterschiedlich bezahlt wird, übertragen Berufe Differenzen in Hierarchie. Dies geschieht unabhängig von den Inhalten der jeweiligen Arbeit. Wichtig ist aber, dass entweder Frauen oder Männer sie tun. Damit ist die Tätigkeit unterscheidbar – ein Einfallstor für unterschiedliche Wertschätzungen und Bewertungen. Solche Beispiele bestätigen die These der Gleichursprünglichkeit von Differenz und Hierarchie – logisch zwingend ist das allerdings nicht.

Kritik am Logozentrismus

Hinter solchen Beobachtungen steckt eine theoretisch höchst anspruchsvolle Frage: Sind binäre Oppositionen diskriminierende Sprechakte? Im Anschluss an Derrida beantwortet der diskurstheoretische Dekonstruktivismus dies mit ‚ja‘. Denn indem Kategorien (wie etwa ‚Mann‘ und ‚Frau‘) etwas benennen, schließen sie etwas anderes aus. Das müsste zwar kein Problem sein, denn tatsächlich ist erst durch die Benennung eines Unterschieds, „der einen Unterschied ausmacht“ (Bateson 1981: 582), Begriffsbildung und damit auch Erkenntnis möglich. Die dekonstruktivistische These geht aber weiter. Denn Unterscheidungen – so die Annahme – legen durch die Reihenfolge der Benennung auch Hierarchien und Kausalverhältnisse fest. Dies segelt in poststrukturalistisch beeinflussten Theorien wie dem diskurstheoretischen Dekonstruktivismus unter der Flagge des Logozentrismus (Culler 1982: 99-105). Damit ist eine abendländische Rationalität gemeint, die als herrschende Denkform auf identitätslogische Gegensatzpaare wie Seele/Körper, Mann/Frau, positiv/negativ beruht. Der höhergestellte Ausdruck gehört dabei dem *logos* an, der tiefergestellte stellt die Abweichung dar. Derrida spricht in diesem Zusammenhang von einem ‚Imperialismus des Logos‘. Er benennt etwas (Mann), aber das Benannte macht erst Sinn, wenn es

Moment bei der Analyse und siebtens eben einer Hinwendung zur Kultur (vgl. Maynard 1995: 32).

dazu etwas Anderes gibt, was nicht benannt werden, aber dennoch existieren muss. Dieses Andere ist das Verworfene, und genau in diese Konstruktion ist – so Derrida – Hierarchiebildung eingebaut. So sei das okzidentale Denken durch den grundlegenden Gegensatz ‚Mann versus Frau' geprägt. Logozentrismus und *Phallozentrismus* (Bestimmung des Phallus als zentrale Metapher) solidarisieren sich im Phallogozentrismus: die Frau ist das Verdrängte, sie garantiert das Funktionieren des Systems. In diesem Verständnis ist dem Akt des Unterscheidens immer auch einer des Hierarchisierens eingeschrieben. Die Philosophin Herta Nagl-Docekal (1999: 37-41) hat diese kausale Verknüpfung kritisiert: Diskriminierung hänge nicht an einer bestimmten logischen Form, sondern in der Art des Umgehens mit anderen.

Dekonstruktivistischer Biologismus?

Die These der Gleichursprünglichkeit von Differenz und Hierarchie steckt auch in in der unterstellten Gleichursprünglichkeit von Heterosexualität und Zweigeschlechtlichkeit. Aber auch das sei eine ontologische These, die empirisch überprüft werden müsse (Becker-Schmidt/Knapp 2000: 92). Nehme man diese These nämlich ernst, müsste man dem Dekonstruktivismus sogar eine biologistische Argumentation unterstellen, weil er die Geschlechterhierarchie aus der Zweigeschlechtlichkeit ableitet. Bei Butler „gibt es nicht mehr eine ‚natürliche' Heterosexualität, weil es zwei Geschlechter gibt, sondern es gibt zwei biologische Geschlechter, weil sich Menschen heterosexuell aufeinander beziehen. Heterosexualität und Zweigeschlechtlichkeit bleiben unauflöslich, quasi naturwüchsig, miteinander verknüpft." (Selders 2003: 72). Was folgt dann aber aus der Existenz von Homosexualität: Kappt sie damit die Verbindung zur Zweigeschlechtlichkeit als abgeleitete Tatsache?

Queeres Ausschließen

Schließlich taucht die Gleichursprünglichkeitsthese im Theorieprogramm von queer unter der Überzeugung wieder auf, Benennung sei gleichzeitig mit einer Schließung verbunden. Deshalb sei Definition von queer zu verweigern (vgl. Sullivan 2003: 46-48). Wie plausibel ist das? Natürlich schafft eine Benennung (Definition) Ausschlüsse, eine Nicht-Benennung allerdings auch. Eine Nichtbenennung macht Ausschlüsse unsichtbar, schafft sie aber nicht ab (vgl. McKee 1999). Denn im akademischen Kontext wird sehr wohl darüber entschieden, was queer ist und was nicht. Dafür sorgen etwa die institutionalisierten Organe wie Zeitschriften, Tagungen et cetera. Weiter arbeitet queer mit problematischen Dichotomien, wie etwa Assimilation (= konservativ) versus Widerstand (= radikal). Ähnliche Gegensatzkonstruktionen sind schwul/lesbische versus queere Theorie/Politik, Wir versus Sie; queer versus heterosexuell. Queer Theory praktiziert also eine ähnliche Exklusionspolitik wie ihre GegnerInnen und tritt durchaus hegemonial auf.

Vor diesem Hintergrund lassen sich Gewinn und Probleme der dekonstruktivistischen Geschlechterforschung folgendermaßen zusammenfassen:

- Komplementarität statt Abfolge. Der diskurstheoretische Dekonstruktivismus hat strukturorientierte und konstruktivistisch-interaktionistische Ansätze nicht abgelöst, Dekonstruktivismus und Feminismus sind – diese Frage steht über diesem Kapitel – kein Widerspruch. Die Strömungen sind vielmehr auf verschiendenen Ebenen verortet und können sich ergänzen.
- Kritik an Naturalisierung. Mit der Kritik der Naturalisierung von Geschlecht hat Butler eine Geschlechterverwirrung provoziert, die in der Geschlechterforschung zu mehr Reflexion ihrer eigenen Grundlagen geführt hat. Ob und wie diese Aufmischung auch *empirische* Geschlechterforschung ermöglicht oder blockiert, ist nicht geklärt (vgl. 4.2). Denn klar ist, dass Wissenschaft nicht ohne Kategorienbildung auskommt. Sie zu reflektieren und sie zu dekonstruieren ist zweierlei. Eine nicht-naturalisierende Forderung, die über Theorie und Praxis der Zweigeschlechtlichkeit hinauszugehen beabsichtigt, muss sich damit ständig mit dem Problem theoretisch korrekter und pragmatisch umsetzbarer Forderungen auseiandersetzen.
- Politik und Parodie. Im dekonstruktivistischen Theoriegebäude steckt in der Parodie von Geschlecht die Möglichkeit einer subversiven Umdeutung. Dies sei auch eine Form politischen Handelns. Diese These ist strittig. Denn Abweichungen von gesellschaftlichen Normen müssen noch nicht per se politisch sein (Selders 2003: 77), und auch wenn die individuellen Freiräume in den Großstädten zunehmen, wirke das noch nicht gesellschaftsverändernd. Ebenfalls ist offen, ob politisches Interesse im gesamtgesellschaftlichen Maßstab verloren geht, wenn Geschlecht und Sexualität zu einer Sache der persönlichen Wahl werden und sich Theorien und Politik auf Identitätsbildung, Wahrnehmungs- und Bewusstseinsformen konzentrieren (Selders 2003: 82-88).

Zwischenbetrachtung

Literatur

Butler, Judith (1991): Das Unbehagen der Geschlechter. Frankfurt am Main: Suhrkamp.

Hagemann-White, Carol (1988): Wir werden nicht zweigeschlechtlich geboren. In: Carol Hagemann-White/Maria S. Rerrich (Hrsg.): FrauenMännerBilder. Männer und Männlichkeit in der feministischen Diskussion. Bielefeld: AJZ-Verlag, S. 224-235.

Honegger, Claudia (1991): Die Ordnung der Geschlechter. Die Wissenschaften vom Menschen und das Weib. Frankfurt am Main/New York: Campus.

Maihofer, Andrea (1995): Geschlecht als Existenzweise. Frankfurt am Main: Ulrike Helmer.

Wetterer, Angelika (2002): Arbeitsteilung und Geschlechterkonstruktion. „Gender at Work" in theoretischer und historischer Perspektive. Konstanz: UVK.

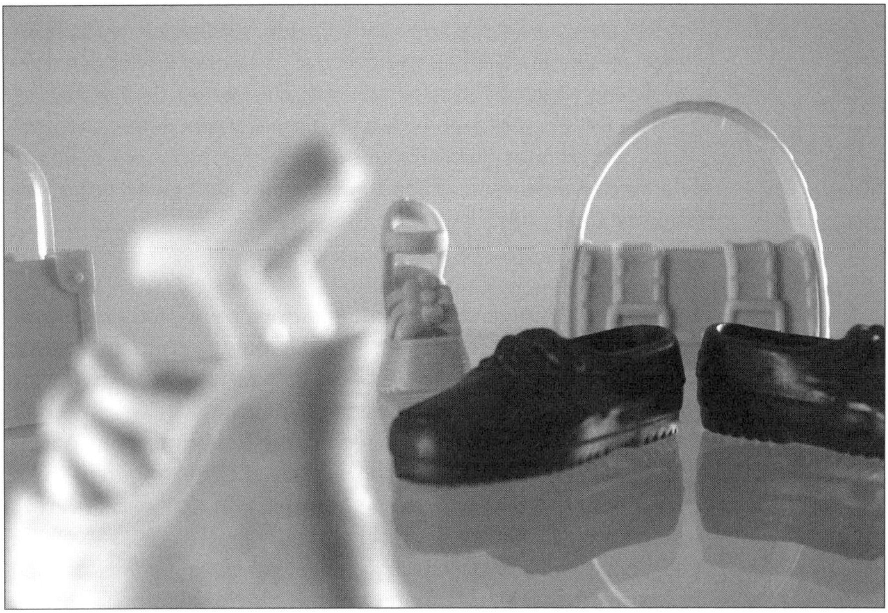

Methodologie: historisch, systematisch, perspektivisch 4.

Überblick

Wissenschaftliche Praxis bedarf eingesetzter Methoden und einer Methodologie. Wie das im Fall der Gender/Queer Studies aussieht, lässt sich historisch, systematisch und perspektivisch darstellen. Dieses Kapitel verfolgt die Entwicklung der Androzentrismus- und Wissenschaftskritik der späten 1970er und frühen 1980er Jahre bis zur Methodendiskussion und läßt sie in den ‚methodischen Postulaten' Maria Mies' (1978) kulminieren. Die folgenden 1980er Jahre sind auf der einen Seite durch eine Institutionalisierung und Pragmatisierung der empirischen Forschung gekennzeichnet, ebenso auch durch die zunehmende Popularität diskurstheoretischer und -analytischer Ansätze[1]

[1] DISKURSTHEORIE UND DISKURSANALYSE. Zur Unterscheidung orientiere ich mich am Verständnis Reiner Kellers (2004: 8): „Während *Diskurstheorien* allgemei-

(4.1). Dann wird die vor allem in den 1990er Jahren aufbrechende Unzufriedenheit mit den zur Verfügung stehenden theoretischen und methodologischen Möglichkeiten der Forschung unter zwei Perspektiven diskutiert, nämlich zum einen systematisch anhand des Problems der Reifizierung (4.2) und zum anderen perspektivisch anhand des neuen Paradigmas der Intersektionalität (4.3).

In den Entstehungsjahren der Frauenforschung stellten feministische Theorien Betroffenheit, Parteilichkeit und Praxisbezug in den Mittelpunkt ihrer Arbeit. Dabei ging es immer auch um methodologische Fragen: Wie sind die Bedeutung der Geschlechterdifferenz und ihre Auswirkungen auf die Produktion von Wissen und Gesellschaft angemessen zu erfassen? Unter anderem gaben darauf Standpunkttheorien eine Antwort: Frauen haben aufgrund ihrer marginalisierten gesellschaftlichen Position einen privilegierten Zugang zu wissenschaftlicher Wahrheit. Auch wenn heute kaum noch jemand Standpunkttheorien in ihrer ursprünglichen Fassung vertritt, haben sie doch eine breite Methodendiskussion wie auch Auseinandersetzung um ein feministisches Politikverständnis nach sich gezogen. Dies werde ich in diesem Kapitel rekonstruieren.

4.1. Historisch: von Standpunkttheorien zum linguistic turn

Methodologie als Verhältnis, Metathorie und Reflexion

Methodologie lässt sich erstens als Theorie über Methoden und zweitens als Reflexion wissenschaftlichen Vorgehens begreifen. Zum einen befasst sie sich mit dem Verhältnis von Theorie und Methode, mit dem Erkenntnisinteresse und dem AdressatInnenbezug von Forschung (Praxis), mit dem Verhältnis von Methode und Forschungsgegenstand. Sie fragt danach, wie Forschung zu praktizieren und welche Methoden wie sinnvoll einzusetzen sind (Cook/Fonow 1986: 1, Jayaratne/Stewart 1991: 92, Sturm 2004: 342). Methoden sind dabei „intendierte Handlungsweise, die zwischen Handelnden und den Gegenständen ihrer Handlungen vermitteln (Sturm 1994: 90) beziehungsweise ein „Wissen, mit dem neues Wissen erzeugt werden kann“ (Hirschauer/Amann

ne theoretische Grundlagenperspektiven auf die sprachförmige Konstituiertheit der Sinnhaftigkeit von Welt entwickeln, konzentrieren sich *Diskursanalysen* auf die empirische Untersuchung von Diskursen.“

1999: 494). Sie haben einen abgeleiteten Status und sind nur sinnvoll in Bezug auf die dahinterstehende Methodologie und Theorie zu bestimmen. Entsprechend sind ‚messende' quantitative (zum Beispiel statistische) und ‚rekonstruierende' qualitative (zum Beispiel biografische Interviews und Beobachtungen) Methoden lediglich spezifische Prozeduren, die erst im Rahmen einer bestimmten Methodologie besondere Bedeutung gewinnen. Erforderlich ist also eine im Hintergrund stehende (feministische und/oder geschlechtertheoretische) Methodologie, die die entsprechende Kategorienwahl anleitet und eine feministische Theorie oder Geschlechtertheorie, die die (empirische) Forschung begründet. Zum anderen fallen in methodologischen Diskussionen und Überlegungen die Grundentscheidungen darüber, „wie Sozialforschung mit ihrer Reflexivität umgeht, d.h. mit dem Umstand, daß ihre gesellschaftliche Bedingtheit mit zu ihrem Forschungsbereich gehört, und die Forschung selbst immer beeinflußt" (Müller 1984: 36).

Feministischer Methodenstreit

Von den 1970ern bis in die 1980er Jahre Zeit tobte in der feministischen Diskussion ein Streit darüber, ob es denn nun genuin feministische Methoden gäbe (oder nicht) und wie diese auszusehen hätten (Reinharz 1992: 5, zu einer Relativierung dieses Anspruchs vgl. Reinharz 1992: 215). Der feministische Methodenstreit begann mit der Kritik des Androzentrismus in den Wissenschaften (vgl. 2.2) wie im Rahmen der ersten Berliner Sommeruniversität für Frauen im Jahr 1976. Dort beklagten Wissenschaftlerinnen, politische Aktivistinnen und Studentinnen die Ignoranz der sich revolutionär gebärdenden, in ihrem Handeln aber machohaften und sexistischen 68er-Männer, die frauenpolitische Perspektiven weitgehend vernachlässigten. Eine feministische Wissenschaft sollte demgegenüber eigene Erfahrungen in die Forschung einfließen lassen und keine Bereiche in Frauenleben aussparen, interdisziplinär vorgehen, an den politischen Kampf der Frauenbewegung anknüpfen und gesamtgesellschaftlich die Machtfrage neu stellen. Ziel war ein Brückenschlag zwischen Frauenbewegung und entstehender feministischer Wissenschaft (Althoff/Bereswill/Riegraf 2001: 19 f., Sturm 2004: 347).

Standpunkttheorien

Den theoretischen Hintergrund der feministischen Kritik bildete die These verschiedener Standpunkte, das heißt unterschiedlicher Erfahrungs- und Lebenswelten von Frauen und Männern. Dies artikulierten auch und vor allem amerikanische Theoretikerinnen wie Nancy Hartsock, Sandra Harding, Dorothy Smith und

Alison Jaggar[2]. Standpunkttheorien stehen marxistischen Theorien nahe, teilen mit selbiger doch die Annahme, dass Erkenntnis und Interesse intern miteinander verwoben seien und dass es keine universal gültige Erkenntnis gebe. Vielmehr sei Wissen von der jeweiliegen sozialen Zugehörigkeit seiner TrägerInnen abhängig. Im Unterschied dazu sehen sich Standpunkttheorien nicht als Interessenvertretungen für die Arbeiterschaft, sondern für Frauen. Sie unterstellen ein gemeinsames Interesse von Frauen qua biologischer Geschlechtszugehörigkeit. Grundlage dafür ist die geschlechtliche Arbeitsteilung, die zur Zuordnung von Geschlecht und spezifischen Lebenssphären geführt hat und dies immer noch tut. Erkenntnis beruhe auf theoretisierter Erfahrung, weshalb die Identität des Erkenntnissubjekts und des Erkenntnisprozesses nicht voneinander zu trennen seien. Erst von einem solchen (‚weiblichen') Standpunkt aus sei eine nicht-dualistische und nicht-hierarchische, ganzheitliche und harmonische Weltsicht zu gewinnen, die einer durch Ausgrenzung und Konfrontation bestimmten (‚männlichen') Weltsicht überlegen ist. Denn im Gegensatz zur ‚männlichen' Rationalität, die auf Distanz und Trennung basiere, kennzeichne Verbundenheit ‚weibliche' Rationalität. Die herrschende Wissenschaft nun spiegle ausschließlich den dominierenden, ‚männlichen' Standpunkt wider. Festzuhalten ist also: Nach Geschlechtern getrennte Erfahrungswelten produzieren verschiedene Erkenntnisweisen und entsprechend unterschiedliche Erkenntnisse.

Geschlecht als Kategorie wissenschaftlichen Wissens

Der Gewinn dieser vor allem in den achtziger Jahren für die Frauenforschung einflussreichen Sichtweise lag zum einen in der Dezentrierung eines universalen Erkenntnissubjekts und zum anderen in der Einsicht, dass viele Frauen im Alltag und auch in der Wissenschaft andere Erfahrungen machen als die meisten Männer. Andere Perspektiven und Fragestellungen seien da die geradzu zwangsläufige Folge. Wissenschaftliche Erkenntnisinteressen und Forschungspraxen tauchten als vergeschlechtlicht auf, Geschlechterbeziehungen wurden damit erstmalig zu einem wissenschaftlichen Thema. Endlich war also sichtbar, dass Geschlecht implizit in die Theorien- und Kategorienbildung einging. Die amerikanische Philosophin Sandra Harding (1994) sah darin eine Weiterentwicklung von der Frage nach Frauen in der Wissenschaft zur Frage nach der geschlechtlichen Organisation von Wissenschaft (also ihren Grundlagen und Kategorien) schlechthin.

[2] Als Überblick zu Standpunkttheorien vgl. Harding 1994: 121-154, Seifert 1992, Singer 2003, Walby 2001.

Methodologisch knüpfte sich daran beispielsweise die Frage, warum Geschlecht in der androzentrisch geprägten Wissenschaft lediglich als Eigenschaft von Individuen unterstellt und nicht wie Rasse oder Klasse als Prinzip gesellschaftlicher Organisation problematisiert wird (Stacey/Thorne 1985: 301).

Methodologische Postulate: Betroffenheit, Parteilichkeit und Empathie

Im deutschsprachigen Raum schlug sich diese Diskussion als ‚Methodenstreit im Feminismus' oder, wie Ulla Bock das 1988 nannte, ‚feministische[r] Positivismusstreit' (Brück u.a. 1997: 35) nieder. Anlass waren die von der Kölner Soziologin Maria Mies (1978) formulierten „methodologischen Postulate zur Frauenforschung"[3]. Diese erschienen 1978, „in einer Zeit des Aufbegehrens gegen asymmetrische Verhältnisse auf allen gesellschaftlichen Ebenen; gegen den Kolonialismus, gegen die Unterdrückung und beständige Abwertung von Frauen – und gegen das Webersche Postulat der Wertfreiheit der Wissenschaft" (Müller 2004: 294). Entsprechend bezog Mies die eigene Betroffenheit bewusst in den Forschungsprozess ein, diese sollte selbst Ausgangspunkt für die Suche nach neuen Einsichten sein. Dabei folgte sie Maos erkenntnistheoretischem Paradigma, man könne Dinge nur erkennen, wenn man sie verändere (Wohlrab-Sahr 1993b: 137). Weiter votierte Mies eindringlich für Parteilichkeit und Empathie als forschungsleitende Prinzipien: Frauen seien von Unterdrückung Betroffene, und als Forschende, die sich wissenschaftlich mit dieser Unterdrückung beschäftigen und sie aufzuheben suchen, seien sie damit in besonderer Weise in den Forschungsprozess involviert. Es ging also auch darum, tabuisierte gesellschaftliche Bereiche wie Gewalt gegen Frauen überhaupt erst einmal sichtbar zu machen – von denjenigen, die davon (potenziell) betroffen seien. Betroffenheit wurde zum einigenden Markenzeichen einer politisch engagierten Frauenforschung. Das Patriarchat war der gemeinsame (und einigende) Feind und Selbsterfahrung/Bewusststeinsbildung (‚consciousness-raising') lieferte den wichtigsten Zugang zur Realität. Methodische Maximen der Forschung zielten entsprechend auf bewusste Parteilichkeit, Ablehnung von Wertfreiheit (Forschung als Mittel der Befreiung statt als Herrschaftsinstrument wie bisher), aktive Teilnahme (emanzipatorische Aktionen statt kontemplatives Zuschauen), Veränderung des Status Quo als Ausgangspunkt wissenschaftlicher Erkenntnis, Auswahl der Forschungsgegenstände anhand strategischer und taktischer Erfordernisse der Frauenbewegung, Forschung als

[3] Vgl. Althoff/Bereswill/Riegraf 2001: 39-41, Behnke/Meuser 1999: 20, Müller 1984, Müller 2004.

zweiseitigem Bewusstwerdungsprozess, Entwicklung feministischer Gesellschaftstheorie durch Teilnahme der Frauenbewegung.

Kritik: theoretisch, epistemologisch, politisch

Die Postulate zur Frauenforschung sind wie die im Hintergrund stehenden Standpunkttheorien auch und im Rückblick vor allem politische Positionierungen. Sie leiteten den Beginn produktiver Auseinandersetzungen um Methoden, Methodologie und Epistemologie ein, provozierten dabei auch einige Kritik:

- Theoretisch. Verbindet die Unterdrückten tatsächlich in erster Linie ihr Geschlecht? Genügt das zur Begründung eines Wissenschaftsprogramms? Vor allem der Essenzialismusvorwurf stellte Standpunkttheorien wie auch die Forderung nach standpunktbezogener empirischer Forschung ins wissenschaftliche Abseits. Die Reduktion auf die Kategorien ‚Mann' und ‚Frau' mochte politisch sinnvoll und notwendig sein, wissenschaftlich reicht sie sicher nicht aus[4].
- Epistemologisch. Parteilichkeit und Betroffenheit sind politische und keine wissenschaftlichen Kategorien. Warum also – so der einleuchtende Vorwurf zahlreicher WidersacherInnen – soll der Standpunkt der Unterdrückten privilegiert sein und ‚wahrere' Aussagen zutage fördern? Für Unterdrückung als Generator *anderen* Wissens mag es wohl Belege geben, für *besseres* Wissen aber nur schwerlich. Folgerichtig weist Christia Türmer-Rohr (1983) ‚Gemeinsamkeit', ‚Betroffenheit' und ‚Frauenleben' als Kategorien für eine systematische Frauenforschung zurück.
- Politisch. Soll sich die Forschung vor den Karren wie auch immer gearteter politischer Interessen spannen lassen? Folgt dann nicht im nächsten Schritt, sich auch Forschungsfragen und Auswahl publikationsfähiger Ergebnisse vorschreiben lassen zu müssen? Schärfer: Warum solle sich die Wissenschaft ihrer eigenen Autonomie berauben (Behnke/Meuser 1999: 30-34, Krüger 1994: 81, Wohlrab-Sahr 1993b)? Diese käme einem Rückfall in eine vormoderne Entdifferenzierung von Wissenschaft und Politik gleich.

---

4 Ikonisierung. Gudrun-Axeli Knapp (1988: 12 f.) brachte dieses Unbehagen in ihrem Plädoyer für mehr Differenzierung gut auf den Punkt einer Ikonisierung des Weiblichen, die auf drei methodischen Fehlern beruhe: erstens Universalisierung (überhistorische und überindividuelle gemeinsame Eigenschaften vor Frauen), zweitens Idealisierung (der konstruierte Typ wird zu einem ‚wirklichen' gemacht) und drittens Positivierung (als bloß Tatsachen registrierendes Denken). In allen drei Fällen geschehe eine Entwirklichung durch Abstraktion. Zu Weiterentwicklungen der Diskussion vgl. Walby 2001 und Stoetzler/Yuval-Davis 2002.

Stille Durchbrüche

Die formulierte Kritik hatte Folgen. Erstens ist die Forderung einer Vermischung von Politik und Wissenschaft deutlich leiser geworden. Dies geschah nicht zuletzt, weil die Frauenforschung mit ihrem Professionalisierungsschub hin zur Geschlechterforschung deutlicher zwischen diesen Logiken trennt. Zweitens ist auch die Polarisierung quantitativer und qualitativer Methoden in den Hintergrund getreten. GeschlechterforscherInnen lassen sich keineswegs auf bestimmte Methoden oder Typen von Methoden festlegen. Diese beiden ‚stillen Durchbrüche' markieren eine Phase der Normalisierung. Ergänzt wurde dies drittens durch die Einsicht, dass der universalistische Vernunftbegriff der Aufklärung heute ohnehin nicht mehr haltbar ist: ‚Die Wahrheit' gibt es nicht und hat es nie gegeben, Wissenschaft ist kein Unternehmen mit Absolutheitsanspruch (mehr), sondern müht sich in kleinen Schritten um besseres Wissen.

Methoden der Geschlechterforschung

Gleichwohl hat die Frauenforschung der 1970er und 1980er Jahre einige Methoden populär gemacht. Dazu zählen die Verwendung echter Alltagssituationen (situation-at-hand) (Cook/Fonow 1984), Aktionsforschung (Bock 1984), Oral history und Erinnerungsarbeit (Kuhn 2004), Biografieforschung (Dausien 1994), teilnehmende Beobachtung (Münst 2004, Warren 1988), visuelle Techniken und die Arbeit in Forschungskollektiven (Reinharz 1992: 95-109, 197-213). Diese fanden sonst kaum Berücksichtigung oder waren auch schon in der Versenkung verschwunden. Ebenso wandten Frauenforscherinnen auch von Anfang an aus dem Mainstream stammende quantitative Methoden der Sozialforschung an (vgl. Grant/Ward 1987, Jayaratne/Stewart 1991). Am populärsten sind in der empirischen Geschlechterforschung aber nach wie vor qualitative Methoden. Denn bislang unerforschte Lebenszusammenhänge von Frauen, deren subjektive Erfahrungen, Standpunkte, Mehrdeutigkeiten und Widersprüchlichkeiten werden empirisch zugänglich, die Forschung reduziert Personen und komplexe Lebenslagen nicht auf den Status von Variablen, sondern nimmt sie als Subjekte mit eigenen Relevanzstrukturen ernst (Behnke/Meuser 1999: 14, Brück u.a. 1992).

Keine feministischen Methoden

Vor diesem Hintergrund gilt auch der Streit um genuin feministische Methoden als entschieden: Es gibt keine spezielle Methode in der Frauen- und Geschlechterforschung. Denn keine einzige Forschungsmethode findet nur dort Verwendung, es gibt auch keine Methode, die für die Zwecke der Frauen- und Geschlechterforschung nicht prinzipiell nutzbar wäre[5]. Und was

---

5 FEMINISTISCHE METHODEN? Shulamith Reinharz (1992: 6) beschreibt in diesem Zusammenhang feministische Forschungsmethoden recht pragmatisch als

fälschlicherweise als feministisch verkauft wurde (Erfahrungsbezogenheit, Prozess- statt Resultatsbeschreibung, Schreiben mit ‚Ich' im Singular, Selbsterfahrung, Gruppeninterviews) haben viele andere auch schon vorher getan (Cook/Fonow 1984: 63, Müller 1994, Stanley/Wise 1993: 188). Weil ‚weiche' Methoden von der Aktionsforschung bis zur teilnehmenden Beobachtung unabhängig von der feministischen Forschung entwickelt und angewandt wurden, liegt der innovative Charakter also weniger in der Methode, sondern in der Anwendung.

Beispiel: Widersprüchlichkeit zulassen

Für den Umgang mit Geschlecht besonders bedeutsam ist etwa die Offenheit für Widersprüche, die empirischen Beobachtungen geschuldet ist. Ein Beispiel dafür liefern Regine Becker-Schmidt und andere (1982) in ihrer Studie zu Zeitproblemen und Zeiterfahrungen von Arbeitermüttern in Fabrik und Familie. Als Kernpunkt identifizieren sie eine widersprüchliche Erwerbsorientierung von Frauen: „Ein Leben nur in der Familie ist zuwenig, Fabrik und Familie sind zuviel." (Becker-Schmidt u.a. 1982: 11). Daraus schließen sie auf eine die doppelte Arbeitsorientierung, die sich zwischen widersprüchlichen Strukturierungen bewegt: In der Fabrik kommt es darauf an, keine Zeit zu verlieren, für die Familie dagegen wollen die Frauen viel Zeit haben. Durch verschiedene Abgrenzungshorizonte entstehen dabei Ambivalenzen, die sich nicht auf eindeutige Zuschreibungen und Orientierungen reduzieren lassen. Prekär wird das, wenn und weil keine gesellschaftlichen Lösungsmöglichkeiten (wie etwa Krippenplätze oder die Bereitschaft von Männern, sich an der Haus- und Erziehungsarbeit zu beteiligen) dafür zur Verfügung stehen. Denn die Frauen müssen objektiv unvereinbar erscheinende Logiken und Anforderungen subjektiv integrieren. Diese umfassen eine instrumentelle Berufs- und eine expressive Familienorientierung. Dass daraus eine double-bind-Situation entsteht (entweder schaffen sie ihren Beruf und gelten als ‚unweiblich', oder sie spielen die traditionelle Frauenrolle, dann bleibt ihnen beruflicher Aufstieg und gesellschaftliche Macht verwehrt) ist eine geradezu zwangsläufige Konsequenz. Verwendete Methoden – das ist hier entscheidend – müssen diese Ambivalenzen einfangen können. Das hat sich etwa im Prinzip des Perspektivenwechsels beim fokussierten Interview niedergeschlagen. Dazu besprechen ForscherIn und Befragte Arbeits- und Erfahrungskontexte parallel. Erst dadurch werden Ambivalenzen überhaupt sichtbar. So hat

---

Methoden, die von ForscherInnen mit feministischem Selbstverständnis verwendet werden.

Fabrikarbeit auch eine emotionale Seite, ebenso wie eine instrumentelle Orientierung auch für Familen- und Hausarbeit erforderlich ist. Mit einer solchen ambivalenten gesellschaftlichen Realität korrespondieren auch die Gefühle und Einstellungen der Frauen – eigentlich ganz logisch.

Feministische Methodologie: Geschlecht, Parteilichkeit, Objektivitätskritik, Reflexivität

Die Frauenforschung hat keine speziellen Methoden, wohl aber eine spezielle feministische Methodologie entwickelt. Diese betont das Erkennen des durchgängigen Einflusses von Geschlecht(erunterschieden) und entlarvt Postulate von ‚Interessenneutralität' und ‚Wertfreiheit' oder auch ‚Objektivität' als Ideologien, die den sexistischen Charakter traditioneller Methodologie verdecken sollen. Sie betont nicht nur die Subjekthaftigkeit des Theoriebildungsprozesses, sondern ebenso auch das Subjektsein des Forschungsobjekts (Müller 1984: 17; Cook/Fonow 1984). Eine feministische Methodologie zeichnet sich damit durch mehr Reflexivität aus, als es sonst in der Forschung üblich ist, sie setzt auch häufig an den Alltagserfahrungen von Frauen an[6]. Damit lässt sich eine Verselbstverständlichung und Pragmatisierung der Geschlechterforschung an einigen Punkten festmachen (Behnke/Meuser 1999: 8), die man auch gut als Professionalisierungsmerkmale lesen kann: Sie ist gekennzeichnet durch den Übergang von einer Betroffenheitsforschung zu einer sozialkonstruktivistischen Perspektive; von einer engen Verzahnung von wissenschaftlicher Forschung und politischer Praxis zu einer stärkeren Betonung der Differenz von Wissenschaft und Lebenspraxis; von einer Orientierung am Modell der Aktionsforschung zu einer stärkeren Unterscheidung der Logiken von Begründungs- und Verwertungszusammenhang; von einer Erforschung von ‚Weiblichkeit(en)' und ‚weiblichen' Lebenszusammenhängen zu einer Akzentuierung des relationalen Charakters von Geschlecht und einer Ausdehnung des Interesses auf ‚Männlichkeit(en)' und Männerwelten. Das kann man als Lavieren oder auch als Entpolitisierung begreifen (Mies 1994), ebenso aber auch als Verwissenschaftlichung und Professionalisierung.

6 Ansetzen an Alltagserfahrungen. Die Form dieser Alltagsnähe ist in der Frauen- beziehungsweise später Geschlechterforschung allerdings umstritten. So kritisieren Judith Stacey (1988) und Monika Wohlrab-Sahr (1993b: 137) die Konstruktion einer vorgängigen Gemeinsamkeit in der Beziehung zwischen Forschenden und Beforschten. Ziel könne aufgrund der unterschiedlichen Voraussetzungen und Interessen nicht die freundschaftliche Beziehung sein. Statt des Idealtypus der Freundschaft sei das der Beichte vorzuziehen: Befragte könnten sich *wegen* einer Distanz eher offenbaren als aufgrund von Nähe (Fremde im Zug, Männer bei Prostituierten).

Deutlich ist jedoch, dass diese ambivalente Diagnose nicht im Status der Methoden gründet, sondern im Wissenschaftsverständnis der Frauen- und Geschlechterforschung.

Forschen als Überraschen

Für die Geschlechterforschung hat es sich als produktiv erwiesen, über inhaltliche Auseinandersetzung am konkreten Forschungsgegenstand statt über abstrakte Grundsatzdiskussionen zur Rationalität der Wissenschaft zu Fortschritten zu kommen. Das heißt nicht, dass damit methodologische Probleme en passant zu lösen seien. Bereits eine zunächst einmal recht banal oder harmlos anmutende Frage macht das deutlich: Was ist eigentlich Aufgabe der empirischen Forschung? Besteht das Spezifikum einer feministisch geleiteten Methodenwahl „in der Suche nach einem Vorgehen, das am ehesten zu unerwarteten und neuen Sichtweise ... führt" (Sturm 1994: 104), wird die Enttäuschung von Erwartungen (und damit die Produktion von Verunsicherung) zu einem Forschungsziel (vgl. Hirschauer/Amann 1999: 496). Eine solche Haltung entspricht einem ethnografischen Erkenntnisstil, der auf Entdecken (und nicht etwa auf Messen) zielt. Es geht dann weniger um die Kuriosität von Gegenständen als um die Fähigkeit, Selbstverständliches kurios zu machen. Das bedeutet, dass die Geschlechterforschung das Fremdverstehen besser reflektieren und konkurrierende Sichtweisen systematisch einbeziehen muss, weil „es sich bei qualitativer Forschung um eine Form des Fremdverstehens handelt" (Wohlrab-Sahr 1993b: 137).

Diskursanalyse im Anschluss an Foucault

Neben ethnografischen Zugangsweisen, Verfahren wie Interviews, Gruppendiskussionen oder Beobachtungen sind in der Geschlechterforschung seit den 1990ern auch Methoden aus poststrukturalistischen und dekonstruktivistischen Zusammenhängen populär geworden, nämlich Diskursanalysen. Diskursanalysen gehen nicht nur, aber vor allem auf die Arbeiten von Michel Foucault zurück[7]. Für ihn sind Diskurse nicht als Gesamtheiten von Zeichen, sondern als Praktiken zu behandeln, die systematisch die Gegenstände bilden, von denen sie sprechen (Foucault 1981: 74). Geht es also um institutionalisierte, und das heißt, mit Machtwirkungen ausgestatte gesellschaftliche Redeweisen, die das Denken und Handeln von Menschen bestimmen, sind Diskurse für Foucault nicht weniger als eine Form sozialen Handelns. Man sollte also nicht meinen, dekonstruktivistisch motivierte ForscherInnen beschieden sich in ihrem Anspruch auf die Interpretation womöglich elaborierter sprachlicher Produkte wie

7 Foucault 1974, als Überblick vgl. Bublitz 1998a, Bublitz 2003, Hark 2001, Jäger 2004, Karpenstein-Eßbach 1995, Keller 2004. Vgl. auch 3.3.1.

Literatur. Diskurse schaffen vielmehr auch eine Materialität, die sich nicht auf die rein semiotischen Aspekte von Aussagen beschränkt. Sie bilden die gesellschaftliche Wirklichkeit nicht einfach ab, sondern erschaffen diese erst. Diskurse über Sexualität, Klimawandel oder Gewalt in der Ehe beispielsweise verdoppeln nicht einfach eine bereits existierende Wirklichkeit. Vielmehr bilden sie einen gleichermaßen konstituierten wie auch konstituierenden Wirkungszusammenhang sprachlicher, technologischer und anderer Praktiken, „durch den eine Gesellschaft auf ihre historisch besondere Weise die Dinge tatsächlich erzeugt, von denen sie spricht" (Bauer 2003: 13). In Diskursen verschränken sich symbolisches und physisches, semantisches und sozio-Technisches. Diskurse sind damit mehr als Symbole (Bublitz 2003: 7), und über Diskursanalysen – so der Anspruch – lasse sich die Produktion von Wirklichkeit rekonstruieren.

Diskursanalyse als Machtanalyse

Entsprechend zielen Diskursanalysen darauf, „die Prozesse der sozialen Konstruktion, Objektivation, Kommunikation und Legitimation von Sinn-, d.h. Deutungs- und Handlungsstrukturen auf der Ebene von Institutionen, Organisationen bzw. sozialen (kollektive) Akteuren zu rekonstruieren und die gesellschaftlichen Wirkungen dieser Prozesse zu analysieren" (Keller 2004: 57). Die vermeintliche Natürlichkeit von Heterosexualität und Zweigeschlechtlichkeit sind Beispiele für solche Diskurse. Gefragt wird danach, was in einer bestimmten Situation von wem und wie sagbar und was auch ausgeschlossen ist. Foucault formuliert das so: „Der Diskurs wird konstituiert durch die Differenz zwischen dem, was man korrekt in einer Epoche sagen könnte (nach den Regeln der Grammatik und den Regeln der Logik) und dem, was tatsächlich gesagt wird. Das diskursive Feld ist, zu einem bestimmten Zeitpunkt, das Gesetz dieser Differenz. Es definiert so eine gewisse Zahl von Operationen, die nicht der Ordnung der linguistischen Konstruktion oder der formalen Logik angehören." (Foucault 1978: 316). Damit geht es auch um die Konstruktion und die Legitimität von ‚Wahrheit': Wer hat aufgrund welcher Voraussetzungen und in welcher Situation Definitionsmacht darüber? Entsprechend kommt es in einer Diskursanalyse nicht so sehr darauf an, ob Ausgesagtes ‚stimmt', sondern, was diskursive Äußerungen bewirken.

Linguistic turn

Vor allem Judith Butler hat die machttheoretische Diskurstheorie Foucaults in der Geschlechterforschung bekannt gemacht. So thematisiert sie die diskursive Herstellung von *sex* und *gender* und kritisiert die für die Geschlechterforschung in ihren Augen kontraproduktiven Konsequenzen der Verwendung von Kategorien wie ‚Geschlecht' oder ‚Frau'. Butler nähert sich diesem Gegenstandsfeld nicht historisch und auch nicht empirisch, sondern über die Auseinandersetzung mit Theorien. Der Bezug auf die Welt ist dabei immer und zuerst ein sprachlicher, Butler steht damit in der Tradition des linguistic turn[8]. Stecken Diskurse den Bereich des Denk- und Lebbaren ab, geht es Butler um diejenigen Diskurse, die das Geschlecht ‚intelligibel' (Butler 1991a: 38), das heißt sozial erfahrbar, lebbar und sinnvoll machen. Dazu stellt Butler einen Bezug auf die sprachanalytische Philosophie John Austins her, nämlich auf dessen Konzept der Performativität als „die ständig wiederholende und zitierende Praxis, durch die der Diskurs die Wirkungen erzeugt, die er benennt" (Butler 1997b: 22). Jede Wiederholung ist Zitieren (Butler 1998: 208). Sprechakte müssen also in soziale Rituale eingelassen sein, um sinnvoll zu sein, sie lassen sich aus Konventionen herleiten. Die Bezeichnung ‚Schwuchtel' etwa kreiert und reproduziert homophobe gesellschaftliche Wirklichkeiten, also auch Macht- und Herrschaftsverhältnisse. Gleichzeitig sind in solchen Bezeichnungspraxen auch wieder Möglichkeiten der Subversion eingelassen, je nachdem, wer in welcher Position die Bezeichnung verwendet. Die selbstbewusste Verwendung von ‚Krüppel' oder ‚Kanake' sind Beispiele dafür.

Diskursanalysen in der Geschlechterforschung

Mit der Popularität Foucaults in der Geschlechterforschung sind auch im deutschsprachigen Raum einige diskursanalytische Arbeiten erschienen. Die meisten von ihnen sind historisch orientiert. Hannelore Bublitz (1998b) etwa wandte die Diskursanalyse auf die (Re-)Konstruktion der Kultur(krisen)semantik um die Wende vom 19. zum 20. Jahrhundert an; darin spielte die Problematisierung der Geschlechterverhältnisse und des Geschlechterkampfs eine maßgebliche Rolle. Ebenso rekonstruiert sie mit diesem Verfahren auch die Entstehung und Verfestigung der Geschlechterdifferenz als Modernisierungsphänomen (1998a). Andrea Bührmann untersucht die Wissensproduktion der Sexualwissenschaften als Macht- und Normierungsinstanzen bestehender Herrschaftsverhältnisse (1998), zeichnet (Trans-)Formie-

[8] LINGUISTIC TURN. Der Begriff *linguistic turn* stammt von dem Philosophen Richard Rorty. Er beschreibt damit die Entwicklung der Philosophie im 20. Jahrhundert als Hinwendung zur Sprachphilosophie, die eine eigenständige Disziplin wurde. Letztere geht von der Annahme aus, dass Sprache mehr ist als ein Medium zur Erfassung der Wirklichkeit. Vielmehr ist Sprache unhintergehbare Bedingung von Denken und Wahrnehmung, sie formt die Möglichkeiten menschlicher Erfahrung, außerhalb von Sprache ist gesellschaftliche Realität nicht erfassbar (Sandbothe 2000).

rungsprozesse moderner ‚weiblicher' Subjektivierungsweisen im Deutschland um die Jahrhundertwende nach (2002) und analysiert die Sexualitätsdebatte in der neuen Frauenbewegung (1995). Auch ist eine Arbeit zu nennen, die das Körpererlebnis von Frauen im 18. Jahrhundert als Ergebnis naturwissenschaftlicher und medizinischer Diskurse erfahrbar macht (Duden 1991). Ebenfalls historisch rekonstruiert Sabine Mehlmann (2006) die Verschränkung von Körper, Geschlecht, Sexualität und Identität im Diskurs über Homosexualität und Hermaphroditismus von der Mitte des 19. bis zum Beginn des 20. Jahrhunderts. Claudia Bruns (2002) geht es in ihrer sexualitäts- und geschlechterhistorischen Analyse von Codierungen von ‚Männlichkeit' am Beispiel des ‚Männerbunddiskurses' um 1900 um eine Geschlechtergeschichte des Politischen, die Macht jenseits des Gegensatzes von Unterwerfung und Widerstand fasst. Weiter fragt Yvonne Bauer (2003) nach erkenntnisleitenden Körperkonzepten der Sexualforschung, Sabine Hark nähert sich lesbischen Identitätskonstruktionen (1996) und der Rekonstruktion des akademisch gewordenen Feminismus (2005b) mit diskursanalytischen Mitteln. Schließlich, damit schlage ich die Brücke zu gegenwartsbezogener empirischer Forschung, lässt sich auch eine teilnehmende Beobachtung im Kontext ethnografischer Arbeit diskursanalytisch unterfüttern. Ein Gemeinplatz lautet nämlich, dass Frauen einen leichteren Zugang zum Feld und auch bessere Informationen bekämen – weil sie kommunikativer seien und weniger eine Bedrohung darstellten als Männer (Warren 1988: 44 f.). Dieser Befund muss nicht falsch sein, er sagt aber mindestens ebenso viel über die Erwartungen der FeldforscherInnen und ihren Blick aus, mit dem sie sich dem Feld nähern. So plädiert Carol Warren auch für eine diskursanalytische Vorgehensweise, die die Methoden des Feldzugangs et cetera selbst als Text begreift.

Gewinn: differenzierter Blick

Diskursanalytische Arbeiten in Gender/Queer Studies haben vor allem den Vorteil, auf die Setzung und Annahme ‚weiblicher' oder ‚männlicher' Identitäten verzichten zu können. Vielmehr sollen Formungsprozesse sichtbar werden, „die das herausbilden, was auf der Erfahrungsebene dann als spezifisch ‚weibliche' oder ‚männliche' Erfahrungen und Kategorien erscheinen." (Jäger 2004: 340). Damit ermöglichen diskursanalytische Zugänge einen differenzierten und entnaturalisierenden Umgang mit Kategorien. Weiter erscheint Sprache als Mittel der Herstellung von Wirklichkeit, als Handlung: „Bedeutung ist nichts in der Sprache als Differenz der Zeichen Enthaltenes, sondern etwas Konstruiertes, im Diskurs bzw. im Gebrauch der Sprache." (Hornscheidt 2005: 230). Schließlich kommen Machtbeziehungen in den Blick, gerade weil sie nicht an vereinheitlichenden Kollektivsubjekten hängen müssen. So haben in dieser Perspektive auch Frauen Macht – was mit einem eindimensionalen Verständnis von ‚Patriarchat' bricht und statt dessen von einem Geflecht verschiedener Machtdimensionen ausgeht. Dieser Gewinn hat allerdings auch Kosten:

- Gesellschaft als Text. Im diskurstheoretischen und -analytischen Verständnis sind Sprache und Kultur ein Text, „in dem die zeitgebundene, situative Herstellung von Identität eingeschrieben ist und welche so in ihren verschiedenen Realisierungsformen analysiert werden kann" (Hornscheidt 2005: 231). Vor allem TheoretikerInnen aus dem Umfeld der strukturorientierten Gesellschaftskritik haben in diesem Zusammenhang vor einer Verflüchtigung des Sozialen in symbolischen Zeichenproduktionen gewarnt (vgl. 3.1.3, 3.3.3).
- Politisch Handeln ohne Subjekt? Auch in methodologischer Perspektive bleibt offen, „wie kritische Wiederaneignungen und Reiterationen sprachlicher Äußerungen gesellschaftlich effektiv sein können, wenn sie zugleich auf Konventionen angewiesen sind" (Villa 2004: 145). Das Problem lautet damit: Das Individuum kann nicht frei über seine Rede und damit Handlungen bestimmen, denn es wird von Diskursen begrenzt, geleitet, gemacht. Diese Diskurse wurzeln in Konventionen, Normen, die niemand einfach negieren kann. Wie ist also Widerstand denkbar? Wo liegen Möglichkeiten politischer Subversion?
- Veränderung oder Verfestigung durch Sprache. Damit ist ein Problem berührt, das bislang keineswegs gelöst, sondern lediglich umschifft wurde. Denn auch der diskursanalytische Zugriff auf Geschlechterverhältnisse operiert mit alltagsweltlich geprägten (und zunächst einmal nicht wissenschaftlichen) Kategorien. So hält auch Uta Klein (1995: 217) die Folgen der von Hagemann-White (1988: 230) vorgeschlagenen ‚Null-Hypothese' für die empirische Forschung für ungeklärt. Diese besagt, „daß es keine notwendige, naturhaft vorgeschriebene Zweigeschlechtlichkeit gibt, sondern nur verschiedene kulturelle Konstruktionen von Geschlecht". Denn natürlich kommen Frauen und Männer als Kategorien in empirischen sozialwissenschaftlichen Untersuchungen vor – sie sind schließlich gesellschaftliche Faktizität. Um zu erklären, was damit gemeint ist, welche Machtverhältnisse und Konventionen sich in diese Konstrukte einschleichen und einschreiben, gibt es keine außergesell-

schaftliche Sprache. Vielmehr müssen auch diskursanalytische Dekonstruktionen immer auf ein gesellschaftlich geprägtes Vorverständnis rekurrieren, sowohl in der Wissenschafts- wie auch in der Alltagssprache. Damit besteht immer die Gefahr, die bestehende Ordnung sprachlich zu verfestigen.

Damit komme ich zu einem zentralen methodologischen Problem der Geschlechterforschung, nämlich der Reifizierung.

Systematisch: Reifizierung 4.2

Wie gehen WissenschaftlerInnen sinnvollerweise mit der Forderung um, dass sie mit ihren verwendeten Kategorien nicht bereits das Ergebnis der Untersuchung vorwegnehmen sollen? Das Alltagswissen zu hinterfragen, es als Begründungsressource für wissenschaftliches Wissen zurückzuweisen, das war und ist das Programm zahlreicher Bemühungen in den Gender/Queer Studies. Daran knüpft die Falle der Reifizierung eine Reihe von Schwierigkeiten.

Reifizierung als Nostrifizierung

Die im Alltagswissen so selbstverständliche und *vor* der theoretischen und empirischen Forschung stattfindende Sortierung zweier Geschlechter bestätigt und verfestigt die Verschiedenheit von Frauen und Männern immer wieder aufs Neue, statt sie zu hinterfragen. Genau das ist Reifizierung: In die Untersuchung wird hineingetragen, was man eigentlich erforschen möchte, nämlich die Bedeutung von Geschlecht im Alltag, in der Wissenschaft, bei der Arbeit und wo auch immer. Das Reifizierungsproblem ist keineswegs ein Spezifikum der Geschlechterforschung. Auch die soziologische Modernisierungstheorie hat damit zu kämpfen (Matthes 1992, vgl. auch Degele/Dries 2005, Knöbl 2001). Denn was dort unter der Fahne ‚Vergleich' segelt, ist tatsächlich nichts anderes als Angleichung, Nostrifizierung. Was heißt das? Vergleichen setzt mit der Bestimmung der Größen ein, auf die man sich im Vergleich bezieht. Was also ist Anlass des Vergleichens? Antwort: die Erfahrung von Differenz. So geschieht in Modernisierungstheorien die ‚Operation des Vergleichens' auf der modellhaften Linie ‚evolutionärer gesellschaftlicher Entwicklung' mit der klassifizierenden Leitdifferenz von ‚traditional' und ‚modern'. Die projektiv gewonnene theoretische Vergleichsgröße dieses Entwicklungsmodells wie auch die retrospektiv konstruierte Stufenleiter zu ihr werden dabei als Maße für anderes gesetzt. Und wenn man beginnt, über ein konkretes Phänomen nachzudenken, hat man es flugs entlang der Leitdifferenz traditional und modern geordnet. Konsequenz: „was als ‚Vergleichen' ausgegeben wird, vollzieht sich bereits als Identifikation des ‚Gleichen' nach eigenem Maß, bevor das ‚Ver-gleichen' als ausgewiesene Operation einsetzt." (Matthes 1992: 83). Streng genommen kann man damit nicht von Vergleichen sprechen, sondern von ‚Nostrifizierung', also „eine[r] Aneignung des anderen nach eigenem Maß, die sich unter dem Etikett, soziologisches Denken sei per se ‚vergleichend', vor sich selbst versteckt." (Matthes 1992: 84). Das Andere wird angeglichen, einverleibt.

Vergleichen, Differenz und Geschlecht

Diese Überlegung kann man gut auf die Konstruktion von und den Umgang mit Geschlecht anwenden. Wie auch der Begriff ‚Klasse' in der Soziologie ist Geschlecht in der Geschlechterforschung ein Gattungsbegriff, der mit einer spezifischen Leitdifferenz arbeitet, hier sind es Männer und Frauen. Vergleichen ist dann nichts anderes als eine Subsummierung in ein vorab fest stehendes dichotomes Schema. Auf dieser Grundlage geschieht dann Begriffsbildung, Konzeptualisierung, empirische Forschung. Das heißt, dass erst die Markierung von Differenzen Unterschiede schafft, dass der Blick auf Geschlechterunterschiede diese erst mit hervor bringt und sie als soziale (oder auch natürliche) Fakten erscheinen lässt (vgl. Lüpke 2000: 117 f., Lutter 2001). Statt dessen sollte deutlich werden, dass sich eigenes und anderes in wechselseitigem Bezug zueinander herstellen. Denn es geht nicht darum, das andere als Unbekanntes wahrzunehmen, sondern das Eigene so zu verfremden, dass man darin ebenfalls etwas Erklärungsbedürftiges sieht. Warum beispielsweise fällt uns in Bezug auf die Unterdrückung von Frauen das Kopftuch als passendes Symbol auf, Stöckelschuhe aber nicht?

Reifizierung als forschungspraktisches Problem

Hinter einer solchen Schwierigkeit steht ein grundlegendes Methodologieproblem, mit dem Wissenschaften in empirischer Absicht immer konfrontiert sind: Wie können ForscherInnen der Neigung begegnen, „Wahrnehmungs- und Denkkategorien als Erkenntnismittel zu verwenden", die Erkenntnisgegenstände sein sollten (Bourdieu 1997: 153)? Wie kann es mit anderen Worten gelingen, keine Vorannahmen und Stereotype unbesehen in die verwendeten Kategorien und Begriffe der Forschung zu tragen, sondern diese ebenfalls einer rekonstruktiven Analyse (im Sinne einer Überprüfung der darin eingelassenen Vorannahmen) zu unterziehen? Damit sind zwei Schwierigkeiten verbunden.

- KONTEXTE ALS SINNSTIFTUNG. Erstens sind soziale Tatsachen nicht aus ihrem singulären Sosein erklärbar, sondern erst durch ihre Position in einem kontextuellen Verweisungszusammenhang. So hat ‚Schminken' für sich genommen keine Bedeutung, sondern erst durch den Kontext, in dem es stattfindet (wer schminkt sich wo und warum mit welcher Absicht?). Phänomene zu kontextualisieren ist freilich nicht ganz einfach. Denn Einheiten und Strukturen (Klassen, Männer, Frauen) sind gedanklich leichter zu bewältigen als Prozesse und Relationen wie etwa Ver- und Entgeschlechtlichungsprozesse und Geschlechterverhältnisse.

- METHODE ALS THEORIEBILDUNG. Zweitens sind Theorie, Methode und Empirie nur analytisch zu trennen. Die Konstruktion des Forschungsobjekts etwa lässt sich nicht von den Instrumenten seiner Konstruktion trennen. Und das ist nicht auf ‚technische' Aufgaben (Erstellung von Fragebögen, statistische Auswertungen) reduzierbar. Denn in jeder Entscheidung für eine Methode steckt immer auch eine theoretische Konstruktion des Gegenstands. So komme ich mit einer teilnehmenden Beobachtung oder einem narrativen Interview nicht zu statistisch relevanten Aussagen über eine Klasse von Menschen oder Gegenständen. Umgekehrt sagen Häufigkeitsverteilungen wenig über die Bedeutung von Phänomenen für individuelle und soziale AkteurInnen. Aus diesem Grund dürfen Methodendiskussionen auch nie Selbstzweck werden, sondern müssen immer auf ihr Objekt, die Empirie, bezogen bleiben. Dahinter steht ein pragmatisches Verständnis von Theorie als wissensproduzierende Tätigkeit, das Theorien und Begriffe als ‚Werkzeugkästen' begreift (vgl. Bourdieu/Wacquant 1996: 197 f.; Degele/Dries 2005; Schimank 1996: 14-17). Forschungsmethoden sind mit anderen Worten selbst ein Stück Theoriebildung.

Gegen künstliche Trennungen und für Distanz

Aus diesen Überlegungen ist erstens der Schluss zu ziehen, dass die unreflektierte Trennung von Theorie, Methoden und Empirie den Kern des Reifizierungsproblems (nicht nur in der Geschlechterforschung) darstellt. Denn zum einen projizieren Methoden die empirische Realität der Zweigeschlechtlichkeit und auch Heterosexualität dann in den theoretischen Begriffsapparat. Zum anderen legitimieren Theorien heteronormativ strukturierte Zusammenhänge mit wissenschaftlich abgesicherter Beobachtung, weil sie andere überhaupt nicht festzustellen in der Lage sind. Dagegen zeigt sich die Empirie von all dem höchst unbeeindruckt: Dort erschaffen, reproduzieren und verfestigen Menschen die unterschiedlichsten Identifizierungen, Identitäten und Kontexte – als Heterosexuelle, Schwarze, Transgender, Arbeitslose, Schwule, Frauen, Religiöse, Lesben, Alte, Multi- oder auch Asexuelle. Zweitens ist daraus die Forderung abzuleiten, dass Theorie Distanz üben soll, indem sie das Gesagte und Inszenierte nicht wörtlich, aber dennoch ernst nimmt – indem sie sich auf die Empirie einlässt, diese aber permanent relationiert. Wie kann das aussehen?

Reflexion der eigenen Grundlagen

Aus sozialtheoretischen (Bourdieu 1997) und *gender*-/queertheoretischen Zusammenhängen stammt die Forderung, die eigenen Grundlagen immer wieder aufs Neue durchzuarbeiten und zu hinterfragen (vgl. Butler 1993). Für feministische Theorien stellt sich dieses Problem, weil Geschlecht, Geschlechterverhältnis und Geschlechterdifferenz in der Geschlechterforschung zwar als Erkenntnisgegenstand vorausgesetzt werden, gleichzeitig aber etwas Gemachtes sind (Hark 2001: 353). Dekonstruktionen können Vorannahmen und Reifizierungsfallen bei der Verwendung des Begriffs Geschlecht hinterfragen. Eine Konsequenz besteht darin, vom Vergleich von ‚Einheiten' Abstand zu nehmen. Statt dessen geht es dann um ein Vergleichen von Phänomenen und Prozessen, die quer zu solchen gesellschaftlichen ‚Einheiten' liegen. Einem solchen Vergleichen geht es darum, Differenz nicht substanziell, sondern relational zu denken. Das zu vergleichende Dritte ist dann keine Größe mehr, sondern ein Denkraum, den es zu erweitern gilt. Dazu gibt es einige Versuche:

- Maskierung. Um Geschlecht nicht als ‚Merkmal' aufzufassen, anhand dessen sich zwei Sorten von Menschen klassifizieren lassen, bietet sich die Methode der Maskierung an (Hagemann-White 1995: 192 f.). Diese Methode verzichtet nicht nur „gedankenexperimentell auf die Setzung der Differenz" (Althoff/Bereswill/Riegraf 2001: 193), sondern auch ganz forschungspraktisch. Ein Beispiel dafür ist die empirische Analyse der Arbeitswelt von ProfessorInnen (Schultz/Hagemann-White 1990). Dazu setzten die Forscherinnen Leitfadeninterviews wie auch quantifizierende Verfahren ein. Bei der qualitativen Auswertung der Interviews bildeten sie nun Typen von Kategorien, die sie einer anderen Person in einer entgeschlechtlichten, also maskierten Form zur Einordnung vorlegten. So weit, so gut. Danach allerdings wird es problematisch: Die Forscherinnen entwickelten daraus nämlich ‚weibliche' und ‚männliche' Modalitäten. Eine weitere Person nahm dann eine Zuordnung zu den Modalitäten ‚männlich' und ‚weiblich' vor, was (nur oder doch?) bei 75 Prozent der Fälle gelang. Dabei ist nun nicht die Einsicht entscheidend, dass die Einordnung doch nicht so komplikationslos vonstatten geht (was sich als Argument gegen eine umstandslose Zuordnung lesen lässt). Als gravierender entpuppt sich, dass die Identifikation ‚weiblicher' und ‚männlicher'

Modalitäten aus der Reifizierungsfalle gar nicht herausführt – weil sie nämlich immer noch mit Stereotypen arbeitet. Hilfreich wäre hier vielmehr eine Vermeidung geschlechtlich konnotierter Begriffe. Statt ‚weiblicher' und ‚männlicher' wäre etwa die Rede von ‚prozess-, und ‚ergebnisorientierter' Pädagogik sinnvoller. Gerade das Scheitern eindeutiger geschlechtlicher Zuordnungen von Eigenschaften kann und sollte eher für einen vorsichtigeren Umgang mit der inhaltlichen Bestimmung von Geschlecht sensibilisieren, statt daran festzuhalten. Es geht also darum, den Blick für geschlechterkonstruierende und -konstituierende *Prozesse* zu öffnen, die *nicht* an bestimmte Genusgruppen gebunden sind. Ein Beispiel dafür liefert die Analyse von Bettina Wilke (2004) über „Geschlechterkonstruktionen im Spiegel der Pornografie". Pornografie interessiert in diesem Zusammenhang nicht als kommerzieller Sachverhalt, als mediales Ereignis oder als moralische Provokation, sondern als Anreiz, um Geschlechterkonstruktionen auf die Spur zu kommen. Denn „[ü]ber Pornografie zu sprechen, heißt immer auch über Geschlecht und Sexualität zu sprechen." (Wilke (2004: 269). Eine Sensibilisierung für die Bedeutung (und das Trügerische) alltagsweltlichen Vorverständnisses erreicht Wilke bereits mit ihrer Darstellung, indem sie die LeserInnen im Dunkeln lässt, ob es sich bei den vorgestellten Zitaten um Äußerungen von Männern oder von Frauen handelt[9]. Die Methode der Maskierung hat damit vor allem einen sensibilisierenden Effekt: Die Zuordnung von Verhalten als ‚männlich' oder ‚weiblich' ist mit Tücken behaftet, sie funktioniert auch nicht immer und ist meistens weder notwendig noch sinnvoll. Sie scheint aber einem tief verankerten Bedürfnis nach Sortierung und Ordnung zu folgen – kaum etwas verunsichert mehr als nicht zu wissen, ‚was' das Gegenüber ist. Funktioniert eine solche Verunsicherung, lässt sich die Idee der Maskierung auch nutzen, um auf einer abstrakteren Ebene Gemeinsamkeiten zu entdecken, mit denen das Alltagswissen nicht unbedingt rechnet.

- Widerspruchsanalyse, Zugzwänge und Gruppendynamik. Die Methode der Widerspruchsanalyse eignet siche ebenfalls dafür,

9 Verunsicherung durch Maskierung. Welche verunsichernden Folgen mit solchen Maskierungen verbunden sind, wurde sowohl in einem Methodenworkshop wie auch in (Methoden)Seminaren der Gender Studies deutlich, wo ein zentrales Interesse der beteiligten TeilnehmerInnen darauf gerichtet war, welche der Beiträge von Männern und welche von Frauen stammten. Und die Verunsicherung über ‚falsche' Zurechnungen war beträchtlich.

Konstruktionen – in diesem Falle von Geschlecht – aufzufinden beziehungsweise aufzudecken und sie zu untersuchen (Schirmer 2005). Dahinter steht die Annahme, dass die Orientierung in der Welt auch und gerade mit Widersprüchen funktioniert. Denn Weltbilder, Glaubenssätze und Erklärungen sind für die Beteiligten auch dann noch tragfähig, wenn sie in ihren Ausformungen und Verästelungen nicht immer so recht zusammenpassen. Im Alltag ist das meist kein Problem. So bestimmt das Alltagswissen Geschlecht auch meist und vor allem als etwas zu Unterscheidendes, und das weitgehend unabhängig von den Inhalten. Beispielsweise beschreiben Menschen Männer häufig als gleichgültig und somit leidensfähiger gegenüber Schmerzen, während sie Frauen aufgrund ihrer möglichen Erfahrung von Menstruation und Geburt(en) eine größere Aushaltefähigkeit von Schmerz zusprechen. Entscheidend ist dabei nicht, wer nun tatsächlich mehr Schmerz aushält, sondern lediglich, dass sich Männer und Frauen unterscheiden (sollen) – egal womit und wie. Konkret lassen sich in diesem Zusammenhang Zugzwänge von Erzählungen und gruppendynamische Prozesse nutzen (Degele 2006). Beide Verfahren beruhen darauf, dass die Analyse die soziale Gebunden- und Abhängigkeit von Menschen nicht auf isolierte oder ‚autonome' Individuen reduziert. Beispielsweise – Stichwort Zugzwang – bringen AkteurInnen bei einem Interview oder einer Diskussion angefangene Geschichten meist zu einem wie auch immer plausiblen Ende, machen die Geschichte rund. Dabei ‚geben' sie dann Dinge ‚zu', die sie eigentlich vehement bestreiten: ‚Ich mache mich für mich schön', sagt die Person, die im nächsten Satz gesteht, dass sie sich gerade die Haare gewaschen und sich geschminkt hat, weil sie gleich den Freund vom Bahnhof abholt. Die Dynamik von Gruppenprozessen lässt sich nutzen, wenn sich DiskutantInnen in Widersprüche verstricken: Sie konstruieren ein erwünschtes Bild (etwa von Autonomie und Unabhängigkeit) von sich, das der Dynamik der Diskussion aber nicht standhält. Der Vorteil dieser Verfahren liegt darin, dass nicht die (Geschlecht er)Konstruktionen selbst im Mittelpunkt der Analyse stehen, sondern die Logiken (und damit auch Bruchstellen) ihrer Herstellung. Weil solche Konstruktionen auch in einem geschlechterdifferenzierenden Kontext Sinn stiften, lässt sich damit die fundamentale Bedeutung von Zweigeschlechtlichkeit im Handeln und Denken nachweisen.

- Kontextualisierung durch funktionale Analyse und Multiperspektivität. Reifizierungen lassen sich vermeiden, wenn man Probleme und Lösungen variiert und kontextualisiert (Degele 2006). Dazu eignet sich etwa die funktionale Analyse (Luhmann 1984: 83-87). Sie fokussiert den Zusammenhang von Problemen und Problemlösungen. Bei ihr geht es nicht so sehr um die Gründe für das Auftreten eines Phänomens, die Fragestellung ist vielmehr umgekehrt: Für welches Problem (im Sinne eines strukturellen Zusammenhangs) ist ein Phänomen die Lösung? Welche Funktionen erfüllt das Auftreten bestimmter Phänomene? Dahinter steht die Überlegung, dass ein Problem so oder auch anders gelöst werden kann, das heißt: andere Wege – funktionale Äquivalente – würden zur gleichen oder einer ähnlichen Lösung führen. Nach solchen funktionalen Äquivalenten sucht die funktionale Analyse. Bezogen auf Geschlecht bedeutet das, Lösungen für Probleme finden zu können, die jenseits der Geschlechtszugehörigkeit relevant sind. Genauer gesagt: Phänomene und Verhaltensweisen können geschlechtlich codiert erscheinen, lösen aber Probleme, die nicht auf Geschlecht reduzierbar sind. Begreift man etwa das alltägliche Sich-schön-machen als einen Akt der sozialen Positionierung, können – funktional betrachtet – die Muskeln von Bodybuildern, die Tattoos von SM-Praktizierenden und die Schminke von Magersüchtigen etwas Ähnliches leisten: die ProtagonistInnen des Geschehens nicht nackt und hilflos dastehen zu lassen (vgl. Degele 2004). Anerkennung, aber auch die Erlangung beziehungsweise Sicherung von Macht oder Solidarität können solche ‚Probleme' sein, die sich über völlig unterschiedliche Handlungsweisen ‚lösen' lassen. Geschlecht ist damit keine irrelevante Kategorie geworden. Funktional betrachtet konvergieren nämlich auch die Stöckelschuhe westlicher Frauen und die Kopftücher von Musliminnen in einem entscheidenden Punkt, indem sie nämlich Differenzen zwischen den Geschlechtern konstruieren, naturalisieren und fixieren. Bei einem solchen Vorgehen ist es erforderlich, ein Netz von Problemen und Lösungen zu entwerfen, bei dem Geschlecht zwar potenziell relevant bleibt, aber immer kontextualisiert werden muss. Dazu wiederum ist theoretisches Wissen über Geschlecht, Macht, Strukturen, Relationen, kurz, Gesellschaft nötig: Welchen sozialen Status genießen sich schminkende Männer in welchen Zusammenhängen, wie werden sie wahrgenommen? Welches Statement macht eine Frau in gehobener Position, die sich bei einem wichtigen Meeting oder einem Fernsehauftritt nicht schminkt? Um solche sozialen Praxen zu verstehen, bedarf es eines multiperspektivischen Wissens über die jeweiligen Subkulturen sowie des Wissens über Mechanismen der Abgrenzung und Distinktion. Konkret bedeutet das, Deutungen ohne und mit Hinzunahme von Geschlecht nebeneinander zu stellen und zu vergleichen. Die Differenz zwischen beiden Interpretationen markiert die Bedeutung von Geschlecht: Während etwa ein entspannendes Bad, ausreichend Schlaf und gesunde Ernährung als Komponenten des alltäglichen Sich-schön-machens grundsätzlich auch ohne Berücksichtigung von Geschlecht gedeutet werden könnten, sind es Schminken, Anzug und Stöckelschuhe definitiv nicht.

- Triangulation und Abgleich mit Strukturdaten. Eine weitere Möglichkeit der Vermeidung von Reifizierungen liegt in der Triangulation, also der Verbindung unterschiedlicher Methoden (vgl. Flick 2004: 11 f., Wetterer 2003). So reicht es etwa nicht, Menschen nach ihrer Einstellung in Bezug auf Geschlechtergerechtigkeit zu fragen und auch nicht nach ihrer Praxis. Denn vor allem bei Geschlechterfragen sind bei Paaren Widersprüche und Brüche zwischen einer postulierten Gleichberechtigung und der Realität von Beziehungspraxen die Regel. Vieles wird beschönigt oder nicht gesagt. Ist vor allem das Schweigen besonders aufschlussreich, stellt sich die Frage, wie man das Schweigen zum Reden bringt. Gefordert ist also „eine Kontrastfolie, etwas, mit dem sich das Gesagte vergleichend in Beziehung setzen lässt, damit erkennbar wird, was im Reden verdeckt bleibt" (Wetterer 2003: 292; vgl. Knapp 2003: 260 f.). So erwies es sich in einer Studie zur Arbeitsteilung im Beziehungsalltag von Paaren etwa als hilfreich, diese sowohl einzeln wie auch als gemeinsam als Paar zu befragen. Ebenso kann es nützlich sein, Befragungen durch Beobachtungen zu ergänzen. In diesem Zusammenhang warnt Wetterer vor dekonstruktivistischen Verfahren, die dies gerade nicht leisten. Entsprechend hart formuliert sie den Vorwurf, dass dekonstruktivistische, diskurstheoretische und auch wissenssoziologische Ansätze aufgrund ihrer Fixierung auf das verbal Geäußerte an der Verfestigung realer Ungleichheiten mitwirkten. Bei diesen Verfahren gebe es nämlich kein theoretisches Instrumentarium mehr, um die Diskurse und Repräsentationen auf etwas anderes als sich selbst zu beziehen, „seien dies soziale Strukturzusammenhänge oder stillschweigende Formen der Arbeitsteilung in Paarbeziehungen, deren Funktionieren vielfach gerade darauf beruht, dass sie stillschweigend bleiben" (Wetterer 2003: 292).
- Umstellung von Struktur- in Prozesskategorien. Schließlich eignet sich die Umstellung von Struktur- in Prozesskategorien,

um bereits im ersten (Forschungs)Schritt den Blick für die Gemachtheit (statt das bloße Sosein) von Geschlecht zu schärfen. Ein solches Vorgehen ist angelehnt an die konstruktivistische Perspektive des *doing gender* und hat neben der linguistischen Konversationsanalyse auch in der Arbeits- und Berufsforschung Verbreitung gefunden (Gottschall 1998, Kelle 2001, Leidner 1993; zum gegenläufigen Prozess des *undoing gender* vgl. Deutsch 2007, Hirschauer 2001). Grundlegend ist dabei die Annahme, dass nicht Geschlechter Berufe, Tätigkeiten und Praxen ‚machen', sondern umgekehrt, dass über die Struktur und die Praxis von Berufen, oder allgemeiner gesprochen: Gegenstandsfeldern, Geschlechter gemacht werden. Beispiele dafür liefern ‚Geschlechtwechsel' von Berufen. Tätigkeiten des Grundschullehrens, Frisierens und des Sekretariats waren einmal ‚männliche' Berufe, heute gelten sie als mit wenig Prestige, Anerkennung und Bezahlung versehene Frauenberufe. Die Ausübung eines solchen Berufs setzt ein ‚weibliches' Vorzeichen und ist damit an der Konstruktion von Geschlechtern beteiligt. Dies hat im interaktionistischen Konstruktivismus zur These der geschlechtskonstituierenden Arbeitsteilung geführt (vgl. 3.2.1) und bedeutet dann etwa, mit Begriffen wie ‚Vergeschlechtlichung' statt Geschlecht zu arbeiten (Wetterer 1995, 2002; Degele/Dries 2005: 206-232). Begrenzt auf interaktionistische Zusammenhänge ist diese Perspektive freilich nicht. Auch in der strukturorientierten Gesellschaftskritik gibt es Versuche, statische Substanzbegriffe durch Prozessbegriffe zu ersetzen. So wendet sich etwa die britische Soziologin Anna Pollert (1996: 639-641, 651-655) gegen die Verwendung des Begriffs ‚Patriarchat' in der Geschlechterforschung, weil er Beschreibung und Erklärung geschlechtlicher Hierarchien in tautologischer Weise vermische. Statt dessen spricht sie lieber von *gender relations*, weil dieser Begriff empirische Wechselwirkungen und Dynamiken in den Blick bekomme und nicht automatisch in Strukturen reifiziert werde.

Perspektivisch: Intersektionalität 4.3

Verwobene Unterdrückungen

Inzwischen gehört es zum guten Ton der Gender/Queer Studies, Ungleichheits- und Unterdrückungsverhältnisse nicht mehr auf eine Kategorie wie Geschlecht oder auch Sexualität zu reduzieren. Eindimensionale Modelle wie *Kapitalismus* oder *Patriarchat* zur Beschreibung und Erklärung von Ungleichheiten in der Geschlechterforschung sind outmoded. Klasse, Geschlecht und Rasse (Sexualität kommt dabei seltener vor) gelten in der Ungleichheits-, Geschlechter- und Migrationsforschung zwar immer noch als zentrale Kategorien der Unterdrückung. Seit den 1990ern interessieren allerdings zunehmend die Wechselwirkungen zwischen solchen ungleichheitsgenerierenden Dimensionen, statt zwei, drei oder mehr Unterdrückungen lediglich zu addieren (was schon schwer genug ist). Sie treten in verwobener Weise auf, können sich wechselseitig verstärken, abschwächen oder auch verändern. Damit sind sogar Paradoxa verbunden: „Rassistische Ausgrenzungen können mit frauenemanzipatorischen Argumenten vorgetragen werden" (Räthzel 2004: 253). Der Mordprozess gegen O.J. Simpson in den USA ist dafür ein Beispiel (Dietze 2001). Diese und andere Fälle zeigen, dass es keine eindeutigen Muster oder hierarchischen Zusammenhänge zwischen den Kategorien gibt, es hängt vielmehr von den jeweiligen Vergleichsdimensionen ab (Bednarz-Braun/Heß-Meining 2004: 31 f.; Lenz 1994, Lutz 2004).

Definition Intersektionalität

Diese Problematik – die Verwobenheit zwischen verschiedenen Formen der Differenz – führte schon in den 1970er Jahren zur Forderung nach einer vermittelten Analyse von zunächst einmal Rasse, Klasse und Geschlecht. Dies hatte vor allem mit der Kritik am Mittelschichtsbias und unreflektierten Ethnozentrismus des westlichen Feminismus zu tun (Carby 1982, Collins 1993). In den 1990ern tauchte dafür in der englischsprachigen Diskussion der Begriff intersectionality (oder auch intersectional analysis) auf, den die amerikanische Juristin Kimberlé Crenshaw (1989) ins Spiel gebracht hatte. Die britischen Sozialwissenschaftlerinnen Avtar Brah und Anne Phoenix etwa definieren Intersektionalität als „the complex, irreducible, varied, and variable effects which ensue when multiple axes of differentiation – economic, political, cultural, psychic, subjective and experimential – intersect in historically specific contexts." (Brah/Phoenix 2004: 77). Dieses Konzept bezeichnet also die „kontextspezifischen Untersuchungen der Überschneidungen und des Zusammenwirkens verschiedener gesellschaftlicher Herrschaftsstrukturen und -praktiken" (Räthzel 2004: 253). Dazu benutzte Crenshaw die Metapher einer Verkehrskreuzung, an der sich Machtwege kreuzen, überlagern und überschneiden. Im Vordergrund stand anfangs die Triade von race, class und gender.

Welche Kategorien?

Warum aber gerade und nur diese drei Kategorien? Die einen fordern die Berücksichtigung von Sexualität als vierte Kategorie (Sullivan 2003: 57-80, Verloo 2006), andere halten mehr als drei

Kategorien für nicht mehr zu bewältigen (Anthias 2001, Klinger 2003) und möchten die Intersektionalitätsanalyse auf Klasse, Rasse und Geschlecht begrenzt wissen. Leslie McCall (2001) berücksichtigt für ihre Untersuchung zu Einkommensungleichheiten neben Klasse, Rasse und Geschlecht in den USA auch noch Region, und Helma Lutz (2002: 68) kommt zu einer Linie mit 14 Differenzen, weist aber darauf hin, dass diese Liste dennoch nicht vollständig sein kann. Was also fehlt, ist eine Theorie der Unterscheidung: Wann sind welche Unterscheidungen relevant? Ebenso ist offen, wie eine Vielzahl von Faktoren überhaupt adäquat berücksichtigt werden kann. Konsens besteht zumindest darüber, dass es auf die jeweilige Fragestellung ankommt, welche Kategorien sinnvollerweise in die Untersuchung einzubeziehen sind.

Welche Ebene/ Perspektive?

Dazu kommt allerdings ein methodologisches Problem, nämlich der gewählte Zugang zum Untersuchungsgegenstand. So liegen nur vereinzelte Arbeiten zu sozialstrukturellen und institutionellen Ungleichheiten vor (McCall 2001, Acker 2006, Frerichs 2000, Pollert 1996, Sondergaard 2005), und empirische Untersuchungen dazu auf der Makroebene wie bei McCall haben sie nur selten angeleitet. Die Mehrzahl der vorliegenden Studien ist bislang auf einer Mikroebene angesiedelt, wo es um die Erfahrungen von Subjekten und damit verbundene Identitätskonstruktionen geht[10]. Während sozialstrukturell orientierte Untersuchungen darauf angewiesen sind, Einzelfälle in Kategorien zusammenzufassen, um sie bewältigen zu können, sind auf der Mikroebene von Identitätskonstruktionen Beschreibungen möglich, die mehr Kategorien berücksichtigen. Schließlich ist auch noch die Ebene symbolischer Repräsentationen zu berücksichtigen, und auch hier schlägt sich der poststrukturalistisch motivierte cultural turn nieder. Ein Beispiel dafür ist die intersektional motivierte Auseinandersetzung mit der schwedischen HIV/AIDS-Politik und -aufklärung (Bredström 2006). Die Autorin entlarvt diese als tendenziell rassistisch, weil sie etwa die Kategorie Rasse nur unzureichend berücksichtigt – bereits die Nicht-Nennung zeitige dabei Effekte. Die Frage Butlers, in welche Identifizierungen Menschen verwickelt sind und welche anderen damit ausgeschlossen sind, stellt sich damit schon längst nicht mehr nur für Geschlecht. Die Frage ist eine viel grundsätzlichere: „Wie können wir mit der Perspektive der Dekonstruktion die Geschlechterdifferenzen bestimmen, ohne Hierarchisierungen, Polarisie-

10 Als Beispiele vgl. Buitelaar 2006, Davis 2002, 2003, Harvey 2005, Kennedy 2005, Ludvig 2006, Lutz/Davis 2005, Prins 2006, Staunaes 2003, 2005.

rungen und Ausschließungen zu manifestieren?" (Wartenpfuhl 1996: 194).

Um diese verschiedenen Interessen und Zugänge vergleichen zu können, schlägt Leslie McCall (2005: 1773-1789) folgende Unterscheidungen zur Komplexität in Intersektionalitätsanalysen vor:

- Anti-kategoriale Komplexität. Dieser Auffassung zufolge sind kategorial operierende Zugänge grundsätzlich problematisch, weil sie vereinheitlichen, vereinfachen und auch Gewalt ausüben. Wie im Kapitel 3.3 ausgeführt, ist das das Terrain dekonstruktivistischer und poststrukturalistischer Ansätze, die sich in kritischer Weise mit Ungleichheits- und Herrschaftskategorien auseinander setzen. Dabei geht es ihnen vor allem um die Kritik von Identität und von Ausschlüssen, die Kategorien mit sich führen (können). Weil etwa Rasse vorbewusst wirksam werde, handle es sich wie bei der Wahrnehmung von Geschlecht um ein verkörpertes Wissen (Sullivan 2003: 75-78), und die Aufgabe der Intersektionalitätsanalyse bestehe darin, ein solches vorbewusstes Wissen explizit zu machen.
- Intra-kategoriale Komplexität. Hier geht es vor allem um die Differenz und Ungleichheit im Rahmen einer der jeweiligen Kategorien, also etwa um die Unterschiedlichkeit von Frauen. Das war als Problem bereits in der frühen Phase der feministischen Theoriebildung präsent (vgl. 3.1). Die provisorische Lösung bei diesem Ansatz besteht nun darin, trotz des Wissens um die threoretische Unabgeschlossenheit und Undefinierbarkeit von Kategorien (wie etwa ‚Frau') mit diesen dennoch strategisch zu arbeiten. Vor allem Studien zu Identität und Subjektivität sind in diesem Zusammenhang zu verorten.
- Inter-kategoriale Komplexität. Eine intersektionale Analyse mit gesellschaftstheoretischem Anspruch analysiert Verhältnisse und Wechselwirkungen *zwischen* den Kategorien. Sie fordert eine gesellschaftstheoretische Einbettung von mehreren „Achsen der Ungleichheit" beziehungsweise „Achsen der Differenz" (Klinger/Knapp 2005)[11].

---

11 Gesellschaftstheoretische Einbettung. Diese steht allerdings noch aus, und Klinger identifiziert die Verlagerung der Kategorien von der Struktur- auf die Subjektebene als zentrales Defizit: „Es ist sinnlos, auf die sich überlagernden oder durchkreuzenden Aspekte von Klasse, Rasse und Geschlecht in den individuellen Erfahrungswelten hinzuweisen, ohne angeben zu können, wie und wodurch Klasse, Rasse und Geschlecht als gesellschaftliche Kategorien konstituiert sind." (Klinger 2003: 25). Das ist kein spezifisches Manko der Geschlechterforschung. Die Soziologie sozialer Ungleichheit, die Migrationsforschung

Zwischen theoretischer Rigorosität und pragmatischer Machbarkeit

Damit ist eine methodologische Warnung angebracht. Denn die Möglichkeiten der Kontextualisierung jeder Beobachtung sind forschungspraktisch begrenzt, und ohne Kategorien und definierte Begriffe ist empirische Forschung nicht möglich. Es geht also um ein Abwägen zwischen theoretischer Rigorosität und pragmatischer Machbarkeit. Versuche einer theoretischen Begründung zentraler Kategorien und Vorschläge für eine forschungspraktische Umsetzung haben beispielsweise Klinger (2003), McCall (2005), Verloo (2006) und in programmatischer Absicht Pollert (1996) und Degele/Winker (2007) formuliert. Während Klinger und McCall die Dimension Arbeit als Referenzpunkt für die Analyse der Wechselwirkungen zwischen Geschlecht, Klasse und Rasse wählen, unterscheidet Verloo zwischen struktureller und politischer Intersektionalität und stellt die Verbindungen der vier Kategorien Geschlecht, Rasse, Sexualität und Klasse zu Ungleichheit her. Pollert liefert mit einer theoretischen Diskussion (und Überwindung) des Begriffs Patriarchat (im Vergleich zu Kapitalismus) Argumente für die Notwendigkeit einer empirisch orientieren Intersektionalitätsanalyse, Degele/Winker schlagen ein Analysemodell mit vier Strukturkategorien (Rasse, Klasse, Geschlecht, Körper) und drei Untersuchungsebenen (Struktur, Identität, Repräsentation) vor. In einem sind sich alle genannten Ansätze einig: Über abstrakte Theoriediskussionen ist kein zureichendes Verständnis der Wechselwirkungen von Klasse und Geschlecht zu gewinnen. Für sozialstrukturell orientierte Ansätze gilt das umso mehr.

Kapitalismus dekonstruiert

So kann und muss man heute von einer Flexibilisierung sozialer Ungleichheiten ausgehen, diese sind aber nach wie vor sozialstrukturell verankert. In den Blick kommen damit gesellschaftliche Strukturierungsmerkmale, die in der Geschlechterforschung und auch der Soziologie einige Jahre nur noch eine nachgeordnete Rolle spiel(t)en: Kapitalismus, Produktion und Reproduktion. Die Logik des Kapitalismus ist dabei eine ambivalente. Denn einige Emanzipationsziele sind mit ihm nicht nur kompatibel, sondern nützen ihm auch: Bildung, Öffnung der Berufslaufbahnen und Gleichstellung haben Frauen im letzten Jahrhundert zu mehr Freiheit und Selbstbestimmung verholfen – aber eben auch den Kapitalismus am Laufen gehalten – auf Kosten der Nichtbewertung von Hausarbeit. Andere Auswirkungen wiederum wider-

---

oder auch die Gesellschaftstheorie sind hier keineswegs weiter, und das gilt auch für den englischsprachigen Theoriestand (Knapp 2005: 75, Klinger/Knapp 2005: 1-4).

sprechen Emanzipationszielen: Steigerung der Ungleichheit, gnadenlose Auslese nach Verwertbarkeit, Umwandlung aller menschlichen Bedürfnisse in Konsumwünsche. Der Kapitalismus unterwirft mit anderen Worten die unterschiedlichsten Bedürfnisse der eigenen Logik der Profitmaximierung. Können unterschiedliche gesellschaftliche Gruppen sowohl profitieren als auch zu den VerliererInnen gehören, leitet Claudia Koppert aus dieser Ambivalenz eine charmante These ab: „Die ökonomische Rationalität, das muss man ihr lassen, entfaltet eine ungeheuer antiessentialistische Wirkung. Deshalb ‚dekonstruiert' der deregulierende Kapitalismus, was das Zeug hält: alte Verpflichtungsgefüge und Werte ebenso wie alte Geschlechtsrollenvorstellungen, Seinsweisen und Lebensformen." (Koppert 2003b: 21, vgl. Cyba 2004: 16 f.). Das erklärt seine Faszination und auch die Hemmung, so gänzlich mit seinen Errungenschaften zu brechen. Wer möchte schon ohne Kühlschrank und Internet leben? Wer will sich noch auf die Rolle der erwerbsarbeitsabstinenten Hausfrau und Mutter festlegen lassen? Dass der Kapitalismus in verblüffendem Ausmaß in der Lage ist, Kritik nicht nur zu absorbieren, sondern darüber hinaus sie zu einer noch größeren Leistungsfähigkeit zu nutzen, haben in jüngster Zeit der Soziologe Luc Boltanski und die Ökonomin Eve Chiapello (2005) beeindruckend rekonstruiert. Geschlechtersensibel ist diese Analyse überhaupt nicht. Gerade darin aber bestünde auch eine Aufgabe einer intersektionalen Analyse: zu zeigen, dass Frauen, Weiße, Lesben, Junge, Transmenschen vom Kapitalismus profitieren, ebenso aber auch zu Verlierergruppen gehören können. Es gibt also keine durchgängig diskriminierten Gruppen mehr, Merkmale treten in Kombination auf und müssen zueinander in Beziehung gesetzt werden. Zu berücksichtigen wäre hier also der Zusammenhang von Wandel und Persistenz, auch das sollte in eine intersektionale Analyse eingehen (vgl. Maihofer 2007, Pollert 1996). Denn der Kapitalismus lässt sich zwar verändern – er wird effektiver – vor allem aber verändert er die Menschen. Wie etwa Frauen in Chefetagen, die sich den Systemzwängen letztlich anpassen. Einfacher werden die Aufgaben für die Gender/Queer Studies damit nicht.

Literatur

Althoff, Martina/Mechthild **Bereswill**/Birgit **Riegraf** (2001): Feministische Methodologien und Methoden. Traditionen, Konzepte, Erörterungen. Opladen: Leske + Budrich.

Bublitz, Hannelore (2003): Diskurs. Bielefeld: Transcript .

Bourdieu, Pierre/Loic J.D. **Wacquant** (1996) : Reflexive Anthropologie. Frankfurt am Main: Suhrkamp.

Degele, Nina (2006): Queer forschen. Ein Beitrag zum Problem der Reifizierung in den Gender und Queer Studies. In: Petra Gieß-Stüber/Gabriele Sobiech (Hrsg.): Gleichheit und Differenz in Bewegung – Entwicklungen und Perspektiven der Geschlechterforschung in der Sportwissenschaft. Hamburg: Czwalina Verlag, S. 17-26.

McCall, Leslie (2005): The Complexity of Intersectionality. In: Signs. Journal of Women in Culture and Society 30, S. 1771-1800, http://www.journals.uchicago.edu/cgi-bin/resolve?id=doi:10.1086/426800, Zugriff am 26.9.2007.

Anwendungen 5.

Frauenförderung, Gender Mainstreaming und Diversity Management. Gleichstellungspolitische Praxen im Lichte der Geschlechterforschung Christian Schenk 5.1

Überblick

Die Benachteiligung oder Diskriminierung beziehungsweise die Privilegierung von Menschen entlang von Merkmalen wie Alter, Geschlecht, geschlechtliche Identität, physische Leistungsfähigkeit, ethnische Herkunft, kulturelle Identität, sexuelle Orientierung, Familienstand, sozialer Status, Weltanschauung beziehungsweise Religion et cetera ist – sofern sie nicht individuell und zufällig, sondern systematisch erfolgt – strukturell in verschiedener Weise (sozialökonomisch, juristisch, institutionell) in die Gesellschaftsstrukturen eingeschrieben. Sie drückt sich in den dominierenden Normen und Normierungen aus, vermittelt sich über Sprache und realisiert sich über das Bewerten und Handeln der Gesellschaftsmitglieder. Die Antwort auf diese Situation ist eine, wenn schon nicht proaktive, so doch zumindest nachsorgende Gleichstellungspolitik, mit der Diskriminierungen und Ungerechtigkeiten abgebaut oder beseitigt werden sollen. Im Folgenden wird es um die Frage gehen, inwieweit die theoretischen Grundströmungen der gender/queer/studies (gqs) für die Beschreibung, für die Beurteilung der angewandten Instrumentarien und der Methoden sowie für die Erfolgskontrolle der drei politischen Strategien und ihrer Praxen in Deutschland und vielleicht sogar für weiterführende Impulse nutzbar sind oder sein können.

Gleichstellung als Ziel

Ziel von Gleichstellungspolitik

Der Begriff Gleichstellungspolitik hat sich bis jetzt in Deutschland vor allem im Zusammenhang mit der Geschlechterfrage etabliert. Das Ziel – so meine Definition – ist ein Zustand, in dem das Geschlecht (unabhängig von seiner Ausprägungs- oder Präsentationsform im konkreten Fall) nicht mehr den Zugriff auf die gesellschaftlichen Ressourcen, die Teilhabe an Entscheidungsprozessen auf allen Ebenen der Gesellschaft, die gesellschaftliche Positionierung und Wertigkeit und nicht zuletzt die persönlichen Entwicklungschancen präjudiziert, also nicht mehr als „Platzanweiser" wirkt.

Gleichstellung erfordert strukturelle Veränderungen

Dies ist ohne einen grundlegenden Wandel der Strukturen und Mechanismen, die Ungleichheit immer wieder neu erzeugen, nicht erreichbar. Mit der simplen Forderung, Frauen müssten sich einfach nur anpassen und sich so verhalten wie Männer, indem sie zum Beispiel vermeintlich zukunftsträchtige Berufe (und Männerdomänen) in den Bereichen IT oder Ingenieurwesen wählen, lässt sich Gleichstellung im oben genannten Sinne nicht erreichen. Es geht um die Anerkennung der bisher geschlechtlich konnotierten Eigenschaften, Fähigkeiten, Interessen, Verhaltensweisen, Tätigkeiten, Lebensmuster, Wertvorstellungen, Prioritätensetzungen, Denkweisen, Problemlösungsstrategien et cetera als gleichwertig und gleichrangig – und zwar unabhängig davon, welchen Gruppen die betreffende Person zugeordnet und welche Identität ihr unterstellt wird (vgl. Schenk 2004: 215).

Frauenförderung, Gender Mainstreaming und Diversity Management als Gleichstellungspolitiken

Oft werden die Begriffe Gleichstellung (der Geschlechter) und Gleichberechtigung nicht klar genug unterschieden. Dabei sind gleiche formale Rechte für Frauen und für Männer lediglich eine notwendige, aber keinesfalls hinreichende Bedingung für Gleichstellung. Trotz gleicher Rechte (re-)konstruieren die gesellschaftlichen Strukturen, die personalen Interaktionen und die sprachlichen Ausdrucksformen auf Grund der in ihnen eingeschlossenen geschlechtlich konnotierten Hierarchisierungen nicht nur die Verschiedenheit, sondern auch die Ungleichheit der Geschlechter – wenn eben diese Strukturen und Mechanismen selbst nicht verändert werden. Damit wären wir wieder beim Anliegen der Gleichstellungspolitik. In Deutschland werden im Kampf gegen soziale Ungleichheiten in der Gesellschaft insgesamt oder in Organisationen jedweder Art (öffentliche Verwaltung, Exekutive, Verbände, Wirtschaftsunternehmen et cetera) drei verschiedene Strategien angewendet: Es sind dies die Frauenförderung (FF), das Gender Mainstreaming (GM) und das Diversity Management (DiM). Diese Reihung markiert zugleich die zeitliche Abfolge des Auftauchens dieser unterschiedlichen Ansätze von Gleichstellungspolitik in Deutschland. Alle drei existieren heute nebeneinander, haben sich – jede für sich – ausdifferenziert und kommen jeweils in unterschiedlichen Bereichen bevorzugt zur Anwendung.

Frauenförderung (FF)

Benachteiligung von Frauen wird zum öffentlich diskutierten Thema

Der Neuen Frauenbewegung in der alten Bundesrepublik war es Ende der 1960er Jahre gelungen, die gesellschaftliche Benachteiligung von Frauen, die ungleiche Verteilung von Entwicklungschancen und Ressourcen wie Bildung, Einkommen, Zeit, aber auch Macht und sexuelle Selbstbestimmung et cetera zu Gunsten von Männern zum öffentlich diskutierten Thema zu machen.

Patriarchat – Männer als Täter, Frauen als Opfer

Für die Ungerechtigkeit zwischen den Geschlechtern wurden – sehr vereinfacht dargestellt – die patriarchalen Strukturen der Gesellschaft im Allgemeinen und die Herrschaft beziehungsweise Dominanz „des Mannes“ im Besonderen verantwortlich gemacht. Zentrale Denkfiguren waren die „der Frau“ als Kollektivsubjekt, die von Männern beziehungsweise den von Männern geschaffenen Strukturen unterdrückt, gering geschätzt, benachteiligt beziehungsweise diskriminiert und an der Entfaltung ihrer Persönlichkeit gehindert und so zum Opfer gemacht wird und – spiegelbildlich – die „des Mannes“ als Täter, Organisator und Nutznießer des Patriarchats (vgl. z.B. Cordes 1996: 15 oder Klann-Delius 2005: 71). Problematisiert wurde die Lage von Frauen vor allem hinsichtlich der Themenfelder Arbeit, Sexualität und Gewalt.

Gleichheit oder Differenz?

Im politischen Umgang mit dieser Situation waren innerhalb der Frauenbewegung zwei Paradigmen auszumachen, die sich hinsichtlich der Beantwortung der Frage unterschieden, ob Frauen und Männer in ihrem Wesen und ihren Fähigkeiten gleich beziehungsweise gleichwertig oder aber verschieden seien (vgl. auch Cordes 1996: 21 ff.). Der insbesondere von der autonomen Frauenbewegung vertretene Differenzansatz, der teilweise die Auffassung einschloss, Frauen seien Männern hinsichtlich ihrer moralischen und sozialen Kompetenz überlegen, führte zu separatistischen Protest- und Politikformen, während das eher von gleichstellungspolitisch engagierten Frauen in Institutionen wie Parteien, Verbänden, Gewerkschaften, öffentlichen Verwaltungen et cetera vertretene Gleichheitsparadigma in Forderungen nach Gleichbehandlung und Frauenförderung mündete, um die individuellen und/oder strukturellen Benachteiligungen von Frauen auszugleichen (vgl. auch Cordes 1996: 27 ff.).

Was ist und was soll Frauenförderung?

Mittel zum Zweck waren hierbei Quotierungsregelungen für Frauen, Frauenförderpläne, Verbesserung ihrer Aus- und Weiterbildung, Unterstützung beim Problem der Vereinbarkeit von Beruf und Kinderbetreuung, Flexibilisierung der Arbeitszeit, Unterstützung bei der Rückkehr in den Beruf nach der sogenannten Familienphase und Ähnliches.[1] So sollte der Zugang zu Macht, Anerkennung und Teilhabe in der Arbeitswelt, aber auch in politischen Gremien erzwungen werden. Die moralische Überlegenheit von Frauen – so ein Teil der Protagonistinnen damals – würde dort allein durch deren verstärkte Präsenz strukturelle Veränderungen zur Folge haben.

Analyse und Lösung mit verschiedenen Strömungen der gqs beschreibbar

Damit wird ein Bruch sichtbar: Die Analysen sind – unabhängig davon, worin sie die Ursache für die Geschlechterungerechtigkeit im einzelnen sehen oder ob sie vom Gleichheits- oder vom Differenzansatz ausgehen – am ehesten mit dem Instrumentarium der strukturorientierten Gesellschaftsanalyse genauer zu beschreiben. Für den aus der Problembeschreibung abgeleiteten Ansatz der FF kann man dies hingegen nicht sagen.

Frauenförderung löst das Strukturproblem nicht

FF ist ein personenzentriertes und auf die Identität „Frau" bezogenes Verfahren (beispielhaft: Assig/Beck 1996). Die Verteilungsungerechtigkeit und Chancenungleichheit zwischen Frauen und Männern wird thematisiert, jedoch nicht auf der strukturellen Ebene angegangen. Dies wird auch dadurch belegt, dass die Situation von Männern im Rahmen des gleichstellungspolitischen

[1] Auf institutioneller Ebene fand dieser Ansatz seinen Niederschlag in für den öffentlichen Dienst geltenden Gleichstellungsgesetzen auf Bundes- und Landesebene sowie in der Einrichtung von Stellen für Frauenbeauftragte (in Westdeutschland) beziehungsweise Gleichstellungsbeauftragte (in Ostdeutschland) und entsprechender innerbetrieblicher Strukturen.

Ansatzes der Frauenförderung nicht berücksichtigt wird. Männer kommen – als Verursacher oder doch zumindest Nutznießer der Misere – lediglich als Adressaten für Vorwürfe in den Blick (Schenk 2004: 211 f.). Des Weiteren bleibt unbeachtet, dass die Gruppe der Frauen und die der Männer jeweils in sich sozial und kulturell differenziert ist, etwa nach sozialem Status, Qualifikation oder Einkommen oder nach Alter, sexueller Orientierung, ethnischer Herkunft, Familienstand, physischer Leistungsfähigkeit, Religion et cetera, und dass darin Dominanzverhältnisse innerhalb der sogenannten Genusgruppen selbst zum Ausdruck kommen (vgl. Mohanty 1988 und Döge 2001).

Frauenförderung und Konstruktivismus

Die Fragen konstruktivistischer Denkschulen nach dem „Wie" der Herstellung von Geschlecht in Interaktionen werden im Rahmen der Frauenförderung nicht nur nicht beantwortet, sondern zurückgewiesen mit dem Hinweis, dass Frauen der Macht der Männer unterlägen, also Opfer seien und insofern keinen Einfluss auf die bestehenden Verhältnisse hätten. Folglich wurde die in den 80er Jahren aufgestellte These von der Mittäterschaft von Frauen (Thürmer-Rohr 1987) von den Protagonistinnen des Ansatzes der Frauenförderung entweder angegriffen oder ignoriert.

Frauenförderung und Dekonstruktivismus

Berührungspunkte zwischen dekonstruktivistischen Überlegungen und der Strategie der Frauenförderung vermag ich erst recht nicht auszumachen. Frauenförderung ist ein identitärer Ansatz; die Analyse von Sprechakten, Diskursen und symbolischen Repräsentationen stellt seine Grundannahmen und damit ihn selbst in Frage und kann ihn deshalb auch nicht bereichern.

Rezeption von Theorie durch die Praxis?

Festzuhalten bleibt, dass nicht allein die Überzeugungskraft theoretisch begründeter Argumente entscheidend ist für die Chancen, Einfluss auf die politische Praxis zu nehmen, sondern vor allem – wenn nicht sogar in erster Linie – die Passfähigkeit zu den Grundüberzeugungen der AkteurInnen im jeweiligen Feld und zu den dort üblichen sprachlichen Repräsentationen. Dies wird sich auch bei den beiden nachfolgend beschriebenen Ansätzen GM und DiM bestätigen.

Gender Mainstreaming (GM)

Ursprung und Entwicklung von Gender Mainstreaming

GM ist ein in den 1970er Jahren aus der kritischen Bilanz ausschließlich frauenbezogener Ansätze im Kontext von Entwicklungszusammenarbeit entstanden (genauer hierzu: Frey 2004a: 27 ff.). Die UN-Weltfrauenkonferenzen in Nairobi (1985) und noch mehr die in Beijing (1995) haben das Konzept des Gender Mainstreaming propagiert. Die in Beijing beschlossene Aktionsplattform forderte die Unterzeichnerstaaten auf, GM im Rahmen von Verwaltungshandeln umzusetzen. In der EU ist GM seit 1999 Bestandteil der Gleichstellungs- und Antidiskriminierungspolitik[2]. Im selben Jahr erklärte die Bundesregierung GM zum „durchgängigen Leitprinzip" ihres Handelns. Seit 2000 gibt es in den Ländern und auch auf der kommunalen Ebene sowie in Nichtregierungsorganisationen Aktivitäten zur Realisierung von GM (s.a. Döge/Stiegler 2004).

Was bedeutet Gender Mainstreaming?

„Gender Mainstreaming" übersetze ich hier als Implementierung von geschlechtsbezogener Gleichstellungspolitik[3] in die in Organisationen oder im politischen Bereich allgemein üblichen Fragestellungen, Analysen, Diskussionen, Entscheidungsprozesse et cetera.

Unterschiede zwischen Frauenförderung und Gender Mainstreaming

Im Vergleich zur FF beinhaltet das Konzept des GM einen dreifachen Paradigmenwechsel im politischen Umgang mit der Geschlechterfrage:

- Mit GM werden Geschlecht beziehungsweise Geschlechtlichkeit(en) thematisiert; der Fokus liegt nicht mehr nur auf Frauen beziehungsweise auf Weiblichkeit(en), sondern auch Männer beziehungsweise Männlichkeit(en) werden als Konstituenten der Geschlechterverhältnisse explizit benannt.
- GM begreift die Geschlechterverhältnisse als Ergebnis der Interaktion und des Handelns von Frauen und Männern und weist damit „beiden" Geschlechtern die Verantwortung für die Veränderung eben dieser Verhältnisse zu.
- Geschlechtergerechtigkeit wird nicht länger als Gruppeninteresse formuliert, sondern als Querschnittsaufgabe, die alle AkteurInnen in der jeweiligen Organisation zu lösen haben. Indem das Ziel der Geschlechtergerechtigkeit in die Entscheidungsprozesse in der Politik, in öffentlichen Verwaltungen oder in privatwirtschaftlichen Unternehmen eingebunden und so mit den dominierenden Diskursen verknüpft wird, verliert es den Status als Sondergruppen- und damit Randthema, den es im Rahmen von FF zwangsläufig hat.

---

2 Der Vertrag über die Europäische Gemeinschaft (EGV) wurde durch den 1997 geschlossenen und 1999 in Kraft getretenen Amsterdamer Vertrag (u. a.) um Bestimmungen zu Förderung der Geschlechtergleichstellung ergänzt: http://ec.europa.eu/employment_social/gender_equality/legislation/ectreaty_de.html

3 Der Begriff Gleichstellung wird in der Literatur mit unterschiedlichen Inhalten belegt. Ich verwende ihn hier stets in dem von mir eingangs definierten Sinne.

Der Begriff GM als solcher sagt noch nichts über die Form und Qualität der angestrebten Geschlechterverhältnisse aus. Erst die Definition von *gender* und die Beschreibung der gleichstellungspolitischen Zielstellung im jeweiligen Anwendungsbereich legen ihn inhaltlich fest. Folglich wird GM in durchaus vielfältiger Weise praktiziert.

Gender Mainstreaming wird durch den gender-Begriff und die Zielstellung definiert

In der GM-Praxis sehe ich hinsichtlich des Verständnisses des Begriffs *gender* drei Grundrichtungen, die zu je unterschiedlichen Verfahren und Zielformulierungen führen:

Drei Grundrichtungen in der Praxis von Gender Mainstreaming

gender als Synonym für Frau und Mann

- In der bislang dominierenden Richtung innerhalb von GM steht *gender* als Synonym für „Frauen“ und „Männer“, begriffen als zwei klar voneinander unterscheidbare Erscheinungsformen der Gattung Mensch, denen essentialisierend jeweils spezifische Interessen, Fähigkeiten, Eigenschaften, Verhaltensweisen, Lebenslagen et cetera zugeordnet werden können. Dieses Verständnis von *gender* schließt nahtlos an die bis heute im Alltagsbewusstsein über Geschlecht dominierende Vorstellung an, Frauen und Männer seien grundverschiedene Entitäten mit jeweils eigenen Interessen und Sicht- sowie Verhaltensweisen[4]. GM bedeutet hierbei, die „unterschiedlichen Lebenssituationen und Interessen von Frauen und Männern“ zu berücksichtigen (BMFSFJ 2002: 5). Gleichstellung misst sich in dieser Sichtweise in erster Linie an der quantitativen Repräsentanz von Frauen einerseits und Männern andererseits auf jeder Hierarchieebene bei der Stellenvergabe, der Besetzung von Führungsfunktionen oder beim Zugriff auf Haushaltstitel (beispielhaft Ehrhardt 2003: 20 f.). Folglich sind bei diesem GM-Ansatz die Strategien zum Abbau von Ungleichheit zwischen Männern und Frauen in der Verteilung von Ressourcen, Einflussmöglichkeiten et cetera in ähnlicher Weise personenzentriert und weniger auf die Strukturen gerichtet, wie das bei der FF der Fall ist. Hierzu passt, dass in dieser Perspektive GM nicht selten mit FF gleichgesetzt oder oft lediglich als Ergänzung zur FF bezeichnet wird (z.B. Wanzek 2003: 78). Sehr häufig wird GM mit FF verkoppelt (sog. Doppelstrategie). Auch hier kommen die Unterschiede innerhalb der Gruppe der Frauen und innerhalb der Gruppe der Männer so gut wie nicht in den Blick. Die Genusgruppen wer-

4 Als Indiz für die Präsenz und Akzeptanz von Geschlechterklischees kann die Beliebtheit von populärer Literatur dienen, die die vermeintlichen Gewissheiten über das So-Sein von Männern und Frauen aufgreift, auf verschiedene Weise zu bestätigen versucht und für einen akzeptierenden Umgang mit den unabänderlich scheinenden Tatsachen plädiert (z.B. Herman 2006 oder Pease/Pease 2002).

den als praktisch homogen gedacht. Binnenhierarchisierungen oder -diskriminierungen, zum Beispiel auf Grund der Hautfarbe, der kulturellen und ethnischen Verortung, der sexuellen Orientierung, der geschlechtlichen Identität, des Alters, der körperlichen Leistungsfähigkeit et cetera werden – wie auch bei der FF – nicht oder nur am Rande aufgegriffen (s.a. Frey 2003: 174).

Gender als soziales Geschlecht

- Bei der zweiten Lesart des Begriffs *gender* steht die Plastizität und Variabilität des „sozialen Geschlechts" und der Einfluss der in der Gesellschaft beziehungsweise Organisation maßgebenden institutionellen Bewertungskriterien, Strukturen, Maßstäbe und Interaktionsmuster auf die Geschlechterverhältnisse im Vordergrund. Über deren Analyse und Veränderung im Rahmen eines Organisationsentwicklungsprozesses ist der Abbau von Ungleichheiten zwischen den Geschlechtern hinsichtlich der Verfügung über Ressourcen, Einflussmöglichkeiten und Entwicklungschancen möglich. An bestimmte Personengruppen adressierte Fördermaßnahmen spielen, wenn überhaupt, eine untergeordnete Rolle. Auch in dieser GM-Variante wird Geschlecht grundsätzlich binär gedacht. Durch die Fokussierung auf seine soziale Konstruiertheit kommt jedoch die Vielfalt der sozialen Ausdrucksformen von Geschlecht weit eher in den Blick als in der zuerst dargestellten Variante von GM. Antiessentialistische Konzepte wie das der hegemonialen Männlichkeit (Connell 2000) sind ohne weiteres integrierbar. Es ist daher möglich, die Machtverhältnisse innerhalb der Genusgruppen sowie die intersektionalen Verschränkungen der Kategorie Geschlecht mit anderen Dimensionen von Hierarchisierung, wie zum Beispiel Alter, sexuelle Orientierung, ethnische Herkunft, Hautfarbe et cetera zur Kenntnis zu nehmen und hinsichtlich ihrer Auswirkungen auf die soziale Bewertung und Situierung zu diskutieren.

Gender als Problem

- Im Zusammenhang mit GM wird noch eine dritte Möglichkeit des Umgangs mit *gender* diskutiert, allerdings spielt sie bislang in der Praxis kaum eine Rolle: Hier wird für ein dekonstruktivistisches Herangehen an die Kategorie Geschlecht plädiert mit dem Argument, dass das dualistische Geschlechtsverständnis selbst das Problem ist, da es die überkommenen geschlechtlichen Stereotypisierungen und Zuschreibungen samt den in ihnen eingeschriebenen Hierarchisierungen unvermeidbar reproduziere und so keinen Beitrag zum Abbau geschlechtlich konnotierter Ungleichheit leisten könne. Gefordert wird, im Rahmen von GM *gender* zu dekonstruieren, die Gemachtheit des Geschlechts zu verdeutlichen und so das *doing gender* zu vermeiden (Pat-Ex Autorenkollektiv 2004, Frey et. al. 2006). In dieser Perspektive wird der Abbau der Ungleichheit zwischen Frauen und Männern bezüglich des Zugriffs auf Ressourcen, Entscheidungsprozesse et cetera durch eine Irrelevantmachung von Geschlecht angestrebt.

Gender als essentialistische Kategorie, als Struktureffekt und als Machtverhältnis

In der erstgenannten Variante ist *gender* eine essentialistische und zugleich essentialisierende Kategorie, in der zweiten ein Struktur- und Interaktionseffekt und in der dritten ist es die Bezeichnung für geschlechtlich konnotierte Hierarchien, Machtverhältnisse und Ungleichheiten.

Gender Mainstreaming in Wirtschaft, Verwaltung und Pädagogik

Bei der Anwendung von GM sind diese drei Lesarten von *gender* kaum in der eben dargestellten idealtypischen Weise, sondern in der Regel als Mischformen anzutreffen. In Deutschland spielen insbesondere die ersten beiden *gender*-Interpretationen eine Rolle, während die letztgenannte bislang eine seltene Ausnahme geblieben ist. In der Wirtschaft wird, wenn überhaupt, entsprechend dem erstgenannten Ansatz verfahren, in der Verwaltung ist eine Kombination aus erster und zweiter Variante üblich; die dritte Herangehensweise wird hingegen vor allem im pädagogischen Bereich diskutiert.

Gender als Synonym und die Strömungen der gqs

Schaut man nun mit den drei Theorieströmungen der gqs auf diese verschiedenen Interpretationen von *gender*, so kann man im erstgenannten Fall mit den Mitteln der strukturorientierten Gesellschaftskritik hantieren. Konstruktivistische oder gar dekonstruktivistische Vorstellungen sind hingegen kaum zur Beschreibung, Evaluation oder gar Impulsgebung geeignet. Zentraler Topos dieser beiden Strömungen innerhalb der gqs ist ja gerade die Kritik an Essentialisierungen, naturalisierten Identitätskategorien und darauf aufbauenden Politiken. Insofern können sie personenzentrierte Ansätze in der Gleichstellungspolitik, wie schon für die FF festgestellt, lediglich grundsätzlich kritisieren, aber zu ihrer Entwicklung nichts beitragen.

Gender als soziales Geschlecht und die Strömungen der gqs

Nicht ganz so einfach liegen die Dinge bei der an zweiter Stelle genannten GM-Variante. Sie nimmt unmittelbar Bezug auf die in den 1970er Jahren im anglophonen Raum entwickelte *sex-gender*-Unterscheidung[5], bei der mit *sex* das sogenannte biologische Geschlecht als eine natürliche, vordiskursive und nicht hinterfragbare Gegebenheit bezeichnet wird und *gender* für das sogenannte soziale Geschlecht als „Überformung" des biologischen Ge-

5 Siehe zum Beispiel Becker-Schmidt/Knapp 2001: 69 f..

schlechts durch strukturelle und normative Einflüsse der Gesellschaft beziehungsweise einer konkreten Organisation steht. Eine kausale Verbindung zwischen „biologischem“ und „sozialem“ Geschlecht wird hierbei verneint. Deshalb haben hier sowohl strukturorientierte gesellschaftskritische als auch konstruktivistische Ansätze freies Feld. Versuche der diskurstheoretischen Dekonstruktion von Geschlecht hingegen wären weder mit der hier unangetastet gebliebenen Vorstellung von *sex* als natürlicher Geschlechtlichkeit des Körpers, noch mit dem zu Grunde gelegten Verständnis von *gender* kompatibel und würden daher im Rahmen dieser GM-Variante nicht rezipiert werden (können).

Gender als Problem und die Strömungen der gqs

Inzwischen gilt die dichotome Gegenüberstellung von „biologischem“ und „sozialem“ Geschlecht als überholt (z.B. Becker-Schmidt/Knapp 2001: 71 ff.). Unter dem Label der *sex-gender*-Unterscheidung werden nunmehr vor allem Fragen nach der Geschlechtszugehörigkeit und der Geschlechtsidentität diskutiert (Knapp 2002: 27). Dies spiegelt sich in der letztgenannten Variante von GM wider. Strukturtheoretische Überlegungen finden hier kaum Anknüpfungspunkte. Auch konstruktivistische Fragestellungen nach der Gemachtheit des Geschlechts stehen nicht im Vordergrund; sie interessieren in dieser Perspektive nur insofern, als sie Zielpunkte für die Dekonstruktion von Geschlecht markieren können, die dann im Rahmen von Organisationsentwicklungsprozessen bearbeitet werden sollen.

Gleichstellungspolitik arbeitet mit Wissen aus verschiedenen Entwicklungsstufen der gqs gleichzeitig

Jede der drei Strömungen der gqs findet sich in einer der drei Formen von GM bevorzugt wieder und kann dort zur kritischen Reflexion und zum Weiterdenken beitragen. Die verschiedenen Varianten des Verständnisses von *gender*, wie sie in den Praxen von GM zum Tragen kommen, entstammen verschiedenen Stadien der Theorieentwicklung innerhalb der gqs. Es ist also ein Irrtum, anzunehmen, die jeweils aktuellsten geschlechtertheoretischen Überlegungen würden sich unmittelbar und durchgängig in geschlechterpolitischen Praxen niederschlagen und die vorgängigen rückstandslos verdrängen. Angesichts dessen stellt sich die Frage, an welche Voraussetzungen und Bedingungen eine Rezeption von theoretischen Erkenntnissen der gqs durch geschlechterpolitische Praxen geknüpft ist. Dies soll im Schlusskapitel erörtert werden.

Diversity Management (DiM)

Was bedeutet Diversity Management?

Diversity Management (DiM) ist ein aus den USA stammendes Organisations- und Personalentwicklungskonzept, welches darauf abzielt, die personale Vielfalt (diversity) in einer Organisation und gegebenenfalls in deren Zielgruppe nicht als Störfaktor, sondern als Ressource wahrzunehmen. Dimensionen der Vielfalt sind zum Beispiel Alter, Geschlecht, Hautfarbe, Behinderung, sexuelle Orientierung, Familiensituation sowie ethnische und/oder kulturelle Identität, Herkunft oder Zugehörigkeit, sowie Religion und Weltanschauung, aber auch intellektuelle Fähigkeiten oder Denkstile. Sozialer Status oder Schichtzughörigkeit können hier ebenfalls eine Rolle spielen. Im Unterschied zu GM stehen in dieser Form von Gleichstellungspolitik die sogenannten Dimensionen von diversity – darunter auch das Geschlecht – zunächst gleichranging nebeneinander. Welche dieser diversity-Merkmale in einem konkreten Kontext berücksichtigt und wie sie dort gewichtet werden, hängt von der Situation der Organisation und deren Zielstellung ab[6].

Zwei verschiedene Motive für Diversity Management

Es gibt zwei Begründungslinien für die Umsetzung von DiM (vgl. Schenk 2006). Die eine ist vor allem von den Bürgerrechtsbewegungen in den USA der 1960er Jahre vertreten worden und beruft sich darauf, dass die Herstellung von Chancengleichheit ein Gebot der Gerechtigkeit sei, während die andere eine vorwiegend utilitaristische ist und auf die zu erwartende Steigerung der Kompetenz und Leistungsfähigkeit der Organisation sowie ihrer Attraktivität für die Zielgruppe verweist. Beide Zugänge unterscheiden sich in ihren Erfolgskriterien und folglich auch in ihren Methoden und Maßnahmen.

Diversity Management im gemeinwohlorientierten Bereich und in der Profitwirtschaft

Im DiM können grundsätzlich beide Richtungen sowohl in öffentlichen Verwaltungen, Non-Profit-Einrichtungen, Nichtregierungsorganisationen als auch in Wirtschaftunternehmen angewendet werden. In der Praxis ist jedoch der sich auf Gerechtigkeit berufende Ansatz eher im gemeinwohlorientierten Bereich zu finden, während der am ökonomischen Nutzen orientierte eher im Bereich der gewinnorientierten Wirtschaft anzutreffen ist[7].

6 Beim Zusammentreffen von Menschen mit unterschiedlichen kulturellen Hintergründen, Herangehensweisen oder Lebensstilen ist die Wahrscheinlichkeit von Missverständnissen und Fehlinterpretationen hoch. Daher wird in transnational tätigen Unternehmen dem interkulturellen Lernen eine große Bedeutung beigemessen. Eine weitere Schwierigkeit besteht darin, dass die Umsetzung von DiM an Voraussetzungen gebunden ist, die nicht immer in der gebotenen Deutlichkeit thematisiert und geklärt werden (hierzu z.B. Frey/Dingler 2001: 15 oder deutlicher: Schenk 2004: 219).

7 So betreiben laut der US-amerikanischen Zeitschrift Fortune 90% der 500 umsatzstärksten Unternehmen in den USA DiM (Vedder 2003: 22).

Diversity Management in Europa

Seit Anfang der 90er Jahre etwa wird DiM auch in Europa praktiziert – in erster Linie von transnational agierenden Wirtschaftsunternehmen, vor allem solchen mit Stammsitz in den USA, aber auch von öffentlichen Verwaltungen sowie von Einrichtungen im Non-Profit-Bereich und von Nichtregierungsorganisationen.

Diversity Management in Deutschland

In Deutschland hat die Auseinandersetzung mit den Implikationen und Ansätzen des DiM begonnen, was sich in der steigenden Zahl betriebswirtschaftlich orientierter Veröffentlichungen niederschlägt. Von einer breiten Umsetzung des DiM in hier ansässigen Wirtschaftsunternehmen kann jedoch noch nicht die Rede sein (Süß 2007: 451 ff.). Immerhin haben die zu erwartenden Folgen des demografischen Wandels und nicht zuletzt das seit 2006 geltende Antidiskriminierungsgesetz (AGG) eine Reihe von Unternehmen bewogen, sich mit DiM zu befassen. Im Vordergrund stehen bei diesen Bemühungen vor allem die diversity-Dimensionen Alter und Migrationshintergrund. Dem Merkmal Geschlecht wird hingegen meist keine besondere Bedeutung beigemessen, obwohl in Deutschland Frauen gegenüber Männern noch immer deutlich benachteiligt sind, was sich an Indikatoren wie zum Beispiel Erwerbseinkommen oder der Besetzung beruflicher Hierarchieebenen ablesen lässt. In der öffentlichen Verwaltung spielt DiM bislang kaum eine Rolle – hier ist GM derzeit der vorherrschende gleichstellungspolitische Ansatz.

Diversity Management im betriebwirtschaftlichen Kontext

Innerhalb des betriebswirtschaftlichen Kontextes mache ich wiederum zwei Herangehensweisen im Rahmen von DiM aus, die sich in ihrem Verständnis von diversity unterscheiden:

- Bei der einen Herangehensweise besteht das vordergründige Ziel darin, die Vielfalt der Kundschaft und GeschäftspartnerInnen durch die Vielfalt der eigenen Belegschaft abzubilden. Diversity steht hier für die Vielfalt der in einem Unternehmen vertretenen Gruppen.

  Zum einen versprechen sich die Unternehmen davon eine höhere Aufmerksamkeit und Akzeptanz seitens der Kundschaft und/oder GeschäftspartnerInnen und zum anderen eine stärkere Bindung der Belegschaft an das Unternehmen. Krankmeldungen und Fälle innerer Kündigung werden seltener, das Engagement der MitarbeiterInnen nimmt zu.

  Deshalb werden bei Einstellungen Angehörige von Gruppen, die in der Organisation, verglichen mit der Zusammensetzung des jeweiligen Umfeldes, unterrepräsentiert sind, (etwa Ältere, Menschen mit Behinderungen, Frauen, MigrantInnen, Alleinerziehende, Lesben und Schwule et cetera) besonders umworben und die Bedingungen innerhalb des Unternehmens (zum Beispiel Arbeitszeitregelungen, Arbeitsplatzausstattungen) so verändert, dass etwaigen spezifischen Bedürfnissen Rechnung getragen wird. Auswahl- und Aufstiegsregelungen werden in Bezug auf die zuvor festgelegten diversity-Merkmale diskriminierungsfrei formuliert. Manche Unternehmen unterstützen – als Signal für Akzeptanz – die Bildung von identitätsbasierten MitarbeiterInnengruppen[8].

Diversity als gruppenbezogene Vielfalt

Bei diesem Ansatz liegt der Fokus, ähnlich wie bei der FF und der erstgenannten Version von GM, auf der quantitativen Repräsentanz. Eine Veränderung der Unternehmenskultur in dem Sinne, dass die Angehörigen einer Minderheiten- oder einer auf andere Weise definierten Identitätsgruppe auch jenseits stereotypisierender und reifizierender Erwartungen wahrgenommen und in ihrer Gruppenzuordnung nicht nur funktionalisiert werden, ist mit diesem Ansatz nicht notwendigerweise verbunden. Wenn aber das ganze Spektrum individueller Eigenschaften, Fähigkeiten und Fertigkeiten zum Tragen kommen und das Unternehmen tatsächlich gegenüber neuartigen Sichtweisen aufmerksam und offen sein soll, bedarf es eines tiefgehenden Wandels der Unternehmenskultur.

- Genau dies ist das Ziel bei der anderen Herangehensweise. Die MitarbeiterInnen werden hier als Individuen gesehen, die ihre jeweiligen sozialen und kulturellen Bezüge sowohl explizit als auch implizit einbringen können und nicht als Vertreter einer Gruppe gesehen werden[9]. Mit diversity ist hier also die personale Vielfalt gemeint.

Eine solche Politik der Anerkennung soll zum einen zu einer höheren Zufriedenheit und Leistungsfähigkeit der Belegschaft führen, aber auch zu einer Erhöhung der Kreativität und des wirtschaftlichen Ertrags des Unternehmens. Die individuellen Perspektiven können – unabhängig von der Gruppenzugehörigkeit

---

8 So gibt es beispielsweise bei der Deutschen Bank verschiedene „Mitarbeiternetzwerke“, darunter das Frauennetzwerk und die „Rainbow Group“, in der sich lesbische und schwule MitarbeiterInnen zusammenfinden. Bei Ford wären unter anderem das Elternnetzwerk, die „Turkish Resource Group“ sowie die Gruppe der „Gay, Lesbian Or Bisexual Employees“ (GLOBE) zu nennen.

9 Von daher wird vom Grundsatz her keiner der *diversity*-Dimensionen eine größere Bedeutung zugemessen als einer anderen. Geschlecht ist hier ein gleichrangiges Merkmal unter mehreren.

oder der tatsächlichen beziehungsweise unterstellten Identität der Beschäftigten – in die Unternehmenskultur einfließen und diese dadurch verändern. Dadurch können die im Unternehmen vorkommenden Aufgabenstellungen, Sichtweisen, Strategien, Geschäftspraktiken et cetera hinterfragt und gegebenenfalls neu gedacht werden. So sollen innovative Lösungen ermöglicht werden.

Diversity als individualisierte Vielfalt

Dieser Ansatz beinhaltet eine zweifache Herausforderung: Zum einen muss das Unternehmen nicht nur zu einem diskriminierungsfreien Raum werden, sondern – und das ist weit schwieriger – es müssen in der Belegschaft auf allen Hierarchieebenen gruppenbezogene Vorurteile und Stereotypisierungen abgebaut werden. Zum zweiten muss mit dem Widerspruch umgegangen werden zwischen der Einsicht, dass Stereotypisierungen die Entfaltung individueller Potentiale behindern, aber zugleich im Bereich Marketing im Rahmen der Zielgruppenansprache[10] unverzichtbar sind. Insofern erfordert dieser Ansatz, der aus einer monokulturellen eine multikulturelle Organisation (Cox 1993: 229) machen soll, einen umfassenden und sehr anspruchsvollen Lernprozess.

DiM ist ein durchgängig pragmatisches Verfahren, das – zumindest im Bereich der gewinnorientierten Wirtschaft – nur insoweit angewendet wird, als es einen betriebswirtschaftlich messbaren Nutzen zu bringen verspricht.

Diversity Management in der Profitwirtschaft derzeit ohne Bezug zu den gqs

Schaut man nun aus der Sicht der drei Strömungen innerhalb der gqs auf die beiden Ansätze des DiM im Bereich der gewinnorientierten Wirtschaft, so fällt es schwer, auch nur für eine von ihnen Anknüpfungspunkte zu finden. Die diversity-Merkmale werden im DiM als statische Gegebenheiten verstanden, mit denen man im Unternehmen lernen muss umzugehen. Das Gewordensein von Identitäten im Schnittpunkt von gesellschaftlichen Strukturen und dem eigenen Umgang mit ihnen sowie die Folgen von (sub-)kulturellen Selbstzuordnungen und den individuell erfahrenen Normierungen werden im betriebswirtschaftlichen Rahmen von DiM nicht thematisiert. Insofern können beim jetzigen Stand der Dinge weder Hinweise aus der Richtung der strukturorientierten Gesellschaftskritik noch Überlegungen aus dem Feld des Konstruktivismus im Rahmen des

---

10 So sind bestimmte Zielgruppen ohne die Anknüpfung der Werbung an das Zugehörigkeitsgefühl oder die Selbstbeschreibung, zum Beispiel als Frau, heterosexueller Mann, Schwuler, Behinderter, MigrantIn, älterer Mensch, Lesbe, Schwarzer et cetera kaum erreichbar. Auf diesem Wege erfolgt eine Reifizierung quasi durch die Hintertür.

DiM auf Resonanz stoßen. Versuche der Dekonstruktion der diversity-Dimensionen würden sicher vehement zurückgewiesen werden – schließlich gehören sie zu den Fundamenten des DiM und zudem kommt Marketing, so wie es heute verstanden und praktiziert wird, nicht ohne den Rückgriff auf Identitätskategorien aus[11].

Stereotypisierungen vermeiden ohne Identitätskategorien in Frage zu stellen?

Vielleicht lässt sich jedoch umgekehrt aus der an zweiter Stelle beschriebenen Herangehensweise ein Impuls für die gqs ableiten – schließlich wird hier nichts weniger versucht, als innerhalb der Organisation Stereotypisierungen zu neutralisieren, ohne die zugrunde liegenden Identitätskategorien selbst in Frage zu stellen. Auch wenn sich Zweifel aufdrängen, inwieweit dies gelingen kann, so wäre die Evaluierung dieses Bemühens sicher ein interessantes Feld für die gqs.

Fazit

Theorie und Praxis – eine schwieriges Verhältnis

Zusammenfassend stelle ich fest, dass die Verbindungen zwischen den gleichstellungspolitischen Praxen FF, GM und DiM und den gqs, soweit es sie überhaupt gibt, von unterschiedlicher Qualität und zudem nicht in jedem Fall bidirektional funktionsfähig sind. In der Praxis dominiert bislang ein essentialistisches sowie essentialisierendes Verständnis sowohl von Geschlecht als auch von anderen Merkmalskategorien. In den jeweiligen Begründungen für die Implementierung von gleichstellungspolitischen Verfahren und Methoden finden sich allenfalls Bruchstücke aus den Theoriegebäuden der gqs. Gegenbeispiele wie das GenderManifest (Frey 2006) sind seltene Ausnahmen. Es gibt aus der Richtung der gqs Kritik an dieser Situation und entsprechend zahlreiche Plädoyers für eine theoretisch reflektierte Gleichstellungspraxis (z.B. Degele 2005, Frey 2004b, Klann-Delius 2005, Knapp 2004, Wetterer 2005). Allerdings ist es auch schon vorgekommen, dass die Praxis von ForscherInnen aus dem Bereich der gqs her pauschal kritisiert und dabei das Spektrum der verschiedenen gleichstellungspolitischen Ansätzen und Methoden nicht in Gänze zur Kenntnis genommen wurde (z.B. Wetterer 2002). PraktikerInnen und TheoretikerInnen bewegen sich entsprechend ihren unterschiedlichen Aufgabenstellungen und Zielen in jeweils eigenen Wissens-, Sprach-

[11] Zwar wird in der Literatur zu DiM vereinzelt auf den Begriff Dekonstruktivismus Bezug genommen (Bruchhagen 2007: 57), jedoch geschieht dies im Rahmen einer allgemeinen Beschreibung der Konzeptualisierung von DiM und nicht in Bezug auf das Umsetzungsverfahren oder das Ergebnis des Organisationsentwicklungsprozesses.

und Anerkennungssystemen, so dass eine Verständigung schwierig ist.

Alltags- und Erfahrungswissen über Geschlecht als Bezugspunkt von Praxis

Der entscheidende Grund für die Distanz scheint mir der unterschiedliche Bezug zum Alltags- und Erfahrungswissen über Geschlecht und Geschlechtlichkeit zu sein. Die gqs müssen es nicht zum Bezugspunkt machen, die Gleichstellungspolitiken sind dazu gezwungen. Ziele, Inhalte, Methoden, Verfahren, Erfolgskriterien von Gleichstellungspolitik können in einer Organisation nur implementiert werden, wenn es gelingt, an das Alltagswissen der MitarbeiterInnen anzuschließen. Ansätze, die dieses Alltagswissen und die darin eingelassene, kaum zu erschütternde Gewissheit bei den meisten Menschen, dass Geschlecht eine natürliche Tatsache darstellt, in zweifacher Ausprägung – als Mann und als Frau – vorkommt und durch Gene, Hormone sowie Hirnstruktur bestimmt wird, von vornherein in Frage stellen, müssen mit Akzeptanzproblemen, affektiver Abwehr und Zurückweisung rechnen.

Versuche der Dekonstruktion von *gender* und anderen Konstrukten sind durchaus interessante theoretische Denkübungen, jedoch sind sie für die weitaus meisten Menschen, insbesondere jene, die nicht in den gqs zu Hause sind, mit den tagtäglichen Erfahrungen mit der eigenen Körperlichkeit sowie mit der Bedeutung, die das Umfeld geschlechtlichen und sonstigen stereotypisierenden Zuordnungen und Beschreibungen beimisst, nicht verknüpfbar. Stereotype dienen als Orientierungshilfe bei der personalen Interaktion mit unbekannten Personen, indem sie äußere Merkmale (wahrgenommenes Geschlecht, Alter, Habitus, Hautfarbe, Statur, Art der Bewegung et cetera) mit – tatsächlich oder „erfahrungsgemäß" – zu erwartenden Denk- und Verhaltensweisen verbinden. Sie haben insofern eine unmittelbar lebenspraktische Bedeutung und werden daher nur schwer aufgegeben, auch wenn die vermeintlich gesicherten Erfahrungen keineswegs immer einer empirischen Überprüfung standhalten. Wegen ihrer Praxisferne scheinen mir dekonstruktivistische Überlegungen im Rahmen eines Organisationsentwicklungsprozesses wenig hilfreich zu sein.

Plädoyer für Pragmatismus in der Gleichstellungspolitik

Die Frage ist ohnehin, ob im pragmatischen Rahmen der Vermittlung von Gleichstellungspolitik tatsächlich das dualistische Geschlechtsverständnis das Hauptproblem ist, oder ob es nicht vielmehr – in einem ersten Schritt – darauf ankommt, das Raster der vermeintlichen Gewissheiten über Frauen und Männer kritisch zu hinterfragen, es schrittweise zu erweitern um so schließlich die real existierende geschlechtliche Vielfalt und ihre Präsentationsformen in den Blick zu bekommen. Wenn es in der konkreten personalen Interaktion gelänge, von jedweden Gruppenzuschreibungen entlang solcher Merkmale wie Alter, Hautfarbe, sexueller Orientierung, Migrationshintergrund et cetera abzusehen und das Gegenüber als Individuum wahrnehmen und bewerten zu können, wäre – zumindest auf der Ebene des Alltags – viel gewonnen.

Literatur

Zur FF:

Holland-Cunz, Barbara (2003): Die alte neue Frauenfrage. Frankfurt am Main: Suhrkamp.

Zu GM:

Bothfeld, Silke/Sigrid **Gronbach**,/Barbara **Riedmüller** (2002): Gender Mainstreaming – eine Innovation in der Gleichstellungspolitik. Zwischenberichte aus der politischen Praxis. Frankfurt/New York: Campus.

Meuser, Michael/**Claudia** Neusüß (Hrsg.) (2004): Gender Mainstreaming. Konzepte – Handlungsfelder – Instrumente. Bonn: bpb.

Zu DiM:

Koall, Iris/Verena **Bruchhagen**/Friederike **Höher** (Hrsg.) (2007): Diversity Outlooks. Managing Diversity zwischen Ethik, Profit und Antidiskriminierung. Hamburg: LIT.

Thomas, Roosevelt R. (2001): Management of Diversity. Neue Personalstrategien für Unternehmen. Wie passen Giraffe und Elefant in ein Haus? Wiesbaden: Gabler.

5.2. Wählen, Wechseln, Werden – Zur rechtlichen Rahmung geschlechtlicher Identität

Andrea Bronstering

Überblick

> Ein Mann ist ein Mann ist keine Frau. Was den meisten Menschen im Verlauf des Lebens als geschlechtliches Sein zukommt, können Transsexuelle erst nach großen Anstrengungen werden. Es reicht nicht aus, sich als Mann oder als Frau zu bezeichnen, wenn der Eintrag in der Geburtsurkunde das Gegenteil bezeugt; zum Erwerb einer geschlechtlichen Identität, die ohne Differenz nicht zu haben ist, bedarf es auch der Anerkennung der Anderen. Das deutsche Transsexuellengesetz stellt Menschen, die ihr Geburtsgeschlecht verlassen wollen und sich aufmachen, ihren Körper gravierend zu verändern und in einer neuen Geschlechtsrolle zu leben, einen verlässlichen Rahmen zur Verfügung: Unter Erfüllung bestimmter Voraussetzungen werden der Vorname und der Personenstand geändert – Regisseurin des Verfahrens ist die Medizin.
>
> Der statistische Ausnahmefall Transsexualität ist für die Theorie interessant, lassen sich doch der Prozess des Geschlechtserwerbs ebenso studieren wie die impliziten sozio-kulturellen Normen, wie Mann und Frau zu „sein" haben. Der Feminismus fragt, was eigentlich geändert werden kann bei einem Geschlechtswechsel. Haben Transfrauen das Recht auf Zugang zu Frauenräumen, begehen Transmänner Verrat an der feministischen Sache? Der Konstruktivismus schaut genau hin, was Transsexuelle tun müssen, um geschlechtlich eindeutig identifiziert zu werden. Eine Darstellungsleistung, die jedes Individuum zu erbringen hat. Der Dekonstruktivismus legt das Augenmerk auf das starre Raster der Zweigeschlechtlichkeit, das Transsexuellen eine Alternativlosigkeit ihres Begehrens suggeriert und einen Wechsel des Geschlechts nur unter Aufrechterhaltung der binären Ordnung erlaubt. Am Ende der Analyse steht die Entmystifizierung des Geschlechtswechsels: nicht die vorgebliche Abweichung wird erklärungsbedürftig, sondern vielmehr die Regel.

Einleitung

Geschlecht ist keine ahistorische Kategorie

„Gender-Studien fragen nach der Bedeutung des Geschlechts für Kultur, Gesellschaft und Wissenschaften. Sie setzen keinen festen Begriff von Geschlecht voraus, sondern untersuchen, wie sich ein solcher Begriff in den verschiedenen Zusammenhängen jeweils herstellt bzw. wie er hergestellt wird (...).“ (v. Braun/Stephan 2006: 3). Und das zentrale Anliegen der Queer Theory ist es, „Sexualität ihrer vermeintlichen Natürlichkeit zu berauben und sie als ganz und gar von Machtverhältnissen durchsetztes, kulturelles Produkt sichtbar zu machen.“ (Jagose 2005: 11). Geschlechterforschung und Queer Theory teilen die Prämisse, dass Geschlecht und Sexualität keine ahistorischen Kategorien sind, sondern auf die Bedingungen ihrer Entstehung wie Wirkung hin zu untersuchen sind. Dabei gilt es, dem oft unhinterfragten Alltagsverständnis ergänzende, konträre oder auch verunsichernde Befunde an die Seite zu stellen.

Transsexualität als medizinisch durchgeführter Geschlechtswechsel

In *einem* konkreten Fall ist Geschlecht ganz offenkundig keine Konstante, nämlich dann, wenn es körperlich, sozial und rechtlich gewechselt wird, ein Phänomen, das in der westlichen Kultur Transsexualität genannt wird.[12] Der medizinisch durchgeführte Wechsel des Geschlechts vom Mann zur Frau und vice versa wird in der Bundesrepublik Deutschland durch ein eigenes Gesetz gerahmt. Es gibt ein ritualisiertes Verfahren der Begutachtung, und bei entsprechenden Voraussetzungen übernehmen die Krankenkassen die Kosten der Operationen und der in der Regel lebenslangen hormonellen Behandlung.

Perspektiven der Theorie

Was ist aus der Sicht des Feminismus, des Konstruktivismus und des Dekonstruktivismus[13] zum Wechsel des Geschlechts entlang des Transsexuellengesetzes (TSG) zu sagen? Was bekommen die drei Theorien mit ihren Leitbegriffen und Differenzen in den Blick, was lassen sie aus ihrer Perspektive unterbelichtet? Welche Konzeptionen von Geschlecht und Identität sind ihnen inhärent, wie sie zum Ausdruck kommen in ihren „Kommentaren“ zum TSG?

---

12 Hiervon ist der aus den USA stammende und seit etwa 15 Jahren auch hierzulande geläufige Begriff Transgender zu differenzieren, der eine Ablehnung des Geburtsgeschlechts bezeichnet, die nicht notwendig mit dem Wunsch einher geht, den Körper medizinisch zu verändern und das „andere“ Geschlecht zu werden (Schröter 2002: 9). Vielmehr stehen Versuche im Vordergrund, die individuelle geschlechtliche Identität jenseits des als einengend empfundenen Frau/Mann-Schemas zu leben (Franzen/Beger 2002).

13 Diese drei Ansätze sind keineswegs so eindeutig voneinander abzugrenzen, wie es in dieser Auflistung den Anschein haben mag; vielmehr weisen sie historische, inhaltliche und auch personelle Überschneidungen auf. In diesem Text aber werden sie bewusst und durchaus verkürzend zugespitzt, um ihre jeweiligen Aussagen zum Thema Geschlechtswechsel besser herausarbeiten und vergleichen zu können.

Das Transsexuellengesetz

Seit 1980 gilt das Transsexuellengesetz

In den ersten Jahren nach seiner Verabschiedung 1980 genoss das „Gesetz über die Änderung der Vornamen und die Feststellung der Geschlechtszugehörigkeit in besonderen Fällen", das so genannte Transsexuellengesetz (TSG) hohes Ansehen wegen seines internationalen Vorreitercharakters. Der Deutsche Bundestag verabschiedete es, um Menschen, die einen hormonellen, chirurgischen und sozialen Geschlechtswechsel vollzogen hatten beziehungsweise anstrebten, das Leben in der neuen Rolle auch juristisch zu ermöglichen. Nach der Erfüllung der im Gesetz genannten Bedingungen erfolgt das Umschreiben amtlicher Papiere vom Personalausweis bis zur Geburtskunde und holt auf legaler Ebene nach, was körperlich und sozial bereits geschehen ist. Der Erhalt eines adäquaten Vornamens und der dazu passenden Geschlechtszugehörigkeit wird verbrieftes Recht und soll Transsexuellen die Eingliederung in die Gesellschaft ermöglichen.

Vorname und Personenstand können geändert werden

Der Gesetzestext regelt im ersten Abschnitt die Änderung der Vornamen, im zweiten die der Geschlechtszugehörigkeit, auch als kleine beziehungsweise große Lösung tituliert. § 1 Art. 1 TSG führt aus: „Die Vornamen einer Person, die sich auf Grund ihrer transsexuellen Prägung nicht mehr dem in ihrem Geburtseintrag angegebenen, sondern dem anderen Geschlecht als zugehörig empfindet und seit mindestens drei Jahren unter dem Zwang steht, ihren Vorstellungen entsprechend zu leben, sind auf ihren Antrag vom Gericht zu ändern, wenn (...) mit hoher Wahrscheinlichkeit anzunehmen ist, dass sich ihr Zugehörigkeitsempfinden zum anderen Geschlecht nicht mehr ändern wird (...)." Und im § 8 Art. 1 TSG heißt es: „Auf Antrag einer Person, die sich auf Grund ihrer transsexuellen Prägung nicht mehr dem in ihrem Geburtseintrag angegebenen, sondern dem anderen Geschlecht als zugehörig empfindet und die seit mindestens drei Jahren unter dem Zwang steht, ihren Vorstellungen entsprechend zu leben, ist vom Gericht festzustellen, dass sie als dem anderen Geschlecht zugehörig anzusehen ist, wenn sie 1. die Voraussetzungen des § 1 Abs. 1 Nr. 1 bis 3 erfüllt, 2. nicht verheiratet ist, 3. dauernd fortpflanzungsunfähig ist und 4. sich einem ihre äußeren Geschlechtsmerkmale verändernden operativen Eingriff unterzogen hat, durch den eine deutliche Annäherung an das Erscheinungsbild des anderen Geschlechts erreicht worden ist."

Definitionsmacht über Transsexualität bei der Medizin

§ 4 Art. 3 TSG schließlich regelt die Entscheidungsfindung: „Das Gericht darf einem Antrag nach § 1 nur stattgeben, nachdem es die Gutachten von zwei Sachverständigen eingeholt hat, die auf

Grund ihrer Ausbildung und ihrer beruflichen Erfahrung mit den besonderen Problemen des Transsexualismus ausreichend vertraut sind." Das Gericht delegiert damit die Frage, wer als transsexuell zu gelten hat, an die Medizin[14]. Die vom zuständigen Amtsgericht bestellten Sachverständigen orientieren sich an den „Standards der Behandlung und Begutachtung von Transsexuellen", einem quasi verbindlichen Kriterienkatalog. Demnach ist Transsexualität gekennzeichnet durch eine „dauerhafte innere Gewißheit, sich dem anderen Geschlecht zugehörig zu fühlen." (Becker u. a. 1997: 147). Des Weiteren „wird die Transsexualität als eine besondere Form der Geschlechtsidentitätsstörungen angesehen" (ebenda), die sorgfältig unterschieden werden müsse von „Nicht-Konformität mit gängigen Geschlechtsrollenerwartungen (...), Transvestitismus (...), Schwierigkeiten mit der geschlechtlichen Identität, die aus der Ablehnung einer homosexuellen Orientierung resultieren (...) [und] schwere[n] Persönlichkeitsstörungen." (Becker u. a. 1997: 149). Da hormonelle Behandlungen rasch zu irreversiblen Folgen führen, liege „die Notwendigkeit einer sorgfältigen und sachgerechten Diagnostik und Differentialdiagnostik" (Becker u. a. 1997: 147) im Interesse der Patienten[15]. Teil des diagnostischen Prozesses ist der so genannte „Alltagstest, in dem der Patient kontinuierlich und in allen sozialen Bereichen im gewünschten Geschlecht lebt (...)." (ebenda). Diese „Standards" sollen nach dem Verständnis ihrer Verfassenden nicht nur die Sachverständigen vor Gericht beherzigen, sondern auch und gerade jene MedizinerInnen und TherapeutInnen, bei denen Transsexuelle mit dem Wunsch nach einer Hormonbehandlung und einer Operation vorstellig werden (zu denen das TSG den Zugang gerade nicht regelt).

Kriterien der Geschlechtszugehörigkeit

Implizite Unterstellung des Verfahrens ist, dass die Vornamensänderung ein Durchgangsstadium zur geschlechtsangleichenden Operation ist, die kleine Lösung demnach die große vorbereitet. Doch hat das Bundesverfassungsgericht in seinem Urteil vom 06. 12. 2005 festgestellt[16], dass etwa 20 bis 30% der Transsexuellen in der Bundesrepublik mit der Vornamensänderung zufrieden sind und nicht auch noch eine Operation anstreben. Sie werden im offiziellen Schriftverkehr weiterhin als „Herr

14 Gemäß ICD-10, der Internationalen Krankheitsklassifikation, trägt Transsexualität die Ziffer F64.0.

15 Die „Standards" verwenden durchgehend das maskuline Genus.

16 Geklagt hatte eine nicht-operierte Transfrau, die nach einer Heirat mit einer Frau ihren weiblichen Voramen verlor und stattdessen wieder den alten männlichen Vornamen führen musste. So verlangt es § 7 Art. 2 TSG.

Dagmar Weigel“ oder als „Frau Stephan Zirmer“ angeschrieben, und Reisen ins außereuropäische Ausland können wegen des zum Aussehen konträren Geschlechtseintrags im Reisepass peinlich und durchaus gefährlich werden. Es verletze das Gleichbehandlungsgebot des Grundgesetzes, ihnen eine Personenstandsänderung zu verweigern (BVerfG, 1 BvL 3/03 vom 06. 12. 2005, Absatz 24-26). Stattdessen sei bereits die Vornamensänderung als eine der „Geschlechtsumwandlung gleichgestellte Möglichkeit“ (BVerfG, 1 BvL 3/03 vom 06. 12. 2005, Absatz 30) zu beurteilen[17]. Das Gericht trägt der Ausdifferenzierung der Szene Rechnung und macht sich mit dem Urteil die Sichtweise zahlreicher AktivistInnengruppen, das entscheidende Kriterium der Geschlechtszugehörigkeit sei nicht das Genitale, sondern das individuelle Empfinden, zu eigen[18]. Man darf gespannt sein, wie und wann der Gesetzgeber dem Auftrag des Gerichts nachkommen wird, für eine verfassungskonforme Reform des TSG zu sorgen.

Feminismus

Geschlecht als Strukturkategorie des Feminismus

Das Anliegen des Feminismus ist es, „die vielfältigen Formen der Privilegierung von Männern sichtbar werden zu lassen und der Diskriminierung von Frauen entgegenzutreten.“ (Nagl-Docekal 2001: 17). Feministische Theorie analysiert die Gesellschaft nicht nur unter der Annahme der Differenz, nach der es Frauen und Männer „gibt“, sondern im Wissen einer klaren Asymmetrie zwischen ihnen, aufgehoben im Begriff des Patriarchats. Geschlecht erscheint auf der Makroebene als Strukturkategorie, die Konzeption von Identität changiert je nach Spielart zwischen essentialistisch und konstruktivistisch. Die für den Feminismus wichtige, zunächst begrüßte, später kritisierte Unterscheidung zwischen *sex* und *gender* geht zurück auf den US-amerikanischen Psychologen John Money, der in den 1950er und 1960er Jahren zu Trans- und Intersexualität forschte und die These formulierte, das Kleinkind sei bis zum 18. Lebensmonat geschlechtlich neutral und

---

17 Allerdings besteht bei einer solch progressiven Interpretation die Gefahr, dass die Krankenkassen zukünftig denjenigen Personen, die eine Operation anstreben, die Übernahme der Kosten mit dem Hinweis verweigern, die Vornamensänderung genüge ja zum Erhalt auch der Personenstandsänderung.

18 Beispielhaft sei das Transgender Netzwerk Berlin genannt, das Vorschläge zur Reform des TSG erarbeitet hat. Es empfiehlt, den Vornamen wie den Personenstand durch das Standesamt zu ändern, wenn die Antrag stellende Person „durch Vorlage eines Beratungsscheins die Inanspruchnahme einer psychosozialen Beratung zu diesem Schritt und seinen möglichen Folgen nachweisen kann.“ (Vorschläge 2007: 1, 2).

lasse sich durch eine spezifische Erziehung in die gewünschte Richtung lenken (Lang 2006: 162 f., Schmidt 2006: 177). Simone de Beauvoirs (1951: 265) berühmtes Diktum „Man kommt nicht als Frau zur Welt, man wird es" erfährt dergestalt eine wissenschaftliche Fundierung und dient als Angelpunkt, die Geschlechterverhältnisse nicht als biologisch determiniert hinzunehmen (Nagl-Docekal 2001: 22). Der Umstand, dass aus dem biologischen Geschlecht keineswegs *ein* und *nur ein* kulturell und sozial ausgeformtes Geschlecht folgt, erlaubt nicht nur eine Reformulierung der Kategorien Frau und Mann, sondern ist auch implizite Voraussetzung eines Transsexualität genannten Geschlechtswechsels: Basale Elemente des *sex* lassen sich nicht ändern (Chromosomen, Anatomie, Fortpflanzungsfähigkeit), weitere Elemente nur um den Preis eingeschränkter Funktionalität (Genitale, Hormone); auf der sozio-kulturellen Ebene des *gender* hingegen sind weit reichende Variationen (Kleidung, Mimik, Interessen, Beruf, Vokabular) möglich, die in ihrer Summe ein Individuum im gesellschaftlichen Austausch geschlechtlich bezeichnen.

Authentisches weibliches Verhalten

Es sind die reproduzierten Normen geschlechtlicher Rollen, die aus feministischer Perspektive Transfrauen[19] verdächtig machen. Dabei kann ein weiblich gemeintes Auftreten schnell in Richtung Karikatur gehen: „Großes Make-up und ultraweibliche Kleidung gelten den meisten Feministinnen noch immer als suspekt, und schrilles Getändel wird kaum als authentisch-weibliches Verhalten akzeptiert." (Schröter 2002: 208). Das Fehlen eines „authentischen" weiblichen Verhaltens, in Kombination mit einem beibehaltenen „männlich-dominanten Habitus" (ebenda) führt mitunter dazu, dass als solche erkennbare Transfrauen aus reinen Frauenzusammenhängen ausgeschlossen werden. Ihnen wird dergestalt die Anerkennung als Frau verweigert, es fehlt ihnen in diesem Kontext das „Kollektiv als Ressource" (Kaufmann 2005: 125) der Identität.

Die Öffentlichkeit ist männlich dominiert

Allerdings begegnen Feministinnen auch Transmännern vielfach mit Skepsis, „insbesondere dann, wenn Männlichkeit als Konglomerat aller Eigenschaften dargestellt wird, die frau bei biologischen Männern mit einigem Erfolg diskreditiert hat." (Schröter 2002: 208). Anders als Butches und Drag Kings, die sich als „männliche Frauen" (Schröter 2002: 206) inszenieren, belassen

19 Eine Transfrau empfindet „die Zuweisung zum männlichen Geschlecht für sich als nicht zutreffend." (Glossar 2002: 243). Dieser Begriff (und analog jener des Transmanns) wirkt im Unterschied zu dem der „Mann-zu-Frau-Transsexuellen" (Becker u. a. 1997: 153) autonomer, weil der medizinischen Prägung entzogen.

es Transmänner nicht beim flexiblen Interpretieren der weiblichen Rolle. Dass sich männliche Lebenswelten eminent von weiblichen unterscheiden, erfahren gerade Transsexuelle am eigenen Leib: Transmänner genießen eine Aufwertung ihres gesellschaftlichen Status, Transfrauen werden zum „zweiten" Geschlecht herabgestuft[20]. Frauen werden im maskulin dominierten Terrain der Öffentlichkeit sehr viel stärker anhand ihres Äußeren beurteilt, als das bei Männern der Fall ist, ein Umstand, der Pierre Bourdieu (2005: 117) feststellen lässt: „Die männliche Herrschaft konstituiert die Frauen als symbolische Objekte, deren Sein (*esse*) ein Wahrgenommenwerden (*percipi*) ist." Diese ambivalent erlebte Aufmerksamkeit zwingt Transfrauen unter das Joch des Schönseinmüssens, mit anderen Frauen teilen sie fortan das Schicksal, nie perfekt genug sein zu können (Hirschauer 1993: 241). Sie haben aufmerksam, umsorgend, geduldig, diskret und attraktiv, kurzum: weiblich zu sein. Diese Eigenschaften sind zwar nicht per se zu beanstanden, sie fungieren aber als Verlängerung häuslicher Funktionen auf einen geschlechtsspezifisch segregierten Arbeitsmarkt (Castells 2003: 185).

Das „feministische Wir"

Um sich gegen die ökonomische Abhängigkeit von Männern im Arrangement der Ehe und der Kleinfamilie zu wehren, war es zu Beginn der Neuen Frauenbewegung unabdingbar, dass Frauen sich qua Geschlecht zum Kollektivsubjekt erklärten. Dieses „feministische Wir" (Nagl-Docekal 2001: 188) krankt neben dem Mitlaufenlassen essentialistischer Annahmen (Frauen sind friedfertig, kinderliebend, moralisch integer) am Übersehen vieler Frauen aus höchst unterschiedlichen Zusammenhängen, die sich in den frühen Theorieentwürfen und Politikstrategien der akademisch gebildeten, heterosexuellen, weißen Frauen aus den Industrienationen nicht repräsentiert finden: Schwarze Frauen, Lesben, Behinderte, Alleinerziehende, Arbeiterinnen, Einwanderinnen. (Nagl-Docekal 2001: 189). Die Kategorie Geschlecht kreuzt sich also mit Kategorien wie Ethnie, Klasse und Bildung, die, unterschiedlich kombiniert, verschiedene neue Formen der Diskriminierung hervorbringen. Eine Erfahrung des Feminismus ist, dass es „die" Frauen nicht gibt, dass auch Frauen einander diskriminieren, dass es schließlich durch die sukzessive Unterminierung der Kleinfamilie zu einer „(Neu-)Definition der Identität der Frau"

---

[20] Der französische Originaltitel (de Beauvoir: 1951) lautet „Le deuxième sexe". Dieser Androzentrismus findet sich wieder in der Reklamierung des „Allgemeinen" für Männer und Frauen, auch wenn es tatsächlich nur um Männer geht. Siehe Nagl-Docekal (2001: 126 f.) am Beispiel des Wahlrechts.

(Castells 2003: 189) kommt. Diesen Gedanken weiter spinnend, ist es widersprüchlich, aus feministischer Sicht Transfrauen den Zugang zu Frauenräumen zu verwehren – der Hinweis auf die ursprüngliche Erziehung zum männlichen Geschlecht verfängt nicht, da diese ja im Laufe der Zeit durch eine nachholende weibliche Sozialisation überlagert werden kann. Das feministische „Paradigma der Differenz" (Schröter 2002: 25) ernst zu nehmen, heißt nicht nur, die Unterschiede zwischen Männern und Frauen, wo sie sich diskriminierend auswirken, zu benennen und an ihrer Aufhebung zu arbeiten, sondern auch die Unterschiede innerhalb des Kollektivs der Frauen zu respektieren und sie nicht in Hierarchien zwischen „richtigen" und „angenäherten" Frauen zu überführen.

Konstruktivismus

Geschlecht als Resultat konkreten Tuns

Der Konstruktivismus beobachtet einen durch das TSG und die „Standards" gerahmten Geschlechtswechsel quasi unter Laborbedingungen. Dem „Zugehörigkeitsempfinden zum anderen Geschlecht" (§ 1 Art. 1 TSG) folgt die Tat. Eine Person muss im Alltag etwas „tun" (Hirschauer 1993: 205), sie muss die Sachverständigen, auf deren Gutachten das Gericht seine Entscheidung über Vornamen und Personenstand stützt, gewinnen. Sie muss sich im Alltagstest um ein überzeugendes Auftreten bemühen und damit ihre geschlechtliche Herkunft zu verschleiern versuchen[21]. Der Konstruktivismus stellt keine weiter gehenden Fragen nach dem normierenden Rahmen der Zweigeschlechtlichkeit, er bleibt auf der Mikroebene und interessiert sich für geschlechtlich codierte Interaktionen, die gesellschaftlich verbindlich sind, die aber jedes Individuum permanent und kohärent erbringen muss, um sich zu identifizieren.

Falscher Körper versus wahres Geschlecht

Transsexuelle sind, um ihr Ziel eines medikalisierten Geschlechtswechsels zu erreichen, gehalten, mit dem medizinischen Fachpersonal zu kooperieren. Dabei steht diese Interaktion unter einem Paradox: Um die Diagnose Transsexualität zu bekommen, die erst den Zugang zu Hormonbehandlung und Operation ebnet, müssen sie sich bereits bei der Kontaktaufnahme als transsexuell präsentieren, sie müssen also schon etwas sein, was sie erst im Verlauf der Begutachtung werden sollen. Das hat in der Vergan-

21 Das ist zweifellos idealtypisch formuliert. Die Unsichtbarkeit des Ursprungsgeschlechts im Auge der Betrachtenden hängt überwiegend von anatomischen Faktoren ab, die sich einer individuellen Manipulierbarkeit gerade entziehen: Körpergröße, Knochenbau, Gesichtsschnitt, Kopfform, bei Transfrauen auch die Stimmlage.

genheit zur stereotypen wie inflationären Rede vom „falschen Körper" (Schröter 2002: 211) geführt, in dem eine Person sich gefangen wähnt, während ihr „wahres" Geschlecht das entgegen gesetzte sei. Diese reflexive Formulierung transsexueller Identität wird konstruktivistisch unterlaufen mit dem Verwerfen eines Ichs vor jeder Sozialität: „Man selbst zu sein ist im Übrigen eine grundsätzlich unmögliche Erfahrung, das Individuum manifestiert sich nie im Reinzustand." (Kaufmann 2005: 128). Ohne die Anerkennung durch ein Gegenüber ist Identität nicht zu haben, bleibt es bei der bloßen Subjektivität.

Wachsende Kompetenz in der neuen Rolle stabilisiert Identität

Quelle dieser Anerkennung ist die Beschaffenheit des Körpers wie gleichermaßen seine Präsentation[22]. Dabei geht es zunächst nicht um die Genitalien, die ja in den meisten Situationen den Blicken verborgen sind. Die wechselseitige geschlechtliche Identifizierung in zahllosen Kontakten im Verlauf eines Tages erfolgt unterhalb der Reflexionsschwelle durch das Registrieren und Interpretieren offen sichtbarer Attribute: Frauen schminken sich, lächeln viel, haben lange Haare und tragen Röcke; Männer kleiden sich praktisch, rasieren sich, weinen nicht und sind wortkarg[23]. Zu Beginn des aktiven Geschlechtserwerbs wird Identität vor allem über die Kleidung vermittelt. Transfrauen zeigen sich mitunter rührend unbeholfen und weisen sich dadurch gerade nicht als Frauen, sondern als Transsexuelle aus. Transmänner hingegen profitieren vom Weglassenkönnen weiblich konnotierter Kleidung und werden früher als Männer gelesen. Transfrauen wie Transmännern kommt die selbstverständliche Gegebenheit des Geschlechts in dem Maße abhanden, wie sie an Kompetenz in der neuen Rolle gewinnen. So mag eine Transfrau sexuelle Anzüglichkeiten in der Öffentlichkeit zunächst als Anerkennung ihrer Weiblichkeit werten; schmerzlich jedoch wird ihr bewusst, dass sie nun mit anderen Frauen die keineswegs imaginäre Furcht vor einer generellen Bedrohung durch Männer teilt (Lindemann 1993: 280). Und ein Transmann, der als IT-Spezialist arbeitet, mag überrascht feststellen, dass er jetzt mehr Geld verdient als früher und von seinen Kollegen im Gespräch nicht mehr unterbrochen wird, wie

[22] Diese Differenz geht zurück auf die phänomenologische Unterscheidung zwischen dem Leib (absolut, für sich) und dem Körper (relativ, für andere). (Lindemann 1993: 52).

[23] Fraglos Rollenklischees, aber als „kulturelle Genitalien" in der westlichen Gesellschaft am Beginn des 21. Jahrhunderts empirisch wirkmächtig. Phänomene dieser Art sind historisch vergesellschaftet und damit veränderbar, erscheinen den Individuen in der Jetztzeit aber als unhintergehbar (Hirschauer 1993: 27).

es so vielen Frauen in der Kommunikation mit Männern widerfährt. Solcherlei Erfahrungen signalisieren ein Ankommen im gewählten Geschlecht und stabilisieren Identität als „Umhüllung, die Selbstgewissheit verleiht." (Kaufmann 2005: 59).

Geschlechtsdarstellung funktioniert kontextgebunden

Aus konstruktivistischer Perspektive wird Geschlecht in Interaktionen stets aufs Neue realisiert, und Identität, „eine Vorstellung, ein Bild oder ein Gefühl von sich selbst" (Kaufmann 2005: 116), wird im jeweiligen Kontext beglaubigt oder entzogen. Dabei ist das aus der Welt des Theaters stammende Vokabular (Darstellung, Inszenierung, Rolle, Auftreten, Präsentation) mehr als nur wohlfeile Rhetorik. Völlig loszulösen von der organischen Beschaffenheit ist der Erwerb des kulturell-sozialen Geschlechts allerdings nicht: So kann eine nicht-operierte Transfrau die Damentoilette benutzen, ohne dass ihr dort ihr Frausein abgesprochen würde, da ihr Genital ja nicht zu sehen ist; in einer erotischen Begegnung kann ihr Penis als „Leibesinsel" (Lindemann 1993: 245) umgewidmet und demaskulinisiert werden, sodass die Partnerin in ihr deshalb nicht zwingend den Mann sehen muss; im Schwimmbad aber nackt zu duschen, entlarvte sie als Eindringling, da an jenem Ort, „wo Intimität und Öffentlichkeit sich kreuzen" (Hirschauer 1993: 27), die Inszenierung als Frau ihr körperliches Ende fände.

Die Bedeutung der Genitalien

Nach geltendem Recht ist das Geschlecht im Genitale zu verorten, unmittelbar nach der Geburt entscheidet die Hebamme mit einem Blick zwischen die Beine des Babys über den Eintrag „w" oder „m" in der Geburtsurkunde. § 8 Art. 1 TSG bindet die Änderung des Personenstands an einen die „äußeren Geschlechtsmerkmale verändernden operativen Eingriff (...), durch den eine deutliche Annäherung an das Erscheinungsbild des anderen Geschlechts erreicht" wird. Während bei Transfrauen eine Standardoperation zur Bildung einer Vagina empfohlen werden kann (die dadurch verbindlich wird zum Erhalt der juristischen Weiblichkeit), ist die Schaffung eines Penis für Transmänner weiterhin im Erprobungsstadium, weswegen „individuelle Lösungen" angezeigt (Becker u. a.1997: 153) sind. Diese unterschiedlichen chirurgischen Möglichkeiten bleiben ohne Konsequenz für den Erhalt einer juristischen Männlichkeit; Transmänner sind Männer, so wie jene es bleiben, die bei einem Unfall ihr Genitale einbüßen. Der Penis als äußeres Organ erfährt hier eine ambivalente Wertung: sein Fehlen steht nicht umstandslos für Weiblichkeit, sein Vorhandensein aber stets für Männlichkeit[24]. Ironischerweise ist

24 Auf der Ebene der sekundären Geschlechtsmerkmale kommt der Brust eine analoge Funktion zu: ihr Vorhandensein bezeichnet Weiblichkeit (weswegen

die Differenz Penis/Vagina für die alltägliche Darstellungsarbeit Transsexueller nicht entscheidend, das Augenmerk liegt vielmehr auf der Vergeschlechtlichung des Körpers in sozialen Begegnungen. Transsexuelle müssen sich selbst zu strikter Disziplin anhalten, wollen sie den impliziten Erwartungen an die gewählte Geschlechtsrolle genügen. Dabei können sie noch weniger heraus aus ihrer Haut als jene, die routiniert und vorbewusst „ihr“ Geschlecht darstellen und dergestalt an der Reproduktion der Geschlechterverhältnisse mitwirken. Es ist das Verdienst des Konstruktivismus, die Unterscheidung zwischen Transsexuellen und Nicht-Transsexuellen auf der Ebene der Interaktion selbst als Konstruktion zu beschreiben.

Dekonstruktivismus

Kritik der Zweigeschlechtlichkeit

Der Dekonstruktivismus kritisiert auf der Metaebene das TSG und die „Standards“ als einen repräsentativen Diskurs, der die Zweigeschlechtlichkeit im krisenhaften Moment ihrer Überschreitung energisch festschreibt. Weil es unwahrscheinlich und destabilisierend ist, „sein Leben zu erfinden, ohne sich dabei auf irgendwelche Geschlechtszuweisungen zu beziehen“ (Kaufmann 2005: 111), beharrt die Gesellschaft auf „>Zweiteilung< und Durchsetzung der >Geschlechteridentitäten<.“ (ebenda). Eine Person kann sich folglich nur dem „anderen“ Geschlecht als zugehörig empfinden (§ 1 Art. 1 TSG) – eine dritte Kategorie ist nicht vorgesehen[25]. Ihre Pathologisierung findet einen sinnfälligen Ausdruck in der Begutachtung durch „Sachverständige“ (§ 4 Art. 3 TSG), die imstande sind, diese „Form der Geschlechtsidentitätsstörungen“ (Becker u. a. 1997: 147) und einen „klinisch relevante[n] Leidensdruck“ (Becker u. a. 1997: 148) zu diagnostizieren. Bevormundend sind schließlich die Vorgaben, bereits für die Namensänderung „seit mindestens drei Jahren unter dem Zwang“ (§ 1 Art. 1 TSG) zu stehen und dieses „Zugehörigkeitsempfinden zum anderen Geschlecht“ (ebenda) nicht mehr ändern zu wollen – damit wird ein Geschlechtswechsel nur dann legitimiert, wenn er ernst gemeint ist und einmalig zu bleiben verspricht.

Transmänner sich diese vor der operativen Entfernung meist abbinden), ihr Fehlen aber nicht notwendig Männlichkeit (weswegen Frauen mit Brustkrebs nach deren Amputation Frauen bleiben). Für ihre Signalwirkung in der Interaktion spielt ihre *Größe* eine zentrale Rolle, weswegen nicht wenige Transfrauen sich ihre Brüste plastisch aufbauen lassen (Becker u. a. 1997: 153).

[25] Das Transgender Netzwerk Berlin tritt für die Schaffung einer dritten Option („inter-/transgeschlechtlich“ oder „andere“) neben „weiblich“ und „männlich“ im Personenstandsrecht ein. (Vorschläge 2007: 5).

Geschlechtsidentität wird diskursiv konstituiert

Das Raster der Zweigeschlechtlichkeit ist historisch vergleichsweise jung: „Seit 200 Jahren unternimmt die Gesellschaft größte geistige Anstrengungen, um Männer und Frauen in zwei ganz klar getrennte biologische Kategorien einzusortieren." (Kaufmann 2005: 110). Diese Zeitspanne, an deren Beginn nicht zufällig der industrielle Kapitalismus mit der Praxis geschlechtlicher Arbeitsteilung steht, fällt mit dem „modernen Patriarchalismus" (Castells 2003: 251) zusammen. Ethnologische Forschungen haben im Gegensatz dazu alternative Geschlechtermodelle in außereuropäischen Kulturen beschrieben (Lang 2006: 185-229), die geeignet sind, den Blick zu schärfen für die Zwischenräume innerhalb des modernen binären Systems. Dessen ungeachtet ist der Dekonstruktivismus im westlich-rationalen Denken verhaftet. Seine Pointe hinsichtlich der Rede über Geschlecht besteht darin, die unterstellte Kausalität der *sex/gender*-Relation umzudrehen: Es ist nicht das biologische Geschlecht, das das kulturell-soziale sich entwickeln lässt; vielmehr ist der Diskurs über dieses verantwortlich für die Hervorbringung von jenem. Geschlecht ist „keine vordiskursive, anatomische Gegebenheit" (Butler 1991: 26), sondern „immer schon Geschlechtsidentität."[26] (Ebenda). Der „Sitz" der Geschlechtsidentität im Körper wird aufgehoben, an seine Stelle tritt die diskursive Produktion derselben: „Hinter den Äußerungen der Geschlechtsidentität (*gender*) liegt keine geschlechtliche bestimmte Identität (*gender identity*). Vielmehr wird diese Identität gerade performativ durch diese >Äußerungen< konstituiert, die angeblich ihr Resultat sind." (Butler 1991: 49). Die Annahme eines „wahren Geschlechts" (Foucault 1998: 7) vor jeder Sprache und Bezeichnung wird beiseite geräumt, vielmehr sind „das Original, das Authentische und das Reale" (Butler 1991: 215) diskursive Effekte.

Lob der Differenz

Die Konsequenzen dieser abstrakten Perspektive auf einen Geschlechtswechsel via TSG und „Standards" sind beträchtlich. Wenn es kein „Original" gibt, warum dann die riskante Anstrengung, dieses mittels einer „Kopie" zu imitieren? Warum ein geschlechtliches Unbehagen, das in der gesellschaftlichen Ächtung von Differenzen wurzelt, individuell lösen wollen? Warum sich in die Fänge der Medizin begeben, die eine nicht erfolgte Identifizierung mit dem Geburtsgeschlecht nur als krank interpretiert? Und an die Adresse feministischer AktivistInnen gerichtet, erfolgt

[26] In der deutschen Übersetzung von „Gender trouble" wird „gender" mit „Geschlechtsidentität" wiedergegeben.

eine Absage an eine fundamentalistische Identitätspolitik[27], die ihrerseits notwendig wieder Ausschlüsse produziert.

Performanzcharakter von Geschlecht

Judith Butlers Subversion der Identität zielt auf das Subjekt des Feminismus. Der Begriff „Frauen" stiftet keineswegs eine homogene Einheit, „sondern ist eine regulierende Erfindung" (Jagose 2005: 108). Dahinter steht die Mahnung, sich bei der Formulierung politischer Ziele nicht auf „weibliche" Eigenschaften und Bedürfnisse festschreiben zu lassen, weil damit nur die kulturelle Matrix der Heterosexualität bestätigt werde, die für die Unterdrückung der Frauen verantwortlich sei. Eine so begründete Kritik geschlechtlicher Verhältnisse geht an den Realitäten vieler Transsexueller jedoch vorbei. In ihren Ohren klingt der Verweis auf den Performanzcharakter von Geschlecht zynisch, die Dekonstruktion geschlechtlicher Rollen durch Travestie und Camp[28] nur romantisierend. Ihr persönliches Unbehagen erstreckt sich gerade auf den Körper, der offensichtlich Träger ihrer Identität ist.

Geschlecht ist mehr als eine Rolle

Die Strategie des Dekonstruktivismus besteht im Hinterfragen der alltäglichen Kategorie Geschlecht und ihrer sprachlichen Kreation. Wenn Butler konstatiert, dass „die Rechtsstrukturen von Sprache und Politik (...) das zeitgenössische Feld der Macht [bilden]" (Butler 1991: 20), sind Transsexuelle die Letzten, die diese Macht unterschätzen – allein, es gibt für sie kein „außerhalb". Man mag die Existenz des „Sondergesetzes" TSG überwinden wollen und sich für die Integration seines Gegenstands ins Personenstandsgesetz engagieren. Bis es aber so weit ist, bildet es einen immerhin verlässlichen Rahmen zur Praxis des Geschlechtswechsels[29]. Es ist naiv, das Leitmotiv der „Transenschelte" (Franzen/Beger: 2002: 60) zu intonieren und von ihnen zu verlangen, ihre Loyalität zum Mann/Frau-Schema aufzukündigen, denn gerade sie empfinden oft das „Androgyne als Farce" (Barthes 2005: 313). Wichtig ist die dekonstruktivistische Kritik an „intelligiblen" Geschlechtsidentitäten (Butler 1991: 38), die die Kohärenz und Kontinuität von *sex, gender* und Begehren propagieren. Gerade bei homosexuellen und auch transsexuellen Lebensweisen treten diese Faktoren auseinander. So sahen sich Lesben und Schwule in

[27] Einer solchen Identitätspolitik folgten zum Beispiel die Frauenbewegung und die Schwulenbewegung der 1970er Jahre (Castells 2003: 188 f., 227-235).

[28] „Camp sieht alles in Anführungsstrichen: (...) nicht eine Frau, sondern eine >Frau<." (Sontag 1999: 327).

[29] Allerdings wird zu Recht am TSG kritisiert, dass die geforderten Gutachten für die Namensänderung und die damit verbundenen enormen Kosten etliche potentielle Transsexuelle davor zurückschrecken lassen, das Gesetz in Anspruch zu nehmen (Vorschläge 2007: 3).

den 1970er Jahren dem Vorwurf ausgesetzt, keine „richtigen" Frauen und Männer zu sein. Wenn das Verständnis von Geschlecht sich auch historisch wandelt, suspendiert wird diese hegemoniale Kategorie nicht, solange sie ihren distinktiven Charakter behält: „Die Geschlechter sind alles andere als bloße ‚Rollen', die man (in der Art der *drag queens*) nach Belieben zu spielen vermöchte, denn sie sind in die Körper und ein Universum eingeprägt und beziehen daraus ihre Macht." (Bourdieu 2005: 178). Geschlecht mag einer Dekonstruktion unterzogen werden, zur Fiktion wird es dadurch nicht.

Fazit

Verführerische Evidenz aus sich selbst heraus

Der Diskurs über Transsexualität zeigt, dass es von großer Bedeutung ist, jeden Menschen geschlechtlich eindeutig bezeichnen zu können – so wird Komplexität reduziert, soziale Ordnung geschaffen und das eigene geschlechtliche Erleben stabilisiert. Im Alltagswissen gewinnt die Kategorie Geschlecht Evidenz aus sich selbst heraus, sie ist ebenso wenig erklärungsbedürftig wie die Zweigeschlechtlichkeit[30]. Die in diesem Text diskutierten Theorien führen im Hinblick auf Transsexualität zu Ergebnissen, die diese beruhigende Grundannahme erschüttern: der Feminismus weist auf die beträchtlichen Unterschiede hin, je nachdem, in welche Richtung ein Wechsel geht; der Konstruktivismus zeigt, dass die Darstellungsleistung eines Geschlechts von jedem Individuum zu erbringen ist; der Dekonstruktivismus fragt nach der Verflechtung von Geschlecht, Macht und Sprache.

Kontinuum der Geschlechter versus Polarität

Der Diskurs über Transsexualität ist nicht mehr alleinige Domäne der Medizin. Die Sozialwissenschaften haben sich seiner bemächtigt, und auch literarische Arbeiten haben Konjunktur[31]. Dabei wollen sich Geschlechtswechselnde nicht mehr länger für ihr Tun erklären, vielmehr gerät die Ordnung der zwei Geschlechter aufs Tapet[32]. Historisch gesehen ist sie ohnehin jüngeren Datums: Der Sexualforscher Karl-Heinrich Ulrichs, von dem die

[30] Dieses Ordnungsprinzip ist so rigide, dass eine Person, die hier heraus fällt, ihre soziale Achtung verliert und als exotisch und anormal bezeichnet wird (Hirschauer 1993: 50).

[31] Neben den auch international erfolgreichen Titeln aus den USA von Jeffrey Eugenides (Middlesex) und Leslie Feinberg (Stone Butch Blues) sind im deutschen Sprachraum Texte von Ulrike Draesner (Mitgift), Karen-Susan Fessel (Bis ich sie finde, Jenny mit O), Thomas Meinecke (Tomboy) und Sabine Neumann (Das Mädchen Franz) zu nennen.

[32] So auch jüngst in zwei Kunstausstellungen zum Thema: „1-0-1 intersex. Das Zweigeschlechtersystem als Menschenrechtsverletzung" und „Das achte Feld. Geschlechter, Leben und Begehren in der Kunst seit 1960".

populäre Formel der weiblichen Seele in einem männlichen Körper stammt, entwarf in der zweiten Hälfte des 19. Jahrhunderts ein Kontinuum der Geschlechter mit den idealtypischen Polen Mann und Frau und zahllosen zwittrigen Mischformen (Schmidt 2006: 175). Am Beginn des 20. Jahrhunderts prägte der Arzt und Sexualwissenschaftler Magnus Hirschfeld, der nach naturwissenschaftlichen Belegen für Ulrichs' Thesen suchte, den Terminus der „sexuellen Zwischenstufen." (Schmidt 2006: 176). Das, was heute Transsexualität genannt wird, konnte erst durch die Synthetisierung der Geschlechtshormone Östrogen und Testosteron in den 1920er Jahren, die Entwicklung praktikabler Operationsmethoden in den 1950er Jahren und die Erlassung entsprechender Gesetze ab den 1970er Jahren etabliert werden (Hirschauer 1993: 91-113).

Entmystifizierung der Transsexualität

Das Verständnis von Transsexualität als „besondere Form der Geschlechtsidentitätsstörungen" (Becker u. a. 1997: 147) dient zuerst der Legitimierung der binären Ordnung. Transsexuelle rebellieren gegen diese Ordnung, um sie sodann im Willen zum Wechsel zu bestätigen, aus Furcht vor geschlechtlicher Heimatlosigkeit. In diesem Niemandsland versuchen Transgender, Tunten, Androgyne und andere queere Wiedergänger des Ulrichsschen Kontinuums einen utopischen Raum subkulturell zu bezeichnen und zu besiedeln (Schröter 2002: 200). Die mit der Praxis der Subversion gestellten Fragen lauten etwa: Warum lässt das deutsche Namensrecht keine geschlechtsübergreifenden Namen zu? Warum gilt der Wunsch, das Geburtsgeschlecht zu verlassen, als Störung der Identität und nicht vielmehr als ihr helles Bewusstsein? Warum gibt es zum Modell des medizinisch indizieren Geschlechtswechsels keine sozial und rechtlich anerkannte Alternative, die den Körper und seine organischen Funktionen intakt lässt? Und warum überhaupt Geschlecht in postmodernen Zeiten modularer Identitäten? Fragen dieser Art sind kaum geeignet, gleich praktische Veränderungen in Gang zu setzen, wohl aber, einen Prozess der Entmystifizierung der Transsexualität zu befördern: vom Zwang zur Wahl, von der Umwandlung zum Wechsel, vom Sein zum Werden.

Literatur

Becker, Sophinette/Hartmut A. G. **Bosinski**/Ulrich **Clement**/Wolf **Eicher**/Thomas M. **Goerlich**/Uwe **Hartmann**/Götz **Kockott**/Dieter **Langer**/Wilhelm F. **Preuss**/Gunter **Schmidt**/Alfred **Springer**/Reinhard **Wille** (1997): Standards der Behandlung und Begutachtung von Transsexuellen der Deutschen Gesellschaft für Se-

Literatur

xualforschung, der Akademie für Sozialmedizin und der Gesellschaft für Sexualwissenschaft. In: Zeitschrift für Sexualforschung 10/1997, S. 147-156.
Hirschauer, Stefan (1993): Die soziale Konstruktion der Transsexualität. Über die Medizin und den Geschlechtswechsel. Frankfurt am Main: Suhrkamp.
Kaufmann, Jean-Claude (2005): Die Erfindung des Ich. Eine Theorie der Identität. Konstanz: UVK.
O.V. (1980): Gesetz über die Änderung der Vornamen und die Feststellung der Geschlechtszugehörigkeit in besonderen Fällen vom 10. 09. 1980, zuletzt geändert am 04. 05. 1998; veröffentlicht im Bundesgesetzblatt, Jahrgang 1980, Teil 1, S. 1654-1657 (so genanntes Transsexuellengesetz, zitiert als „TSG“).
Schröter, Susanne (2002): FeMale. Über Grenzverläufe zwischen den Geschlechtern. Frankfurt am Main: Fischer.

Queer und Hartz IV? Arbeit, Ökonomie, Sexualität und Geschlecht im Neoliberalismus — 5.3

Volker Woltersdorff

Überblick

Das Verhältnis von Ökonomie und Sexualität ist bislang noch unzureichend untersucht. Mitverantwortlich für diese Lücke ist die Unterscheidung zwischen materieller Verteilungsgerechtigkeit einerseits und symbolischer Anerkennungsgerechtigkeit andererseits. Diese getrennten Logiken siedeln Heteronormativitätskritik auf einer anderen Ebene an als die Kritik der Arbeitsverhältnisse. Doch vielmehr besitzt Arbeit stets eine sexuelle und geschlechtliche Dimension. Die Analyse neoliberaler Veränderungen des Sozialstaates am Beispiel von Hartz IV zeigt, wie Sexualität auf sehr unterschiedliche Weise ökonomisch reguliert wird. Ziel von queertheoretischen Zugängen ist es, die vielfältigen und widersprüchlichen Effekte neoliberaler Deregulierung und Reregulierung herauszuarbeiten, die quer zu einer identitären Perspektive liegen. Denn diese lassen sich nur über eine intersektionale Betrachtung von Geschlecht, Sexualität, Klasse und Rasse angemessen erfassen.

Das Phänomen

Nahezu stellvertretend für die Auseinandersetzungen um den neoliberalen Umbau des Sozialstaates in der Bundesrepublik ist die Neuregelung des Arbeitslosengeldes im vierten Paket der Hartz-Gesetze geworden. Die Hartz-Gesetze I bis IV sowie der ihnen vorausgegangene Bericht einer ExpertInnenkommission werden für die Tendenz angeführt, dass die unternehmerische Logik in die Sozialpolitik Einzug nimmt. Welche Rolle spielen Geschlecht und Sexualität in den diesbezüglichen Debatten? Welcher Begriff von Geschlecht und Sexualität liegt ihnen zugrunde? Was wird durch die jeweiligen Perspektiven sichtbar, was unsichtbar? Stukturorientierte kritische Analysen der Geschlechterverhältnisse im Zusammenhang mit Hartz IV gelangen zwar seltener in das Blickfeld des öffentlichen Diskurses, sind aber durchaus existent, meistens in Verbindung mit der statistischen Auswertung personenbezogener Daten, die auch ein Geschlecht der betreffenden Person enthalten. Eine interaktionistische und dekonstruktive Perspektive fehlt dagegen weitgehend. Im Folgenden möchte ich ausloten, welchen Beitrag queertheoretische Zugänge zum besseren Verständnis dieses Komplexes liefern. Dazu werde ich mich auf Ergebnisse strukturorientierter Untersuchungen stützen, zugleich aber auch deren Vorannahmen dekonstruieren. Zugleich werde ich stellenweise Anregungen liefern, wie eine interaktionistische Perspektive das Zustandekommen von geschlechtsspezifischer Arbeitsteilung nachverfolgen könnte. Mein Fokus liegt daher auf einem Ansatz des Queerens, der alle drei Theorieströmungen miteinander verbindet, doch deutlich eine dekonstruktive Perspektive in den Vordergrund stellt. Dies erlaubt mir, Auslassungen und Normierungen festzustellen und das bislang unterbelichtete Verhältnis von Sexualität und Arbeit als Gegenstand einer wissenschaftlichen Untersuchung überhaupt erst anvisieren zu können.

Wechselseitige Auslassungen

Wenige queertheoretische Texte untersuchen Fragen von Ökonomie und Arbeit. Woran könnte das liegen? Zunächst kommen viele Beiträge der Queer Theory aus den Kultur- und Kunstwissenschaften, die sich mit der Ebene der Repräsentation anstelle der Produktion befassen. Ökonomische Aspekte kommen allenfalls bei der Analyse des kulturellen Ausdrucks oder der Sichtbarkeit verschiedener Klassenidentitäten in Betracht. Doch auch die Aufteilung der disziplinären Zuständigkeitsbereiche hat einen tieferliegenden Grund: Kämpfe um kulturelle Anerkennung und Kämpfe um materielle Umverteilung werden traditionell auseinanderdividiert und getrennt verhandelt (vgl. Fraser 2003). Eine der dafür verantwortlichen Denkbewegungen ist der Marxismus und seine Unterscheidungen zwischen dem gesellschaftlichen Hauptwiderspruch von Kapital und Arbeit und allen übrigen Nebenwidersprüchen, wie Geschlecht, Sexualität oder *race*. Diese Unterscheidung und ihr Einfluss auf politische Bewegungen hat zu einer Vernachlässigung von Fragen des Geschlechts und der Sexualität in der Ökonomie geführt. Obwohl dies feministische Marxistinnen bereits kritisiert haben (vgl. 3.1.1), spukt diese hierarchische Unterscheidung dennoch in vielen Köpfen fort und hat zu wechselseitigen Auslassungen geführt. Heteronormativitätskritik und sexuelle Emanzipation erscheinen dann als Luxus, der erst gerechtfertigt ist, wenn materielle Bedürfnisse befriedigt sind. Diese altbekannte Form heteronormativer Arbeitsteilung verweist Homo- und Transsexualität in den Bereich der Kultur und erklärt Heterosexualität zur materiellen Basis der Gesellschaft. Wer sich mit dieser Anordnung abfindet, vergibt Judith Butler (1998) zufolge eine wesentliche Dimension der Kritik an Heteronormativität. Denn der aktuell in vielen Staaten ausgefochtene politische Konflikt um die institutionelle Anerkennung nichtheterosexueller Lebensweisen oder um die Neuregelungen des Personenstandsgesetzes betrifft nicht nur symbolische Machtverhältnisse, sondern – als Verhandlungen über die Reproduktion der Keimzellen von Staat und Gesellschaft – ebenfalls das, was Michel Foucault (1993) „Bio-Macht" genannt hat. Darunter versteht er die politische und ökonomische Regulierung der Bevölkerung, ihrer Fortpflanzung und Sterblichkeit sowie ihrer Lebensqualität und ihres Gesundheitszustandes. In diesem Zusammenhang erinnert Butler an die alte Erkenntnis feministischer Gesellschaftsanalyse (z.B. Rubin 1997), dass Sexualität ein Produktionsverhältnis ist, und regt deshalb eine Erweiterung des Begriffs des Ökonomischen an (Butler 1998: 40). Stephen Shapiro (2004: 77) hat vor diesem Hintergrund einen „economic turn" der Queer Theory gefordert.

Sexuelle Arbeit

Arbeit verfügt also immer über eine geschlechtliche und sexuelle Dimension, nicht nur diejenige Arbeit, die sexuelle Dienstleistungen umfasst. Umgekehrt besitzt Sexualität immer eine ökonomische Dimension und ist deshalb nicht ohne Klassenbezug denkbar[33]. Das Verhältnis von Sexualität und Ökonomie im Kapitalismus, insbesondere in seiner neoliberalen Form, ist ein beson-

[33] Queere Analysen haben in dieser Hinsicht die Klassengebundenheit erotischer Ikonen herausgestellt, etwa im sogenannten „rough trade" zwischen homosexuellen Männern der viktorianischen Ober- und Arbeiterklasse oder in der proletarischen lesbischen Butch-Femme-Kultur in den USA des frühen 19. Jahrhunderts.

deres, da Sexualität als ökonomische Ressource ausgebeutet, angeheizt und zu allererst hervorgebracht wird, um Konsumwünsche zu wecken und KäuferInnenschichten zu erschließen. Um außerdem auf die ökonomische Vernutzung von Sexualität in der (Re-)Produktionssphäre zu verweisen, verwenden Pauline Boudry, Brigitta Kuster und Renate Lorenz (2007) den Begriff der „sexuellen Arbeit". Sie verstehen Sexualität im Foucault'schen Sinne als Machtdispositiv, das Subjekte hervorbringt, einkörpert und zueinander ins Verhältnis setzt (vgl. 3.2.2). Als „sexuelle Arbeit" bezeichnen sie den Aufwand, der nötig ist, um sich in einem Arbeitsverhältnis als Subjekt mit einer kohärenten geschlechtlichen und sexuellen Identität zu entwerfen. Transgender und andere *queer people* haben in dieser Hinsicht einen höheren Aufwand an Vereindeutigungszumutungen (Genschel) zu bewältigen als andere. José Esteban Muñoz (2007) bezeichnet diesen Mehraufwand als „queerness's labour".

Ambivalente Geschlechterverhältnisse im Neoliberalismus

Die meisten Analysen der Auswirkungen von Hartz IV, die Geschlecht überhaupt in ihre Überlegungen einbeziehen, operieren in einem heteronormativen Rahmen: Sexualität wird nur als Heterosexualität thematisiert, die in einem ehelichen oder eheähnlichen Rahmen organisiert ist und Kinderbetreuung miteinschließt. Darüber hinaus problematisieren sie nicht die Annahme von zwei und nur zwei Geschlechtern, sondern kritisieren allenfalls Gender-Klischees. Lediglich in der Debatte, ob der AlG-II-Satz den Erwerb von Kondomen erlaubt, wird Sexualität thematisiert, allerdings unter biopolitischem Vorzeichen als bevölkerungspolitische Verhütungsnotwendigkeit. Eine heteronormativitätskritische Analyse von Hartz IV muss deshalb erst noch entwickelt werden. Allein Marion Steffens (2004) erörtert die Auswirkungen von Hartz IV auf Lesben, verfolgt jedoch eine identitäre Logik, die in ihnen pauschal die Verliererinnen neoliberaler Umgestaltung erkennt. Dagegen soll im Folgenden die „neoliberale Aktivierung der Ambivalenzen von Gender-Handeln" (Pühl 2004: 48) dargestellt werden. Diese Blickrichtung verbindet eine strukturorientierte Perspektive, die das hartnäckige Fortbestehen hierarchisierter Zweigeschlechtlichkeit skandalisiert, mit einer interaktionistischen Perspektive, die nachzeichnet, wie *doing gender* und *undoing gender* (vgl. 4.2) einander überlagern. Es ist gerade diese widersprüchliche Gleichzeitigkeit von stabilisierenden und flexibilisierenden Konstruktionen der Geschlechter, mit der neoliberale Herrschaftsstrategien die Geschlechtssubjekte sowohl aktivieren als auch disziplinieren.

Was heißt neoliberale Veränderung der Arbeit?

Luc Boltanski und Ève Chiapello (2003) argumentieren, dass der neoliberale Kapitalismus die Kritik am sogenannten „Fordismus" (der kapitalistischen Organisationsform, die dem Neoliberalismus vorausging) absorbiert hat, indem er nun die Unterschiedlichkeit der Arbeitssubjekte zu integrieren versucht (vgl. 4.3). Neoliberale Doktrinen befürworten eine Minimierung staatlicher Eingriffe zugunsten des freien Spiels der Kräfte auf dem Markt. Deregulierung und Sozialabbau bedeuten zwar mehr Unsicherheit und Eigenverantwortung, versprechen aber die Befreiung von der Normierung durch einen paternalistischen Staatsapparat, wie er im Fordismus galt. Das im Fordismus vorherrschende Familienernährermodell und Normalarbeitsverhältnis mit Vollzeiterwerbstätigkeit und unbefristeter Festanstellung bei einem einzigen Arbeitgeber erlaubten nur schwer einen Ausbruch aus dem heterosexuellen patriarchalen Ehemodell.

Prekarisierung zwischen Selbstverwirklichung und Selbstausbeutung

Als ein Merkmal des neoliberalen Wandels der Arbeitswelt, das aus der Kritik am Fordismus resultiert, gilt die Arbeit in „Projekten", weshalb Boltanski und Chiapello auch von einem „projektbasierten Kapitalismus" sprechen. Darunter versteht man temporäre Arbeitsverhältnisse unter stark wechselnden Bedingungen, die jeweils eine starke Identifikation mit dem einzelnen Projekt voraussetzen. Richard Florida (2004) hat für dieses Arbeitsmilieu den Begriff der „kreativen Klasse" vorgeschlagen, die sich vor allem in wissensintensiven oder innovationsabhängigen Arbeitsbereichen ansiedelt und neue Kommunikationstechniken nutzt, wie die Lifestyle-Industrie oder die Computerbranche. In den Medien wird die kreative Klasse gerne als „digitale Bohème" bezeichnet, weil es sich um eine freiwillig in Kauf genommene materielle Unsicherheit handelt, die im Gegenzug Selbstverwirklichung und Selbstbestimmung ermöglichen soll. Der ausgeprägte Wunsch nach Autonomie und Selbstverwirklichung der kreativen Klasse ist für *queer people* attraktiv, da eine hohe Toleranz gegenüber den Lebensstilen der KollegInnen vorausgesetzt wird. Florida korreliert in seinen Untersuchungen sogar die Toleranz urbaner Metropolenräume gegenüber Minderheiten mit dem verstärkten Auftreten einer kreativen Klasse. Kritiker wenden jedoch ein, dass es sich dabei um eine sehr kleine Avantgarde handelt, die elternbedingt über einen hohen Bildungsstand verfügt und altersbedingt genug Idealismus mitbringt, um ständig an der Grenze zur Selbstausbeutung zu arbeiten. Sie verwenden daher den Begriff der „Prekarisierung", um die Zunahme unsicherer und schlecht bis gar nicht bezahlter Beschäftigungsverhältnisse im Neoliberalismus zu beschreiben.

Produktives Anderssein

Die Kritik am Fordismus hat sich darüber hinaus in neuen Managementkonzepten, wie dem *Diversity Management,* niedergeschlagen (vgl. den Beitrag von Schenk). Soziale, geschlechtsspezifische und kulturelle Unterschiede werden nicht mehr als Störfaktor betrachtet, der die normierte Einheit[34] der Belegschaft bedroht, sondern sie werden nun anerkannt, weil sie ökonomisch nutzbar gemacht werden. *Managing Diversity* „erlaubt" Anderssein (und hierin wirkt es für viele sicherlich befreiend), ohne zu berücksichtigen, dass dieses Anderssein immer auch das performative Ergebnis diskriminierenden Handelns ist.

Die Verinnerlichung der ökonomischen Logik und ihre Übertragung auf sämtliche Aspekte persönlicher Lebensplanung wird in diesem Zusammenhang auch als „Selbstunternehmertum" bezeichnet. Bezogen auf den Arbeitsmarkt heißt dieses Ideal eines stetig auf qualitatives Selbstmanagement bedachten Arbeitssubjektes „employability" (auf Deutsch ‚Beschäftigungsfähigkeit'). Employability setzt die Identifikation mit der eigenen Ware Arbeitskraft und deren ständige Anpassung an das aus der Sicht des Arbeitsmarktes Gebotene voraus. Die fordistische Trennung von Arbeit und Leben, wie sie für tariflich beschäftigte, vorwiegend männliche Arbeitnehmer galt, wird damit zunehmend entgrenzt[35]. Prekarisierung und Sozialabbau dienen als Instrumente, um eine angeblich durch den alten Sozialstaat verantwortete „Vollkasko-Mentalität" zu beseitigen.

Queere SelbstunternehmerInnen zwischen digitaler Bohème und Prekarisierung

Die neoliberale Gesellschaft erfordert die Ausbildung individueller Lebensstile, die Risikozumutungen bewältigen und gewinnbringend nutzen können. Als Folge der Umwandlung der patriarchal orientierten, familiengebundenen Traditionsgesellschaft in eine Gesellschaft pluraler Lebensstile und offener Partnerschaftsbeziehungen können sich die Individuen über Ähnlichkeiten der Lebensstile in einer Pluralität von Szenen organisieren. John D'Emilio (1983) sieht darin die historische Bedingung für bei-

---

[34] Die im Fordismus vermeintlich gegebene Einheit der Interessen der Lohnabhängigen hat es allerdings nie gegeben. Sie war allenfalls normativ geboten.

[35] Dies wird in der Arbeitssoziologie häufig als „Subjektivierung von Arbeit" bezeichnet. Dieser Begriff vergisst aber, dass Arbeit immer eine subjektive Dimension hat.

spielsweise das Entstehen einer homosexuellen Subkultur. Der traditionsgelöste Individualismus erscheint vor diesem Hintergrund als plausible Reaktion auf die neoliberalen Veränderungen der Arbeitswelt und als Verinnerlichung neuer gesellschaftlicher Leitbilder.

Abschied von der Normalbiografie

Die Hartz-IV-Maßnahmen zur Förderung der Wiedereingliederung ins Erwerbsleben formulieren ebenfalls das Employability-Ideal der Flexibilität und Mobilität sowie das des lebenslangen Lernens. Damit brechen sie mit dem früheren Ideal der lebenslangen Festanstellung und Unternehmensbindung. Mit der Deregulation des Arbeitsmarktes ist das Verlassen der traditionellen Normalbiografie jetzt zum Normalfall geworden. Die dauerhafte Verankerung des Ausbildungsberufes in der Identität der Person verschwindet. Aus Ausbildung wird ständige Weiterbildung und Umschulung. Diese Dekonstruktion vormals stabiler Identitäten betrifft auch Geschlecht und Sexualität und stellt traditionelle Männlichkeits- und Weiblichkeitsbilder infrage, obwohl sie ihre Gültigkeit nach wie vor noch nicht verloren haben.

Arbeit für alle

Man kann die Hartz-Maßnahmen zur Wiedereingliederung in die Erwerbstätigkeit, wie Ich-AGs, Ein-Euro- und Mini-Jobs, als staatliche Subventionierung und politisch gewollte Ausweitung des Niedriglohnsektors betrachten. Der Sozialstaat nimmt damit eine Wendung von der „welfare“ (engl. „Wohlfahrt“) zur sogenannten „workfare“, indem die Zahlung von existenzsichernden Unterstützungsleistungen an eine Arbeitspflicht für Erwerbsfähige gebunden ist. Die daraus resultierenden prekären Beschäftigungsverhältnisse betreffen mehrheitlich Frauen, allerdings auch zunehmend Männer (Rudolph/Niekant 2007: 100-104), deren Rollenbilder dadurch ins Wanken geraten.

Riskante Freiheiten

Diese Prekarisierung von Identität ist für *queer people*, aber auch für MigrantInnen altbekannt. Viele existenzielle Erfahrungen, die sie während ihres Lebens machen, zum Beispiel im Verlaufe eines Comingout, teilen sie nun mit der Mehrheit der Gesellschaft, wie Ulrike Hänsch (2003: 43) bemerkt: „Wenn wir also heute davon ausgehen, dass biografische Unsicherheiten um sich greifen, dann heißt dies zunächst, dass sich Lesben und Schwule mit ihren traditionsgelösten und demnach unsicheren Biografien nun offenbar, und das ist wohl historisch neu, in der Gesellschaft der Mehrheit befinden.“ Um ihre gesellschaftlich diskreditierte Positionierung zu bewältigen und mit ihrer Umwelt auszuhandeln, sind *queer people* zum Selbstunternehmertum gezwungen und auf die biografischen Freiheiten der Deregulierung angewiesen. Diese besondere Kompetenz könnte man auch eine *queer skill* nennen, die sich als Konkurrenzvorteil gegenüber traditionsbezogeneren MitbewerberInnen auswirken kann[36]. Der Mehraufwand queerer sexueller Arbeit, der zur Ausbildung von *queer skills* führt, wird dann zu einer verwertbaren Ressource der Arbeitsoptimierung. Die gesellschaftlichen Verhältnisse, die sie erzwungen haben, werden dadurch insofern bestärkt, als sich die Spuren von Diskriminierung in der Persönlichkeit der Betroffenen auszahlen.

Individueller Diskriminierungsschutz und strukturelle Diskriminierung

Hartz IV führt Gender Mainstreaming (vgl. den Beitrag von Schenk) ein und wird flankiert durch das Antidiskriminierungsgesetz (offiziell: Allgemeines Gleichbehandlungsgesetz). Obwohl Diskriminierung auf der Grundlage von Identität dadurch abnimmt, findet sie nach wie vor statt[37]. Deshalb liefern auch strukturorientierte feministische Analysen wichtige Erkenntnisse, die von einer Basis vermeintlich gesicherter Geschlechtsidentitäten ausgehen und Unterschiede und Ungleichheiten feststellen: Durch die Anrechnung des Einkommens und Vermögens der Ehe- und Lebenspartner verlieren vor allem heterosexuelle Frauen ihren Anspruch auf Arbeitslosengeld, sodass Abhängigkeiten und althergebrachte Rollenbilder verstärkt werden. Obwohl Hartz IV grundsätzlich auch das Modell der Familienernährerin zulässt, ist die gesellschaftliche Realität immer noch weit davon entfernt, denn heterosexuelle Männer und Frauen definieren ihre Rollen als Familienernährer einerseits und Zuverdienerin andererseits (Rudolph/Niekant 2007: 121-128).

Umverteilung von Reproduktionsarbeit

Obwohl die Instrumente von Hartz IV vom Anspruch her geschlechtsneutral sind, kommen deshalb bei der Fallbetreuung und auf dem Arbeitsmarkt wieder Geschlechterstereotype zum Tragen, wenn es darum geht, die Einzelnen in ein Beschäftigungsverhältnis zu vermitteln, und wenn ihnen dabei – bewusst oder unbewusst – geschlechtsspezifische Eignungen und Ansprüche

---

36 Bereits in den Sechzigerjahren hat Klaus Dörner (1967) darauf aufmerksam gemacht, dass Schwule in ihrer Subkultur Verhaltens- und Kommunikationsstile einüben, die sie für die Arbeit im Dienstleistungssektor prädestinieren: eine überdurchschnittlich hohe Mobilität, die Bereitschaft zum Rollenwechsel, die Orientierung am ökonomischen Zirkulationsprozess mit seinem strukturbedingten Interessenegoismus, das Fehlen institutioneller Bindungen und schließlich eine hohe Motivierbarkeit zur Kompensation mangelnder Bindungen.

37 Das Antidiskriminierungsgesetz betrachtet Ungleichbehandlung individuell. Strukturelle Diskriminierungen, wie das geringere Einkommen der Mehrheit der Frauen gegenüber der Mehrheit der Männer, sind von seiner Gültigkeit explizit ausgenommen.

unterstellt werden[38]. Diese Rekonstruktion geschlechtlicher Ungleichheit kann am besten durch eine interaktionistische Perspektive erfasst werden. Die Absenkung der Zumutbarkeitsschwelle vor allem im Hinblick auf Arbeiten, die Körperkontakte beinhalten, verstärkt die traditionelle Fixierung von Frauen auf Fürsorgeberufe und führt im Zusammenhang mit Ein-Euro-Jobs sogar zu einer weiteren Abwertung von Reproduktionsarbeit[39]. Reproduktionsarbeit wird auf diese Weise einerseits als zu leistende Arbeit im öffentlichen Diskurs anerkannt. Zugleich wird sie zunehmend kommodifiziert, das heißt, sie wird auf dem Arbeitsmarkt als (zumeist niedrig entlohnte) Erwerbsarbeit gehandelt. Dies führt tendenziell zu einer Umverteilung (im neoliberalen Jargon: Outsourcing) von Reproduktionsarbeit von reichen Frauen an arme Frauen. Denn gut ausgebildete (weiße) Frauen der Mittelschicht bevorzugen eine einkommensstarke und qualifikationsgerechte Erwerbstätigkeit und stellen für die Hausarbeit ärmere Frauen ein, die außerdem häufig einen Migrationshintergrund aufweisen. Vom neoliberalen Wandel profitieren also in erster Linie diejenigen Frauen und Männer, die auch vorher schon gesellschaftlich privilegiert waren.

Was ist „Familie" im Neoliberalismus? Was macht Hartz IV daraus?

Die Hartz-Kommission hat erstmalig für die Bundesrepublik ein Ideal allgemeiner Erwerbstätigkeit formuliert, das die Freisetzung weiblicher Arbeitskraft auf dem Arbeitsmarkt fordert. Das konservative Ideal der Hausfrauenehe, bei dem die Gattin keiner Erwerbstätigkeit nachgeht, kann nur noch für jene gelten, die es sich leisten können. Gegenüber der von den Arbeitssubjekten geforderten Flexibilität und Mobilität werden Kinder und Familie geradezu zum Markthemmnis. So konstatiert Ulrich Beck (1986: 191) für die Risikogesellschaft: „Das Marktsubjekt ist in letzter Konsequenz das alleinstehende, nicht partnerschafts-, ehe- oder familien'behinderte' Individuum." Das ökonomische Kinderlosigkeitsideal bricht mit der Stigmatisierung der Unfruchtbarkeit,

---

38 Das Bundesfamilienministerium ruft AlG-II-Bezieherinnen in diesem Sinne vor allem als heterosexuelle Mütter an (www.bmfsfj.de./bmfsfj/generator/Politikbereiche/gleichstellung,did=26312.html, zuletzt besucht am 8.8. 2007).

39 Eine Gleichstellungspolitik, die darauf abzielt, die Kategorie Geschlecht aus dem politischen Diskurs völlig verschwinden zu lassen und damit eine strukturorientierte zugunsten einer dekonstruktiven Perspektive aufgibt, nimmt sich deshalb zugleich die Instrumente aus der Hand, um Geschlechtverhältnisse zu politisieren.

die früher nicht-prokreative Sexualitäten traf und Frauen an den Pranger stellte, die sich nicht auf die Muterrolle festlegen lassen wollten. Wem lastet Hartz IV aber die Bewältigung des Markthemmnisses „Familie" auf?

Familiäre Abhängigkeiten

Der neoliberale Rückbau des Sozialstaates delegiert vormals staatliche Verantwortung wieder an private Solidargemeinschaften. Dies wird oft als Wandel vom Solidaritätsprinzip (Verantwortung der Öffentlichkeit) zum Subsidiaritätsprinzip (private Verantwortung) und als Restauration früherer Familienverhältnisse dargestellt. In diesem Zusammenhang verstärkt Hartz IV einerseits innerfamiliäre Bindungen und Abhängigkeiten. So werden junge Erwerbslose bis zum Alter von 25 Jahren auf das „Hotel Mama" verpflichtet. Der elterliche Haushalt übt eine soziale Kontrolle nicht zuletzt auf deren Sexualleben aus. Gerade homo- und transsexuellen Jugendlichen wird das Comingout dadurch tendenziell erschwert.

Der neoliberale Preis der Anerkennung nicht-ehelicher Bedarfsgemeinschaften

Andererseits – und deshalb ist die neoliberale Refamiliarisierung keine bloße Restaurierung des Vergangenen – erkennt Hartz IV neue Familienmodelle an: Im Hinblick auf Unterhaltspflicht werden sämtliche Lebensgemeinschaften unter dem neuen Rechtstitel sogenannter „Bedarfsgemeinschaften" gleichgestellt. Da sich vormals sozialstaatliche Aufgaben an sie delegieren lassen, geraten also neben der ehelichen Kleinfamilie auch homosexuelle Lebenspartnerschaften und alternative Lebens- und Fürsorgegemeinschaften in die Aufmerksamkeit staatlicher Politik. Davon sind auch „wilde Ehen" von Heterosexuellen, unverpartnert zusammenlebende Homosexuelle und selbst Wohngemeinschaften nicht ausgenommen. Institutionelle Anerkennung wird also dort gewährt, wo es sich für den Staat auszahlt. Die gesellschaftliche Entsolidarisierung erweist sich als historische Bedingung für die Anerkennung und Normalisierung nicht-ehelicher Lebensweisen und bewegt sich innerhalb des neoliberalen Spannungsverhältnisses von Individualisierungsgewinn und Risikozuwachs. Der Bereich privater Lebensgestaltung folgt nun der Devise: „Du darfst so leben, wie du willst, wenn du damit erfolgreich bist und selbst dafür die Verantwortung übernimmst." Wer reich ist, kann sich mehr Freiheiten in der Lebensgestaltung und sexuellen Selbstverwirklichung für sich und seinen Partner oder ihre Partnerin leisten. Es passt gut in diese Tendenz der Familienpolitik, dass die Novellierung des Kindergeldes Familien der Mittelschicht begünstigt, da sie den ökonomischen Status der Bedarfsgemeinschaft auch nach dem Ausscheiden eines Elternteiles (meistens einer Mutter) aus dem Erwerbsleben absichert.

Der *gay lifestyle* als neoliberales Modell

Sexualität und Fürsorge werden damit in die Warenlogik integriert. Sexualität steht sogar paradigmatisch für das Freiheitsversprechen des Konsumkapitalismus. Während sonst von den Individuen Anpassung gefordert wird, herrscht in der Konsumsphäre grundsätzlich Wahlfreiheit zwischen verschiedenen sexuellen Lebensstilen. „Here," so merkt Rosemary Hennessy (2000: 136) an, „gays are included in an elastic community of pleasure seekers and a tentatively more pliant heterosexual sex-gender system." Hegemoniale Darstellungen dieses *gay lifestyle* bieten sich als Modell neoliberaler Sieger an (Woltersdorff 2004: 146). Diesem Klischee entsprechend firmieren Schwule als beruflich erfolgreiche Besserverdiener und modebewusste Trendsetter, gelten als mobil und flexibel, hedonistisch und konsumbetont, individualistisch und stilsicher und mithin als ideale Subjekte einer Konsum- und Dienstleistungsgesellschaft[40]. Diese partielle Normalisierung von Homosexualität unter neoliberalem Vorzeichen bezeichnet Lisa Duggan (2003) kritisch als neue „Homonormativität".

Fazit: Neoliberale Paradoxien

Katharina Pühl (2004) resümiert deshalb, dass der neoliberale Umbau des Sozialstaates durch Hartz IV in paradoxer Weise die Geschlechterverhältnisse sowohl verfestigt als auch flexibilisiert. Ihrer Ansicht nach nutzt er gerade diese Zwiespältigkeit, um die Subjekte in seinem Sinne zu mobilisieren.

Wer gewinnt, wer verliert durch die neoliberale Umstrukturierung?

Kann man vor diesem Hintergrund von einer einfachen Benachteiligung oder Privilegierung bestimmter stabiler geschlechtlicher und sexueller Identitäten sprechen? Nein. Analysen, die in Frauen, Schwulen, Lesben und Transgenders lediglich die VerliererInnen des neoliberalen Gesellschaftswandels sehen, verkennen gerade die Verschränkung von Ausschluss- und Ermächtigungsmechanismen. Andere Analysen, die *queer people* dagegen pauschal für die Gewinner halten, tendieren zu einer Verengung der Perspektive auf weiße männliche Mittelklassemilieus. Diesen VertreterInnen von Queer Theory wird eine zu starke Nähe zur neoliberalen Ideologie unterstellt. Insbesondere die queere und

[40] Als Beispiele für diese Vorstellung kann man Sendungen anführen, die schwule Stilberatung für heterosexuelles Konsumverhalten betreiben, wie „Schwul macht cool" vom Nov./Dez. 2003 auf RTL, oder das Medienphänomen der „Metrosexualität", das den kulturellen Mehrwert des gay lifestyle abschöpft, ohne das Stigma der Homosexualität teilen zu wollen. Dass es auch Lesben zunehmend gelingt, den neoliberalen Konsumkapitalismus zu kooptieren, suggeriert zum Beispiel die auch in Deutschland sehr populäre Seifenoper The L Word, in der die Lesben ausnahmslos schicke Karrierefrauen sind.

dekonstruktive Forderung nach der Verflüssigung von Identitäten affirmiere den neoliberalen Imperativ zu Flexibilisierung, Mobilisierung und Deregulierung der Arbeitssubjekte (Gratzke 2007).

Soziale Unterschiede liegen quer zu sexuellen und geschlechtlichen Identitäten

Die Aufgabe queerer Analysen besteht vielmehr darin, die unterschiedliche Eingebundenheit in Machtgefälle herauszuarbeiten, ohne eine homogene Identität zu postulieren, die auf eine einheitliche Betroffenheit schließen lassen würde. Queere Analysen fassen sozioökonomische Hierarchien nicht als Identitäten (zum Beispiel *das* Prekariat) sondern als Verhältnisse, in die die Einzelnen unterschiedlich eingebunden sind. So prognostizierte Michael Pollak bereits in den Achtzigerjahren die Verschärfung ökonomischer Differenzen, die quer zu sexuellen Identifizierungen liegen:

> „In einer ersten Phase hat die Kommerzialisierung um die Homosexualität deren soziale Sichtbarkeit erhöht und damit indirekt auch zum Gruppenzusammenhalt beigetragen. Doch langfristig wird sie die sozialen Unterschiede innerhalb des Milieus deutlicher hervortreiben, etwa wenn Treffs und Freizeit-Einrichtungen sich nach gesellschaftlicher Position und ökonomischem Status differenzieren. Das Gefühl eines gemeinsamen Schicksals, das die Homosexuellen über die Klassenschranken hinweg eint, wird dann wohl schwinden." (Pollak 1986: 72).

Ökonomie queeren heißt die vielfältigen Verbindungen sozialer und sexueller Ausschlüsse aufzuspüren

Deshalb – so fordern zahlreiche queer-feministische TheoretikerInnen unter dem Schlagwort „Intersektionalität" – muss eine queere Perspektive das wechselseitige Zusammenwirken verschiedener sozialer Ausschlussmechanismen berücksichtigen (vgl. 4.3). Cathy Cohen fordert eine Neujustierung dessen, was als queer gilt. Schwule und Lesben sind ihrer Ansicht nach nicht per se queer, während prekarisierte Heterosexuelle dagegen queer sein können. So plädiert Cohen (2005: 45) dafür, alleinerziehende schwarze Mütter in den USA (sogenannte „welfare queens") ebenfalls als queer zu betrachten, da sie aufgrund ihrer vermeintlich exzessiven Sexualität als Belastung des Sozialstaates denunziert und angegriffen werden. „Only by recognizing the link between the ideological, social, political, and economic marginalization of punks, bulldaggers, and welfare queens can we begin to develop political analyses and political strategies effective in confronting the linked yet varied sites of power in this country." Eine Beantwortung der Frage, was vor diesem Hintergrund in der Bundesrepublik als queer zu gelten hätte, steht noch weitgehend aus. Ebenso gibt es immer noch zu wenige queere Untersuchungen zu bildungsfernen und einkommensschwachen Schichten.

Literatur

Boudry, Pauline/Brigitta **Kuster**/Renate **Lorenz** (Hrsg.) (2007): normal love. Heterosexualität, Arbeit & Zuhause #2. Berlin: b_books.
Butler, Judith (1998): Merely Cultural. In: New Left Review 227, S. 33-44.
Fraser, Nancy (2003): Soziale Gerechtigkeit im Zeitalter der Identitätspolitik. Umverteilung, Anerkennung und Beteiligung. In: Nancy Fraser/Axel Honneth (Hrsg.): Umverteilung oder Anerkennung. Eine politisch-philosophische Kontroverse. Frankfurt am Main: Suhrkamp, S. 13-128.
Hennessy, Rosemary (2000): Profit and Pleasure. Sexual Identities in Late Capitalism. New York/London: Routledge.
Rudolph, Clarissa/Renate **Niekant** (Hrsg.) (2007): Hartz IV: Zwischenbilanz und Perspektiven. Münster: Westfälisches Dampfboot.

Sexarbeit zwischen patriarchaler Ausbeutung und emanzipatorischer Subversion — Susanne Koppe — 5.4

Überblick

Seit Anfang 2002 gilt in Deutschland ein neues Prostitutionsgesetz. Der Handel mit sexuellen Dienstleistungen gilt seither offiziell nicht mehr als sittenwidrig. Prostituierte können nun legal arbeiten und sich regulär zur Kranken- und Sozialversicherung anmelden; rechtlich ist die Tätigkeit im Sexgewerbe nun also eine anerkannte Erwerbsarbeit wie jede andere auch[41]. Die gesellschaftliche Debatte um dieses nach wie vor heikle Thema ist deshalb aber längst nicht abgeschlossen – auch und gerade innerhalb der feministischen Diskussion. Geprägt ist diese im Wesentlichen durch zwei Argumentationen: Die einen sehen Prostitution als einen besonders abscheulichen Auswuchs der patriarchalen Ordnung und plädieren deshalb für ihre Abschaffung. Die anderen betrachten das Sexgewerbe nicht als grundsätzlich problematisch, sondern betonen vielmehr das Selbstbestimmungsrecht eines jeden Menschen und fordern verbesserte Arbeitsbedingungen für Huren und vor allem auch ein Ende der gesellschaftlichen Stigmatisierung eben dieser.

[41] An der tatsächlichen Situation hat sich allerdings durch dieses Gesetz bislang nicht besonders viel geändert. Zu den bescheidenen Auswirkungen vgl. den Bericht der Bundesregierung (BMFSFJ 2007).

In diesem Kapitel werden zunächst verschiedene feministische[42], gendertheoretische und ‚queere' Positionen zum Sexgewerbe dargestellt und es wird in die Komplexität der Thematik eingeführt. Auf die umstrittene Debatte um Zwangsprostitution und auf die Doppelmoral bei der Bewertung von Sexarbeit wird gesondert eingegangen. Schließlich wird untersucht, wie die unterschiedlichen Theorieperspektiven in den einzelnen Argumentationslinien angewandt werden und welche Rolle ihnen dabei zukommt. Dies führt letztlich zu der Frage, warum eine Annäherung der verschiedenen Positionen nötig ist und wie man eine solche erreichen könnte.

Feministische Positionen zum Sexgewerbe

‚Prostitutionen' im Plural statt Prostitution im Singular. Zunächst einmal möchte ich festhalten, dass das Sexgewerbe ein sehr breites Feld ist und es sehr unterschiedliche Arten der Prostitution, unterschiedliche Arbeitsbedingungen, unterschiedliche Einstellungen und Motivationen für diese Tätigkeit gibt. Dabei haben beispielsweise Drogenstrich, Escort-Service, S/M-Studios oder Peep-Shows nur sehr bedingt etwas miteinander zu tun: „Sowenig wie man die Tätigkeit einer Fließbandarbeiterin mit der einer Abteilungsleiterin über einen Kamm scheren kann, sowenig kann man die Arbeit als Callgirl und die als Sexarbeiterin auf dem Strich von vornherein gleichsetzen" (Apel 2006: 6). Leider wird dies in den Debatten um Prostitution viel zu oft missachtet, und es werden viele scheinbar allgemeingültige Äußerungen getroffen, als ob Sexarbeit ein homogenes Phänomen mit nur einem Gesicht sei. Hierfür ein Bewusstsein zu entwickeln, ist auch äußerst wichtig für die Bewertung der einzelnen Positionen, welche ich im Folgenden darstellen werde.

Notwendigkeit der Differenzierung

Contra Prostitution

Eine von großen Teilen der Frauenbewegung und auch aktuell von vielen Feministinnen vertretene Sichtweise lehnt Prostitution

[42] Den Begriff ‚feministisch' verwende ich in diesem Kapitel in zweierlei Bedeutung: Zum einen als Überbegriff für verschiedene Positionen, die alle einen emanzipatorischen Anspruch haben; zum anderen aber auch zur Abgrenzung zwischen einerseits ‚feministischen' Zugängen, deren Hauptaugenmerk auf hierarchischen Geschlechterverhältnissen liegt, und andererseits ‚queeren' Ansätzen, die sich in erster Linie mit der Regulierung und Normierung von Sexualität auseinandersetzen (welche aber im Sinne der ersten Bedeutung auch Teil der feministischen Debatte sind).

grundsätzlich ab. Nach ihr ist das Sexbusiness in erster Linie die Fortsetzung einer patriarchalen Logik, in der Männer jederzeit und nach Belieben Zugriff auf und Macht über Frauenkörper haben. Prostituierte erführen eine tagtägliche Demütigung, indem sie lediglich als Sexobjekt wahrgenommen und behandelt würden – eine Erfahrung, die in abgeschwächter Form im Grunde jede Frau kenne. So schreibt Kate Millett Anfang der 1970er Jahre in ihrem Buch ‚Das verkaufte Geschlecht': „Ich sehe in der Prostitution so etwas wie ein Paradigma: ein Exempel für die soziale Situation der Frau [...]; durch den bloßen Akt der Prostitution wird unser Wert deklariert: als der Wert einer Sache" (Millett 1973: 73). Weil diese Entwertung von Frauen nicht hinzunehmen sei, müsse das Ziel die Abschaffung der Prostitution sein. Die Vertreterinnen dieser Position wollen dabei jedoch nicht die Sexarbeiterinnen selbst verteufeln, sondern sie prangern vielmehr die patriarchalen Strukturen an, deren gedemütigte Opfer diese Frauen seien. Das ‚Verkaufen' des eigenen Körpers könne in keinem Fall freiwillig geschehen, sondern sei immer Ergebnis zumindest indirekter (zum Beispiel finanzieller) Zwänge. Das Motto lautet also: „Solidarität mit den Prostituierten – und Kampf der Prostitution!" (Filter 1993: 40).

Sexistisch-patriarchale Ausbeutung

Ranghöchste Vertreterin dieser Position ist derzeit die schwedische Regierung. Seit der Einführung des ‚Kvinnofrid' (‚Frauenfrieden')-Gesetzes Anfang 1999 macht sich in Schweden nämlich der *Freier* strafbar, der eine sexuelle Dienstleistung in Anspruch nimmt, nicht aber die Prostituierte, die diese anbietet[43]. Die ehemalige schwedische Vizepräsidentin Margarete Winberg begründet dies damit, dass „Prostitution eine gravierende Form männlicher Gewalt gegen Frauen" sei, also in jedem Falle auch einen sexuellen Übergriff darstelle (Winberg 2003: 42). Für sehr viele Frauen, die im Sexgewerbe arbeiten, ist diese Tätigkeit mit beträchtlichen psychischen Belastungen und Schäden verbunden, die oft noch jahrelang fortwirken. Häufig könnten diese nur mit Hilfe von hohem Alkohol- oder Drogenkonsum oder durch erhebliche Verdrängungsleistungen ertragen werden (vgl. z.B. Millett 1973).

Traumatisierung

Einer weiteren immer wieder geäußerten Befürchtung zufolge wirke sich die Gewöhnung der Freier an die ‚Dienstleistungsorientierung' der Sexualität auch auf Liebes- und Ehebeziehungen

[43] Die neue schwedische Rechtslage wurde auch scharf kritisiert: So gibt es viele Einschätzungen, nach denen sich die Situation für Prostituierte in Schweden seither erheblich verschlechtert hat (vgl. z.B. Kulick 2005).

Auswirkungen auf die Gesellschaft

aus, und Männer erwarteten zunehmend auch in diesen Beziehungen die Erfüllung ihrer sexuellen Wünsche, ohne Rücksicht auf die Bedürfnisse der Partnerin zu nehmen (vgl. Sozialwissenschaftliche Forschung & Praxis für Frauen e.V. 2001: 6). Bianca Pohlmann schreibt in der ‚Emma', in der diese Position seit vielen Jahren vertreten wird: „In Gesellschaften, in denen manche Frauen käuflich sind [...], sind für Männer alle Frauen potentielle Objekte" (Pohlmann 2003: 39).

Pro Sexarbeit

Nun sind diese Forderungen der Frauenbewegung und ihrer Nachfolgerinnen nach Abschaffung der Prostitution ‚im Namen' der anschaffenden Frauen[44] nicht immer in deren Sinne. Wenn sich SexarbeiterInnen selbst zu Wort melden, kommt häufig deren Ärger zum Vorschein, dass andere anscheinend immer sehr um ihr körperliches und seelisches Wohl besorgt sind – ohne aber überhaupt zu fragen, was die ‚Betroffenen' selbst dazu meinen.

Akteurin statt Opfer

Oft sehen diese sich keineswegs in der Rolle der 'Opfer des Patriarchats'. Manche stellen diese Logik der patriarchalen Ausbeutung gleich ganz auf den Kopf und betrachten Sexarbeit als einen potentiell subversiven Akt: Der bezahlte Sex *breche* genau mit jener herrschenden Logik, nach welcher ein Mann unbegrenzten Zugriff auf Frauenkörper habe, weil es in diesem Fall ganz klar die Sexarbeiterin sei, welche die Grenzen setze, den Preis festlege und die Bedingungen, zu denen die vereinbarte Leistung stattfinde (vgl. z.B. Pendleton 1997: 79). Ein großer Teil der psychischen Belastungen, welche die Arbeit als Hure mit sich bringe, liege außerdem nicht unbedingt in der Sache selbst begründet, sondern sei oft eine direkte oder indirekte Folge von Kriminalisierung und gesellschaftlicher Stigmatisierung (vgl. z.B. Prostituiertenprojekt Hydra 1989: 78-92).

Es hat immer wieder regelrechte Zusammenstöße zwischen Frauenbewegung und Prostituierten gegeben, wo Welten aufeinander zu prallen schienen (vgl. Millett 1973: 12-19); mindestens aber ist das Verhältnis dieser zwei ‚Parteien' ein schwieriges und höchst ambivalentes (vgl. Prostituiertenprojekt Hydra 1989: 9-20).

Feministische Sexarbeiterinnen

Es gibt jedoch auch viele Sexarbeiterinnen, die diesen scheinbaren Gegensatz „Feministinnen vs. Prostituierte" aufbrechen

[44] Ich beziehe mich im Folgenden in erster Linie auf weibliche, heterosexuelle Prostituierte, weil sich vor allem an diesen die feministischen Geister entzünden. Gleichwohl teile ich die Kritik, dass Sexarbeit im Zusammenhang mit anderen sexuellen Orientierungen oder Geschlechterkonstellationen viel zu häufig komplett aus der Diskussion ausgeblendet werden.

wollen, weil sie sich selbst als Feministinnen verorten und darin durchaus keinen Widerspruch zu ihrer beruflichen Tätigkeit sehen. Einige solcher Stimmen, welche in diesem Fall fast alle einem queeren Spektrum zuzurechnen sind, hat Jill Nagle in dem Buch ‚Whores and Other Feminists' versammelt. Darin erklärt etwa die Sexarbeiterin und Akademikerin Carol Queen, warum sie sich mit der feministischen Analyse geschlechtsbedingter sozialer Ungleichheit zwar sehr verbunden fühlt, aber gleichzeitig große Schwierigkeiten mit weiten Teilen des 'orthodoxen Feminismus' habe (Queen 1997: 125-135). Sie kritisiert vor allem dessen sexualfeindliche Einstellung, welche aber auch die ganze Gesellschaft durchziehe. Die Idee der ‚sex radical politics', die sie in Anlehnung an Gayle Rubin (s.u.) stattdessen fordert, will außerdem gründlich aufräumen mit der Pathologisierung sexueller ‚Abweichungen'. Ausschließlich jene Formen sexuellen Handelns, welche nicht mit der Zustimmung aller Beteiligten stattfinden, sollten verurteilt werden. Der bezahlte Sexakt dagegen findet – zumindest im Idealfall – nach Verhandlung und beidseitiger Zustimmung zu bestimmten Bedingungen statt. Der grundlegende Unterschied zwischen den SexarbeiterInnen, die gut mit ihrem Beruf zurechtkommen, und jenen, die ihn als negativ und selbstzerstörerisch erleben, liegt für Queen vor allem in der Frage, ob diese eine positive Einstellung zu ihren Körpern und ihrer Sexualität haben – und dies anzuerkennen bedeute auch, dass hierin eine Möglichkeit zu positiver Veränderung liege:

‚Sex-Positivism'

> „Some of us want out of the business, but many of us simply want to see conditions improve, with everybody else out of the way. All of us would be served by a dose of sex-positive thought, which might allow us – many for the first time – to think of what we do as a worthy professional service, not demeaning, on-the-fringe behaviour" (ebd.: 130).

Die Prostituierte also nicht als zu rettendes Opfer des Patriarchats, sondern als selbstbestimmte, aber stigmatisierte Person zu sehen, welche gesellschaftliche Anerkennung verdient: Diese Sichtweise wird auch von Gayle Rubin, einer Wegbereiterin der Queer Theory, gestützt. In ihrem Aufsatz ‚Sex denken: Anmerkungen zu einer radikalen Theorie der sexuellen Politik' (Rubin 2003) veranschaulicht diese, wie die Gesellschaft alle sexuellen Akte in ‚gute' und ‚schlechte' einteilt. Als akzeptabel gilt dabei heterosexueller, ‚sauberer' Sex in einer Liebesbeziehung, als verwerflich und ‚pervers' zum Beispiel homosexueller, sadomasochistischer oder bezahlter Sex. So gesehen steht die Prostituierte in gleicher Weise wie der Schwule oder die S/M-Liebhaberin außerhalb der sexuellen Norm und ist quasi ein ‚queeres Subjekt'. Sie ist in diesem

Prostituierte als Marginalisierte

Sinne eher als Angehörige einer diskriminierten sexuellen Minderheit zu betrachten denn als Verkörperung und Fortschreibung der heterosexuellen patriarchalen Norm. Eva Pendleton spinnt diesen Faden noch weiter, indem sie das subversive Potential der Sexarbeit betont. Sie zeigt, wie die Sexarbeiterin heteronormative ‚Selbstverständlichkeiten' unterwandere, und konstatiert: „There is nothing straight about sex work" (Pendleton 1997: 76).

Bei aller Notwendigkeit einer ‚counternarrative' zum vorherrschenden Prostitutionsdiskurs, welcher Huren vor allem als Opfer darstellt, warnt Matt Bernstein Sycamore allerdings auch davor, ins gegenteilige Extrem umzuschlagen, Sexarbeit zu glorifizieren und die negativen Seiten der komplexen Wirklichkeit auszublenden: „This is as inaccurate as the talk show hosts and the social workers who call us depraved or deprived. To honor and respect ourselves, we must tell all sides of the story" (Sycamore 2000: 6).

Hurenbewegung

In Deutschland haben sich seit den 1970er Jahren Prostituierte in der Hurenbewegung politisch organisiert (diesen Begriff haben die Akteurinnen als positive Selbstbezeichnung für sich gewählt). Sie setzt sich ebenfalls in erster Linie für die gesellschaftliche Anerkennung und Entstigmatisierung von Sexarbeiterinnen ein, ohne aber problematische Aspekte des Gewerbes zu verschleiern. So bieten zum Beispiel Vereine wie ‚Hydra' (Berlin) und ‚Doña Carmen' (Frankfurt) allgemeine Beratung und Unterstützung für Prostituierte an, ohne sich auf Ausstiegshilfen zu beschränken.

Zwischen Schwarz und Weiß liegt sehr viel Grau: Komplexität anerkennen

Diese Positionen von GegnerInnen und BefürworterInnen der Prostitution sind nicht so klar voneinander trennbar und nicht unbedingt so grundsätzlich entgegengesetzt, wie es manchmal scheint. Zwar gibt es, wie ich dargestellt habe, zwei Haupt-Argumentationsstränge in der Debatte. Aber es wäre zu einfach, feministische Positionen zur Sexarbeit auf zwei entgegengesetzte und sich ausschließende Standpunkte – entweder ‚dafür' oder ‚dagegen' – zu reduzieren: Der Graubereich dazwischen ist groß, die Übergänge sind fließend und die Realitäten vielschichtig.

Vereinfachende Binarität vermeiden

Abgesehen davon, dass unterschiedliche SprecherInnen in ihren Äußerungen über ‚Prostitution' häufig tatsächlich nicht von den gleichen Verhältnissen reden und dies mitunter ein Grund für die unterschiedlichen Bewertungen ist, sind auch die Lebenswirklichkeiten einzelner SexarbeiterInnen oft sehr vielschichtig. So ist eine Unterscheidung zwischen freiwilliger und unfreiwilliger Prostitution zwar von großer Wichtigkeit – allerdings kann auch nie eine absolute Trennung zwischen Selbstbestimmtheit und Zwang erfolgen, da diese Grenze nicht nur zwischen verschiedenen Milieus, sondern oft genug auch innerhalb ein und derselben Person verläuft. Wenn jemand beispielsweise die Entscheidung für die Prostitution aus einer Notlage heraus trifft, etwa wegen Schulden, Armut oder um Drogensucht zu finanzieren, liegt zumindest ein indirekter Zwang vor. Und auch SexarbeiterInnen, die dieser Tätigkeit aus Überzeugung nachgehen, sind nicht gefeit vor sexuellen Übergriffen oder traumatisierenden Erfahrungen. Dass der Begriff der ‚(Un)Freiwilligkeit' zumindest nicht unproblematisch ist, zeigt auch das Beispiel der ehemaligen Prostituierten ‚J' in Milletts ‚Das verkaufte Geschlecht': Ihre Lebensgeschichte ist zunächst ein erschütternder Bericht einer von verheerenden psychischen Folgen ihrer Prostitutionstätigkeit gezeichneten Persönlichkeit. Trotzdem wehrt sie sich am Ende vehement gegen die Opferrolle, die ihr immer wieder zugeschoben wird: „Ich habe vielleicht die Prostitution verabscheut, aber ich hatte ein *Recht* dazu, sie auszuüben" (Millett 1973: 59 f.). Sie verteidigt ihre Möglichkeit, sich in ihrem Leben für das ‚geringere Übel' zu entscheiden: „Ich [möchte], daß das respektiert wird. Ich habe es so *gewollt*. Ihr Mitleid spricht mir gewissermaßen meine Freiheit der Wahl ab. Ich will nicht gerettet werden, weder von den Christen noch von den Psychoanalytikern" (ebd.).

Selbstbestimmung als ‚Recht auf das kleinere Übel'

Selbst da, wo die Unterscheidung zwischen ‚akzeptabler' und ‚inakzeptabler' Prostitution noch am klarsten scheint – beim Thema Zwangsprostitution – stellt sich die Sache bei differenzierter Betrachtung als nicht immer so einfach dar, weshalb ich darauf im Folgenden noch gesondert eingehen möchte.

Frauenhandel und Zwangsprostitution

Sehr häufig werden die Worte ‚Prostitution' und ‚Frauenhandel' in einem Atemzug genannt; besonders GegnerInnen des Sexgewerbes machen immer wieder auf diesen Zusammenhang aufmerksam. Vor der Fußballweltmeisterschaft 2006 in Deutschland gab es eine mediale Großkampagne, um Öffentlichkeit und potentielle Freier für die Thematik der Zwangsprostitution zu sensibilisieren[45]. Tausende von Frauen vor allem aus Asien und ost-

45 Die Kampagne ‚Abpfiff – Schluss mit Zwangsprostitution' war eine Initiative des Deutschen Frauenrates unter Zusammenarbeit mit verschiedenen Bündnispartnern wie z.B. amnesty international und dem DGB (vgl. Deutscher Frauenrat 2006).

europäischen Ländern würden jedes Jahr mithilfe falscher Versprechungen nach Deutschland gelockt, wo sie dann gegen ihren Willen auf brutale Weise in die Prostitution gezwungen würden.

Kritik an Zwangsprostitutions-Debatte

Allerdings sehen viele die Vermischung der Debatten über Sexarbeit und über Menschenhandel auch äußerst kritisch, weil dadurch zwischen sehr unterschiedlichen Phänomenen, nämlich zwischen Sexarbeit als Berufsausübung mit Einwilligung aller Beteiligten einerseits und kriminellen, an Sklaverei und Folter grenzenden brutalen Praktiken andererseits ein künstlich enger Zusammenhang hergestellt würde, welcher der Anerkennung der einvernehmlichen Sexarbeit als Beruf erheblich schade und deren gesellschaftliche Stigmatisierung weiter vorantreibe. So äußerte sich zum Beispiel auch die Bundesweite AG Recht/Prostitution zu diesem Thema: „Zwangsprostitution gibt es nicht. Prostitution ist eine freiwillig erbrachte sexuelle Dienstleistung, die einen einvernehmlichen Vertrag zwischen erwachsenen Geschäftspartner/innen voraussetzt. Ohne dieses Einvernehmen handelt es sich nicht um Prostitution, sondern um erzwungene Sexualität und damit um sexualisierte Gewalt“ (Bundesweite AG Recht/Prostitution: 2005).

Migration statt Frauenhandel

Dass ein beträchtlicher Teil jener Frauen, die mit Hilfe von Schleusern nach Europa kamen und hier oft als Opfer von Frauenhandel angesehen werden, durchaus als selbstverantwortliche soziale Akteurinnen ernst zu nehmen sind, legen verschiedene Fallstudien zu den Lebensgeschichten thailändischer Prostituierter nahe (Thorbek/Pattanaik: 2002). Viele von ihnen haben die Entscheidung, ins europäische Ausland zu gelangen und dort in der Prostitution zu arbeiten, sehr bewusst getroffen – oft auch im Bewusstsein der Risiken, die sie damit eingehen. Deswegen solle transnationale Prostitution als eine Form der Arbeitsmigration betrachtet werden (Ruenkaew 2002: 69); nur von einem theoretischen Standpunkt aus und ohne Einbeziehung der Sichtweisen dieser Frauen sei es möglich, dies generell als ‚Frauenhandel‘ zu bezeichnen (ebd.: 78). Allerdings sind migrantische Prostituierte tatsächlich oft unhaltbaren Bedingungen ausgesetzt. Die meisten haben einen ungesicherten Aufenthaltsstatus und müssen sich als Illegalisierte vor den Behörden verstecken; viele haben wegen ihrer Reise sehr hohe Schulden abzuzahlen[46]. Und Anders Lis-

---

[46] Kathrin Schrader macht darauf aufmerksam, wie die Problematik des ‚Frauenhandels‘ großteils erst aufgrund der restriktiven Ausländergesetze der EU entsteht: Die fortwährende Verschärfung der Einreisebestimmungen führe dazu, dass MigrantInnen zunehmend auf ZwischenhändlerInnen angewiesen

borg (2002:118) betont, dass die Übergänge von Freiwilligkeit zu Zwang fließend seien und dass man von „various degrees of voluntarianism" ausgehen müsse.

Loretta Ihme beleuchtet das Thema Zwangsprostitution von einem diskurstheoretischen Standpunkt aus. In einem sehr erhellenden Aufsatz über die Reproduktion von Differenz im Reden über Frauenhandel beschreibt sie, wie die Debatten über dieses Thema sehr häufig von rassistischen, klassistischen und sexistischen Diskursen durchzogen sind. Sie zeigt, wie im Diskurs über Frauenhandel die Problematik immer in ein fernes ‚Anderswo', in ein ‚imaginäres Außen' verlagert werde und wie damit implizit ein hierarchisierter Gegensatz zwischen dem ‚barbarischen Ausland' und einem ‚zivilisierten', westeuropäischen ‚wir' geschaffen werde. „Die Tat findet *anderswo* statt und wird von *anderen* ausgeführt. [...] Die ‚Täter' bedrohen, so wird suggeriert, ‚unsere' Realität, unterspülen ‚unser' moralisches Fundament und penetrieren ‚unsere' Grenzen" (Ihme 2006). Im Reden über Frauenhandel gehe es in Wirklichkeit „nicht sosehr um den Schutz der Opfer, sondern die Klarstellung ihrer Zugehörigkeiten" (ebd.), um die Kontrolle weiblicher Sexualität und der Mobilität von Frauen. Migration von Frauen stelle ein symbolisches Problem dar, weil dadurch die gesellschaftlich definierte Position der Frau innerhalb der Familie in Frage gestellt werde. Auch Ihme plädiert angesichts der Verwendung des Begriffes ‚Frauenhandel' schließlich dafür, diese Kategorie grundsätzlich in Frage zu stellen.

Dekonstruktion von ‚Frauenhandel'

Dies soll die brutalen Lebensbedingungen und Zwänge, denen manche Frauen tatsächlich ausgesetzt sind, keineswegs schönreden oder unter den Teppich kehren. Vielmehr ist dies ein Aufruf zu einem bewussteren, kritischeren Umgang mit Begriffen, um das irreführende sprachliche Zusammenwürfeln sehr unterschiedlicher Realitäten zu vermeiden. Das automatische Zusammendenken von Prostitution und Gewalt verharmlost letztlich die traumatischen Erfahrungen von Gewaltopfern im selben Maße wie es selbstbestimmten Sexarbeiterinnen schadet.

‚Sind wir nicht alle ein bisschen Hydra?' Zur Doppelmoral der Gesellschaft

Nun kann mit dem Satz ‚Prostitution ist eine Arbeit wie jede andere' natürlich auch nicht gemeint sein, dass diese frei sei von hierarchischen Geschlechterverhältnissen, sexistischer Diskrimi-

seien und durch ihren rechtlosen Status sehr leicht in Abhängigkeitsverhältnisse gerieten (Schrader 2006: 169 f.).

nierung und Ausbeutung – sondern vielmehr, dass sie genau wie andere gesellschaftliche Bereiche von diesen Ungleichheitsstrukturen durchsetzt ist. Diese werden allerdings in Institutionen wie zum Beispiel der Ehe oder in als akzeptabel erachteten Berufen von der Gesellschaft stillschweigend toleriert, aber verurteilt, sobald sie außerhalb dieser normierten Bereiche sichtbar werden. So fragt sich auch Vicky Funari im Rückblick auf ihre Anfänge in der Sexbranche:

Selektive Wahrnehmung sexistischer Strukturen

> „I wondered: What is the difference between jobs within work systems that hypocritically deny the importance of sex to their smooth operation as opposed to those that exploit it as their very reason for operating? If capitalism was structuring my work experiences, and if sexism was structuring roles within capitalism, what had I to lose by facing overt rather than covert realities? I certainly had a choice of not doing this particular work, but I never had a choice of not dealing with its existence“ (Funari 1997: 20).

In die gleiche Kerbe schlägt eine Hydra-Mitstreiterin, wenn sie ausführlich ihre miserablen Arbeitsbedingungen und ihren tristen, verabscheuten Alltag im Bordell beschreibt, aber am Ende zu dem Schluss kommt: „Trotzdem, der Job ist nicht schlimmer als Sekretärin oder Putzfrau oder Hausfrau oder sonstwas zu sein“ (Prostituiertenprojekt Hydra 1989: 45).

Anstatt die unrühmlichen Seiten der Sexbranche unter den Teppich zu kehren, machen diese Frauen darauf aufmerksam, dass in sehr vielen Bereichen Menschen unter schlechten Bedingungen arbeiten und Diskriminierungen erfahren – dass dies aber ungleich stärker bewertet und verurteilt wird, wenn es sich um Prostitution handelt.

Zweierlei Maß

Hier kommt eine Doppelmoral zum Vorschein, dank derer viele das Sexgewerbe und andere Berufe offensichtlich mit zweierlei Maß messen. Dies ist es auch, was Gayle Rubin meint, wenn sie davon spricht, dass Sex eine ‚Sonderkategorie' bilde: „Ein Überschuss an Bedeutung belastet alle sexuellen Akte“ (Rubin 2003: 39). Im Alltag, in zwischenmenschlichen Beziehungen und in als ‚normal' erachteten Berufen hat man (und auch frau) sich längst an die zugrunde liegenden sexistischen Strukturen gewöhnt; sobald im Sexismus aber der Sex explizit ins Spiel kommt, geht ein Aufschrei durch die empörten Reihen einer Öffentlichkeit, die sich selbst so gerne als emanzipiert und geschlechtergleichberechtigt sieht.

Struktur, Diskurs und Interaktion: Die drei Theorieperspektiven

So unterschiedlich können verschiedene Positionen zur Sexarbeit aussehen, die allesamt im weiteren Sinne ‚feministisch' sind. Wovon aber gehen die dargestellten Positionen aus, welche Theorieperspektiven haben sie gewählt und welche (unhinterfragten) Prämissen sind damit verbunden? Nina Degele unterscheidet in diesem Buch eingangs zwischen strukturorientierter Gesellschaftskritik, interaktionistischem Konstruktivismus und diskurstheoretischem Dekonstruktivismus als verschiedene Herangehensweisen, und stellt außerdem die Frage nach der Vereinbarkeit von Gender und Queer Studies, beziehungsweise von feministischer Theoriebildung einerseits und queertheoretischen Ansätzen andererseits. Bei meiner Betrachtung des Themas Sexarbeit habe ich gezeigt, dass einfache Zuordnungen oft nicht möglich sind und Differenzierung wichtig ist, dass es aber gleichwohl Affinitäten der unterschiedlichen Ansätze zu verschiedenen Theorieperspektiven gibt. Dies liegt vor allem im jeweiligen inhaltlichen Fokus der theoretischen Ansätze und der damit verbundenen Fragestellung begründet.

Zusammenhang Fragestellung/ Vorgehensweise

Teile der feministischen Analyse sind dabei der *strukturorientierten Gesellschaftskritik* zuzuordnen: Wer vor allem die Analysekategorie ‚Geschlecht' für relevant erklärt, fragt vor allem nach Hierarchisierungen im gesellschaftlichen Zusammenleben von Männern und Frauen, und benennt deswegen die Prostitution vor allem als vergeschlechtlichtes, patriarchales Machtverhältnis – ‚der Mann' (= Freier) beutet ‚die Frau' (= Prostituierte) sexuell aus und degradiert sie damit zum Objekt.

Eine Argumentationslinie hingegen, welche die Analysekategorie ‚Sexualität' fokussiert, zieht eher die Parallele vom angeblich moralisch verwerflichen ‚Sex gegen Geld' zu anderen angeblich moralisch verwerflichen dissidenten Sexualitäten, und sieht deswegen SexarbeiterInnen ebenso wie beispielsweise Lesben und Schwule eher als stigmatisierte sexuelle Minderheiten, die sich gesellschaftliche Anerkennung verschaffen wollen. Diese (vor allem innerhalb der Queer Studies problematisierten) wertenden Kategorisierungen in ‚normale' und ‚abnormale' Phänomene beginnen auf sprachlicher Ebene, und schließlich schafft die Sprache durch die Verwendung bestimmter Kategorien und durch dabei notwendigerweise stattfindende Ausschlüsse Wirklichkeiten – welche aufzuzeigen, zu kritisieren und theoretisch und praktisch zu dekonstruieren schließlich das Ziel ist. Aus diesem Grund mündet ein solcher Ansatz oft in *diskurstheoretischen Dekonstruktivismus* (wie etwa, wenn der Begriff ‚Frauenhandel' als Kategorie in Frage gestellt wird).

Für Vertreterinnen der Hurenbewegung steht dagegen oft weder eine große Gesellschaftstheorie noch der abstrakte Diskurs im

Vordergrund, sondern sie gehen eher von konkreten Erfahrungen aus. Wenn diese also einwenden, dass das Machtverhältnis zwischen Freier und Sexarbeiterin in Wirklichkeit genau umgekehrt sei als von ProstitutionsgegnerInnen behauptet, weil *sie* den Preis und die Bedingungen festsetze und *er* für diese ansonsten von Frauen oft umsonst hergegebene Leistung bezahlen müsse, geht es also darum, wie in der konkreten Interaktion vergeschlechtlichte Machtverhältnisse hergestellt werden – was wiederum eine Fragestellung im Sinne eines *interaktionistischen Konstruktivismus* ist.

Für eine queer-feministische Annäherung

Zusammenführung der Perspektiven

Anstatt die Grenzen zwischen verschiedenen Zugängen immer wieder neu nachzuziehen, plädiere ich dafür, sich diesen absoluten Oppositionen zu verweigern und die verschiedenen Kontroversen[47] stattdessen als Herausforderung anzunehmen: Vielleicht müssen sich sexpositiv-queertheoretische und strukturorientiert-feministische Herangehensweisen gar nicht in dem Maße gegenseitig ausschließen, wie es oft den Anschein hat. Dass auch jene, die für die Anerkennung der Sexarbeit als Beruf eintreten, keinesfalls wollen, dass Menschen gegen ihren Willen durch direkte oder indirekte Zwänge in die Prostitution geraten oder dort festgehalten werden, versteht sich im Grunde von selbst, findet aber selten oder nur in ungenügendem Maße Eingang in Pro-Sexarbeit-Argumentationen. Dass skeptische Feministinnen den Standpunkt einer selbstbestimmten Hure ebenfalls anerkennen und sie nicht weiterhin als ignorantes Opfer à la ‚sie weiß nicht, was sie tut' abtun, wäre zumindest zu hoffen.

Differenzierung und gegenseitige Öffnung

Wünschenswert wäre also *erstens,* in der Debatte immer wieder auf Differenzierungen zu pochen – und sehr genau hinzuschauen, wovon eigentlich gerade die Rede ist, wenn es mal wieder um ‚die' Prostitution geht: *Die* Prostitution gibt es nicht; es gibt unzählige verschiedene Realitäten, die alle unter dieser Flagge segeln, sich jedoch eklatant voneinander unterscheiden und deswegen auch nach differenzierter Betrachtung und unterschiedlicher

[47] Im Grunde geht es hier um Auseinandersetzungen auf drei verschiedenen Ebenen, die zwar auf verschiedentliche Weise eng miteinander zusammenhängen, aber keinesfalls deckungsgleich sind: Die Rede ist erstens von den Spannungen zwischen ‚feministischen' und ‚queeren' Herangehensweisen, zweitens von der Kontroverse zwischen ProstitutionsgegnerInnen und -befürworterInnen, und drittens von der Gegenüberstellung von strukturorientierter Gesellschaftskritik, interaktionistischem Konstruktivismus und diskurstheoretischem Dekonstruktivismus als unterschiedliche Theorieperspektiven.

Bewertung verlangen. *Zweitens* wäre es für eine solche Diskussion auch höchst sinnvoll, eine Bereitschaft zur Neubewertung und Verschiebung der eigenen Position zu entwickeln, anstatt jeweils am eigenen ideologischen Theoriegebäude weiterzubauen und nur denjenigen Gedanken Einlass zu gewähren, die farblich zu den eigenen Theoriebacksteinen passen. Dann könnte man wahrscheinlich sehr viel voneinander lernen: Die AkademikerInnen von den Huren, die ProstitutionsgegnerInnen von den ‚Sex-Positiven', die DekonstruktivistInnen von den GesellschaftstheoretikerInnen.

‚Blinde Flecken' aufspüren

Hierzu kann wiederum ein Bewusstsein für die verschiedenen Theorieperspektiven sehr nützlich sein, um Schwachstellen oder blinde Flecken einer Argumentation zu benennen. Beispielsweise im Fall der Queer-Theoretikerin Carol Queen: Obwohl sie in ihrem Aufsatz zwar eingangs betont, lediglich für diejenigen Sexarbeiterinnen sprechen zu wollen, die freiwillig und gerne in diesem Beruf sind (Queen 1997: 128), impliziert sie in ihrer späteren Argumentation, dass das negative Erleben der Prostitution in erster Linie durch eine internalisierte sexualfeindliche Einstellung begründet sei und nicht durch äußere Faktoren. Damit schiebt sie fatalerweise denjenigen, die sich selbst tatsächlich in einem sexistischen Ausbeutungsverhältnis sehen, einen guten Teil der Schuld dafür in die eigenen Schuhe (denn eine geistige Haltung könnte man ja auch verändern). Sie verkennt dabei die materiellen Faktoren, die mit einem strukturorientierten gesellschaftstheoretischen Hintergrund sichtbarer geworden wären – dass nämlich je nach Stellung innerhalb der kapitalistischen Ökonomie sich die Lebens- und Arbeitsbedingungen stark voneinander unterscheiden, und dass die Möglichkeit, sich aus freien Stücken für Sexarbeit zu entscheiden und diesen Beruf unter guten Bedingungen und in relativer Sicherheit vor Übergriffen auszuüben, nicht zuletzt auch eine Klassenfrage ist. So schreibt beispielsweise Queen als Prostituierte mit einem Doktorinnengrad in Sexualwissenschaften aus einer vergleichsweise privilegierten Position heraus. Auf der anderen Seite laufen strukturtheoretische feministische Analysen des Sexgewerbes oft Gefahr, frauenfeindliche und degradierende Machtverhältnisse zur einzig möglichen Wahrheit über die Prostitution zu erklären und andere Wahrnehmungen überhaupt nicht anzuerkennen. Die problematische Vereinfachung und Vereinheitlichung, die durch diesen Blick stattfindet, zeigt sich unter anderem auch darin, dass in weiten Teilen der feministischen Kritik ausschließlich die weibliche, heterosexuelle Prostituierte vorkommt: Schwule, lesbische oder männlichheterosexuelle Prostitution werden nicht thematisiert, und wären mit einer einseitigen Geschlechterhierarchisierung als einziger Kategorie auch gar nicht zu fassen.

Prämissen und Kategorien hinterfragen

Dieser Ansatz einer gegenseitigen Annäherung durch die Frage nach den ‚blind spots' einer jeden Position mündet, konsequent weitergedacht, in ‚queere' Kategorienkritik. Der Anspruch, transparent zu machen, mit welchen theoretischen Vorannahmen man sich einem Thema nähert und was dabei außen vor bleibt, ist eines der Hauptanliegen queerer Theorie – zu fragen, wer mit welchen Kategorien operiert und dadurch welche Ausschlüsse produziert. Es ist die Stärke der Queer Studies, solche Normalisierungs- und Ausschluss-Mechanismen in Mainstream-Diskursen über Sexualität aufzudecken; die Anwendung dieses kritischen Blicks auch auf die eigenen Diskurse lässt allerdings bisweilen zu wünschen übrig.

Schlussbetrachtung

Obwohl sie alle den Anspruch haben, Unterdrückungsverhältnisse rund um Geschlecht und Sexualität sichtbar zu machen und zu kritisieren und auf Selbstbestimmung und Freiheit von Diskriminierung hinzuwirken, kommen verschiedene Stimmen aus feministischen, queeren und gendertheoretischen Kreisen also zu sehr unterschiedlichen Einschätzungen von Sexarbeit. Von der vehementen Bekämpfung der Prostitution als sexistisch-patriarchale Einrichtung bis hin zur Überhöhung derselben als grandiose Möglichkeit zur sexuellen Emanzipation sind Positionen aller denkbaren Schattierungen vertreten. Einerseits liegt dies an den tatsächlich sehr unterschiedlichen Realitäten und Ausprägungen des Sexgewerbes, die viel zu oft ohne die dringend notwendige Differenzierung in einen Topf geworfen werden. Andererseits hängen die auseinanderklaffenden Einschätzungen eng mit den unterschiedlichen theoretischen Zugängen der Argumentierenden zusammen, durch welche diese jeweils andere Ebenen und Aspekte desselben Phänomens in den Blick bekommen. Jeder dieser verschiedenen Blickwinkel hat seine Berechtigung – aber keiner davon reicht für sich genommen aus, um die Vielschichtigkeit des Phänomens Prostitution ausreichend und differenziert zu erfassen. Deswegen ist es dringend nötig, eine Öffnung der verschiedenen Perspektiven füreinander anzustreben und eine zusammenführende, queerfeministische politische Position zur Sexarbeit zu formulieren. Eine solche ‚hybride Perspektive' müsste unter anderem folgende Aspekte beinhalten:

> „[T]he radical feminists' insistence that injustice should be challenged and not accomodated; the sex radicals' insistence that subversion is a creative means of opposition; the abolitionists' insight that just because something has always existed it is neither inevitable nor unchangeable; and the prostitutes' rights perspective that transforming our lives does not mean a politics of prohibition" (Wendy Chapkis nach O'Neill 2001: 25).

Dies ist ein ehrgeiziges Ziel – aber kein unmögliches, wenn es gelingt, das queere Selbstverständnis eines kritisch-hinterfragenden Umgangs mit Kategorien und deren Normalisierungs- und Ausschlussmechanismen in feministische Debatten über Prostitution hineinzutragen – und gleichzeitig im queertheoretischen Diskurs diesem eigenen Anspruch zunehmend selbst gerecht zu werden, und auch die eigenen Argumentationen auf ihre Prämissen, blinde Flecken und Normierungen hin zu überprüfen.

Literatur

Grenz, Sabine/Martin **Lücke** (Hrsg.) (2006): Verhandlungen im Zwielicht. Momente der Prostitution in Geschichte und Gegenwart. Bielefeld: transcript.

Millett, Kate (1973): Das verkaufte Geschlecht: Die Frau zwischen Gesellschaft und Prostitution. Vier Frauenstimmen zum Thema. München/Wien/Basel: Verlag Kurt Desch.

Nagle, Jill (Hrsg.) (1997): Whores and Other Feminists. New York/London: Routledge.

Thorbek, Susanne/Bandana **Pattanaik** (Hrsg.) (2002): Transnational Prostitution. London/New York: Zed Books.

5.5 Pornografie zwischen PorNo und PorYes

Claudia Münzing

Überblick

Dieses Kapitel beschäftigt sich mit den feministischen Debatten und den darin enthaltenen Pro- oder Kontrahaltungen zu Pornografie. Zudem geht es um unterschiedliche wissenschaftliche Ansätze, die in die Debatten eingeflossen sind und den jeweiligen Haltungen und Betrachtungsweisen zugrunde liegen. Am Ende steht ein queer-feministischer Ausblick, der sich der Frage widmet, welche Haltung zu Pornografie heute angemessen sein könnte und welche Auswirkungen das auf die Wahrnehmung von Pornografie im allgemeinen und im besonderen haben könnte.

„Eine politische Haltung, die die erotischen, phantastischen Aspekte unseres Lebens durch keimfreie Rationalität zu ersetzen trachtet, wird nicht die Herrschaftsbeziehungen überwinden, sondern lediglich ein Vakuum schaffen."
(Jessica Benjamin)

Einleitung

Wer die (feministischen) Debatten um Pornografie, die in den letzten 30 Jahren mal hitzig und emotional, mal betont nüchtern und wissenschaftlich geführt wurden, verfolgt hat, könnte zu dem Schluss kommen, dass das Thema mittlerweile zu den Akten gelegt gehört. Es scheint alles schon einmal gesagt worden zu sein, die Positionen der GegnerInnen oder BefürworterInnen von Pornografie scheinen klar ausformuliert und klar begründet zu sein, und auch die Argumente des Dagegens oder des Dafürs lassen sich in Aufsätzen, Zeitungsartikeln, TV-Berichterstattungen und so weiter ohne große Mühe finden. Die Begründungen für die jeweilige Haltung zu Pornografie schließen private, persönliche Vorlieben ebenso ein wie gesellschaftspolitisch ausgerichtete Forderungen. Die Texte, in denen es um Pornografie aus den unterschiedlichsten Blickwinkeln betrachtet geht, sind mal kämpferisch, mal ironisch, oftmals moralisierend oder rechtfertigend gefärbt. Die Sprache ist metaphernreich, schließlich geht es ja um produzierte und rezipierte Bilder, und der Sprachduktus ist meistens darauf ausgerichtet, die LeserInnen von der eigenen Position zu überzeugen.

Pornografie: ein klares Pro- oder Kontra-Thema? Einigkeit besteht zumindest darüber, was die Definition von Pornografie angeht. Kurz und knapp: Pornografie ist die explizite Darstellung sexueller Handlungen in Bild und Text, die darauf zielt, sexuelles Begehren zu erzeugen (vgl. Willis 1985:181). Die Bilder und Texte sind Speichermedien von Triebsignifikanten[48] und der Zweck von Pornografie liegt somit auf/in der Hand: es geht um die Freisetzung und den Gebrauch der körperlichen Lust. Die jeweiligen Bilder stehen denjenigen zur Verfügung, die danach suchen und sie gebrauchen wollen, Angebot und Nachfrage regulieren auch die Pornografie.

---

[48] Triebsignifikanten sind in den Bildern und Texten gespeicherte Botschaften, die im Körper der Betrachtenden oder Lesenden sexuelle Lust und sexuelles Begehren auslösen.

Worum drehten und drehen sich nun die Auseinandersetzungen? Wie sahen und sehen feministische Positionen zu Pornografie aus? Was ist die (gesellschafts-)politische Dimension der Pornografie? Wie könnte eine zeitgenössische queer-feministische Perspektive auf die Pornografie aussehen?

Ich werde zunächst auf die feministischen Positionen zu Pornografie eingehen, um so die Diskurse offen zu legen, die den Rahmen der Auseinandersetzungen abstecken. Zentral sind dabei die Schnittstellen von Öffentlichkeit und Privatheit, die postulierten Auswirkungen von (virtuellen) Bildern auf reale Handlungsmuster und die alte Frage, ob Pornografie staatlicher Kontrolle unterworfen sein sollte oder nicht. Im Anschluss daran werde ich mich den Produktions- und Rezeptionsaspekten von Pornografie widmen und einen genaueren Blick auf die Wahrnehmung pornografischer Bilder oder Texte werfen. Wer nimmt welche Bildlichkeiten wie wahr und geht wie mit ihnen um? Und wieso hat Pornografie in unserer ach so libertären Zeit ihren anrüchigen Charakter immer noch nicht verloren? Ist die Pornografie, um mit Deleuze und Guattari (vgl. Deleuze/Guattari 1977) zu fragen, nur ein weiterer Verweis auf die allem Gesellschaftlichen zugrunde liegende nichtsagbare Triebstruktur? Haben die ganzen Debatten letztendlich nur ein Vakuum geschaffen, das flankiert wird von versteckten hegemonialen Moralvorstellungen?

Im letzten Abschnitt geht es um eine mögliche Perspektive auf Pornografie, die den Anspruch hat, zeitgenössisch, offen, feministisch und queer zu sein.

Feministische Debatten um Pornografie

Seit dem Aufkommen der sexuellen Revolution Ende der 60er-Jahre und dem Beginn der Neuen Frauenbewegung drehen sich feministische Debatten immer wieder in unterschiedlichen Schattierungen um die Themenkomplexe Öffentlichkeit und Privatheit. Feministinnen artikulieren zu dieser Zeit zum ersten Mal, dass nicht nur die öffentlichen Diskurse „politisch" sind, sondern dass sich öffentlich legitimierte Machtbeziehungen in den privaten Verhältnissen niederschlagen und erst dort ihre volle Wirkung entfalten (vgl. Holland-Cunz 2003:174). Mit dem Slogan „Das Private ist politisch" verweisen sie darauf, dass sich die Lebenssituationen von Frauen, die primär mit dem privaten Bereich der Aufzucht und Pflege von Kindern und der treuen Sorge um den Ehemann assoziiert sind, nur dann verändern lassen, wenn die scheinbar privaten Probleme zu öffentlich politischen Problemen werden. Was bedeutet der altbekannte Slogan aber nun im Hinblick auf die (inner-)feministischen Debatten um Pornografie? Welche privaten Probleme von Frauen sollten ver-öffentlicht und im öffentlich politischen Bereich diskutiert werden? Worum geht es bei den öffentlichen Debatten über das „Problem Pornografie“, das überhaupt erst durch die feministische Gegenöffentlichkeit zum Problem wurde?

Zunächst einmal geht es darum, klar und deutlich zu artikulieren, dass die herrschenden Geschlechter- und Sexualitätsregimes zugunsten von Männern und zuungunsten von Frauen strukturiert sind. Die Hegemonie des „männlichen Willens“, repräsentiert in einem patriarchalen Gesellschafts- und Rechtssystem, übt Macht über die Handlungsmöglichkeiten von Frauen aus, eignet sich ihre Körper auf multiple Weise an (Reproduktionskörper, Familienkörper, sexualisierter Körper der Frau) und beutet sie aus. Diese Grundannahme ist das auslösende Moment für diejenigen feministischen Positionen, die sich eindeutig für ein Verbot pornografischer Bilder und gegen eine weitere gesellschaftliche Verbreitung eben dieser aussprechen (vgl. Jeffreys 1994:9). Die Denkbewegung sieht folgendermaßen aus: in einem patriarchalen System, das die Körper der Frauen ausbeutet, reicht diese Ausbeutung bis tief in die intimsten Winkel der weiblichen Existenz (sprich bis ins Schlafzimmer) hinein. „Die Frau“ hat „dem Mann“ auch in sexueller Hinsicht jederzeit zur Verfügung zu stehen und der Sexualakt ist definiert als eheliche Pflicht, die der Ehemann von seiner Frau einfordern kann. Feministische Gruppen wie die WAVPM (Women against violence in pornography and media), später nur noch WAP (Women against pronography) verweisen auf die postulierten prekären Situationen von Frauen und finden auch schnell einen Sündenbock, der paradigmatisch für die patriarchalen und sexistischen gesellschaftlichen Verhältnisse steht: die Pornografie. Die Pornografie und alle Bilder von Sexualität, die sie transportiert und veröffentlicht, sind in dieser Sichtweise ausschließlich auf Männer und einen Männermarkt abgestimmt und können deshalb auf Frauen nur negativ und zerstörerisch wirken. Pornografie ist keine Abbildung von Sex, sondern die dargestellten Akte sind Gewalt gegen Frauen. Die logische Konsequenz aus dieser Haltung ergibt sich quasi von selbst: Pornografie perpetuiert und verfestigt patriarchale Geschlechterverhältnisse und muss somit (ebenso wie in letzter Konsequenz die Verhältnisse selbst) gesetzlich verboten werden.

Um ein solches Verbot durchzusetzen ist den feministischen Gegnerinnen der Pornografie fast jedes Mittel recht, auch die Zusammenarbeit mit erzkonservativen religiösen Vereinigungen, die jegliche Form von bildhafter Sexualität kategorisch ablehnen und als Sünde auffassen. Der Zweck heiligt bei den Antipornografieaktivistinnen die Mittel und treibt seltsame argumentative Blüten aus wie zum Beispiel die Ansicht, jeder (hetero- aber auch homosexuelle) Penetrationssex sei eigentlich eine Vergewaltigung (vgl. Snitow 1985:15). Bilder von sexuellen Praktiken repräsentierten immer nur die Lust des Mannes, die Lust der Frau existiere somit nicht. Frauen, die sich gegen diese Sichtweise wehren und sich dazu bekennen, Pornos gut zu finden, werden als Kollaborateurinnen der Männer angesehen, ihnen wird sogar unterstellt, einer männlichen Gehirnwäsche unterzogen worden zu sein.

„In der Rhetorik dieser Bewegung ist Pornografie Codewort für lasterhafte männliche Lust. Auf den Einwand, auch manche Frauen lassen sich von Pornos aufgeilen, erfolgt stets die Antwort, das beweise nur, einer wie gründlichen Gehirnwäsche durch Männernormen Frauen unterzogen worden seien – und ein Flugblatt der WAP geht sogar soweit zu suggerieren, Frauen, die für sich die Lust an Pornografie in Anspruch nehmen, lügen, bloß weil sie bei den Männern nicht unten durch sein wollen.“ (Willis 1985:185).

Die einzig legitime Form von Sexualität für die Pornogegnerinnen ist die Sexualität zwischen Frauen, die sich ohne Penetration und Aggression ereignet und die der vermeintlich zarten weiblichen Natur gerecht wird.

In Anbetracht der Rigidität, mit der die Pornogegnerinnen die private Situation von Frauen durch öffentliche Verbote von Pornografie verbessern wollen, ist es nicht verwunderlich, dass die Debatten zu großem öffentlichen Aufruhr und zu großen Diskussionen führen. Und es ist ebenso wenig verwunderlich, dass sich innerhalb des feministischen Diskurses eine breite Gegenfront etabliert, die systematisch die Argumentationen auf Ausschlüsse und Gefahren hin überprüft.

Frauen und Lesben, wie zum Beispiel Pat Califia oder Ann Snitow, machen in ihren Entgegnungstexten deutlich, dass bei einem öffentlichen Verbot der Pornografie eventuell auch genau diejenigen pornografischen Bilder von der öffentlich zugänglichen Oberfläche verschwinden würden, die subversive und nicht-hegemoniale Sexualitäten zeigen und diese dadurch erst sichtbar machen. Sie beziehen eindeutig eine Pro-Porno-Position und warnen davor, dem Gesetzgeber die Macht über die Bilder zu überlassen und die Zensur an die Stelle von freiwilliger Selbstkontrolle zu setzen. Zudem machen sie vehement darauf aufmerksam, dass in den Anti-Porno-Haltungen Pathologisierungen innerhalb des feministischen Diskurses am Werk sind, die genau die patriarchalen Grundstrukturen reproduzieren, die sie abzuschaffen glauben. Wer sich so viel mit Pornografie beschäftigt wie die Anti-Porno-Aktivistinnen, tritt in die Falle des Signifikanten: auch wenn ein Verbot von Pornografie erreicht werden soll, würden die Bilder ständig wieder eingesetzt und erst dadurch zur unumstößlichen Machtstruktur verfestigt werden. Zudem würden durch gesetzliche Verbote Produktion und Distribution von Pornografie in den Bereich der Illegalität verschoben und somit erst recht der öffentlichen Kontrolle entzogen.

Die Pro-Porno-Verfechterinnen entscheiden sich aufgrund dieser Feststellungen für eine andere Strategie als die Gegnerinnen. Anstelle des Verbotes pornografischer Bilder setzen sie die Produktion „positiver", „ästhetischer" Bilder (vgl. Henderson 1992:177). Sie etablieren neue Zeitschriften, beschreiben queere Sexpraktiken und verweisen auf die Schnittstellen von schwuler und lesbischer Sexualität, insbesondere im feministisch oftmals verteufelten SM-Bereich[49].

Das Ausleben persönlicher Fantasien ohne (feministische, religiöse, pathologisierende) Moralkeulen im Kopf wird als gesünder und wirksamer erachtet als das permanente Nachdenken darüber, welche sexuelle Praktik und welches pornografische Bild von bestimmten Menschen als politisch korrekt empfunden wird oder nicht. Es geht den Befürworterinnen von Pornografie darum, den Menschen und insbesondere den Frauen einen positiven Zugang zu ihrem Körper, zu ihrem Imaginären, zu ihrer Lust zu ermöglichen und sie selbst entscheiden zu lassen, was ihnen gut tut und was nicht. Sie entlarven die Verbote von Pornografie als Verschärfungen und nicht als Entschärfungen kultureller Tabus, weswegen die Definitionsmacht über Obszönität und sexuelle Dissidenz auf keinen Fall in die Hände des Staates geraten darf. Das Recht auf Privatsphäre, das auch das Ausleben der eigenen Sexualität und sexueller Vorlieben in der persönlichen Privatheit impliziert, darf auf keinen Fall beschnitten werden. Immerhin sind gerade die sexuellen Minderheiten meistens aus privaten Zusammenschlüssen von Menschen entstanden, die sich ihre eigenen Gegen-Öffentlichkeiten erschaffen und erkämpft haben, um ihre privaten Vorlieben gemeinsam auszuleben, um ihre Dis-

49 SM-Praktiken gelten bei den Pornogegnerinnen als besonders gefährlich und gewaltverherrlichend. Die Vorstellung, dass Frauen aus SM-Szenarien Lust gewinnen können, erscheint abwegig und unfeministisch, weil davon ausgegangen wird, dass sich in ihnen die ohnehin gewalttätigen patriarchalen Machtverhältnisse reproduzieren (vgl. Linden/Pagano/Russell/Star 1982).

sidenz zu feiern, anstatt sie zu pathologisieren. Subkulturen jeder Art konnten sich immer erst dann aus eigentlich privaten Impulsen heraus entwickeln und öffentlich sichtbar werden, wenn sich der Staat aus bestimmten menschlichen Lebensbereichen weitestgehend herausgehalten hat.

Welche Pornografie erlaubt ist und welche nicht (und hier sind keine illegalen Formen von Pornografie wie Kinderpornos oder Snuff-Pornos gemeint, die unter Gewalt fallen) soll und darf nicht Sache des Staates und auch nicht Sache einer feministischen oder religiösen Hardlinerminderheit sein, sondern sie muss Sache der Zivilgesellschaft[50] sein. Die beinhaltet nämlich die unterschiedlichsten gesellschaftlichen Gruppen mit jeweils spezifischen Gruppenidentitäten und spezifischen Codes, die durchaus voneinander wissen und auch im Alltagsleben aufeinander stoßen. Wer welche Pornos aus welchen Gründen konsumiert ist nebensächlich, solange alle (bei Bedarf) adäquaten Zugang zu pornografischem Material ihres Geschmackes haben. Wenn innerhalb der Zivilgesellschaft und den vermittelnden Medien die Existenz unterschiedlicher Pornografien als selbstverständlich angesehen würde und man die anderen zwar nicht verstehen, aber auch nicht verteufeln müsste, dann wäre Pornografie kein gesellschaftspolitisches Problem, sondern ein Thema unter vielen.

Sowohl den Pornografiegegnerinnen als auch den Pornografiebefürworterinnen geht es um eine Transformation der Öffentlichkeit zum Zwecke einer im jeweiligen Sinne gedachten besseren Privatheit. Die Gegnerinnen vertreten den Standpunkt, dass es Frauen ohne Pornografie und am besten gleich auch noch ohne Männer besser ginge, die Befürworterinnen machen deutlich, dass es den Menschen dann am besten geht, wenn sie sich zumindest in ihrer Privatheit so ausleben können, wie es ihnen Spaß macht und Lust bereitet. Bei den einen geht es darum, allgemeingültige sexuelle Normen per Gesetz festzuschreiben, um das ersehnte politische Ziel (sprich die Veränderung der Geschlechterverhältnisse und das Ende der Unterdrückung von Frauen) zu erreichen, bei den anderen steht das immer wieder neue zivilge-

50 „Der Begriff Zivilgesellschaft bezeichnet eine Sphäre kollektiven Handelns und öffentlicher Diskurse, die zwischen Privatbereich und Staat wirksam sind. Ihren organisatorischen Kern bildet eine Vielzahl pluraler, auch konkurrierender Assoziationen, die ihre Angelegenheiten relativ autonom organisieren und ihre materiellen wie immateriellen Interessen artikulieren." (Thiery 2001:593).

sellschaftliche Aushandeln der Grenzen des Tolerablen und Akzeptablen im Vordergrund[51].

Festzuhalten bleibt, dass weder die einen noch die anderen sich flächendeckend durchsetzen konnten. Pornografie ist weder in den USA noch in Deutschland verboten, zählt aber nach wie vor zu den gesellschaftlichen Brennpunktthemen. Seit die Diskussion um Pornografie vor 30 Jahren ins Rollen kam, sind Sexualität und Körperlichkeit vorgedrungen in den medialen Mainstream, in die Werbung, ins Alltagsbewusstsein. Das Internet ist eine Fundgrube für jede noch so ungewöhnliche sexuelle Vorliebe und die Anzahl pornografischer Seiten scheint unendlich.

Pornografie und Geschlecht

In den (feministischen) Debatten um Pornografie, vor allem in den Begründungen für die jeweiligen Pro- oder Kontrahaltungen, treten nicht nur Gesellschaftskritik und politische Veränderungsansprüche zu Tage. Die Haltungen stehen vielmehr auch für spezifische wissenschaftliche Herangehensweisen an gesellschaftliche Brennpunktthemen und Problemstellungen und lassen sich auf unterschiedliche theoretische Wurzeln zurückführen.

Die differenzfeministischen Positionen zur Pornografie fassen Geschlecht als Strukturkategorie auf, was die Annahme mit sich bringt, dass alle Frauen und alle Männer aufgrund ihres Geschlechts so sind, wie sie sind, und sich so verhalten, wie sie sich verhalten. In einem als patriarchal definierten Gesellschaftssystem (und im differenzfeministischen Denken sind insbesondere alle „zivilisierten“ Gesellschaften patriarchal) sind somit die Positionen der Frauen und die Positionen der Männer von vornherein klar abgesteckt: Frauen werden von Männern unterdrückt und können sich gegen diese Unterdrückung nur dann wehren, wenn sie sich als weibliche Gesamtheit formieren und als Gruppe mit gemeinsamer Identität und gemeinsamen politischen Zielen agieren. Das klingt zunächst einmal vernünftig, allerdings schleichen sich in ein solches Denken meistens unbemerkt Annahmen ein, die dem eigentlichen politischen Ziel der Beendung der sexuellen und auch sonstigen Unterdrückung und Ausbeutung von Frauen diametral entgegenstehen. Die differenzfeministisch ge-

---

[51] Die bisher im Text dargestellten Argumentationslinien für oder wider Pornografie stammen aus dem US-amerikanischen Kontext, verliefen aber auch in anderen Ländern ähnlich. Nennenswert im deutschen Kontext ist die porNO-Kampagne von Alice Schwarzer und Co, deren erklärtes und kämpferisches Ziel es war, insbesondere Frauen vor pornografischen Bildlichkeiten zu schützen (vgl. Passig/Strübel 2001:73 ff.).

prägte strukturorientierte Gesellschaftskritik argumentiert in einem festen Täter-Opfer-Schema. Frauen sind demnach immer Opfer, Männer immer Täter. „Frau sein" bedeutet also Opfer sein, und zwar Opfer von heterosexuellen männlichen Übergriffen. „Frau sein" bedeutet zudem in erster Linie heterosexuelle Frau, verheiratete Frau oder Mutter zu sein. Meiner Meinung nach bleibt der strukturorientierte Ansatz in einer gefährlichen Opfermetaphorik stecken und stellt weder die Zweigeschlechtlichkeit an sich noch Heterosexualität als gesellschaftliches Strukturprinzip in Frage. Die Täter-Opfer-Dichotomie reproduziert die Mann-Frau-Dichotomie und lässt wenig Spielraum, die Geschlechterverhältnisse außerhalb von Dichotomien zu denken. Letztendlich ist Männlichkeit definiert als negative und übergriffliche Aktivität und Weiblichkeit als negative Passivität. Es gibt in diesem Denken keine positiven Bilder für Männlichkeit oder Weiblichkeit, vor allem gibt es keine konstruktiven Vorschläge zur Lösung „des Problems" außer dem Beharren auf gesetzlichen Regelungen und Eingriffen von Seiten des Staates. Die Beziehung zwischen Männern und Frauen ist eine dauergestörte und soll über Bestrafungsmechanismen entstört werden. Dass sich dadurch nichts an der Geschlechterdichotomie und auch nichts am Täter-Opfer-Schema ändert, liegt auf der Hand.

Einen anderen Blick auf die Geschlechterverhältnisse wirft der konstruktivistische Interaktionismus. In Bezug auf Pornografie stellt dieser Ansatz die Frage, wie Geschlecht in Pornos hergestellt wird, oder präziser, wie gesellschaftliche Geschlechterbilder in Pornos reinszeniert und mit spezifischen Bedeutungen ver- und gesehen werden. Männer und Frauen gibt es in diesem Denken nicht natürlicherweise und es werden ihnen auch keine von vorneherein existierenden Wesenhaftigkeiten zugeschrieben, sondern es wird betont, dass Geschlechterverhältnisse durch interaktives sprachliches und körperliches Handeln hergestellt und dann von den vergeschlechtlichten Subjekten interpretiert und reinszeniert werden. Das Stichwort heißt *„doing gender"*. Wenn Frauen beispielsweise in Heteromainstreampornos[52] allesamt vollbusig, mit langen Fingernägeln bestückt, langhaarig und „superweiblich" dargestellt werden, Männer hingegen gut bestückt, muskelbepackt und allzeit bereit sind, so werden gezielt Geschlechterstere-

52 Unter Heteromainstreampornos werden solche Pornos verstanden, die heterosexuelle Sexpraktiken zwischen Männern und Frauen zeigen. Manchmal auch „lesbische" Sexpraktiken zwischen Frauen, aber niemals schwule Sexpraktiken zwischen Männern.

otype konstruiert, die dann als normalisierte Deutungsmuster von den Zuschauenden als geschlechtliche Realität wahrgenommen werden. Geschlecht und daran angebunden Sexualität wird nicht nur von den Pornodarstellenden „getan“, sondern aktiv von den Pornoguckenden im Rezeptionsprozess hergestellt. Die scheinbar natürlichen anatomischen Tatsachen können die überzeugte Konstruktivistin oder den überzeugten Konstruktivisten nicht mehr länger darüber hinwegtäuschen, dass *doing gender* ein aktiver Verkörperungsprozess von Geschlecht ist, der immer wieder mit sprachlichem und körperlichem Tun (re-)produziert werden muss. Die geschlechtlichen Handlungsmöglichkeiten hängen dabei auch immer davon ab, welche Konstruktionen von Geschlecht in welchem Diskurs als „normal“ gelten und welche nicht. Allerdings bleibt auch der *doing-gender-Ansatz* bei der Beobachtung und Analyse von „männlichen“ und „weiblichen“ Verhaltensweisen stehen, die zwar nicht mehr als natürlich, sondern als sozial hergestellt aufgefasst werden, aber nichtsdestotrotz die Binarität männlich-weiblich immer wieder von Neuem einsetzen. Der entscheidende Fortschritt zum strukturorientierten Ansatz besteht darin, dass es nicht mehr um Täter und Opfer geht, sondern um gemeinsame Interaktionsprozesse, in denen Geschlecht hergestellt wird, und dass die soziale Dimension von Geschlecht und damit auch die prinzipielle Veränderbarkeit der Geschlechterverhältnisse in den Blick gerät und denkbar wird.

Das Beibehalten von Binaritäten als scheinbar natürliche und nicht ebenso konstruierte Denkanordnungen wird im diskurstheoretisch orientierten dekonstruktiven Ansatz zunächst offen gelegt und dann radikal in Frage gestellt. Dieser zunächst abstrakt und theoretisch anmutende Ansatz liefert jedoch durchaus praktikable (Denk-)Werkzeuge, um Bedeutungen nicht mehr in Gegensatzpaaren zu produzieren, als vielmehr in mehrdimensionalen pluralen Matrizen. Weder der anatomische Körper noch der sozial geformte ist per se mit einer spezifischen Bedeutung belegt. „Männlich“ und „weiblich“ sind in diesem Denken nur völlig unzureichende Bezeichnungen für die vielfältigen Äußerungsformen von Geschlecht, und die Beibehaltung der Binarität wird radikal kritisiert, weil sie keinerlei Räume zwischen „männlich“ und „weiblich“, „passiv“ und „aktiv“ denkbar macht und sichtbar werden lässt. Dekonstruktives Denken setzt nicht erst an, wenn das Kind schon längst ins Wasser gefallen ist (also entweder Opfer oder doch immer noch Frau ist), sondern es geht auf einem zunächst sprachphilosophischen und sprachtheoretischem Niveau um die Genese und das Verstehen der Genese von Bedeutungen.

Jedoch bleibt der dekonstruktive Ansatz nicht beim bloßen Beschreiben und Verstehen stecken, sondern er impliziert und expliziert die politisch bedeutsame Annahme, dass die Bezeichnungen, die wir den Phänomenen geben, überhaupt erst die Realität(en) erzeugen, in denen wir uns dann als vergeschlechtlichte Subjekte bewegen. Wir repräsentieren in all unseren Handlungen, Aussagen, Selbst- und Fremdwahrnehmungen immer das, was wir als „richtige" Bedeutung erlernt haben, weil wir ansonsten keine intelligiblen Subjekte sein könnten. Das transformatorische Potenzial des dekonstruktiven Ansatzes besteht darin, nicht mehr länger das binäre Unkraut beim Wachsen zu beobachten und die unterschiedlichen Entwicklungsstadien zu dokumentieren, sondern es von der Wurzel ausgehend zu jäten. Wenn die Repräsentationen, die wir verkörpern, auf ihrer Grundbedeutungsebene in einem konstruktiven Prozess hergestellt werden müssen, um zu funktionieren, dann können diese Bedeutungen und ihre entsprechenden Repräsentationen auch de-konstruiert und in einem weiteren Schritt anders re-konstruiert werden. Auf andere Bedeutungen können andere Repräsentationen, andere Wahrnehmungsmuster und schließlich auch andere Haltungen und Handlungen folgen.

Was würde beispielsweise passieren, wenn wir in der Darstellerin eines Heteromainstreampornos nicht mehr Superweiblichkeit, dafür aber Supermännlichkeit entdecken würden? Schließlich verhält sich die Dame äußerst aktiv in sexueller Hinsicht, kann auch mal dominant sein, lässt sich nicht beirren und nimmt sich, was sie braucht und wen sie grade will et cetera. Hätte diese Pornodarstellerin keine gut hergerichteten und so offensichtlich mit Weiblichkeit assoziierten körperlichen Attribute, könnte man durchaus auf die Idee kommen, man hätte es mit einem Mann zu tun. Im dekonstruktiven Ansatz geht es darum, nicht mehr sofort zu glauben, was man sieht. Es geht darum, ein Bewusstsein dafür zu entwickeln, dass die Beziehungen zwischen vergeschlechtlichten Subjekten und innerhalb des Einzelsubjekts weitaus komplexer und vielschichtiger sind, als es sich mit den Termen „männlich" und „weiblich" beschreiben ließe. Identitätskategorien fungieren nicht mehr länger als unumstößliche natürliche oder ansozialisierte Tatsachen, sie stehen vielmehr in ihren unterschiedlichsten Schattierungen zur Disposition.

Queer-feministischer Ausblick

Ist es möglich, einen zugleich queeren und feministischen Blick auf die Pornografie zu werfen? Und wie sähe dieser Blick aus?

Worauf würden wir unser Augenmerk richten und was würden wir sehen, wenn wir Pornos mit einer queer-feministischen Brille betrachten? Welche Szenarien würden welche Gefühle und welche Assoziationsketten bei uns auslösen?

Eine queer-feministische Haltung zu Pornografie setzt eine politische Haltung voraus, die jede Form von moralisierender Schwarz-Weiß-Malerei ablehnt und eine differenzierte Herangehensweise an problematische gesellschaftliche Themen bereitstellt. An die Stelle der erhobenen moralischen Zeigefinger sollten meiner Meinung nach ethische Überlegungen treten, die darauf ausgerichtet sind, Menschen zu schützen und nicht Menschen zu verurteilen. Die pornografischen Bilderfluten werden in Zeiten des Internet nicht urplötzlich abnehmen, schließlich sind sie angebunden an die Produktion ökonomischen Mehrwerts- und die Pornoindustrie setzt Milliarden um. Unbedenklich ist das sicher nicht, aber es wäre naiv, davon auszugehen, dass sich an dieser Tatsache etwas ändert.

Welche Handlungsmöglichkeiten bleiben uns also? Ich vertrete die Ansicht, dass wir dann handlungsfähig sind und bleiben, wenn wir immer wieder neu aushandeln und darüber diskutieren, nach welchen Regeln wir in der jeweiligen Lebenssituation sexuell miteinander oder auch alleine mit uns handeln wollen. Sowohl bei der Produktion als auch bei der Rezeption von Pornografie sollten meiner Meinung nach diejenigen Regeln gelten, die im seriösen SM-Bereich allgemein anerkanntes Understatement sind. Eine sexuelles Setting, ein sexuelles Spiel, ist dann in Ordnung, wenn es SAFE (sicher), SANE (gesund) und CONSENSUAL (in beiderseitigem Einvernehmen) abläuft. Alle Beteiligten müssen das Recht haben, jederzeit aus der Situation aussteigen zu können, ebenso wie alle Beteiligten die Entscheidungsfreiheit darüber haben müssen, was im Falle der filmischen Dokumentation der Szenerie im Nachhinein mit den dabei produzierten Bildern passiert. Wenn diese Grundvoraussetzungen gewährleistet sind, dann obliegt es der Verantwortung der Einzelpersonen, was sie wann und wie miteinander tun[53]. Wer wann was als Gewalt und wer wann was als Lust empfindet, kann niemals aus einer Außenperspektive heraus entschieden werden. Ab dem Moment, wo Verallgemeinerungen und vorschnelle Moralisierungen vorgenommen werden, bewegt sich die Diskussion auf Stammtischni-

---

[53] Beatriz Preciado plädiert im Kontrasexuellen Manifest dafür, miteinander Verträge auf Zeit zu schließen und sich so miteinander über die Regeln des gemeinsamen sexuellen Interagierens zu einigen (vgl. Preciado 2003:20).

veau und ist nicht auf Dialog ausgerichtet, sondern auf Verurteilung, Pathologisierung und Psychologisierung.

Um diese negativen Mechanismen zu vermeiden, muss ein für alle mal klargestellt werden, dass Pornografie schon immer zu großen Teilen Geschmacksache war und das höchstwahrscheinlich auch bleiben wird. Was dem einen als völlige Perversion erscheint, ist für die andere der absolute Höhepunkt der Gefühle. Was die einen abschreckt, zieht die anderen magisch an, was für die einen erotisch ist, ist für die anderen ekelhaft et cetera. Der Sinn von Pornografie liegt also im Auge (oder in der Hand) der Betrachtenden. Eine pornografische Szene kann für die einen Körperkunst und für die anderen Sexismus bedeuten. Es kommt immer auf die individuelle situationelle Wahrnehmung der Bilder an, auf die jeweilige Stimmung, auf die jeweilige Lust.

Es gilt im Vorderkopf zu behalten, dass die realen gesellschaftlichen Zustände den produzierten Bildern und ihren Wirkungen immer vorausgehen. Die Bilder können zwar die Zustände widerspiegeln und sie unter Umständen auch verstärken, aber nichtsdestotrotz ist Pornografie nicht die Ursache von Sexismus, sondern sie wird in einem sexistischen System von den Individuen wahrgenommen und interpretiert. Aus genau diesem Grund ist es feministischer, Frauen (und Männern!) eine positive Wahrnehmung ihres Körpers und ihrer Lust zu ermöglichen, sie stark zu machen im Umgang mit den Bildern, die sie vielleicht bedrängen oder bedrohen oder unter (Leistungs-)Druck setzen, als die Bilder zu verbieten. Aus genau diesem Grund ist es queerer, einen Pluralismus der Bilder und der (Sex-)Praktiken zu etablieren, als einfach die Bilder abzuschaffen oder zu verbieten und dadurch zwar eine andere, aber immer noch eine (Zwangs-)Normierung einzusetzen. Wenn wir an die unseren Gesellschaften zugrunde liegenden Triebstrukturen herankommen wollen, ohne immer wieder ein fantasieloses und verbissenes Bild von Sexualität und ein moralisches Vakuum zu erzeugen, dann helfen keine Schließungen, sondern nur Öffnungen. Pro Porn, against Norm!

Literatur

Deleuze, Gilles/Félix **Guattari** (1977): Anti-Ödipus. Kapitalismus und Schizophrenie. Frankfurt am Main: Suhrkamp.

Henderson, Lisa (1992): Lesbian Pornography: Cultural Transgression and Sexual Demystification. In: Sally Munt (Hrsg): New Lesbian Criticism. Literary and Cultural Readings. New York: Harvester Wheatsheaf, S. 173-192.

Literatur

Jeffreys, Sheila (1994): Ketzerinnen. Lesbischer Feminismus und die lesbisch-sexuelle Revolution. München: Frauenoffensive.
Preciado, Beatriz (2003): Kontrasexuelles Manifest. Berlin:b_books.
Snitow, Ann/Christine **Stansell**/Sharon **Thompson** (Hrsg.) (1985) Die Politik des Begehrens. Sexualität, Pornographie und neuer Puritanismus in den USA. Berlin: Rotbuch Verlag.

5.6. Transgender im Film: Boys Don't Cry

Eveline Kilian

Überblick

Dieses Kapitel analysiert am Beispiel von Kimberly Peirces Film *Boys Don't Cry* (1999) die vielfältigen Wechselbeziehungen zwischen der Konstruktion von Geschlecht in der sozialen Interaktion, also auf der intersubjektiven Ebene, der gesellschaftlichen Geschlechternorm und ihrer Wirkmacht sowie den Möglichkeiten, diese Norm durch grenzüberschreitende Geschlechtsformationen kritisch zu hinterfragen und zu unterlaufen. Dem Film gelingt es, eine Transgender-Perspektive zu etablieren, die die gesellschaftlich-kulturelle Zweigeschlechtlichkeit überschreitet. Mit den Mitteln des Mediums Film kann in der Kunst das utopische Potenzial einer alternativen Perspektive nicht nur inszeniert, sondern auch gegen eine Realität gestellt und präsent gehalten werden, die, wie in diesem Beispiel, die Geschlechternorm mit aller Gewalt gegen die Abweichung durchsetzt.

Untersuchungsgegenstand Film

New Queer Cinema

Kimberly Pierces *Boys Don't Cry* (USA 1999) ist eine der erfolgreicheren Produktionen des *New Queer Cinema*, das seit Anfang der 1990er Jahre immer stärker ins Blickfeld der Kritik und der internationalen Filmfestivals gerückt ist und das seither in einen vielschichtigen Austausch mit dem *mainstream* getreten ist. Michele Aaron definiert das *New Queer Cinema* folgendermaßen: „these films give voice to the marginalised not simply in terms of focusing on the lesbian and gay community, but on the sub-groups contained within it. [...] queer contests (hetero- and homo-) normality“ (Aaron 2004: 3-5)[54].

[54] Die Queer Film Studies haben an vielen Beispielen gezeigt, dass natürlich auch frühere Filme aufgrund ihrer filmischen Präsentationsformen oder ihres Be-

Inhalt *Boys Don't Cry*

Boys Don't Cry beruht auf einer wahren Begebenheit: einem Gewaltverbrechen, das an dem jungen Brandon Teena in Falls City, einem kleinen Ort in Nebraska, verübt wurde, sowie den Ereignissen, die der Tat vorausgingen. Brandon Teena kommt 1993 mit einer Gruppe von jungen Leuten, die er in einer Bar in Lincoln, Nebraska, kennen gelernt hat, nach Falls City, verliebt sich dort in eine junge Frau namens Lana Tisden und beginnt mit ihr eine Beziehung. Als zwei seiner vermeintlichen Freunde, John Lotter und Marvin Thomas (Tom) Nissen, entdecken, dass Brandon eine biologische Frau ist, dass er sie also, aus ihrer Sicht, getäuscht hat, vergewaltigen sie ihn brutal. Und als die Tat zur Anzeige gebracht wird, spüren sie Brandon auf, und Lotter richtet ein regelrechtes Blutbad an, bei dem Brandon und zwei weitere Opfer erschossen werden.

Film und Realität

Der Film stellt erst zum Schluss in drei Texteinblendungen einen Bezug zu diesen realen Ereignissen her, die auf die Verurteilung von Lotter und Nissen hinweisen sowie eine Kurzinformation zu Tisden enthalten. Damit werden die entsprechenden Filmfiguren sowie die geschilderten Ereignisse mit den tatsächlichen Begebenheiten in Falls City korreliert[55]. Allerdings besteht ein sehr komplexes Verhältnis zwischen Film und Realität, denn wenngleich der Film auf einem nachweislichen Fundus von Fakten beruht, präsentiert er doch und vor allem eine bestimmte Lesart, die diese Vorkommnisse als Ausgangspunkt für eine ästhetisch ausgestaltete Reflexion über die von ihnen aufgeworfenen Problemstellungen nimmt. Der Vorspann hat in diesem Zusammenhang bereits Signalcharakter, denn er enthält eine Art Traumsequenz oder eine persönliche Vision des Protagonisten, die durch auffällige Lichteffekte hervorgehoben und als solche markiert wird. *Boys Don't Cry* verweigert also von vornherein die Zuordnung zum Genre des Dokumentarfilms und insistiert darauf, als durchkomponiertes Kunstprodukt gelesen zu werden, das sich nicht primär an seiner Faktentreue messen lässt (dazu auch Renz 2002: 337 f.).

setzens bestimmter Rollen mit von der sexuellen Norm abweichenden SchauspielerInnen in einer queeren Perspektive gelesen werden können und so für die ZuschauerInnen subversive Blickpositionen bereitstellen, die die heteronormativen Parameter des mainstream unterlaufen (Griffiths 2006: 1-19).

55 Die Zwischeneinblendungen, die Ort und Zeit angeben (z.B. Lincoln, Nebraska 1993) sind noch kein zwingender Verweis auf ‚reale Ereignisse', denn diese werden auch in Filmen mit fiktionalem Inhalt und langer Erzählzeit, zum Beispiel in Literaturverfilmungen, verwendet.

Aus dieser Konstellation ergibt sich eine produktive Spannung zwischen Fiktion und Wirklichkeit, die die Möglichkeit eröffnet, im Rahmen einer künstlerischen Bearbeitung ein Transgender-Experiment zu explorieren und dabei Fragen von Geschlechtszugehörigkeit und -zuschreibung auf eine Art und Weise zu reflektieren, die ihre lebensweltlichen Verankerungen und Auswirkungen auf das eindrücklichste präsent hält. Das Spannungsverhältnis zwischen Film und Realität wird also funktional in den Gestaltungsprozess eingebunden und gewinnt zusätzlich dadurch an Profil, dass es den innerfilmischen Kontrast zwischen Brandons – und streckenweise auch Lanas – Zukunftsentwürfen und der sie umgebenden Wirklichkeit spiegelt. Und genau dieser strukturelle Bezug weist dem Film – wie auch den Visionen der beiden Figuren – ein utopisches Potenzial zu, das über die Grenzen der vorgeführten Realität hinausweist.

Anwendbarkeit der drei Theorieperspektiven

Eine genauere Analyse des Films zeigt, dass alle drei in diesem Band vorgestellten Theorieperspektiven der *Gender/Queer Studies* – strukturorientierte Gesellschaftskritik, interaktionistischer Konstruktivismus und diskurstheoretischer Dekonstruktivismus – zur Anwendung gebracht werden können, dass sie aber tendenziell unterschiedliche Ausschnitte des Spannungsfeldes zwischen gesellschaftlicher Wirklichkeit und dem Entwurf einer damit nicht deckungsgleichen Imaginationswelt bedienen. Die Frage nach den gesellschaftlich organisierten Geschlechterverhältnissen und der asymmetrischen Gestaltung der Geschlechterdifferenz zielt im Film vor allem auf das Phänomen der sexualisierten Gewalt, auf ihre Produktion durch Individuen, deren Verhalten zumindest zum Teil durch bestehende Geschlechternormen motiviert wird, und auf ihre Verhandlung durch den Staatsapparat (Polizei, Justiz). Die Konstruktion von Geschlecht durch bestimmte Geschlechtsmarker in der sozialen Interaktion kann natürlich vor allem an Brandons sorgfältiger Inszenierung seiner Männlichkeit nachvollzogen werden. Sie ist deshalb umso augenfälliger, als eine klare Diskrepanz zwischen Brandons weiblichem Körper (*sex*) und seiner psychischen Befindlichkeit sowie seinem Auftreten und Verhalten (*gender*) besteht und somit kein natürlicher (und deshalb nicht zu hinterfragender) Zusammenhang zwischen *sex* und *gender* angenommen werden kann. Aber auch das Geschlecht aller anderen Figuren konstituiert sich auf diese Weise, und ein Thema des Films ist gerade das Nebeneinanderstellen und Aushandeln verschiedener Männlichkeitskonzepte. Die Dekonstruktion von Geschlecht und der Geschlechterbinarität geschieht vor allem durch das Einbrechen einer Transgender-Figur in die dichotom organisierte Geschlechterwelt von Nebraska und Falls City, und sie intensiviert sich in den visionären Selbstentwürfen dieser Figur und durch die ästhetischen Gestaltungmittel des Mediums Film.

Die drei genannten Bereiche decken aber nicht nur unterschiedliche Bezugsfelder ab, sie greifen auch ineinander und erhellen sich gegenseitig. Die folgende Detailanalyse des Films wird dies deutlich machen, auch wenn die drei Theoriekomplexe aus Gründen der Übersichtlichkeit getrennt behandelt werden.

Strukturorientierte Gesellschaftskritik

Die Kritik dieser Richtung zielt auf die strukturelle Ungleichheit der Geschlechter, die in einer ersten Theoriephase auf die dem *sex/gender*-System (Rubin 1975) zugrunde liegende naturalisierte Kausalbeziehung von *sex* und *gender* und der daran gekoppelten heterosexuellen Matrix zurückgeführt wurde. Gemeint ist damit die Vorstellung, dass das soziale Geschlecht vom biologischen Geschlecht ableitbar und deshalb ebenfalls in der ‚Natur' des jeweiligen Geschlechts begründet liegt; und daraus lässt sich dann, ebenso ‚natürlich', die asymmetrische gesellschaftliche Positionierung der Geschlechter ableiten, nämlich aus den spezifischen biologischen Funktionen von Männern und Frauen, insbesondere aus der ‚Reproduktionsarbeit' der Frauen. *Boys Don't Cry* behandelt die Frage institutioneller geschlechtsspezifischer Benachteiligungen zurückhaltend. Fast alle Figuren können als randständig bezeichnet werden und sind kaum oder gar nicht in erkennbare gesellschaftliche Strukturen eingebunden: die meisten Mitglieder der Gruppe in Falls City gehen keiner Arbeit nach, Lanas Unzufriedenheit mit ihrer eintönigen Beschäftigung in einer Konservenfabrik scheint eher schicht- als geschlechtsspezifische Gründe zu haben, und die kleine Gemeinschaft in Falls City wird im Film als insular dargestellt, ohne nennenswerte Kontakte nach außen. Stattdessen beleuchtet der Film die Auswirkungen der gesellschaftlich-kulturellen Geschlechternorm auf das individuelle Verhalten. Das Wirksamwerden dieser Norm im Bereich der persönlichen Beziehungen zeigt sich vor allem am Verhalten der männlichen Charaktere. Vorstellungen über geschlechtsspezifische Zuständigkeiten manifestieren sich in den Familienstrukturen, die aus allein erziehenden Müttern (Lanas Mutter und Candace) und absenten Vätern bestehen. Der mittellose Ex-Häftling und Gelegenheitskriminelle John lebt ebenfalls von der Mutter seines Kindes getrennt, und wenn ihm April für ein paar Tage überlassen wird, pflegt er einen wenig verantwortlichen Umgang

Geschlechternorm und individuelles Verhalten

mit seiner kleinen Tochter. Geschlechterhierarchien drücken sich in erster Linie in einem ausgeprägten Besitz- und Dominanzverhalten Frauen gegenüber aus und, komplementär dazu, einer gewissen Beschützerhaltung, um Übergriffe anderer Männer abzuwehren. John inszeniert sich so als Zentrum der Gruppe. Er bezeichnet das Haus von Lanas Mutter als ‚sein Haus', Candaces Wagen als ‚sein Auto' und er versucht, über Lana zu verfügen, zum Beispiel indem er ihr nachspioniert, ihre Privatsphäre missachtet und ihr Zimmer durchwühlt. Das Recht auf diese als Fürsorge um Lana getarnte Eifersucht und Kontrolle leitet er aus seiner vergangenen Beziehung mit ihr ab. Diese Art von Männlichkeit wird im Film als pathologisch und gefährlich kodiert und dadurch auch kritisiert, etwa wenn Tom einen von Johns unvermittelten Ausbrüchen kommentiert mit: „Doctors say he ain't got no impulse control"; oder, noch deutlicher, in den Gewaltverbrechen der Schlusssequenz.

Brandon nimmt in Bezug auf diese Materialisierungen der Geschlechterordnung eine ambivalente Position ein. Die Rolle des Beschützers gehört eindeutig zu seinem Selbstbild. Sie krönt seinen ersten Flirt als Mann, als er eine junge Frau nach Hause begleitet und ihr versichert: „I'll stand right here until you're safe inside." Und sie kommt auch später wiederholt zum Tragen, als er Candace kurz nach ihrem Kennenlernen in der Bar und später Lana an der Tankstelle vor Übergriffen anderer Männer in Schutz nimmt. Allerdings ist dieser Zug bei Brandon nicht mit dem für John typischen Dominanzverhalten gepaart. Dies manifestiert sich am deutlichsten in den Liebesszenen mit Lana. Für Brandon steht Lanas Befriedigung im Mittelpunkt und bestimmt den Gang seiner sexuellen Handlungen. Sein Akzeptieren ihres Zögerns, ihn nach Lincoln zu begleiten, zeugt ebenfalls von Rücksichtnahme auf die autonomen Bedürfnisse des Gegenübers. Damit erweist sich Brandon als enthierarchisierende Kraft, die die Geschlechternorm auch auf der Ebene der Machtverhältnisse zwischen den Geschlechtern unterläuft – und genau dieser Umstand, so lässt sich argumentieren, macht ihn für die beiden jungen Frauen Lana und Candace so attraktiv.

Geschlechternorm und sexualisierte Gewalt

Dieser in den ersten beiden Liebesszenen zwischen Brandon und Lana profilierte partnerschaftliche Gestus steht in krassem Gegensatz zu Johns Haltung, für den sexuelle Gewalt gegen Frauen Teil seines Verständnisses der Geschlechterbeziehungen zu sein scheint. Auf die Vermutung von Lanas Mutter, er habe etwas mit Brandons Vergewaltigung zu tun, erwidert er: „If I wanted to rape somebody, I got Mallory [Aprils Mutter]." Die ‚Feststellung' von Brandons weiblichem Geschlecht geschieht ebenfalls über eine Reihe von Gewaltakten: seinem gewaltsamen Entkleiden im Badezimmer in Lanas Haus und seiner brutalen Misshandlung und Vergewaltigung durch John und Tom. Die Geschlechterordnung wird in diesen Akten am Körper des Opfers wiederhergestellt. Der weibliche Körper wird nicht nur dominiert und unterworfen, sondern der Körper wird auch als einziger Garant des ‚wahren' Geschlechts einer Person installiert. Dass dies in Form einer extremen Fremdbestimmung geschieht, machen diese Situationen besonders deutlich, denn Brandons eigene Identitätskonstruktion beruht gerade auf einer weitgehenden Ausblendung oder Negierung der als weiblich geltenden Körpermerkmale.

Körper als Garant des ‚wahren' Geschlechts

Diese Form der Herstellung der Geschlechterbinarität wiederholt sich auf institutioneller Ebene während Brandons Vernehmung auf dem Polizeirevier nach der Tat. Um die Vergewaltigung zu verifizieren, wird Brandon von einem Polizeibeamten genötigt, detailgenau den Tathergang unter Bezugnahme auf normstabilisierende Beschreibungskategorien darzulegen. Durch erzwungenermaßen wiederholtes Aussprechen von „My vagina" muss Brandon einen weiblichen Körper für sich reklamieren und damit seine Transgender-Identität verleugnen. Gleichzeitig wird Heterosexualität als einzig gültige Form der Sexualität (re-)etabliert, und zwar mit der Feststellung des Beamten „You say you're 21 and you've never had sex before", die Brandon gehorsam bejaht und deren Absurdität angesichts der im Film gezeigten sexuellen Beziehung zwischen Brandon und Lana und den Hinweisen auf frühere Liebschaften mit anderen Frauen offen zutage tritt. Die Justiz wiederholt so verbal die von John und Tom durch physische Gewalt vollzogene Auslöschung von Brandons eigener Identität. Eine weitere im Film angedeutete institutionelle Regelung der Zweigeschlechtlichkeit ist die medizinische Verwaltung der Transsexualität, die darauf ausgerichtet ist, durch operative Eingriffe eindeutig männliche oder weibliche Subjekte zu produzieren (vgl. Hirschauer 1993: 342-351) und mit der Brandon sich mittels einer entsprechenden Broschüre beschäftigt hat, die er aber als mögliche Lösung seiner „sexual identity crisis" ablehnt.

Institutionelle Herstellung der Geschlechterbinarität

Damit thematisiert der Film nicht nur Geschlechterhierarchien zwischen Männern und Frauen, sondern auch die Ausgrenzung anderer Geschlechtsidentitäten und Sexualitäten, die der heterosexuellen Norm des *sex/gender*-Systems widersprechen. Und auch diese Ausgrenzungen sind mit Machtausübung und Gewalt verbunden. In einer der ersten Sequenzen des Films wird Brandon von einer Gruppe von jungen Männern verfolgt, die ihn als „freak"

Ausgrenzung normabweichender Geschlechtsidentitäten

oder „dyke" beschimpfen. Und in Falls City, so sein Cousin Lonny, sei die Lage noch gefährlicher: „They hang faggots down there. Did you know that?" Gerade in diesem Zusammenhang ist es signifikant, dass der Film durchaus die Lesart einer homoerotischen Anziehung zwischen John und Brandon nahe legt (zum Beispiel in Johns Betrachtung von Brandons zierlichen Händen). Aus dieser Perspektive hat die Vergewaltigung Brandons auch die Funktion, Johns bedrohte Männlichkeit angesichts Brandons uneindeutiger Geschlechtsidentität zu stabilisieren und das Schreckgespenst seiner eigenen homosexuellen Neigungen zu exorzieren (Fuchs 1999-2001: 2).

Diversifizierung und Pluralisierung

Obwohl sich die Geschlechternorm zum Schluss mit aller Macht und auf die grausamste Weise durchsetzt, stellt der Film das Primat der Geschlechterordnung auf vielfältige Weise in Frage. Signifikant ist hier, dass die erste Sequenz nach dem Vorspann periphere Positionen des Geschlechterdiskurses zeigt: den schwulen Lonny und das Transgender-Subjekt Brandon, das gerade seine Geschlechtsidentität modelliert. Damit wird die Geschlechternorm von Anfang an als unzureichendes Beschreibungsmodell der verschiedenen Lebensrealitäten ausgewiesen, und über dieses Moment der Diversifizierung erscheint der Geschlechterdiskurs als ein umkämpftes Terrain, als ein Netz von Machtbezügen und lokalen, „mobilen und transitorischen Widerstandspunkte[n]" im Foucaultschen Sinne (Foucault [1976] 1983: 117), das einer gewissen Dynamik unterworfen ist. Die Vervielfältigung von Geschlechtspositionen wird ergänzt durch die Pluralisierung von Identitätsmerkmalen, die der Film nahe legt (Intersektionalität). Dazu gehören in *Boys Don't Cry* neben Geschlecht und Sexualität vor allem soziale Schicht und geografische Situierung. Dennoch behält der Komplex Geschlecht schlussendlich die größte Wirkmacht. Man kann argumentieren, dass die Tragik Brandons gerade darin besteht, zu sehr auf andere Positionierungen gebaut zu haben, auf eine vermeintliche Affinität zwischen ihm als *gender outlaw* und einer Gemeinschaft von *outlaws* der verschiedensten Sorte, und dabei die Disziplinarmacht der Geschlechternorm unterschätzt zu haben.

Erkenntniswert der strukturorientierten Gesellschaftskritik

Mit Blick auf das Analysefeld ‚Strukturorientierte Gesellschaftskritik' lässt sich aus dem Film eine bedeutsame Erkenntnis ableiten: Die brutale Durchsetzung einer binären und von Dominanzverhältnissen geprägten Geschlechterordnung in der im Film dargestellten Realität belegt die dringende Notwendigkeit, diese Perspektive und ihr Erkenntnispotenzial zu berücksichtigen, auch wenn sie auf den akademischen Inseln der Dekonstruktion abseits solcher Realitäten manchmal in Vergessenheit gerät. Gleichzeitig wird aber auch deutlich, dass eine Beschränkung auf diesen Aspekt die Verhältnisse letztendlich stabilisiert und reifiziert, weil das subversive Potenzial alternativer Entwürfe, das genau in der beschriebenen Diversifizierung liegt, von diesem kritischen Blick ausgeblendet wird. *Boys Don't Cry* legt nahe, dass es einer Synthese bedarf, die den Fokus nicht nur auf die Geschlechternorm, sondern auch auf die Formationen, die die Geschlechterdichotomie transzendieren legt und auch diese mit einer dezidierten Analyse der Machtverhältnisse verbindet. Denn dass Macht und Dominanz auch in den Grauzonen des Geschlechterdiskurses eine Rolle spielen, demonstrieren Brandons verschiedene Geschlechtspositionierungen im Feld von Männlichkeit und transgender, die unterschiedliche Über-, Unter- und Gleichordnungsgesten verlangen – in Bezug auf sein soziales Umfeld, aber auch im Hinblick auf seine Partnerin.

Interaktionistischer Konstruktivismus

Dass Geschlecht nicht natürlich verbürgt, sondern über bestimmte Zeichen hergestellt wird, wird in *Boys Don't Cry* vor allem an Brandon augenfällig, der zwar einen weiblichen Körper besitzt, sich aber als Mann inszeniert. Eine kausale Verbindung zwischen *sex* und *gender* ist hier von vornherein ausgeschlossen, und damit ist auch eine der Basisannahmen des Geschlechterdiskurses (nämlich dass eine solche Verbindung besteht) ausgehebelt. Dieser Aspekt wird in unserem Fall noch durch die Besetzung der Rolle des Protagonisten pointiert. Nach einem langwierigen Casting erwies sich schließlich die heterosexuelle Schauspielerin Hilary Swank als geeignetste Wahl, weil sie den jungen Mann Brandon am authentischsten und glaubhaftesten darstellen konnte (Allen 1999: 3; Pfirstinger 2000; Schock 1999-2007).

Geschlechtsdarstellung über kulturelle Genitalien

Dass eine glaubhafte Geschlechtsdarstellung auch ohne direkten Rekurs auf den Körper möglich ist, liegt daran, dass wir das Geschlecht üblicherweise über die so genannten kulturellen Genitalien (Kessler/McKenna 1978: 154) bestimmen, das heißt das Geschlecht wird aus einer Reihe von Kriterien wie Namen, Pronomina, Kleidung, Gestik, Frisur, Körperhaltung und Ähnlichem abgeleitet, die wiederum als äußere Zeichen für das Vorhandensein eines weiblichen oder männlichen Körpers gedeutet werden.

Der Film eröffnet nach dem Vorspann mit Brandons Stilisierung als Mann: kurzer Haarschnitt, Karohemd, Jeans mit breitem Gürtel, eine in die Hose gesteckte Socke, die einen Penis suggeriert, Cowboyhut und Zigarette im Mundwinkel. Die Effektivität dieser Selbstpräsentation muss sich in der sozialen Interaktion beweisen, denn die Konstruktion von Geschlechtszugehörigkeit geschieht durch einen wechselseitigen Prozess von Geschlechtsdarstellung und -attribution, das heißt Dekodieren des Geschlechts des Gegenübers (Hirschauer 1989: 103). In der direkt anschließenden Szene auf der Rollschuhbahn gelingt Brandon das auch mühelos, indem er im heterosexuellen Flirtritual den männlichen Part übernimmt, zum Beispiel indem er die Initiative ergreift, das Mädchen anspricht und sie später nach Hause begleitet.

Permanenz des Geschlechts

Aus der scheinbar allgemeinen Verbindlichkeit der Geschlechterordnung, die den dargestellten Zuschreibungsprozessen zugrunde liegt, resultiert des weiteren, dass eine einmal etablierte Geschlechtszuweisung auch bei möglicherweise gegenteiliger Evidenz aufrechterhalten wird. Grund dafür ist die Annahme der Permanenz oder Konstanz des Geschlechts, die eine kontiniuierliche Überprüfung der Merkmale überflüssig macht (Kessler/McKenna 1978: 136 f.; Hirschauer 1993: 27). Der Film funktionalisiert diesen Sachverhalt auf dreifache Weise. Erstens werden dadurch für die ZuschauerInnen, die ja um die Diskrepanz zwischen Brandons *sex* und *gender* wissen, Spannungsmomente erzeugt, etwa wenn John Brandons schmale Hände kommentiert oder wenn Lanas Mutter sein Gesicht in Augenschein nimmt, dann aber nichts Ungewöhnliches bemerkt. Zweitens erzeugt diese Grauzone des nicht genau Kategorisierten Möglichkeiten für Abweichungen, für eine mögliche Pluralisierung der Geschlechtsdarstellung. Gerade im Vergleich von Brandon und den anderen männlichen Figuren, in der Gegenüberstellung seines anfänglichen Nachahmens und späteren Distanzierens von John, wird deutlich, dass der Film nicht nur die Konstruktion von Männlichkeit, sondern vor allem die Konstruktion konkurrierender Männlichkeiten verhandelt.

Und drittens produziert diese Grauzone auch einen signifikanten Spielraum in der Wahrnehmung des Geschlechts des Gegenübers. Judith Butler postuliert, dass das Moment der Performativität, also die ständige Wiederholung der Norm, diese einerseits festigt, andererseits aber auch die Möglichkeit ihrer Subversion beinhaltet (Butler 1990: 33; Butler 1993: 2, 10, 94 f. et passim; Kilian 2004: 204 f., 208). An *Boys Don't Cry* kann man nachvollziehen, dass dies sowohl für die Darstellung als auch für das Decodieren des Geschlechts gilt. Hier liegt Lanas Freiheit, Brandons Geschlecht trotz widersprüchlicher Zeichen als männliches zu lesen, ohne genau über die Bedeutung der Abweichungen Rechenschaft ablegen zu müssen. Dieses von Lana (und auch

Brandon) praktizierte Verfahren setzt eine deutliche Prioritätensetzung voraus: Die kulturellen Genitalien sind die einzigen und ausschließlichen Indikatoren des ‚wahren' Geschlechts und der materielle Körper wird völlig ignoriert. Als sich die Krise zuspitzt und Brandon sich genötigt sieht, Lana seinen Körper zu offenbaren, um Johns und Toms Übergriffen zu entgehen, wehrt sie dies mit den folgenden Worten ab: „Don't show me anythin'. Think about it. I know you're a guy." Und in der Badezimmerszene, als John und Tom Brandon die Kleider vom Leib reißen, bedecken sowohl Brandon als auch Lana die Augen, um die Ebene des Körpers nicht wahrnehmen zu müssen.

Wo konstituiert sich das ‚wahre' Geschlecht?

Für John und Tom hingegen stellt der Körper die letzte Wahrheitsinstanz des Geschlechts dar. Für sie negiert die Enthüllung von Brandons weiblichem Körper sein davon abweichendes Geschlechtsempfinden und seine männliche Geschlechtsdarstellung. In dieser Logik bedeutet die sich nun offenbarende Diskrepanz zwischen *sex* und *gender* die Entlarvung eines von Brandon initiierten Täuschungsmanövers (Goffman [1963] 1975: 11, 96, 99 f.). In ihrer Vorstellung hat Brandon gegen den unausgesprochenen Kontrakt verstoßen, mit seiner Geschlechtsdarstellung sein nicht direkt sichtbares Körpergeschlecht zu repräsentieren. Damit hat er ihnen ‚falsche Tatsachen' vorgegaukelt; in diesem Sinne ist auch Johns emphatisches „You're nothin' but a goddamn liar" nach Brandons Rückkehr aus dem Gefängnis zu verstehen.

Auch wenn die Geschlechternorm und die Absolutheit des Körpers als Geschlechtsgarantin zum Schluss gewaltsam durchgesetzt werden, stellt der Film durch das Auseinanderklaffen der unterschiedlichen Vorstellungswelten die Frage, wo sich für wen die ‚Wahrheit' des Geschlechts konstituiert und wer die Definitionsmacht darüber hat.

Diskurstheoretischer Dekonstruktivismus

Der dekonstruktivistische Ansatz manifestiert sich in *Boys Don't Cry* in erster Linie im Infragestellen der Zweigeschlechtlichkeit. Von Anfang an entwirft der Film einen dritten Raum, der als Projektionsfläche für die transgressiven Geschlechtsvorstellungen und alternativen Lebensentwürfe der beiden ProtagonistInnen Brandon und Lana fungiert. Der Vorspann scheint uns bereits in Brandons Traumwelt zu entführen. Wir sehen ihn am Steuer eines Wagens bei einer rasanten Verfolgungsfahrt auf dem nächtlichen Highway. Laute Musik und das Spiel der Lichter und Scheinwerfer im Halbdunkel irrealisieren die Szene. Der Blick der Kamera auf den Rückspiegel, der Brandons Augenpartie zeigt,

Entwurf eines dritten Raumes

weist diese Sequenz als Selbst-Reflexion aus: wir sehen, wie Brandon sich selbst imaginiert. Es gelingt ihm, dieses Selbstbild temporär in die Realität zu übersetzen, zum Beispiel bei seinem Flirt auf der Rollschuhbahn. Hier erfolgt der Brückenschlag von der Wirklichkeit zur Phantasie erneut durch das Einspielen lauter Discomusik, durch den Fokus der Kamera auf eine glitzernde Spiegelkugel, die die alternative Weltkonstruktion und das Spiegelmotiv aus dem Vorspann wieder aufgreift, und durch die Verwendung der Überblendungstechnik, durch die die Discokugel langsam in eine Kussszene zwischen Brandon und dem Mädchen übergeht. Diese Szenen können zunächst als Männlichkeitsphantasien gelesen werden, wie auch einige andere Situationen, in denen es Brandon vorrangig darum geht, ein authentisches Auftreten als Mann zu produzieren (vgl. etwa die Relevanz des Penisersatzes, die Schlägerei in der Bar oder das Stoßstangen-Surfen). Gleichwohl lässt sich plausibel argumentieren, dass *Boys Don't Cry* diese Männlichkeitskonstruktion konsequent in eine Transgender-Perspektive überführt[56]. Die Erscheinung Brandons im Vorspann wird in der Eröffnungsszene kontextualisiert, die uns einen geschlechtsambigen Rahmen vorführt, in dem Teena Brandon zu Brandon Teena wird. Die inszenierte Männlichkeit wird sowohl auf der Ebene von *sex* als auch auf der von *gender* als auch auf der der sexuellen Orientierung gebrochen. Für die ZuschauerInnen wird von Anfang an offenbar, dass die Figur Brandon einen weiblichen Körper mit einer männlichen Geschlechtsdarstellung verbindet und dass dadurch ein Wesen entsteht, das sich schwer kategorisieren lässt. In einer späteren Unterredung zwischen Brandon und seinem Cousin Lonny wird Brandon durch Negativbestimmungen charakterisiert. Auf Lonnys Bemerkung: „You are not a boy" erwidert Brandon: „I'm not a dyke." Mit welchem Begriff Brandon positiv zu fassen ist, bleibt bewusst eine Leerstelle. Nach seiner Verhaftung versucht Brandon Lana seine Verwahrung im Frauentrakt des Gefängnisses damit zu erklären, dass er sich als Hermaphrodit deklariert, eine Bezeichnung, die wahrscheinlich seiner Lektüre einschlägiger medizinischer Broschüren entstammt und mit der er sich in dem Zwischenbereich, in dem dritten Raum zwischen den normativen Geschlechtskate-

Etablieren einer Transgender-Perspektive

---

[56] Der Begriff transgender wird zumeist als Sammelbegriff für alle möglichen Arten der Abweichung von der Geschlechternorm, insbesondere der kulturellen Zweigeschlechtlichkeit benutzt. Kate Bornstein beschreibt ihn als „a banner of the Third", „a banner that would include anyone who cares to admit their own gender ambiguities" ([1994] 1995: 98). Und Judith Halberstam bezeichnet damit „different forms of nonnormative gender presentation" (2005: 55).

gorien situiert. Lonny wird als schwuler Charakter eingeführt, und dies stellt, wie Brandons weiblicher Körper, das Männlichkeitskonzept zur Disposition, was in einem kurzen Schlagabtausch zwischen den beiden Figuren ausgespielt wird: (Lonny) „If you was a guy, I might even wanna fuck you." – (Brandon) „You mean, if *you* was a guy you might even wanna fuck me." In dieser Konstellation offenbart sich, dass die binäre Opposition von männlich-weiblich im Destabilisieren der festen Zuordnung von *sex*, *gender* und *desire* ihre Aussagekraft verliert. Brandons „I'm not a dyke" evoziert auf andere Weise eine Kategorienkrise: wenn seine eindeutige Zuordnung zu einem der beiden Geschlechter nicht funktioniert, ist auch seine Sexualität mit den herkömmlichen Termini nicht mehr beschreibbar.

Der Vorspann ist eine Vorwegnahme einer späteren, halsbrecherischen Autofahrt in Falls City mit seinen Freunden John, Tom, Lana und Candace. Strukturell wird damit Brandons Imaginationswelt als Potenzial in die kleine Gemeinschaft von Falls City eingeführt, und es wird von nun an um eine Konfrontation dieser alternativen Welt und der Realität von Falls City gehen. In diesem Kontext konnotiert Brandon das Neue, das Fremde, das Transgressive, ja sogar das Außerirdische, kurzum: eine andere Ordnung der Dinge. Lana nennt ihn „space cowboy", und die Referenz auf einen anderen Planeten erfolgt über eine unvermittelte Sekundeneinblendung von mehreren Astronauten im All, kurz bevor Brandon das erste Mal Lanas Haus betritt. Über ihre Beziehung zu Brandon tritt Lana in Brandons Imaginationswelt ein, ein Schritt, den der Film unter anderem dadurch unterstreicht, dass sie zeitweise Brandons blaues Karohemd trägt. Damit partizipiert sie auch an Brandons Geschlechtsambivalenz. Der Film suggeriert zwei Gründe für ihre Faszination. Erstens verkörpert Brandon für sie einen Ausweg aus ihrer eigenen, tristen Lebenssituation in Falls City. In diesem Sinne fungiert der utopische Raum, den Brandon repräsentiert, als Fluchtpunkt eines neuen Zukunftsentwurfes, der sich in ihrer eigenen Phantasie formiert, nämlich ihre eintönige Arbeit aufzugeben, mit Brandon nach Memphis zu gehen und dort als Karaoke-Sängerin ihr Geld zu verdienen. Und zweitens eröffnet sich für sie mit Brandon eine neue Art der Sexualität, die ihre Bedürfnisse in den Mittelpunkt stellt und sie damit auch als eigenständige Person respektiert.

Letzterem Aspekt widmet der Film einige Aufmerksamkeit. Vor allem an der ersten Liebesszene zwischen Brandon und Lana wird die komplexe Verhandlung von individuellem Begehren, Geschlechternorm und privatem Ausgestaltungsraum erörtert. Die lange Einstellung fokussiert vor allem auf Lanas lustvolles Empfinden der Situation, dann schwenkt die Kamera über den dunklen Nachthimmel. Diese Bewegung, gepaart mit Lichteffekten, die an den Vorspann erinnern, verweisen deutlich auf den utopischen, geschlechtsambivalenten Raum, der sich den beiden Figuren eröffnet.

Dass Lana Brandon nicht uneingeschränkt als Mann sieht, damit also seinen Transgender-Status zur Kenntnis nimmt, kann der Gegenüberstellung der Version der Liebesbegegnung, die sie ihren Freundinnen erzählt, und derjenigen, die sich vor ihrem geistigen Auge entfaltet, entnommen werden. Die Präsentation der beiden Versionen erfolgt im Wechsel, wobei die Bilder der Einnerung eine andere Sprache sprechen als die Worte Lanas. Die visuell vermittelte Erinnerung zeigt Lana und Brandon beim Liebesspiel, während sie ihren Freundinnen berichtet, sie wären nackt schwimmen gegangen. Der explizite Verweis auf den nackten Körper ihres Liebhabers zusammen mit Lanas unangefochtener Heterosexualität validieren und vereindeutigen Brandons männliches Geschlecht, eine Strategie, die offensichtlich notwendig ist, um die von Lana wahrgenommene Ambivalenz zu überdecken. Daran zeigt sich auch, dass die subversive Transgender-Position im binären Geschlechterdiskurs verschwinden muss, um überleben zu können, dass ihr also eine extrem prekäre Existenz ohne öffentliche Geltung zukommt. In den Situationen, in denen sich die Geschlechternorm gewaltsam durchsetzt oder durchzusetzen droht, wird diese Position zur reinen Phantasiewelt ohne Realitätsbezug, die ein, wenn auch wenig effektives, Refugium bietet, um zur Wirklichkeit auf Distanz zu gehen. In der Badezimmerszene imaginiert sich Brandon als unbeteiligter Beobachter, der, vollständig bekleidet, und das heißt hier: unversehrt, die entwürdigende Entblößung seines Alter Ego mit ansieht. Während des letzten retardierenden Moments vor dieser unaufhaltsamen Katastrophe sind Brandon und Lana für kurze Zeit alleine in Lanas Zimmer und fliehen in ihre Traumwelt, in der es keine persönlichkeitsbeschädigenden Restriktionen gibt. Während die Kamera aus dem Fenster und über den weiten Himmel schwenkt, kommentiert Lana: „That's us. We can just beam ourselves out there."

Über die dargestellten Mechanismen etabliert *Boys Don't Cry* eine Transgender-Perspektive, die für die ZuschauerInnen sichtbar wird und die mit der Geschlechternorm in ein komplexes Wechselspiel tritt. Interessant weil kontrovers ist in diesem Zusammenhang die letzte Liebesszene zwischen Brandon und Lana, die zeitlich nach Brandons Vergewaltigung und der erzwungenen Reduktion seines Geschlechts auf seinen weiblichen Körper liegt. Judith Halberstam bemängelt, dass Peirce an dieser Stelle bedauerlicherweise die Transgender-Perspektive preisgebe zugunsten eines lesbischen Blicks, durch den Brandon für Lana zu einer Frau werde (Halberstam 2005: 89 f.). Dies scheint mir allerdings nicht die einzige Lesart zu sein. Vielleicht noch plausibler lässt sich argumentieren, dass Peirce mit dieser Szene, ganz im Gegenteil, eine Intensivierung der Transgender-Position versucht, die sich noch konsequenter von den binären Zuordnungen männlich-weiblich entfernt. In dieser Begegnung scheinen sich die eingespielten Muster zu verkehren. Nun ist es Lana, die den aktiven Part übernimmt, die sich Brandon nähert und ihn langsam entkleidet. Dieser Rollentausch konnotiert die Absenz von Brandons früherer Männlichkeit. Dies macht ihn aber nicht automatisch zu einer Frau – eine Schlussfolgerung, die ja genau auf den Regeln der binären Geschlechterordnung basiert –, sondern damit wird Brandon tatsächlich in einem dritten Raum platziert, in dem das Transgender-Konzept sich auch von den von Brandon zum Teil reproduzierten Männlichkeitsstereotypen verabschiedet hat (vgl. auch Fuchs 1999-2001: 2). Diese Interpretation wird vom Dialog der beiden Figuren gestützt:

> (Lana) „What were you like before all this? Were you like me? Like a *girl* girl?"
> (Brandon) „Yeah […]. And then I guess I was just like a *boy* girl. And then I was just a jerk. It's weird. Finally everything felt right."

Die hier aufgeworfenen Charakterisierungen (‚girl girl', ‚boy girl' und Brandons weitere Transformation) transzendieren die Zweigeschlechtlichkeit, sprengen ihren Rahmen und pluralisieren die Geschlechtspositionen. Und diese Vervielfältigung der Möglichkeiten markiert den dritten Raum von transgender. Brandons Geschlechtsambivalenz wird also in dieser Szene präsent gehalten und nicht nivelliert oder auf die weibliche Position reduziert. Da Brandon nun nicht mehr auf die männliche Geschlechtsdarstellung festgelegt ist, kann auch sein Körper, der zuvor in der Sexualität mit Lana Tabu war, mit einbezogen werden. Diese These wird weiterhin durch Lanas Referenz auf ihre gemeinsame Imaginationswelt („We were on the highway together") untermauert, die für die Transgender-Konfiguration steht. Ihre Aufforderung: „We can still do it" kann sich auf zwei Kontexte beziehen: erstens auf ein mögliches gemeinsames Leben in ihrer alternativen Welt und zweitens auf die Möglichkeit einer sexuellen Beziehung auch unter den jetzigen Umständen. Damit respektiert und affirmiert sie Brandons Geschlechtsambivalenz.

Schlussbetrachtung

Die Zusammenschau der drei vorgeführten Theorieperspektiven führt zu folgendem (nicht wirklich überraschenden) Ergebnis: alle drei Perspektiven sind notwendig, um die *Gender*-Problematik im Film umfassend zu analysieren. Über die verschiedenen Zugriffe ist es möglich, sowohl die Mechanismen der Konstruktion von Geschlecht in der sozialen Interaktion, also auf der intersubjektiven Ebene zu beschreiben als auch die gesellschaftliche Geschlechternorm in ihrer Wirkmacht zu analysieren, die nach wie vor auf der Basis essentialistischer Zuordnungen funktioniert, und die den Rahmen für die Möglichkeiten der Geschlechtsdarstellung und -attribution darstellt. Die dekonstruktivistische Zugangsweise schließlich zeigt darüber hinaus die Möglichkeiten, diese Norm zu subvertieren.

Eine besondere Funktion kommt dabei der Doppelung von der im Film porträtierten Realität von Falls City und der alternativen Transgender-Welt von Brandon und Lana einerseits und von Film und extrafilmischer Realität andererseits zu. Die erste Gegenüberstellung betont das Spannungsverhältnis zwischen den Macht- und Dominanzstrukturen der binären und hierarchischen Geschlechterverhältnisse und einem in diesem Kontext nicht dauerhaft installierbaren dritten Transgender-Raum, welcher analytisch durch den diskurstheoretischen Dekonstruktivismus beschrieben werden kann. Die zweite Opposition lenkt das Augenmerk auf das Potenzial der Kunst, alternative Welten zu inszenieren, die in unserem Beispiel ästhetisch durch nicht-realistische Filmtechniken ausgewiesen werden, und so einen Realitätsüberschuss produzieren.

Darauf insistiert *Boys Don't Cry* noch einmal in der letzten Sequenz des Films. Wir sehen Lana im Wagen in schneller Nachtfahrt auf dem Highway. Die Musik und die Lichteffekte nehmen den Vorspann wieder auf, der Brandons alternativen Selbstentwurf einführte. Mit diesem Schluss inszeniert der Film die Persistenz der Utopie – und kontrastiert sie gleichzeitig mit den dem Mordfall zugeordneten Fakten. Eine der letzten Texteinblendungen informiert die ZuschauerInnen darüber, dass Lana einige Jahre später mit ihrer kleinen Tochter nach Falls City zurückkehrte, was auf eine Rückkehr zu ihrem alten Leben sowie zu konventionellen heterosexuellen Beziehungen verweist und impliziert, dass sie wahrscheinlich ein ähnliches Leben wie ihre Mutter führen wird. Das Kunstwerk hält so die Utopie auch gegen die Evidenz einer sehr viel düsteren ‚Realität' präsent.

Literatur

Aaron, Michele (Hrsg.) (2004): New Queer Cinema: A Critical Reader. New Brunswick, NJ: Rutgers University Press.
Halberstam, Judith (2005): In a Queer Time and Place: Transgender Bodies, Subcultural Lives. New York/London: New York University Press.
Hirschauer, Stefan (1993): Die soziale Konstruktion der Transsexualität: Über die Medizin und den Geschlechtswechsel. Frankfurt am Main: Suhrkamp.
Kessler, Suzanne J./Wendy **McKenna** (1978): Gender: An Ethnomethodological Approach. New York etc.: John Wiley & Sons.

Was macht die Frau zur Frau und den Mann zum Mann? Geschlechterkonstruktionen über die Evolution — Sigrid Schmitz — 5.7

Überblick

In diesem Kapitel wird ein Themenfeld zur Geschlechterforschung der Naturwissenschaften behandelt: die *Evolutionstheorien zur Menschwerdung*. Anhand der Analysedimensionen der naturwissenschaftlichen Geschlechterforschung werden kritische Ansätze vorgestellt, mit denen die angeblich ‚objektiven' naturwissenschaftlichen Erkenntnisse als Narrationen dekonstruiert werden können, sowohl innerhalb der Fachdisziplinen als auch in ihrem gesellschaftlichen Bezug. Entlang der drei Perspektiven dieses Buches werden die Schnittstellen zum Feld der Evolutionsforschung hinsichtlich der dortigen Geschlechterproblematiken analysiert.

Transdisziplinaritäten

Die Geschlechterforschung weist einerseits eine lange Tradition der Hinterfragung und Dekonstruktion unreflektierter Geschlechterzuschreibungen aus den Geistes-, Sozial und Kulturwissenschaften auf. Die Geschlechterforschung der Naturwissenschaften hat sowohl parallel dazu als auch in immer engerer inter- und transdisziplinärer Vernetzung Geschlechterkonstruktionen in ihren Fächern aufgedeckt und analysiert. Interdisziplinär deshalb, weil die Analyse der Naturwissenschaften als Wissenschaft und Erkenntnis produzierende Unternehmen, als Gesellschaft bestimmende und Strukturen legitimierende Wirkmächte den

Einbezug der Ansätze aus den gesellschaftswissenschaftlichen Disziplinen benötigen. Parallel deswegen, weil die Geschlechterforschung der Naturwissenschaften, gerade durch deren Wirkmächtigkeit als scheinbar objektivere Wissenschaften, besonderer Ansätze bedarf.

Schnittstellen der Geschlechterforschung zwischen den Wissenschaftskulturen

Die Geschlechterforschung der Naturwissenschaften hat ihre spezifischen Ansätze in drei miteinander verzahnten Analysedimensionen strukturiert: *Women in Science, Science of Gender* und *Gender in Science* (Keller 1995). Diese lassen sich allerdings nicht einfach mit den drei Perspektiven des *interaktionistischen Konstruktivismus,* der *strukturorientierten Gesellschaftskritik* und dem *diskurstheoretischen Dekonstruktivismus* analogisieren. Ich versuche daher in diesem Beitrag, einige Schnittstellen der Dimensionen naturwissenschaftlicher mit den Perspektiven sozialwissenschaftlicher Geschlechterforschung anhand des konkreten Themenfeldes zur Evolution der Geschlechtersegregation aufzuzeigen.

Dimensionen der Geschlechterforschung der Naturwissenschaften

Einführungen mit vertiefenden Literaturangaben zur den drei Dimensionen der Geschlechterforschung der Naturwissenschaften liefern Ebeling/Schmitz 2006, Heinsohn 1998 und Palm 2004. Ich fasse hier nur die wichtigsten Ansatzpunkte zusammen.

Women in Science macht Frauen und Barrieren in Naturwissenschaften sichtbar

Women in Science fragt: Wo waren und sind Frauen in den Naturwissenschaften? Zu dieser Analysedimension gehören historisch-bibliografische Recherchen, die viele Frauen in der Geschichte der naturwissenschaftlichen Forschung sichtbar machten und traditionelle Barrieren in den Disziplinen aufzeigten. Aktuelle Strukturanalysen decken auf, wie diese Barrieren bis heute Frauen von technischen und naturwissenschaftlichen Studiengängen und Berufen abhalten. Zu nennen sind unter anderem die männliche Prägung der Berufe, die Zuschreibung angeblich fehlender Motivationen und Fähigkeiten von Frauen (symbolisch), ihre Benachteiligungen bei der Begutachtung von Forschungsanträgen und in der Karriereunterstützung sowie fehlende Vereinbarkeit von Familie und Beruf (strukturell) und die Übernahme der Zuschreibungen beziehungsweise die Anpassung an diese Strukturen in die eigenen Handlungspraxen im Sinne eines *doing gender* (individuell). Die Analysen haben aufgedeckt, wie stark dieses Netzwerk aus symbolischen, strukturellen und individuellen Barrieren (Harding 1994) kulturell variiert und damit auch Potentiale für Veränderung bietet.

Die Dimension *Science of Gender* beschäftigt sich mit naturwissenschaftlichen Theorien und Methoden, welche die Kategorie Geschlecht explizit behandeln, beispielsweise in der Biologie oder der Medizin. Die kritische Analyse hat aufgezeigt, dass diese Disziplinen vorwiegend Unterschiede zwischen Frauen und Männern herausstellen, also Geschlechterdifferenzforschung betreiben, wobei zumeist die männliche Genus-Gruppe den Referenzpunkt zur Normierung bildet. Die Geschlechterforschung hat widersprüchliche Befunde, methodische Fehler, interpretative Verzerrungen und unzulässige Generalisierungen (zum Beispiel von Tieren auf den Menschen oder von Einzelbeispielen auf allgemeine Gesetzmäßigkeiten) in vielen Feldern, unter anderem der Primatologie, der Evolutionsforschung, der Verhaltensforschung, der Hormonforschung, der Soziobiologie oder der Hirnforschung aufgedeckt.

Science of Gender deckt Geschlechterzuschreibungen in den Naturwissenschaften auf

Die dritte Dimension *Gender in Science* schließlich betrachtet generelle Aspekte der naturwissenschaftlichen Forschungspraxis und fragt: Wie wird die angeblich objektive Erkenntnis der Naturwissenschaften hergestellt? Auch die Naturwissenschaften sind ein gesellschaftliches Unternehmen, ihre scheinbar objektiven und neutralen Verfahren der naturwissenschaftlich-technischen Wissensproduktion sind eingebunden in kulturelle Wertesysteme und Vorstellungen. Naturwissenschaft ist keine reine Fortschrittsgeschichte der Wahrheitsfindung. Ihre Methoden, Theorien und Anwendungen werden gelenkt durch aktuelle gesellschaftliche Diskurse. In einer Gesellschaft, die weit reichend durch Geschlechterkonstruktionen geprägt ist, nimmt Geschlecht über Werte und Normen, unterschiedliche gesellschaftliche Interessen, Schwerpunktsetzungen, Sichtweisen und methodische Orientierungen Einfluss auf die wissenschaftliche Theoriebildung, die Untersuchungsmethodik und die Ergebnisinterpretation.

Gender in Science dekonstruiert den Objektivitätsmythos der Naturwissenschaften

Theorien und Befunde zur Evolution der Geschlechterrollen

Die Rückführung der heutigen gesellschaftlichen Rollenverteilung auf angeblich natürliche und damit vorbestimmte Verhaltensweisen der Geschlechter erfolgt vielfach unter Bezug auf Evolutionstheorien zur Menschwerdung in der Ur- und Frühgeschichte vor vier bis fünf Millionen Jahren. Dabei stehen sich inzwischen unterschiedliche Theorien gegenüber, die entweder den jagenden Mann, die sammelnde Frau oder beide Geschlechter als Aasfresser zum Impulsgeber der Menschheitsentwicklung erklären.

Analytisches Vorgehen zur Geschlechterdekonstruktion der Evolutionstheorien

Zur kritischen Bearbeitung dieser Evolutionstheorien werde ich anhand dreier Theorien[57] folgendes Vorgehen erläutern:

- Zusammenstellen der Befundlage, auf die sich die jeweiligen Theorien beziehen;
- Erarbeiten der Argumentationslinien, mit denen die Befunde in den konträren Theorien interpretiert werden;
- Aufdecken, wie heutige Geschlechtervorstellungen Einfluss auf die Auswahl und Interpretation der Befunde nehmen.

Im Vergleich der Theorien werden die Widersprüche, Interpretationen und Einschreibungen von heutigen Geschlechtervorstellungen besonders deutlich[58].

Befundlage: Fähigkeiten und Eigenschaften des Menschen

Zur Befundlage: Alle Theorien zur Menschwerdung ziehen paläontologische Daten heran, um die besonderen Fähigkeiten und Entwicklungen, die den Menschen und seinen Evolutionserfolg ausmachten, zu charakterisieren. Knochenfossilien und ihre Altersdatierung liefern Hinweise auf das erste Auftreten des zweibeinigen Ganges (Bipedie), die Nahrungszusammensetzung der Frühmenschen (anhand von Zahnmerkmalen), die bessere Manipulationsfähigkeit der Hände, die Zunahme des Gehirnvolumens (insbesondere des Kortex) und die körperlichen Voraussetzungen für komplexe Sprachentwicklung. In Verbindung mit den angenommenen Umweltbedingungen der jeweiligen Epoche wird abgeleitet, welche Verhaltens- und Interaktionsmuster die Frühmenschen wann ausbildeten. Artefakte, das sind bearbeitete Steine, Faustkeile oder Metallspitzen, lassen auf die Entwicklung von Werkzeugen schließen. Interpretationsbehaftet bleibt aber die Frage, wie und wozu die jeweiligen Artefakte benutzt wurden, als Abschlagsteine, als Jagd- oder als Bearbeitungswerkzeuge. Hinzu kommt, dass die Befundlage marginal ist und große zeitliche Lücken enthält.

Theorie I: Der männliche Jäger erfindet die Werkzeuge und ist Evolutionsmotor

Ableitungen von Geschlechteraspekten aus der Evolution nehmen bis heute vorwiegend auf die Evolutionstheorie *Man the Hunter* Bezug (Washburne & Lancaster 1968), in der der Mann als Prototyp der menschlichen Evolution dargestellt wird. Die Jagd der Männer auf große Tiere sei vor vier bis fünf Millionen Jahren der entscheidende evolutionäre Schritt gewesen, denn die Jagd

57 In der Debatte um die Evolutionsgeschichte der Menschwerdung gibt es noch weitere Theorien, die ich hier aus Patzgründen nicht ausführen kann (zur ausführlichen Diskussion siehe Schmitz 2006).

58 In der Lehre stelle ich nur die Befundlage dar und lasse dann Gruppen von Studierenden in einem „Kongress“ gegeneinander antreten und jeweils ‚ihre‘ Theorie mit Bezug zu der vorgestellten Befundlage vertreten.

bringe viel Fleisch mit hohem Proteingehalt, was sich für die Entwicklung eines größeren Gehirns als vorteilhaft erweis. Die evolutionäre Bedeutung der Männer-Jagd ließe sich bis heute an der Lebensweise so genannter ‚ursprünglicher' Ethnien ablesen, denn dort fänden sich durchgehend ausgeprägte Jagdgesellschaften. Washburne erforschte vorwiegend eine Ethnie, die !Kung in der Kalahari, zog jedoch generelle Schussfolgerungen. Beim männlichen Jäger hätten sich Aggressivität und die Fähigkeiten zur weiträumigen Orientierung besser entwickelt als bei der Frau. Die Jagdanforderungen initiierten die Erfindung von Jagdwerkzeugen, Kooperation und Sprachentwicklung unter den Jagdteilnehmern. Nur die erfolgreichsten Männer überlebten die Jagd und somit pflanzten sich auch nur die aggressivsten und stärksten fort. Die Frauen, in dieser Theorie charakterisiert als schwangere oder stillende Mütter, waren nicht an der gefährlichen Jagd beteiligt. Durch die Versorgung mit Fleisch konnten sie aber ebenfalls größer werden und größere Kinder zur Welt bringen. Über die Entwicklung der Monogamie, also der andauernden Zweierbeziehung, sicherte der Mann die Vaterschaft über seine Nachkommen. Gleichzeitig blieben die Männer promiskuitiv, um möglichst viele Nachkommen zu zeugen. Die Frauen dagegen seien zurückhaltend und scheu geworden. Sie versuchten über körperliche Merkmale den ‚besten' Mann (im obigen Sinne) zu finden und ebenfalls über die Monogamie diesen Mann zur Nachkommensversorgung an sich zu binden.

Kritik an Man the Hunter

Eine Reihe von Widersprüchen wurde dieser Theorie in Bezug auf die Befundlage schon innerhalb der Wissenschaft konstatiert. Die Zahnformen der Frühmenschen ließen starke Anteile pflanzlicher Nahrungsbearbeitung vermuten. Funde zu Fern- und Gruppenjagdwerkzeugen (beispielsweise Speere) sind nur maximal 400.000 Jahre alt. Auch die deutliche Hirnvergrößerung wird erst anhand von Schädelfunden im geschätzten Alter von anderthalb bis zwei Millionen Jahren abgeleitet.

Jägerinnen

Die meisten der heutigen Ethnien sind keine einseitigen Jagdgesellschaften, sondern wesentlich komplexer aufgebaut. Viele Beispiele belegen, dass auch Frauen an der Jagd beteiligt waren und sind. So gehen bei den Agta auf den Philippinen die Frauen in Gruppen mit Macheten auf die Jagd (Estioko-Griffin/Griffin 1981), auch bei den Tiwi auf Melville Island jagen Frauen. Inuit bilden ihre Mädchen und Frauen zur Seehundjagd aus, wenn zu wenig Jäger in der Gruppe anwesend sind. In großen Gemeinschaften spielt das Familiennetz eine bedeutende Rolle. Kinder behindern Frauen auf der Jagd nicht, wenn sie von anderen Gruppenangehörigen betreut werden. Die Jagd ist in höchstem Maße eine kontextbezogene, zeitlich sich ändernde Konstruktion, die von den Mitgliedern der Gesellschaft immer wieder neu verhandelt werden muss (zur Übersicht Kästner 2001).

Theorie II: Die weibliche Sammlerin fördert Kooperation und bringt die Evolution voran

Ganz andere Interpretationen der gleichen Befundlage stellt die Evolutionstheorie *Women the Gatherer* her (Tanner/Zihlman 1976, Tanner 1994). Die Autorinnen setzten statt der Jagd die enge Mutter-Kind-Beziehung und die Sammel- und Teilungstätigkeit der Frauen als Ausgangspunkt für die Entwicklung von Werkzeugen, Orientierungs- und Kommunikationsleistungen. Nach dieser Theorie erfanden die ersten Menschenfrauen Grabstöcke zum Sammeln und Tragegeräte für Pflanzen und ihre Kinder. Das Sammeln und Auffinden von Pflanzen oder Wurzeln förderte die kognitive Entwicklung, das Teilen der Nahrung zwischen Mutter und Kindern verstärkte soziale Kompetenzen, Kooperation und Sprachentwicklung. Die Frauen wählten als Sexualpartner eher sozial kompetente Männer, die den Nachwuchs versorgten, wodurch insgesamt die Aggression verringert wurde. Tanner und Zihlman führten als Referenz die Sozialstrukturen der Schimpansen, also die Interaktionsmuster unserer nächsten tierischen Verwandten an. Schimpansinnen hätten eine eigene Sozialordnung und wählten aktiv ihre Partner aus, Schimpansenmännchen seien unter den Primaten am wenigsten aggressiv.

Nancy Tanner und Adrienne Zihlman lassen sich der Soziobiologie zuordnen, wobei sie in ihrer Theorie die Bedeutung der Frau als aktive Spielerin und Gestalterin der Evolutionsgeschichte betonen. Sie behalten allerdings die Argumentation bei, dass sich die Triebfeder weiblichen Verhaltens aus deren reproduktiver Arbeit herleite, wobei letztere nicht passiv, sondern aktiv konnotiert ist. Donna Haraway (1995) zeichnet diese Argumentationen bei einer Reihe von Forscherinnen der 1970er bis 1980er Jahre nach. Beibehalten wird das Paradigma der monogamen Kleinfamilie, die sich nach dem Fitnessprinzip der Selektionstheorie als erfolgreichste Strategie durchgesetzt habe, womit heutige Gesellschaftsstruktur ahistorisiert wird.

Kritik an Women the Gatherer

Auch für diese Theorie gilt, dass die Befundlage kritisch ist, sind doch die pflanzlichen Artefakte, die auf Werkzeuge hindeuten können, nicht erhalten. Ebenso ist die direkte Übertragung vom Verhalten der Affen auf den heutigen Menschen ebenso kritisch zu sehen, wie die vorangegangene von so genannten ‚ursprünglichen' Ethnien.

Theorie III: Die ersten Menschen waren Aasfresser

Der Archäologe Lewis Binford (1981) brachte eine weitere Theorie, die der menschlichen Aasfresser, ins Spiel. Das Aasräubern von anderen Jagdtieren, das Ausfindigmachen und Zerlegen von Kadavern sei für die ersten, noch unsicher auf zwei Beinen gehenden Menschen weniger energieaufwendig und risikoreich gewesen als das Jagen. In der Trockenzeit lauerten die Hominiden demnach an den verbleibenden Wasserstellen im Schutz der Bäume auf das, was die Großkatzen von ihrem erbeuteten Wild übrig ließen. Diese Reststücke wurden bearbeitet, zer- und verteilt und an anderer Stelle verzehrt. Der Bezug zur Befundlage gestaltet sich folgendermaßen: Knochen der fleischärmeren, unteren Teile der Extremitäten wurden an Verzehrstellen entfernt von der Beute gefunden; die Tierknochen wiesen sowohl Bissspuren von Raubtieren als auch Kerben von Werkzeugbearbeitung auf. In dieser Theorie wird die Entwicklung der Werkzeugherstellung, die Leistung des Auffindens, Zerlegens und Aufteilens der Beute, die zur Verbesserung der kognitiven Leistungen, der genaueren Orientierung, der Kooperation und Verständigung führten, ohne Geschlechterzuordnung getroffen.

Kritik an der Aasfressertheorie

Klingt schön, aber auch hier gilt: Bis heute streitet sich die Wissenschaft, ob Frischfleisch oder Aas, und wie viel jeweils davon zur Menschheitsentwicklung notwendig war oder welche Spuren an welchen Knochen für welche Bearbeitungsformen sprechen. Eines haben die Vertreter der Aasfressertheorie interessanterweise selber zur Sprache gebracht. Dass ihre Theorie erst relativ spät diskutiert wurde, läge sicherlich auch daran, dass es für die heutigen Menschen unangenehm sei, zumindest nahrungsstrategisch in ihren Ursprüngen mit Kojoten, Hyänen und Geiern gleichgesetzt zu werden (Blumenshine/ Cavallo 1992). Hiermit sprechen die Autoren an, dass Theorien immer wertgeladen sind, also bestimmte Gesellschaftsvorstellungen ihrer Epoche wiederspiegeln.

Perspektivenwechsel

Feministischer Empirismus als analytisch-methodischer Ansatz in den Naturwissenschaften

Das bisherige analytische Vorgehen wurde von Sandra Harding (1991) als *Feministischer Empirismus* bezeichnet. Der Ansatz lässt sich parallel der Dimension *Science of Gender* zuordnen. Denn mit dem Aufdecken der Befundwidersprüche und des Interpretationsgehalts der Argumentationen werden Bruchstellen innerhalb der Fachdiskussionen deutlich, wie dies Helen Longino und Ruth Doell (1983) für die Evolutionstheorien ausgeführt haben. Diese Kritiken lassen sich zunächst einmal als Verstöße gegen die Regeln guten empirischen Arbeitens lesen: fehlerhafte Stichprobenauswahl, Fehler in der Datengewinnung (inadäquate Parameter) und in der Datenaufbereitung (Auslassungen, statistische Verzerrungen), Vermengung von Korrelation und Kausalität, unzulässige Generalisierungen und die Ableitung monokausaler Erklärungen (Biologisierung).

Chancen und Grenzen

Eine häufig geäußerte Kritik am feministischen Empirismus ist, dass er dem Positivismus verhaftet bleibe, dem Glauben, dass unter Einbezug aller Befunde, Befundwidersprüche und dem Gesamtrepertoire der Interpretationen bei gleichzeitiger Beibehaltung des grundsätzlichen naturwissenschaftlichen Vorgehens (von der Theorie über die Empirie zur Interpretation) zumindest eine ‚bessere' wissenschaftliche Theoriebildung im Sinne einer Fortschrittgeschichte der Wahrheitsfindung möglich sei (Harding 1991, Palm 2004). Diese Kritik lässt sich aber nur dann aufrechterhalten, wenn der Ansatz isoliert betrachtet wird. Denn seine Stärke liegt gerade in der Aufdeckung von *fachimmanenten anderen Interpretationen* als Ergebnis des gleichen methodologischen Vorgehens. Soziobiologinnen, wie Tanner und Zihlman, haben mit ihrer Geschichte der Sammlerinnen die bis dahin als objektiv gehandelten Fakten der menschlichen Evolution am Bild des Jägers als Narration entlarvt. Das geschah nicht von außerhalb der Disziplin, sondern von innen heraus. In aktuellen wissenschaftlichen Diskursen und ihren Repräsentationen (in Schriften, auf Kongressen) haben die verschiedenen Theorien Eingang gefunden, was allerdings nicht heißen muss, dass ihr diskursiver Charakter artikuliert wird. Doch eine Sensibilisierung scheint erfolgt.

Dekonstruktion der Evolutionstheorien mit wissenschaftskritischen Ansätzen

Donna Haraway betont, dass die „Töchter im Feld"[59] Geschichten nicht neu erfinden können, sie können sie nur umschreiben. „Als eine Form narrativer Praxis oder des Erzählens von Geschichten war feministische Praxis in der Primatologie vielmehr dadurch wirksam, daß sie ein ‚Feld' von Geschichten oder möglichen erklärenden Darstellungen änderte, daß sie die Verteidigung einiger Darstellungen erschwerte, die Glaubhaftigkeit mancher Erklärungsstrategien erschütterte." (Haraway 1995: 141). Sie fordert allerdings, dass dieses Umschreiben – im Kontext der Evolutionstheorien besser bezeichnet als neue Interpretationen – eben nicht bei der Aufdeckung von fachimmanenten Widersprüchen stehen bleiben darf, sondern tiefer gehen muss. Ziel muss es sein, die Struktur des narrativen Feldes aufzuzeigen und zu verändern. Haraway meint damit „die vielen komplexen Räu-

---

59 Donna Haraway bezeichnet mit diesem Ausdruck in Anlehnung an „Milton's Daughters" die Forscherinnen im Feld der Primatologie und Evolutionsforschung (Haraway 1989: 281).

me, innerhalb derer um Bedeutungen gerungen wird und innerhalb deren sie durch die produktiven Verbindungen von Wissen und Macht für eine Zeit stabilisiert werden." (Ebd.: 142). Dieses notwendige Weiterschreiten eröffnet der Geschlechterforschung eine Reihe von Perspektiven. Erstens ist die interdisziplinäre Vernetzung naturwissenschaftlicher mit gesellschafts-, geistes- und kulturwissenschaftlichen Ansätzen nötig, möglich und fruchtbar[60]. Zweitens lässt sich damit der Übergang von der Dimension *Science of Gender* zur Dimension *Gender in Science* aufzeigen. Dritten lassen sich hier die Schnittstellen mit der *Perspektiven sozialwissenschaftlicher Geschlechterforschung* ausloten[61].

Anwendung der Perspektive der diskurstheoretischen Dekonstruktion

Empirie ist immer theorieabhängig, und Theorien sind immer unterdeterminiert

Alle ausgeführten Evolutionstheorien interpretieren dieselben Befunde unterschiedlich und treffen Geschlechterzuschreibungen, welche durch die Befundlage nicht belegbar sind. Sie liefern damit anschauliche Beispiele für den wissenschaftstheoretischen Begriff der *Unterdeterminiertheit von Theorien*. Knochenfossilien und Steinartefakte belegen keine Tätigkeiten, sondern werden mit bestimmten Tätigkeiten nachträglich in Zusammenhang gestellt. Die Auswahl und Interpretation bestimmter Befunde erfolgt einseitig, je nach Passgenauigkeit zur jeweiligen Theorie, was mit dem Begriff der *Theorieabhängigkeit von Empirie* bezeichnet wird. So ist bis heute nicht sicher, wie die Nahrungszusammensetzung im Verlauf der Ur- und Frühgeschichte ausgesehen hat, wann der Beginn gemeinschaftlicher Jagd zu datieren ist, welche Werkzeuge hier Verwendung fanden, geschweige denn, wer wann mit wem gejagt hat. Alle Interpretationen vernachlässigen die Vielfalt menschlicher sozialer Interaktionen, die Lernprozesse und die kulturell-gesellschaftlichen Tradierungen bei Menschen und Tieren.

Einschreibung heteronormativer Bilder der Kleinfamilie in die Ur- und Frühgeschichte

Entlang der Dimension *Gender in Science* lässt sich sehr gut aufzeigen, wie stark die Methoden und erkenntnistheoretischen Positionen der Naturwissenschaften von gesellschaftlichen Verhältnissen geprägt sind. Es gibt auch in der Naturwissenschaft

---

[60] Die Biologin und Wissenschaftsforscherin Anne Fausto-Sterling bezeichnet die hierfür zu verfolgende Strategie als „building a two-way-street" (Fausto-Sterling 1992).

[61] Thematisch geschuldet, beginne ich meine Schnittstellenauslotung am „Ende" mit der diskurstheoretsichen Dekonstruktion und werde mich über die strukturorientierte Gesellschaftskritik zur interaktionistischen Rekonstruktion vorarbeiten.

keine Wertfreiheit von Theorien. Alle genannten Evolutionstheorien setzen das gesellschaftliche System der Zweigeschlechtlichkeit als gegebene Größe voraus. Die Kategorien Mann und Frau, eindeutig getrennt, werden zur Verhaltenserklärung benutzt, Überschneidungen, Variationen, die Vielfalt der individuellen Handlungen und sozialen Gefüge wird vernachlässigt. Der aktive Mann steht für Werkzeugherstellung und Kultur, die passive Frau für Mutterschaft und Natur. Ein einprägsames Beispiel liefern hierzu die Verbilderungen der Fußspuren von Laetoli. Zu diesen circa 3,6 Millionen Jahre alten Spuren von zwei oder drei Individuen (so genau lässt sich das nicht sagen) wurden schon kurz nach der Fundveröffentlichung erste Rekonstruktionszeichnungen mit Frauen und Männern erstellt. Diese und viele weitere Bilder ziehen in einer langen Reihe durch Zeitschriften, Museen und Science Parks, Lehr- und Schulbücher. Prägnanterweise stellen fast alle eine Kernfamilie aus Mann, schwangerer Frau oder Frau mit Kind dar. Hier spiegelt sich das in den Theorien immer wiederkehrende Paradigma der universellen monogamen Kleinfamilie mit heteronormativer Prägung, das für den Erfolg der Menschheitsentwicklung als zentral postuliert wird. Sigrun Karlisch (1998) hat sechs dieser Bilder analysiert und fand prägnante Übereinstimmungen. Die männliche Person trägt meist ein Werkzeug oder ein totes Tier in der Hand, die Frau geht immer mehr oder weniger hinter dem Mann, in einem Bild legt ‚er' den Arm um ‚ihre' Schulter. Sie ist schwanger oder führt ein Kind an der Hand. Ihr Blick ist nach unten, zur Seite oder auf den Mann gerichtet, während dieser zumeist nach vorne, in Gehrichtung schaut. Diese Bildanalyse zeigt, dass eine körperliche Verbundenheit zwischen Mann und Jagd, Anführerschaft und dem Schutz oder auch der Besitzergreifung der Frau betont wird, wohingegen bei der Frau Bezüge zu Folgschaft und Mutterschaft hergestellt werden. Karlisch zeigt auf, dass in dieser Verbilderung die moderne Kleinfamilie als natürliche Grundordnung normiert wird.

Alternative Menschenbilder

„Der Kanon ist reduziert auf heterosexuelle Paarbindung mit geschlechterdichotomer Arbeitsteilung, stark betonter männlicher Dominanz und die Projektion der modernen Kleinfamilie. Die Auswahl ist gänzlich ethnozentristisch und ahistorisch. Konzepte anderer Kulturen und Epochen fließen nicht ein. Zudem verzichten alle Darstellungen auf Uneindeutigkeiten bezüglich einer Geschlechterzuordnung." (Karlisch 1998: 155).

Als Alternativen nennt Karlisch Verbilderungen mit gleichgeschlechtlichen Paaren, Bilder ohne Geschlechterkörper, Wechsel der Zuschreibungen oder Individualisierungen. Allerdings schließt sich hier immer die Diskussion um den Anspruch einer ‚adäquaten' Vermittlung von Wissen über die Ur- und Frühgeschichte insbesondere für junge Menschen an.

Theorien sind wertgeladen

Am Beispiel der Evolutionstheorien lässt sich sehr gut aufzeigen, wie stark die Methoden, Repräsentationen und erkenntnistheoretischen Positionen der Naturwissenschaften von gesellschaftlichen Verhältnissen geprägt sind und damit diesen nicht neutral gegenüber stehen. Sandra Harding betont an diesem Beispiel, dass es prinzipiell keine wertfreie oder wahre Theorie geben könne (Harding 1991: 97-115). Die Beziehungen sind jedoch nicht einseitig. Schon in der Analyse der Theorien wird deutlich, dass sie ihre Wirkmächtigkeit aus zirkulären Argumentationen ziehen, in denen Begriffe moderner Gesellschaftsstrukturen dekontextualisiert in die „Natur" übertragen werden, dort an ausgewählten Beispielen (unter Vernachlässigung oder Verschweigen von Gegenbeispielen) als biologisch verankert werden und dann wieder mit biologischer Ursachendetermination der gesellschaftlichen Ordnung zugrunde gelegt werden (ausführliche Dekonstruktionsschritte in Ebeling/Schmitz/Bauer 2006).

Zirkuläre Argumentationslogik

Anwendung der Perspektive der strukturorientierten Gesellschaftskritik

Mit Hilfe der Evolutionstheorien wird die heutige geschlechtskonstruierte Gesellschaftsorganisation mit dem Argument der selektiven Durchsetzungskraft im Überlebenskampf zur mehr oder weniger unveränderlichen geschlechtsspezifischen Ordnung erklärt. Gleichzeitig werden diese Theorien aber erst entlang heutiger Modelle entwickelt. Ein Beispiel liefert die Beschreibungen des Sozialverhaltens der Ur- und Frühmenschen. Hier werden je nach Theorie bestimmte Fassetten moderner Gesellschaften herausgegriffen. Die Vielfalt menschlicher Gesellschaftsstrukturen wird ignoriert[62]. So fehlt beispielsweise die Berücksichtigung der vielfältigen Aspekte der Jagd, auch die Annahme der monogamen Kleinfamilie als universelles Modell menschlicher Gesellschaft ist nicht gerechtfertigt.

62 Damit sollen hier nicht alle möglichen Strukturen nivelliert werden, denn es besteht unbestreitbar eine Vormachtstellung bestimmter westlich-industrialisierter Gesellschaftsformen mit inhärenter Geschlechtersegregation. Aber gerade weil diese Gesellschaftsstruktur in der Evolutionstheorie nicht als historisch entwickelte, sondern als nach darwinistischen Selektionskriterien sich durchsetzende, und damit qua Natur als ‚optimale Strategie' konstruiert wird, ist das Heranziehen anderer Realisierungen von Gesellschaft notwendig.

Naturalisierung gesellschaftlicher Geschlechterkonstruktionen

Deutlich werden reduzierte Rückschlüsse aus heutigen ‚ursprünglichen' Ethnien auf das Leben der ersten Hominiden. Es wird vorausgesetzt, dass die heutigen Gesellschaftsformen ein Spiegel der Frühgesellschaften seien, was impliziert, dass sie sich in den vergangenen Jahrmillionen der Evolution nicht verändert hätten. Gleichzeitig werden sie mit dem häufig verwendeten Begriff des „Naturvolkes" eben in jenen Naturzustand zurückversetzt. Diese Kritik an den Naturalisierungen gilt für Washburnes Rückbezüge auf die IKung ebenso wie für Tanner und Zihlmans Rückschlüsse von SchimpansInnen. Denn die heutige Struktur menschlicher Sozietäten erhält nun wiederum aus der Evolutionsgeschichte ihre natürlichen Ursprünge zurück. Solchermaßen in die Evolution des Menschen eingeschrieben, dienen biologische Determinismen zur Erklärung und Legitimierung geschlechtersegregierender Gesellschaftsformen. Mittels populärer Medien feiert diese Argumentationslogik in den letzten Jahren wieder einen Siegeszug und formt schließlich auch das individuelle Verhalten.

Anwendung der Perspektive der interaktionistischen Rekonstruktion

Legitimierung moderner Gesellschaftsstrukturen...

Vor dem Hintergrund der vorgestellten Analysen erscheint die wiederauflebende Debatte um biologisch fundierte und in der Evolution manifestierte Unterschiede zwischen Frauen und Männern geradezu paradox. Urzeitliche Differenzierungen werden zur Legitimierung der heutigen gesellschaftlichen Arbeitssegregation (die Frauen am Herd, zuständig für die Reproduktion der Kinder, der Alten, der Kranken und der produzierenden Ehemänner, die auf dem öffentlichen Arbeitsmarkt das Familieneinkommen erarbeiten) und ebenso zur Untermauerung der individuellen Unterschiede in Fähigkeiten, Denken, Präferenzen und Interaktionsmustern (die emotionale, kommunikative und reproduzierende Frau und der rationale, räumlich kompetente, wettbewerbsorientierte und aggressive Mann) herangezogen. Insbesondere mit angeblichen Fähigkeits- und Motivationsunterschieden wird (wieder) gesellschaftlich legitimiert, warum Frauen in naturwissenschaftlichen, mathematischen und technischen Disziplinen unterrepräsentiert seien[63], warum sie statt auf dem öffentlichen Arbeitsmarkt besser und lieber im privaten, häuslichen und sozialen Interaktionsraum agieren würden.

---

63 Wenn der Harvard-Präsident Larry Summers 2005 solche Biologismen anführt, um Frauen aus der wissenschaftlichen Laufbahn auszuschließen, wird deutlich, dass es hier um Macht und um die Verteidigung von Ressourcen geht.

...durch angeblich evolutionsbiologische Fundierungen

Es verschränken sich hier auf eklatante Weise *Struktur- und Interaktionstheoretische Argumentationen*. Ihre geringeren Fähigkeiten und Motivation hielten junge Frauen vom Einstieg in die Naturwissenschaften und Technik ab, wohingegen ihre sprachlich-kommunikativen-sozialen Kompetenzen sie in die entsprechenden Berufe des Sozialen und der Pflege leiteten. Umgekehrtes gilt für die Zuschreibungen an Männlichkeit. Solche Argumentationen verorten die Ursachen einzig in den Individuen selber: Schon vor Millionen von Jahren gewissermaßen eingepflanzt, strukturierten biologische Verfestigungen die Interaktionsschemata in der Gesellschaft. Vernachlässigt wird, dass in jeder Sozietät individuelle Lernprozesse, gesellschaftliche Tradierungen und situative Anforderungen eine große Rolle spielen. Der Bezug zu den Primaten verschleiert, welche große Rolle das Erlernen intelligibler Interaktionsschemata selbst in nichtmenschlichen Sozietäten spielt. Hier verbinden sich heteronormative Gesellschaftsstrukturen mit Prozessen des *doing gender*.

Biologistische Überlebensnarrationen

Die Struktur der Gesellschaft – genauer der gesellschaftlichen Sozietäten von Menschengruppen beiderlei (und nur zweierlei) Geschlechts – erhält gleichzeitig ihre Begründung aus der biologischen Überlebensnarration. Geschlechtsspezifische Arbeitsteilung sei die erfolgreichste Strategie der Frühmenschen im Kampf ums Dasein gewesen. Dabei geht es in den neueren Argumentationen nicht mehr um die einseitige Abwertung eines Geschlechts, sondern um die Zuschreibung spezifischer Fähigkeiten. Die Abkehr von der Minderwertigkeitstheorie der Frau hin zur Postulierung partikulärer Vor- und Nachteile der Geschlechter naturalisiert die gesellschaftlichen Zuschreibungen an männliche Kampfbereitschaft und weibliche Versorgungsbereitschaft als evolutionäre Erfolgsstrategien, die unsere Gesellschaft angeblich zum Überleben brauchte und weiterhin braucht (Wickler/Seibt 1998). Diese Gleichbewertung unter Beibehaltung der naturalisierten Kategorien erschwert zusätzlich die Akzeptanz von Dekonstruktionsansätzen im Vergleich zu Argumentationen gegen generelle Abwertungen von Weiblichkeit.

Dekonstruktion von scheinbar einfachen Wahrheiten

Mögen die ausgeführten Argumentationslogiken auch vorwiegend populärwissenschaftlich orientiert sein, so erlangen sie enorme Wirkmacht, indem sie auf wissenschaftliche, speziell auf naturwissenschaftliche Theorien rekurrieren, die den Argumenten – häufig ohne genauere Referenzierung – Wahrheitsgehalt verleihen. Damit schließt sich der Kreis wieder zur Perspektive der diskurstheoretischen Dekonstruktion: Es ist notwendig, die populären Argumentationsstrukturen zu entlarven und gleichzeitig die Mechanismen der zu Grunde liegenden Wissenschaftsdiskurse zu dekonstruieren.

Literatur

Ebeling, Smilla/Sigrid **Schmitz** (2006): Geschlechterforschung und Naturwissenschaften. Einführung in ein komplexes Wechselspiel. Wiesbaden: VS-Verlag.

Harding, Sandra (1991): Feministische Wissenschaftstheorie. Zum Verhältnis von Wissenschaft und sozialem Geschlecht. Hamburg: Argument. (Engl. Orig. 1986).

Heinsohn, Doris (1998): Feministische Naturwissenschaftskritik. Eine Einführung. In: Barbara Petersen/Bärbel Mauß (Hrsg.): Feministische Naturwissenschaftsforschung. Science und Fiction. Mössingen: Talheimer Verlag, S. 14-32.

Keller, Evelyn Fox (1995): Geschlecht und Wissenschaft. Eine Standortbestimmung. In: Orland, Barbara/Elvira Scheich (Hrsg.): Das Geschlecht der Natur. Frankfurt am Main: Suhrkamp, S. 64-91.

Palm, Kerstin (2004): Was bringt die Genderforschung eigentlich den Naturwissenschaften. In: Sigrid Schmitz/Britta Schinzel (Hrsg.): Grenzgänge. Genderfoschung in Informatik und Naturwissenschaften. Königstein/Taunus: Ulrike Helmer, S. 50-64.

Literaturverzeichnis 6.

Aaron, Michele (Hrsg.) (2004): New Queer Cinema: A Critical Reader. New Brunswick, NJ: Rutgers University Press.

Abelove, Henry/Michèle Aina **Barale**/David M. **Halperin** (1993): The Lesbian and Gay Studies Reader. London: Routledge.

Acker, Joan (2006): Inequality Regimes. Gender, Class, and Race in Organizations. In: Gender & Society 20, S. 441-464.

Adkins, Lisa/Celia **Lury** (1995): Das „Soziale" in feministischen Theorien: Eine nützliche Analysekategorie? In: L. Christof Armbruster/Ursula Müller/Marlene Stein-Hilbers (Hrsg.): Neue Horizonte? Sozialwissenschaftliche Forschung über Geschlechter und Geschlechterverhältnisse. Opladen: Leske + Budrich, S. 41-60.

Allen, Jamie (1999): 'Boys Don't Cry' Filmmaker Saw past Violence to Love. In: CNN.com movies. In: http://www.cnn.com/SHOWBIZ/Movies/9910/22/boys.dont.cry, Zugriff am 22. Oktober 1999.

Althoff, Martina/Mechthild **Bereswill**/Birgit **Riegraf** (2001): Feministische Methodologien und Methoden. Traditionen, Konzepte, Erörterungen. Opladen: Leske + Budrich.

Anthias, Floya (2001): The Material and the Symbolic in Theorizing Social Stratification. In: British Journal of Sociology 52, S. 367-390.

Apel, Olaf (2006): Feministinnen auf dem Strich. In: Gigi, Zeitschrift für sexuelle Emanzipation, Nr. 45. Berlin: wissenschaftlich-humanitäres komitee.

Assig, Dorothea/Andrea **Beck** (1996): Frauen revolutionieren die Arbeitswelt. Das Handbuch zur Chancengerechtigkeit. München:Verlag Vahlen.

Balibar, Etienne/Immanuel **Wallerstein** (1990): Rasse Klasse Nation. Ambivalente Identitäten. Hamburg: Argument.

Barrett, Michèle (1992): Words and Things: Materialism and Method in Contemporary Feminist Analysis. In: Michèle Barrett/Ann Phillips (Hrsg.): Destabilizing Theory: Contemporary Feminist Debates. Stanford/California: Stanford University Press, S. 201-219.

Barthes, Roland (2005): Das Neutrum. Frankfurt am Main: Suhrkamp.

Bateson, Gregory (1981): Ökologie des Geistes. Frankfurt am Main: Suhrkamp.

Bauer, Yvonne (2003): Sexualität – Körper – Geschlecht, Befreiungsdiskurse und neue Technologien. Opladen: Leske + Budrich.

Beauvoir, Simone de (^{1}1951): Das andere Geschlecht. Sitte und Sexus der Frau. Reinbek: Rowohlt. Erstausgabe 1949.

Beauvoir, Simone de (^{2}1986): Das andere Geschlecht. Sitte und Sexus der Frau. Reinbek: Rowohlt. Erstausgabe 1949.

Beauvoir, Simone de (^{3}1992): Das andere Geschlecht. Sitte und Sexus der Frau. Reinbek: Rowohlt. Erstausgabe 1949.

Beck, Ulrich (1986): Risikogesellschaft. Auf dem Weg in eine andere Moderne. Frankfurt am Main: Suhrkamp.

Becker, Sophinette/Hartmut A. G. **Bosinski**/Ulrich **Clement**/Wolf **Eicher**/Thomas M. **Goerlich**/Uwe **Hartmann**/Götz **Kockott**/Dieter **Langer**/Wilhelm F. **Preuss**/Gunter **Schmidt**/Alfred **Springer**/Reinhard **Wille** (1997): Standards der Behandlung und Begutachtung von Transsexuellen der Deutschen Gesellschaft für Sexualforschung, der Akademie für Sozialmedizin und der Gesellschaft für Sexualwissenschaft. In: Zeitschrift für Sexualforschung 10/1997, S. 147-156.

Becker-Schmidt, Regina (1987a): Die doppelte Vergesellschaftung – die doppelte Unterdrückung. In: Lilo Unterkirchner/Ina Wagner (Hrsg.): Die andere Hälfte der Gesellschaft. Besonderheiten der Frauenforschung in den Sozialwissenschaften. Österreichischer Soziologentag 1985. Wien: Österreichischer Gewerkschaftsbund, S. 10-25.

Becker-Schmidt, Regina (1987b): Frauen und Deklassierung. Geschlecht und Klasse. In: Ursula Beer (Hrsg.): Klasse Geschlecht. Feministische Gesellschaftsanalyse und Wissenschaftskritik. Bielefeld: AJZ-Verlag, S. 187-235.

Becker-Schmidt, Regina/Gudrun-Axeli **Knapp** ([1]2000): Feministische Theorien zur Einführung. Hamburg: Junius.

Becker-Schmidt, Regina/Gudrun-Axeli **Knapp** ([2]2001): Feministische Theorien zur Einführung. Hamburg: Junius.

Becker-Schmidt, Regina/Gudrun-Axeli **Knapp** (1995): Einleitung. In: Regina Becker-Schmidt/Gudrun-Axeli Knapp (Hrsg.): Das Geschlechterverhältnis als Gegenstand der Sozialwissenschaften. Frankfurt am Main: Campus, S. 7-18.

Becker-Schmidt, Regina/Helga **Bilden** (1991): Impulse für die qualitative Sozialforschung aus der Frauenforschung. In: Uwe Flick u.a. (Hrsg.): Handbuch qualitative Sozialforschung. München: PVU, S. 23-30.

Becker-Schmidt, Regina/Uta **Brandes-Erlhoff**/Marva **Karrer**/Gurdrun-Axeli **Knapp**/Mechthild **Rumpf**/Beate **Schmidt** (1982): Nicht wir haben die Minuten, die Minuten haben uns. Zeitprobleme und Zeiterfahrungen von Arbeitermüttern in Fabrik und Familie. Bonn: Verlag Neue Gesellschaft.

Bednarz-Braun, Iris/Ulrike **Heß-Meining** (2004): Migration, Ethnie und Geschlecht. Theorieansätze – Forschungsstand – Forschungsperspektiven. Wiesbaden: VS.

Beer, Ursula (1990): Geschlecht, Struktur, Geschichte. Soziale Konstituierung des Geschlechterverhältnisses. Frankfurt am Main/New York: Campus.

Beer, Ursula (1991): Zur politischen Ökonomie der Frauenarbeit. In: T. Brüsenmeister/C. Illian u.a. (Hrsg.): Die versteinerten Verhältnisse zum Tanzen bringen. Beiträge zur marxistischen Theorie heute. Berlin: Dietz, S. 254-263.

Behnke, Cornelia/Michael **Meuser** (1999): Geschlechterforschung und qualitative Methoden. Opladen: Leske + Budrich.

Binford, Lewis R. (1981): Bones: Ancient Men and Modern Myths. New York: Academic Press.

Blumenshine, Robert J./John A. **Cavallo** (1992): Frühe Hominiden – Aasfresser. In: Spektrum der Wissenschaft 12/1992, S. 88-95.

BMFSFJ (Bundesministerium für Familie, Senioren, Frauen und Jugend) (Hrsg.) (2002): Gender Mainstreaming. Was ist das? (Informationsbroschüre).

BMFSFJ / Bundesministerium für Familie, Senioren, Frauen und Jugend (Hrsg.) (2007): Bericht der Bundesregierung zu den Auswirkungen des Gesetzes zur Regelung der Rechtsverhältnisse der Prostituierten (Prostitutionsgesetz – ProstG). Berlin: BMFSFJ, Januar 2007.

Bock, Gisela/Barbara **Duden** (1977): Arbeit aus Liebe – Liebe als Arbeit. Zur Entstehung der Hausarbeit im Kapitalismus. In: Frauen in Wissenschaft. Berlin: Krin-Verlag, S. 118-199.

Bock, Ulla (1984): Einführung in die Diskussion der Methoden bzw. Methodologie in der Frauenforschung. In: Zentraleinrichtung zur Förderung von Frauenstudien und Frauenforschung an der Freien Universität Berlin (Hrsg.): Methoden in der Frauenforschung. Symposium an der FU Berlin vom 30.11.-2.12.83. Frankfurt am Main: Fischer, S. 16-28.

Boltanski, Luc/Eve **Chiapello** (2006): Der neue Geist des Kapitalismus. Konstanz: UVK.

Bornstein, Kate ([1994] 1995): Gender Outlaw: On Men, Women and the Rest of Us. NewYork: Vintage.

Bothfeld, Silke/Sigrid **Gronbach**,/Barbara **Riedmüller** (2002): Gender Mainstreaming – eine Innovation in der Gleichstellungspolitik. Zwischenberichte aus der politischen Praxis. Frankfurt/New York: Campus.

Boudry, Pauline/Brigitta **Kuster**/Renate **Lorenz** (Hrsg.) (2007): normal love. Heterosexualität, Arbeit & Zuhause #2. Berlin: b_books.

Bourdieu, Pierre (1976): Entwurf einer Theorie der Praxis. Frankfurt am Main: Suhrkamp.

Bourdieu, Pierre (1997): Die männliche Herrschaft. In: Irene Dölling/Beate Krais (Hrsg.): Ein alltägliches Spiel. Geschlechterkonstruktion in der sozialen Praxis. Frankfurt am Main: Suhrkamp, S. 153-217.

Bourdieu, Pierre (2005): Die männliche Herrschaft. Frankfurt am Main: Suhrkamp.

Bourdieu, Pierre/Loic J.D. **Wacquant** (1996): Reflexive Anthropologie. Frankfurt am Main: Suhrkamp.

Brader, Doris/Julia **Lewerenz** (2006): Frauen in Führungspositionen. In: IAB Kurzbericht. Aktuelle Analyse aus dem Institut für Arbeitsmarkt- und Berufsforschung der Bundesagentur für Arbeit. Nr. 2, 24.2.2006. Nürnberg. S. 1-4.

Brah, Avtar/Ann **Phoenix** (2004): Ain´t I A Woman? Revisiting Intersectionality. In: Journal of International Women´s Studies 5, 3, S. 75-86.

Braidotti, Rosi (1994): Gender und Post-Gender: Die Zukunft einer Illusion. In: Verein sozialwissenschaftliche Forschung und Bildung für Frauen – SFBF – e.V. (Hrsg.): Zur Krise der Kategorien. Frau – Lesbe – Geschlecht. Frankfurt am Main, S. 7-30.

Braun, Claudia von/Inge **Stephan** (2006): Einleitung. In: Braun, Claudia von/Inge Stephan (Hrsg.): Gender Studien. Eine Einführung. Stuttgart: Metzler, S. 3-9.

Bravmann, Scott (2003): Queere Fiktionen von Stonewall. In: Andreas Kraß (Hrsg.): Queer Denken. Frankfurt am Main: Suhrkamp, S. 240-274.

Bredström, Anna (2006): A Challenge for Feminist HIV/AIDS Research. In: European Journal of Women´s Studies 13, S. 229-243.

Bruchhagen, Verena (2007): Diversity-Lernen? Shake it, Baby! Anstrengungen und ZuMutungen im Umgang mit Komplexität. In: Iris Koall/Verena Bruchhagen/Friederike Höher (Hrsg.): Diversity Outlooks. Managing Diversity zwischen Ethik, Profit und Antidiskriminierung. Hamburg: LIT, S. 49-67.

Brück, Brigitte/Heike **Kahlert**/Marianne **Krüll**/Helga **Milz**/Astrid **Osterland**/Ingeborg **Wegehaupt-Schneider** (1997): Feministische Soziologie. Eine Einführung. Frankfurt am Main: Campus.

Bruns, Cludia (2002): „Erfahrungen" des Männlichen zwischen Sexualität und Politik (1880-1920): Annäherungen an eine Historiographie des Politischen mit Michel Foucault. In: Jürgen Martschukat (Hrsg.): Geschichte schreiben mit Foucault. Frankfurt am Main: Campus, S. 219-240.

Bublitz, Hannelore (1992): Geschlecht. In: Hermann Korte/Bernhard Schäfers (Hrsg.): Einführung in die Hauptbegriffe der Soziologie. Opladen: Leske + Budrich, S. 59-78.

Bublitz, Hannelore (1998a): Das Geschlecht der Moderne. Zur Genealogie der Geschlechterdifferenz. In: Hannelore Bublitz (Hrsg.): Das Geschlecht der Moderne. Frankfurt am Main: Campus, S. 26-48.

Bublitz, Hannelore (1998b): Diskursanalyse als Gesellschafts-„Theorie". „Diagnostik" historischer Praktiken am Beispiel der „Kulturkrisen"-Semantik und der Geschlechterordnung um die Jahrhundertwende. In: Hannelore Bublitz/Andrea D. Bührmann/Christine Hanke/Andrea Seier (Hrsg.): Das Wuchern der Diskurse. Perspektiven der Diskursanalyse Foucaults. Frankfurt am Main: Campus, S. 22-48.

Bublitz, Hannelore (2003): Diskurs. Bielefeld: Transcript.

Bührmann, Andrea (1995): Das authentische Geschlecht. Die Sexualitätsdebatte der Neuen Frauenbewegung und die Foucaultsche Machtanalyse. Münster: Westfälisches Dampfboot.

Bührmann, Andrea (1998): Die gesellschaftlichen Konsequenzen der Wissensproduktion. Zum Verhältnis von (Sexual-)Wissenschaften und gesellschaftlichen Normalisierungsmechanismen. In: Ursula Ferdinand/Andreas Pretzel/Andreas Seek (Hrsg.): Verqueere Wissenschaft? Zum Verhältnis von Sexualwissenschaft und Sexualreformbewegung in Geschichte und Gegenwart. Münster: LIT, S. 213-228.

Bührmann, Andrea (2002): Der Kampf um „weibliche Individualität". Ein Beitrag zur Analyse des (Trans-)Formierungsgeschehens moderner Subjektivierungsweisen im Deutschland um die Jahrhundertwende. Münster: Westfälisches Dampfboot.

Buitelaar, Marjo (2006): 'I Am the Ultimate Challenge'. Accounts of Intersectionality in the Life-Story of a Well-Known Daughter of Moroccan Migrant Workers in the Netherlands. In: European Journal of Women´s Studies 13, S. 259-276.

Bundesweite AG Recht/Prostitution (2005): Das Menschenhandelskomplott: Kleine Aufklärungsschrift der bundesweiten Arbeitsgemeinschaft Recht/Prostitution. Nürnberg, Presseerklärung vom 14. März 2005.

Butler, Judith (1990): Gender Trouble: Feminism and the Subversion of Identity. New York/London: Routledge.

Butler, Judith (1991a): Das Unbehagen der Geschlechter. Frankfurt am Main: Suhrkamp.

Butler, Judith (1991b): Variationen zum Thema Sex und Geschlecht. In: Gertrud Nunner-Winkler (Hrsg.): Weibliche Moral. Frankfurt am Main: Campus, S. 56-76.

Butler, Judith (1993): Bodies That Matter: On the Discursive Limits of ‚Sex'. New York/London: Routledge.

Butler, Judith (1993): Kontingente Grundlagen: Der Feminismus und die Frage der „Postmoderne". In: Seyla Benhabib/Judith Butler/Drucilla Cornell/Nancy Fraser: Der Streit um die Differenz. Feminismus und Postmoderne in der Gegenwart. Frankfurt am Main: Fischer, S.31-58.

Butler, Judith (1996): Imitation und die Aufsässigkeit der Geschlechtsidentität. In: Sabine Hark (Hrsg.): Grenzen lesbischer Identitäten. Berlin: Querverlag, S. 15-37.

Butler, Judith (1997a): Against Proper Objects. In: Elizabeth Weed/Naomi Shor (Hrsg.): Feminism meets Queer Theory. Bloomington/Indianapolis: Indiana University Press, S. 1-30. Orig. 1994.

Butler, Judith (1997b): Körper von Gewicht. Frankfurt am Main: Suhrkamp.

Butler, Judith (1998): Haß spricht. Zur Politik des Performativen. Berlin: Berlin-Verlag.

Butler, Judith (1998): Merely Cultural. In: New Left Review 227, S. 33-44.

Carby, Hazel V. (1982): White women listen! Black feminism and the boundaries of sisterhood. In: The Centre for Contemporary Culture Studies (Hrsg.): The Empire Strikes Back: Race and Racism in 70s Britain. London: Hutchinson, S. 212-235.

Castells, Manuel (2003): Die Macht der Identität. Das Informationszeitalter II. Opladen: Leske + Budrich.

Castro Varela, María do Mar/Nikita **Dhawan** (2005): Postkoloniale Theorie. Eine kritische Einführung. Bielefeld: Transcript.

Chafetz, Janet Saltzman (1988): Feminist Sociology: An Overview of Contemporary Theories. Itasca, IL: F.E. Peacock.

Chase, Cheryl (1998): Hermaphrodites with Attitude: Mapping the Emergence of Intersex political Activism. In: GLQ. A Journal of Lesbian and Gay Studies. The Transgender Issue. 4, No. 2, S.189-212.

Christiansen, Kerrin (1995): Biologische Grundlagen der Geschlechterdifferenz. In: Ursuala Pasero/Frederike Braun (Hrsg.): Konstruktion von Geschlecht. Pfaffenweiler: Centaurus. S. 13-28.

Cockburn, Cynthia (1985): Machinery of Dominance: Women, Men and Technical Know-how. London: Pluto Press. Dt. (1988): Die Herrschaftsmaschine. Geschlechterverhältnis und technisches Know-how. Berlin/Hamburg: Argument.

Cohen, Cathy (2005) [zuerst 1997]: Punks, Bulldaggers, and Welfare Queens. The Radical Potential of Queer Politics? In: Johnson, E. Patrick/Mae G Henderson (Hrsg.): Black queer studies. A critical anthology. Durham, NC u.a.: Duke Univ. Press, S. 21-51.

Collins, Patricia Hill (1993): Toward a New Vision: Race, Class and Gender as Categories of Analysis and Connection. In: Race, Sex & Class 1, S. 25-45.

Connell, Robert W. (2000): Der gemachte Mann. Konstruktion und Krise von Männlichkeiten. Opladen: Leske+Budrich, 2. Auflage.

Cook, Judith A./Mary Margaret **Fonow** (1984): Methoden feministischer Soziologie in den Vereinigten Staaten. In: das Argument 26, Heft 142, S. 57-69.

Cook, Judith A./Mary Margaret **Fonow** (1986): Knowledge and Women's Interests: Issues of Epistemology and Methodology in Feminist Sociological Research. In: Sociological Inquiry 56, S. 2-29.

Cordes, Mechthild (1996): Frauenpolitik. Gleichstellung oder Gesellschaftsveränderung? Opladen: Leske+Budrich.

Cox, Taylor (1993): Cultural Diversity in Organisations. Theory, Research & Practice. San Francisco: Berrett-Koehler.

Crenshaw, Kimberlé (1989): Demarginalizing the Intersection of Race and Sex: A Black Feminist Critique of Antidiscrimination Doctrine. In: The University of Chicago Legal Forum, S. 139-167.

Crimp, Douglas (1993): Right On, Girlfriend! In: Michael Warner (Hrsg.): Fear of a queer planet. Queer politics and social theory. Minneapolis: University of Minnesota Press, S. 300-320.

Crompton, Rosemary (1995): Geschlecht, soziale Schichtung und Arbeit. In: L. Christof Armbruster/Ursula Müller/Marlene Stein-Hilbers (Hrsg.): Neue Horizonte? Sozialwissenschaftliche Forschung über Geschlechter und Geschlechterverhältnisse. Opladen: Leske + Budrich, S. 135-155.

Culler, Jonathan (1988): Dekonstruktion. Derrida und die poststrukturalistische Literaturtheorie. Reinbek: Rowohlt.

Cyba, Eva (2004): Patriarchat: Wandel und Aktualität. In: Ruth Becker/Beate Kortendiek (Hrsg.): Handbuch Frauen- und Geschlechterforschung. Theorie, Methoden, Empirie. Wiesbaden: VS, S. 15-20.

D'Emilio, John (1983): Capitalism and Gay Identity. In: Ann Snitow u.a. (Hrsg.): Desire: The Politics of Sexuality. New York/London: Virago, S. 10-113.

Dausien, Bettina (1994): Biografieforschung als „Königinnenweg"? Überlegungen zur Relevanz biografischer Ansätze in der Frauenforschung. In: Angelika Diezinger/Hedwig Kitzer/Ingrid Anker/Irma Bingel/Erika Haas/Simone Odierna (Hrsg.): Erfahrung mit Methode. Wege sozialwissenschaftlicher Frauenforschung. Freiburg: Kore, S.129-153.

Davis, Angela (1983): Women, Race and Class. New York: Random House, Vintage Books.
Davis, Kathy (2002): ‚A Dubious Equality': Men, Women, and Cosmetic Surgery. In: Body & Society 8, S. 49-66.
Davis, Kathy (2003): Surgical Passing: Or Why Michael Jackson's Nose Makes ‚Us' Uneasy. In: Feminist Theory 4, S. 73-92.
Degele, Nina (2003a): Happy together: Soziologie und Gender Studies als paradigmatische Verunsicherungswissenschaften. In: Soziale Welt 54, S. 9-29.
Degele, Nina (2003b): Anpassen oder unterminieren: Zum Verhältnis von Gender Mainstreaming und Gender Studies. In: Freiburger Frauen Studien, Ausg. 12, S.79-102.
Degele, Nina (2004): Sich schön machen. Zur Soziologie von Geschlecht und Schönheitshandeln. Opladen: VS-Verlag.
Degele, Nina (2005): Anpassen oder unterminieren: Zum Verhältnis von Gender Mainstreaming und Gender Studies. In: Dorothea Lüdke/Anita Runge/Mechthild Koreuber (Hrsg.): Kompetenz und/oder Zuständigkeit. Zum Verhältnis von Geschlechtertheorie und Gleichstellungspraxis. Wiesbaden: VS, S. 81-98.
Degele, Nina (2005): Heteronormativität entselbstverständlichen: Zum verunsichernden Potenzial von Queer Studies. In: Freiburger Frauen Studien, S. 109-133.
Degele, Nina (2006): Queer forschen. Ein Beitrag zum Problem der Reifizierung in den Gender und Queer Studies. In: Petra Gieß-Stüber/Gabriele Sobiech (Hrsg.): Gleichheit und Differenz in Bewegung – Entwicklungen und Perspektiven der Geschlechterforschung in der Sportwissenschaft. Hamburg: Czwalina Verlag, S. 17-26.
Degele, Nina (2007): Männlichkeit queeren. In: Robin Bauer, Josch Hoenes, Volker Woltersdorff (Hrsg.): Männlichkeiten. Hamburg: MännerschwarmSkript, S. 29-42.
Degele, Nina/Christian **Dries** (2005): Modernisierungstheorie. Eine Einführung. München: Fink: UTB.
Degele, Nina/Christian **Dries**/Anne **Stauffer** (2002): Rückschritt nach vorn – Soziologische Überlegungen zu „Homo-Ehe“, Staat und queerer Liebe. In: Polymorph (Hrsg.): Transgender in politischer Perspektive. Berlin: Querverlag, S. 137-152.
Degele, Nina/Gabriele **Winker** (2007): Intersektionalität als Mehrebenenanalyse. unveröff. Manuskript. http://www.feministisches-institut.de/intersektionalitaet.html
Degele, Nina/Sigrid **Schmitz** (2007): Somatic Turn? In: Soziologische Revue 30: 49-58.
Deleuze, Gilles/Félix **Guattari** (1977): Anti-Ödipus. Kapitalismus und Schizophrenie, Frankfurt am Main: Suhrkamp.
Delphy, Christine (1984): Close to home: A Materialist Analysis of Women's Oppression. London: Hutchinson.
Derrida, Jacques (1972): Die Schrift und die Differenz. Frankfurt am Main: Suhrkamp. Orig. 1967.

Derrida, Jacques (1974): Grammatologie. Frankfurt am Main: Suhrkamp.

Deutsch, Francine M. (2007): Undoing Gender. In: Gender & Society 21, S. 106-127.

Deutscher Frauenrat (2006): Abpfiff: Schluss mit Zwangsprostitution. Dokumentation zur Kampagne anlässlich der Fußball-WM 2006. Berlin: Deutscher Frauenrat, Dezember 2006.

Dietze, Gabriele (2001): Race Class Gender. Differenzen und Interdependenzen am Amerikanischen Beispiel. In: Die Philosophin. Gender Studies und Interdisziplinarität 23, S. 30-50.

Dietze, Gaby (2005): Postcolonial Theory. In: Christina von Braun/Inge Stephan (Hrsg.): Gender@Wissen. Ein Handbuch der Gender-Theorien. Köln: Böhlau(UTB), S. 304-325.

Döge, Peter (2001): Geschlechterdemokratie als Männlichkeitskritik. Blockaden und Perspektiven einer Neugestaltung des Geschlechterverhältnisses. Bielefeld: Kleine.

Döge, Peter/Barbara **Stiegler** (2004): Gender Mainstreaming in Deutschland. In: Michael Meuser/Claudia Neusüß (Hrsg.): Gender Mainstreaming. Konzepte – Handlungsfelder – Instrumente. Bonn:bpb, S. 135-157.

Dörner, Klaus (1967): Homosexualität und Mittelstandsgesellschaft. In: Hans Giese (Hrsg.): Homosexualität oder Politik mit dem § 175. Reinbek: Rowohlt, S. 126-148.

Dornhof, Dorothea (2005): Postmoderne. In: Christina von Braun/Inge Stephan (Hrsg.): Gender@Wissen. Ein Handbuch der Gender-Theorien. Köln: Böhlau (UTB), S. 261-284.

Dreyer, Michael (1997): Politische Kultur, rechtliche Diskriminierung und Reformstrategien. In: Stefan Etgeton/Sabine Hark (Hrsg.): Freundschaft unter Vorbehalt. Chancen und Grenzen lesbisch-schwuler Bündnisse. Berlin: Querverlag, S. 28-58.

Duden, Barbara (1991): Geschichte unter der Haut. Ein Eisenacher Arzt und seine Patientinnen um 1730. Stuttgart: Ernst Klett (orig. 1987).

Duden, Barbara (1993): Die Frau ohne Unterleib: Zu Judith Butlers Entkörperung. Ein Zeitdokument. Feministische Studien. 11.2: Kritik der Kategorie Geschlecht, S. 24-33.

Duggan, Lisa (2003): The Twilight of Equality. Neoliberalism, Cultural Politics and the Attack on Democracy. Boston: Beacon Press.

Dyer, Richard (1997): Heterosexuality. In: Andy Medhurst/Sally R. Munt (Hrsg.): Lesbian and Gay Studies. A Critical Introduction. London/Washington: Cassell, S. 261-272.

Ebeling, Smilla/Sigrid **Schmitz** (2006): Geschlechterforschung und Naturwissenschaften. Einführung in ein komplexes Wechselspiel. Wiesbaden: VS.

Ebeling, Smilla/Sigrid **Schmitz**/Robin **Bauer** (2006): Tierisch menschlich. Ein un/geliebter Dualismus und seine Folgen. In: Smilla Ebeling/Sigrid Schmitz (Hrsg.): Geschlechterforschung und Naturwissenschaften. Einführung in ein komplexes Wechselspiel. Wiesbaden: VS, S. 347-362.

Eder, Franz X. (2002): Kultur der Begierde. Eine Geschichte der Sexualität. München: Beck.

Ehrhardt, Angelika (2003): Gender Mainstreaming – wo es herkommt, was es will und wie es geht. In: Mechthild Jansen/Angelika Röming/ Marianne Rohde (2003): Gender Mainstreaming. Herausforderung für den Dialog der Geschlechter. München: Olzog, S. 13-33.

Eichler, Margit (1994): Sieben Weisen, den Sexismus zu erkennen. Eine theoretische Überlegung mit einem praktischen Fragebogen. In: Das Argument 207, S. 941-954.

Eickelpasch, Rolf (2001): Hierarchie und Differenz. Anmerkungen und Anfragen zur „konstruktivistischen Wende" in der Analyse sozialer Ungleichheit. In: Claudia Rademacher/Peter Wiechens (Hrsg.): Geschlecht, Ethnizität, Klasse. Zur sozialen Konstruktion von Hierarchie und Differenz. Opladen: Leske + Budrich, S. 53-62.

Eickelpasch, Rolf/Claudia **Rademacher** (2004): Identität. Bielefeld: Transcript.

Estioko-Griffin, Agnes/Bion P **Griffin** (1981): Woman the hunter: The Agta. In: Frances Dahlberg (Hrsg.): Woman the Gatherer. New Haven: Yale University Press.

Fausto-Sterling, Anne (1992): Building two-way streets: the case of feminism and science. In: National Women's Studies Association Journal 4, S. 336-349.

Fausto-Sterling, Anne (2002): Sich mit Dualismen duellieren. In: Ursula Pasero/Anja Gottburgsen (Hrsg.): Wie natürlich ist Geschlecht? Wiesbaden: WDV, S. 17-64.

Feministische Studien 11 (1993): Kritik der Kategorie „Geschlecht". Heft 2.

Ferguson, Kathy E. (1992): Politischer Feminismus und Dekonstruktionstheorien. In: Das Argument 34, S. 873-885.

Ferreira, Grada (2002): „Die Farbe unseres Geschlechts". Gedanken über „Rasse", Transgender und Marginalisierung. In: Polymorph (Hrsg.): Transgender in politischer Perspektive. Berlin: Querverlag, S. 117-128.

Filter, Cornelia (1993): Prostitution: Echt geil oder hart drauf? In: Alice Schwarzer (Hrsg.): EMMA, März/April 1993, Nr. 2. Köln: Emma Frauenverlags GmbH, S. 36-43.

Firestone, Shulamith (1975): Frauenbefreiung und sexuelle Revolution. Frankfurt am Main: Fischer.

Flick, Uwe (2004): Triangulation. Eine Einführung. Wiesbaden: VS.

Florida, Richard L. (2004): The rise of the creative class. And how it's transforming work, leisure, community and everyday life. New York: Basic Books.

Foucault, Michel ([1976] 1983): Sexualität und Wahrheit. Bd. I: Der Wille zum Wissen. Übers. von Ulrich Raulff und Walter Seitter. Frankfurt am Main: Suhrkamp.

Foucault, Michel (1974): Die Ordnung des Diskurses. München: Hansr.

Foucault, Michel (1977): Überwachen und Strafen. Frankfurt am Main: Suhrkamp.

Foucault, Michel (1978): Dispositive der Macht. Berlin: Merve.

Foucault, Michel (1981): Die Archäologie des Wissens. Frankfurt am Main: Suhrkamp.

Foucault, Michel (1983): Der Wille zum Wissen. Sexualität und Wahrheit 1. Frankfurt am Main: Suhrkamp.

Foucault, Michel (1993): Leben machen und sterben lassen: Die Geburt des Rassismus. In: Sebastian Reinfeldt/Richard Schwarz (Hrsg.): Bio-Macht. Duisburg: DISS (= Duisburger Institut für Sprach- und Sozialforschung), S. 27-50.

Foucault, Michel (1998): Über Hermaphroditismus. Der Fall Barbin. Frankfurt am Main: Suhrkamp.

Frank, Manfred (1984): Was ist Neostrukturalismus? Frankfurt am Main: Suhrkamp.

Franzen, Jannik/Nico J. **Beger** (2002): „Zwischen die Stühle gefallen". Ein Gespräch über queere Kritik und gelebte Geschlechterentwürfe, In: polymorph (Hrsg.): (K)ein Geschlecht oder viele? Transgender in politischer Perspektive. Berlin: Querverlag, S. 53-68.

Fraser, Nancy (2003): Soziale Gerechtigkeit im Zeitalter der Identitätspolitik. Umverteilung, Anerkennung und Beteiligung. In: Nancy Fraser/Axel Honneth (Hrsg.): Umverteilung oder Anerkennung. Eine politisch-philosophische Kontroverse. Frankfurt am Main: Suhrkamp, S. 13-128.

Frerichs, Petra (2000): Klasse und Geschlecht als Kategorien sozialer Ungleichheit. In: Kölner Zeitschrift für Soziologie und Sozialpsychologie 52, S. 36-59.

Frey, Regina (2003): Gender im Mainstreaming. Geschlechtertheorie und -praxis im internationalen Diskurs. Königstein/Taunus: Ulrike Helmer.

Frey, Regina (2004a): Entwicklungslinien: Zur Entstehung von Gender Mainstreaming in internationalen Zusammenhängen. In: Michael Meuser/Claudia Neusüß (Hrsg.): Gender Mainstreaming. Konzepte – Handlungsfelder – Instrumente. Bonn: bpb, S. 24-39.

Frey, Regina (2004b): Warum Männer und Frauen zuhören und einparken können – oder warum eine theoretisch inspirierte Gender-Praxis angebracht ist... In: Netzwerk Gender Training (Hrsg.): Geschlechterverhältnisse bewegen. Erfahrungen mit Gender Training. Königstein/Taunus:Ulrike Helmer, S. 39-46.

Frey, Regina/Johannes **Dingler** (2001): Wie Theorien Geschlechter konstruieren. In: Alles Gender? Oder Was? Theoretische Ansätze zur Konstruktion von Geschlecht(ern) und ihre Relevanz für die Praxis in Bildung, Beratung und Politik. Dokumentation einer Fachtagung der Heinrich-Böll-Stiftung und des Forum „Männer in Theorie und Praxis der Geschlechterverhältnisse" am 9./10. März 2001, S. 7-24. In: http://www.boell.de/downloads/gd/allesgenderoderwas.pdf, Zugriff am 17.8.2007.

Frey, Regina/Jutta **Hartmann**/Andreas **Heilmann**/Thomas **Kugler**/Stephanie **Nordt**/Sandra **Smykalla** (2006): Gender-Manifest. Plädoyer für eine kritisch reflektierende Praxis in der genderorientierten Bildung und Beratung. In: http://www.gender.de/mainstreaming/GenderManifest01_2006.pdf, Zugriff am 20.08.2007.

Friedan, Betty (1966): Der Weiblichkeitswahn oder die Selbstbefreiung der Frau. Hamburg.

Fuchs, Cynthia (1999-2001): Interview with Kimberly Peirce. In: PopMatters.com. http://www.popmatters.com/film/interview-kimberly-peirce.html, Zugriff am 26.9.2007.

Funari, Vicky (1997): Naked, Naughty, Nasty: Peep Show Reflections. In: Jill Nagle (Hrsg.): Whores and Other Feminists. New York/London: Routledge, S. 19-35.

Game, Ann/Rosemary **Pringle** (1983): Gender at work. Sydney/Boston: Allen & Unwin.

Garfinkel, Harold (1967): Studies in Ethnomethodology. Englewood Cliffs: Prentice Hall.

Garrels, Lutz (1998): Das Geschlechtserleben Intersexueller im Diskurs. In: Zeitschrift für Sexualforschung 11, S. 197-211.

Geiger, Gabriele (1993): Postmoderner Feminismus. Über die blinden Flecken in Theoriebildung und Alltagshandeln. In: Zeitschrift für Frauenforschung 11, S. 133-160.

Gerhard, Ute (1995): Die „langen Wellen" der Frauenbewegung – Traditionslinien und unerledigte Anliegen. In: Regina Becker-Schmidt/Gudrun-Axeli Knapp (Hrsg.): Das Geschlechterverhältnis als Gegenstand der Sozialwissenschaften. Frankfurt am Main: Campus, S. 247-278.

Giddens, Anthony (1995): Konsequenzen der Moderne. Frankfurt am Main: Suhrkamp.

Gigi, Zeitschrift für sexuelle Emanzipation (2006): Fucking Words. Zwischen heteronormativ und zwangsheterosexuell. Nr. 44, Juli/Aug, S. 6-13.

Gildemeister, Regina/Angelika **Wetterer** (1992): Wie Geschlechter gemacht werden. Die soziale Konstruktion der Zweigeschlechtlichkeit und ihre Reifizierung in der Frauenforschung. In: Gudrun-Axeli Knapp/Angelika Wetterer (Hrsg.): Traditionen Brüche. Entwicklungen feministischer Theorie. Freiburg: Kore, S. 201-254.

Gildemeister, Regine (2004): Geschlechterdifferenz – Geschlechterdifferenzierung: Beispiele und Folgen eines Blickwechsels in der empirischen Geschlechterforschung. In: Sylvia Buchen/Cornelia Helfferich/Maja S. Maier (Hrsg.): Gender methodologisch. Empirische Forschung in der Informationsgesellschaft vor neuen Herausforderungen. Wiesbaden: VS, S. 27-46.

Goffman, Erving ([1963] 1975): Stigma: Über Techniken der Bewältigung beschädigter Identitäten. Übers. von Frigga Haug. Frankfurt am Main: Suhrkamp.

Goffman, Erving (1977): The arrangement between the sexes. In: Theory and Society 4, S. 301-331.

Gottschall, Karin (1998): Doing Gender While Doing Work? Erkenntnispotentiale konstruktivistischer Perspektiven. In: Birgit Geissler/Friederike Maier/Birgit Pfau-Effinger (Hrsg) (1998): FrauenArbeitsMarkt. Berlin: Edition Sigma.

Gottschall, Karin (2000): Soziale Ungleichheit und Geschlecht. Kontinuitäten und Brüche, Sackgassen und Erkenntnispotentiale im deutschen soziologischen Diskurs. Opladen: Leske + Budrich.

Grant, Linda/Kathryn **Ward** (1987): Is there an Association between Gender and Methods in Sociological Research? In: American Sociological Review 52.

Gratzke, Michael (2007): Mythos Afrikasöldner. Modernisierung, mannmännliches Begehren und männliche Subjektbildung in der deutschsprachigen Literatur des 20. Jahrhunderts. In: Robin Bauer et al. (Hrsg.): Unbeschreiblich männlich. Heteronormativitätskritische Perspektiven. Hamburg: Männerschwarm Skript, S. 197-212.

Grenz, Sabine/Martin **Lücke** (Hrsg.) (2006): Verhandlungen im Zwielicht. Momente der Prostitution in Geschichte und Gegenwart. Bielefeld: transcript.

Griffiths, Robin (Hrsg.) (2006): British Queer Cinema. London/New York: Routledge.

Gümen, Sedef (1998): Das Soziale des Geschlechts. Frauenforschung und die Kategorie „Ethnizität". In: Das Argument 224, S. 187-202.

Hagemann-White, Carol (1988): Wir werden nicht zweigeschlechtlich geboren. In: Carol Hagemann-White/Maria S. Rerrich (Hrsg.): FrauenMännerBilder. Männer und Männlichkeit in der feministischen Diskussion. Bielefeld: AJZ-Verlag, S. 224-235.

Hagemann-White, Carol (1995): Die Konstrukteure des Geschlechts auf frischer Tat ertappen? Methodische Konsequenzen einer theoretischen Einsicht. In: Ursula Pasero/Frederike Braun (Hrsg.): Konstruktion von Geschlecht. Pfaffenweiler: Centaurus, S.182-198.

Halberstam, Judith (2005): In a Queer Time and Place: Transgender Bodies, Subcultural Lives. New York/London: New York University Press.

Hall, Stuart (1994): Rassismus und kulturelle Identität. Ausgewählte Schriften 2. Hamburg: Argument.

Hall, Stuart (2000) [Orig. 1989]: Ideologie, Kultur, Rassismus. Ausgewählte Schriften I. Hamburg: Argument.

Hall, Stuart (2000) [Orig.1994]: Rassismus und kulturelle Identität. Ausgewählte Schriften II. Hamburg: Argument.

Haller, Dieter (2001): Die Entdeckung des Selbstverständlichen: Heteronormativität im Blick. In: kea, Zeitschrift für Kulturwissenschaften, Sonderband 14: Heteronormativität, S. 1-28.

Halperin, David M. (1995): Saint Foucault: Towards a gay hagiography. Oxford: Oxford UP.

Hänsch, Ulrike (2003): Individuelle Freiheiten – heterosexuelle Normen. Opladen: Leske + Budrich.

Haraway, Donna (1989): Women's Place is in the Jungle. In dies: Primate Visions. Routledge: N.Y., S. 279-303.

Haraway, Donna (1995): Primatologie ist Politik mit anderen Mitteln. In Barbara Orland/Elvira Scheich (Hrsg.): Das Geschlecht der Natur. Suhrkamp: Frankfurt am Main, S. 137-198.

Harding, Sandra (1991): Feministische Wissenschaftstheorie. Zum Verhältnis von Wissenschaft und sozialem Geschlecht. Hamburg: Argument. (Engl. Orig. 1986).
Harding, Sandra (1994): Das Geschlecht des Wissens. Frauen denken die Wissenschaft neu. Frankfurt am Main/New York: Campus.
Hark, Sabine (1993): Queer Interventionen. In: Feministische Studien 11, S. 103-109.
Hark, Sabine (1996): Deviante Subjekte. Die paradoxe Politik der Identität. Opladen: Leske + Budrich.
Hark, Sabine (2001): Feministische Theorie – Diskurs – Dekonstruktion. Produktive Verknüpfungen. In: Reiner Keller/Andreas Hirseland/Werner Schneider/Willy Viehöver (Hrsg.): Handbuch sozialwissenschaftliche Diskursanalyse. Band 1. Opladen: Leske + Budrich, S. 353-371.
Hark, Sabine (2005a): Queer Studies. In: Christina von Braun/Inge Stephan (Hrsg.): Gender@Wissen. Ein Handbuch der Gender-Theorien. Köln: Böhlau (UTB), S. 285-303.
Hark, Sabine (2005b): Dissidente Partizipation. Eine Diskursgeschichte des Feminismus. Frankfurt am Main: Suhrkamp.
Harvey, Adia M. (2005): Becoming Entrepreneurs. Intersections of Race, Class, and Gender at the Black Beauty Salon. In: Gender & Society 19, S. 789-808.
Hausen, Karin (1976): Die Polarisierung der „Geschlechtscharaktere“ – eine Spiegelung der Dissoziation von Erwerbs- und Familienleben. In: Werner Conze (Hrsg.): Sozialgeschichte der Familie in der Neuzeit Europas. Stuttgart: Klett, S. 363-393.
Heinsohn, Doris (1998): Feministische Naturwissenschaftskritik. Eine Einführung. In: Barbara Petersen/Bärbel Mauß (Hrsg.): Feministische Naturwissenschaftsforschung. Science und Fiction. Mössingen: Talheimer Verlag, S. 14-32.
Heintz, Bettina (Hrsg.) (2001): Geschlechtersoziologie. Kölner Zeitschrift für Soziologie und Sozialpsychologie, Sonderheft 41. Opladen: WDV.
Heintz, Bettina (2001): Geschlecht als (Un-)Ordnungsprinzip. In: Bettina Heintz (Hrsg.): Geschlechtersoziologie. Kölner Zeitschrift für Soziologie und Sozialpsychologie, Sonderheft 41. Opladen: WDV, S. 9-29.
Heintz, Bettina/Eva **Nadai** (1998): De-Institutionalisierungsprozesse und geschlechtliche Differenzierung. In: Zeitschrift für Soziologie 27, S. 75-93.
Heintz, Bettina/Eva **Nadai**/Regula **Fischer**/Hannes **Ummel** (1997): Ungleich unter Gleichen. Studien zur geschlechtsspezifischen Segregation des Arbeitsmarktes. Frankfurt am Main: Campus.
Henderson, Lisa (1992): Lesbian Pornography: Cultural Transgression and Sexual Demystification, In: Sally Munt (Hrsg.): New Lesbian Criticism. Literary and Cultural Readings, New York: Harvester Wheatsheaf, S. 173-192.
Hennessy, Rosemary (2000): Profit and Pleasure. Sexual Identities in Late Capitalism. New York/London: Routledge.

Hennessy, Rosemary (2003): Feminismus. In: Frigga Haug (Hrsg.): Historisch-Kritisches Wörterbuch des Feminismus. Hamburg: Argument, S. 155-170.

Hering, Sabine (2004): „Frühe" Frauenforschung: Die Anfänge der Untersuchungen von Frauen über Frauen. In: Ruth Becker/Beate Kortendiek (Hrsg.): Handbuch Frauen- und Geschlechterforschung. Theorie, Methoden, Empirie. Wiesbaden: VS, S. 285-293.

Herman, Eva (2006): Das Eva-Prinzip. Für eine neue Weiblichkeit. München: Pendo.

Hirschauer, Stefan (1989): Die interaktive Konstruktion von Geschlechtszugehörigkeit. In: Zeitschrift für Soziologie 18.2, S. 100-118.

Hirschauer, Stefan (1993): Die soziale Konstruktion der Transsexualität. Über die Medizin und den Geschlechtswechsel. Frankfurt am Main: Suhrkamp.

Hirschauer, Stefan (1994): Die soziale Fortpflanzung der Zweigeschlechtlichkeit. In: Kölner Zeitschrift für Soziologie und Sozialpsychologie 46, S. 668-692.

Hirschauer, Stefan (2001): Das Vergessen des Geschlechts. Zur Praxeologie einer Kategorie sozialer Ordnung. In: Bettina Heintz (Hrsg.): Geschlechtersoziologie. Kölner Zeitschrift für Soziologie und Sozialpsychologie, Sonderheft 41. Opladen: WDV. S. 208-235.

Hirschauer, Stefan/Klaus **Amann** (1999): Soziologie treiben. Für eine Kultur von Forschung. In: Soziale Welt 50, S. 495-506.

Hirschfeld, Magnus (1983): Jahrbuch für sexuelle Zwischenstufen 1899-1923. Hrsg. von Wolfgang Johann Schmidt. Frankfurt am Main: Qumran.

Holland-Cunz, Barbara (2003): Die alte neue Frauenfrage. Frankfurt am Main: Suhrkamp.

Honegger, Claudia (1989): „Weiblichkeit als Kulturform." Zur Codierung der Geschlechter in der Moderne. In: Max Haller/Hans-Joachim Hoffmann-Nowottny/Wolfgang Zapf (Hrsg.): Kultur und Gesellschaft. Frankfurt am Main: Campus, S. 142-155.

Honegger, Claudia (1991): Die Ordnung der Geschlechter. Die Wissenschaften vom Menschen und das Weib. Frankfurt am Main/New York: Campus.

Hooks, Bell (1981): Ain't I a Woman? Black Women and Feminism. Boston: Southend-Press.

Hornscheidt, Antje (2005): Sprache/Semiotik In: Christina von Braun/Inge Stephan (Hrsg.): Gender@Wissen. Ein Handbuch der Gender-Theorien. Köln: Böhlau (UTB), S. 220-238.

Ihme, Loretta (2006): Huren, Mädchenhändler und Perverse: Zur Re-Produktion von Differenz im Reden über Frauenhandel. In: Diskus. Frankfurter Student_innen Zeitschrift Nr. 1/2006, http://www.copyriot.com/diskus/06-1/huren_maedchenhaendler_und_perverse.htm#en02, Zugriff am 7.5.2007.

Ingraham, Chrys (1996): The Heterosexual Imaginery: Feminist Sociology and Theories of Gender. In: Steven Seidman (Hrsg.): Queer Theory/Sociology. Cambridge/US: Blackwell, S. 145-167.

Jackson, Stevi (1998): Feminist Social Theory. In: Stevi Jackson/Jackie Jones (Hrsg.): Contemporary Feminist Theories. Edinburg: EUP, S. 12-33.
Jackson, Stevi (1999): Heterosexuality in Question. London: Sage.
Jackson, Stevi/Sue **Scott** (2002): The Gendering of Sociology. In: Stevi Jackson/Sue Scott (Hrsg.): Gender. A Sociological Reader. London/ New York: Routledge, S. 1-26.
Jäger, Margarete (2004): Diskursanalyse: Ein Verfahren zur kritischen Rekonstruktion von Machtbeziehungen. In: Ruth Becker/Beate Kortendiek (Hrsg.): Handbuch Frauen- und Geschlechterforschung. Theorie, Methoden, Empirie. Wiesbaden: VS, S. 336-341.
Jäger, Susanna (1998): Doppelaxt oder Regenbogen? Zur Genealogie lesbisch-feministischer Identität. Tübingen: edition diskord.
Jagose, Annamarie (2001): Queer Theory. Eine Einführung. Berlin: Querverlag.
Jagose, Annamarie (2005): Queer Theory. Eine Einführung. Berlin: Querverlag.
Janssen-Jurreit, Marieluise (1979): Sexismus. Über die Abtreibung der Frauenfrage. München: Carl Hanser.
Jayaratne, Toby Epstein/Abigail J. **Stewart** (1991): Quantitative and Qualitative Methods in the Social Sciences: Current Feminist Issues and Practical Strategies. In: Mary Margaret Fonow/Judith A. Cook (Hrsg.): Beyond Methodology. Feminist Scholarship as Lived Research. Bloomington/Indianapolis: Indiana University Press.
Jeffreys, Sheila (1994): Ketzerinnen. Lesbischer Feminismus und die lesbisch-sexuelle Revolution. München: Frauenoffensive.
Karlisch, Sigrun (1998): Das Mama-Papa-Kind-Syndrom – Botschaften über die Fußspuren von Laetoli. In: Bärbel Auffermann/Gerd-Christian Weniger (Hrsg.): Frauen-Zeiten-Spuren. Neanderthal Museum: Mettmann. S. 141-160.
Karpenstein-Eßbach, Christa (1995): Zum Unterschied von Diskursanalysen und Dekonstruktionen. In: Sigrid Weigel (Hrsg.): Flaschenpost und Postkarte. Korrespondenzen zwischen kritischer Theorie und Poststrukturalismus. Köln, Weimar, Wien: Böhlau, S. 127-139.
Karsch, Margret (2004): Feminismus fur Eilige. Berlin: Aufbau.
Kästner, Sibylle (2001): Mit Nadel, Schlinge, Keule oder Pfeil und Bogen – Jägerinnen im ethnohistorischen und archäologischen Kontext. In: Peter Jud/Gilbert Kaenel (Hrsg.): Lebensbilder – Scenes de vie. Actes du colloques de Zoug. S. 195-220.
Kattmann, Ulrich (1999): Warum und mit welcher Wirkung klassifizieren Wissenschaftler Menschen? In: www.shoa.de/content/view/48/204/, Zugriff am 14.3.2007.
Katz, Jonathan Ned (1995): The Invention of Heterosexuality. New York: Dutton Book.
Kaufmann, Jean-Claude (2005): Die Erfindung des Ich. Eine Theorie der Identität. Konstanz: UVK.
Kelle, Helga (2001): „Ich bin der die das macht." Oder: Über die Schwierigkeiten „doing gender" – Prozesse zu erforschen. In: Feministische Studien 19, S. 39-56.

Keller, Evelyn Fox (1995a): Origin, history, and politics of the subject called 'gender and science' – a first person account. In: Sheila Jasanoff/Gerald E Markle/James C Petersen/Trevor Pinch (Hrsg.): Handbook of Science and Technology Studies. Thousand Oaks: Sage, S. 80-94.

Keller, Evelyn Fox (1995b): Geschlecht und Wissenschaft. Eine Standortbestimmung. In: Orland, Barbara/Elvira Scheich (Hrsg.): Das Geschlecht der Natur. Frankfurt am Main: Suhrkamp, S. 64-91.

Keller, Reiner (2004): Diskursforschung. Eine Einführung für SozialwissenschaftlerInnen. Opladen: Leske + Budrich.

Kennedy, Helen (2005): Subjective Intersections in the Face of Machine. Gender, Race, Class and PCs in the Home. In: European Journal of Women´s Studies 12, S. 471-487.

Kessler, Suzanne J./Wendy **McKenna** (1978): Gender: An Ethnomethodological Approach. New York etc.: John Wiley & Sons.

Kilian, Eveline (2004): GeschlechtSverkehrt: Theoretische und literarische Perspektiven des gender-bending. Königstein/Taunus: Ulrike Helmer.

Kirsch, Max H. (2000): Queer Theory and Social Change. New York/London: Routledge.

Klann-Delius, Gisela (2005): Zum Verhältnis von Geschlechtertheorie und Geschlechterpolitik. In: Dorothea Lüdke/Anita Runge/Mechthild Koreuber (Hrsg.): Kompetenz und/oder Zuständigkeit. Zum Verhältnis von Geschlechtertheorie und Gleichstellungspraxis. Wiesbaden: VS, S. 69-80.

Klein, Uta (1995): Das Geschlechterverhältnis und die Soziologie. In: Armin Nassehi u.a. (Hrsg.): Zugänge zur Gesellschaft, Bd. 2: Spezielle Soziologien. Münster: LIT, S. 191-223.

Klinger, Cornelia (1998): Liberalismus – Marxismus – Postmoderne. Der Feminismus und seine glücklichen oder unglücklichen „Ehen" mit verschiedenen Theorieströmungen im 20. Jahrhundert. In: Annette Schlichter/Antje Hornscheidt/Gabriele Jähnert (Hrsg.): Kritische Differenzen – geteilte Perspektiven. Zum Verhältnis zwischen Feminismus und Postmoderne. Opladen: WDV, S. 18-41.

Klinger, Cornelia (2003): Ungleichheit in den Verhältnissen von Klasse, Rasse und Geschlecht. In: Gudrun-Axeli Knapp/Angelika Wetterer (Hrsg.): Achsen der Differenz. Gesellschaftstheorie und feministische Kritik II. Münster: Westfälisches Dampfboot, 14-48.

Klinger, Cornelia/Gudrun-Axeli **Knapp** (2005): Achsen der Ungleichheit – Achsen der Differenz. Verhältnisbestimmungen von Klasse, Geschlecht, »Rasse« / Ethnizität. In: Transit – Europäische Revue. Heft 29, www.iwm.at/index.php?option=com_content&task=view&id=232 &Itemid=230, Zugriff am 26.9.2007.

Knapp, Gudrun-Axeli (1988): Die vergessene Differenz. In: Feministische Studien 6, S. 12-31.

Knapp, Gudrun-Axeli (1993): Segregation in Bewegung: Einige Überlegungen zum „Gendering" von Arbeit und Arbeitsvermögen. In: Karin

Hausen/Gertraude Krell (Hrsg.): Frauenerwerbsarbeit. Forschungen zu Geschichte und Gegenwart. München: Mering, S. 25-46.

Knapp, Gudrun-Axeli (1995): Unterschiede machen: Zur Sozialpsychologie der Hierarchisierung im Geschlechterverhältnis. In: Regina Becker-Schmidt/Gudrun-Axeli Knapp (Hrsg.): Das Geschlechterverhältnis als Gegenstand der Sozialwissenschaften. Frankfurt am Main: Campus, S. 163-194.

Knapp, Gudrun-Axeli (1998): „Hunting the dodo“: Anmerkungen zum Diskurs der Postmoderne. In: Astrid Hornscheidt/Gabi Jähnert/Annette Schlichter (Hrsg.): Kritische Differenzen – geteilte Perspektiven. Opladen: Westdeutscher Verlag, S. 199-228.

Knapp, Gudrun-Axeli (2001): Dezentriert und viel riskiert: Anmerkungen zur These vom Bedeutungsverlust der Kategorie Geschlecht. In: Gudrun-Axeli Knapp/Angelika Wetterer (Hrsg.): Soziale Verortung der Geschlechter. Gesellschaftstheorie und feministische Kritik. Münster: Westfälisches Dampfboot, 15-62.

Knapp, Gudrun-Axeli (2003): Aporie als Grundlage: Zum Produktionscharakter der feministischen Diskurskonstellation. In: Gudrun-Axeli Knapp/Angelika Wetterer (Hrsg.): Achsen der Differenz. Gesellschaftstheorie und feministische Kritik II. Münster: Westfälisches Dampfboot, S. 240-265.

Knapp, Gudrun-Axeli (2004): Gleichheit, Differenz, Dekonstruktion: Vom Nutzen theoretischer Ansätze der Frauen- und Geschlechterforschung für die Praxis. In: Gertraude Krell: Chancengleichheit durch Personalpolitik. 4. Auflage. Wiesbaden: Gabler, S. 151-159.

Knapp, Gudrun-Axeli (2005): „Intersectionality“ – ein neues Paradigma feministischer Theorie? Zur transatlantischen Reise von „Race, Class, Gender“. In: Feministische Studien 23, S. 68-81.

Knöbl, Wolfgang (2001): Spielräume der Modernisierung. Das Ende der Eindeutigkeit. Weilerswist: Velbrück.

Knorr Cetina, Karin (1989): Spielarten des Konstruktivismus. In: Soziale Welt 40, S.86-96.

Koall, Iris/Verena **Bruchhagen**/Friederike **Höher** (Hrsg.) (2007): Diversity Outlooks. Managing Diversity zwischen Ethik, Profit und Antidiskriminierung. Hamburg: LIT.

Köhler, Jochen (1988): Sprachkritik statt Ideologiekritik. Die Konjunktur der Zeichen im Strukturalismus und Poststrukturalismus. In: Peter Kemper (Hrsg.): Postmoderne oder der Kampf um die Zukunft. Frankfurt am Main: Fischer, S.37-58.

Kontos, Silvia/Karin **Walser** (1979): ...weil nur zählt, was Geld einbringt. Probleme der Hausfrauenarbeit. Gelnhausen: Burckhardt – Laetare Verlag.

Koppert, Claudia (2003a): Post Feminismus: Eskalierende Anerkennungsbedürfnisse, Selbstabschaffungstendenzen und die Notwendigkeit aufgeklärter Konstruktionen. In: Claudia Koppert/Beate Selders (Hrsg.): Hand aufs dekonstruierte Herz. Königstein/Taunus: Ulrike Helmer, S. 116-149.

Koppert, Claudia (2003b): Post Feminismus: Komplexe Verhältnisse, widerspruchsvolle Lagen, tragische Heldinnen. In: Claudia Koppert/ Beate Selders (Hrsg.): Hand aufs dekonstruierte Herz. Königstein/ Taunus: Ulrike Helmer, S. 10-26.

Koppetsch, Cornelia/Günter **Burkart** (1999): Die Illusion der Emanzipation. Zur Wirksamkeit latenter Normen im Milieuvergleich. Konstanz: UVK.

Kraß, Andreas (2003): Queer Studies – eine Einführung. In: Andreas Kraß (Hrsg.): Queer Denken. Frankfurt am Main: Suhrkamp, S. 7-28.

Kreissl, Reinhard (2000): Die ewige Zweite. Warum die Macht den Frauen immer eine Nasenlänge voraus ist. München: Droemer.

Krüger, Helga (2001): Gesellschaftsanalyse: der Institutionenansatz in der Geschlechterforschung. In: Gudrun-Axeli Knapp/Angelika Wetterer (Hrsg.): Soziale Verortung der Geschlechter. Gesellschaftstheorie und feministische Kritik. Münster: Westfälisches Dampfboot, S. 63-90.

Krüger, Marlis (1994): Methodologische und wissenschaftstheoretische Reflexionen. Über eine feministische Soziologie und Sozialforschung. In: Angelika Diezinger u.a. (Hrsg.): Erfahrung mit Methode. Wege sozialwissenschaftlicher Frauenforschung. Freiburg: Kore, S.69-84.

Kuhlmann, Ellen (1999): Geschlechterdifferenz und Geschlechterhierarchie – (k)ein symbiotisches Verhältnis. Ergebnisse einer historischen und empirischen Untersuchung zur Bedeutung von Geschlechterdifferenzierungen in der zahnmedizinischen Profession. In: Ayla Neusel/Angelika Wetterer (Hrsg.): Vielfältige Verschiedenheiten. Geschlechterverhältnisse in Studium, Hochschule und Beruf. Frankfurt am Main: Campus, S. 285-304.

Kuhn, Annette (2004): Oral history und Erinnerungsarbeit: Zur mündlichen Geschichtssschreibung und historischen Erinnerungskultur. In: Ruth Becker/Beate Kortendiek (Hrsg.): Handbuch Frauen- und Geschlechterforschung. Theorie, Methoden, Empirie. Wiesbaden: VS, S. 311-313.

Kulick, Don (2005): Talk delivered at Bejing Plus Ten meetings on the „Swedish model". In: Salli (United Sex Professionals of Finland), www.salli.org/muistio/kulick.html, Zugriff am 1. 6. 2007.

Landweer, Hilge (1994): Generativität und Geschlecht. Ein blinder Fleck in der sex/gender-Debatte. In: Theresa Wobbe/Gesa Lindemann (Hrsg.): Denkachsen. Zur theoretischen und institutionellen Rede vom Geschlecht. Frankfurt am Main: Suhrkamp, S. 147-176.

Lang, Claudia (2006): Intersexualität. Menschen zwischen den Geschlechtern. Frankfurt am Main: Campus.

Laqueur, Thomas (1992): Auf den Leib geschrieben. Die Inszenierung der Geschlechter von der Antike bis Freud. Frankfurt am Main/ New York: Campus.

Lauretis, Teresa de (1991): Queer Theory: Lesbian and Gay Sexualities. An Introduction. In: Differences 3: 3-18

Lauretis, Teresa de (1997): Habit Changes. In: Differences 6/2, S. 296-313.

Leidner, Robin (1993): Fast food, fast talk: Service work and the routinization of everyday life. Berkeley and Los Angeles: University of California Press.

Lengermann, Patricia Madoo/Jill **Niebrugge** (1996): Contemporary Feminist Theory. In: George Ritzer (Hrsg.): Modern Sociological Theory. New York: McGraw, S. 299-350.

Lenz, Ilse (1994): Wir wollen sein ein einig Volk von Brüdern. Zur sozialen Konstruktion von Geschlecht und Ethnizität. In: Christiane Tillner (Hrsg.): Frauen – Rechtsextremismus, Rassimus, Gewalt. Feministische Beiträge. Münster: Agenada, S.49-93.

Lenz, Ilse (2004): Frauenbewegungen: Zu den Anliegen und Verlaufsformen von Frauenbewegungen als soziale Bewegungen. In: Ruth Becker/Beate Kortendiek (Hrsg.): Handbuch Frauen- und Geschlechterforschung. Theorie, Methoden, Empirie. Wiesbaden: VS, S. 665-675.

Lindemann, Gesa (1993): Das paradoxe Geschlecht. Transsexualität im Spannungsfeld von Körper, Leib und Gefühl. Frankfurt am Main: Fischer.

Linden, Robin Ruth/Darlene R. **Pagano**/Diana E.H. **Russell**/Susan Leigh **Star** (Hrsg.) (1982): Against Sadomasochism: A Radical Feminist Analysis. San Francisco: Frog In The Well.

Lisborg, Anders (2002): Bodies Across Borders: Prostitution-related Migration from Thailand to Denmark. In: Susanne Thorbek/Bandana Pattanaik (Hrsg.): Transnational Prostitution. London/New York: Zed Books, S. 100-120.

Longino, Helen/Ruth **Doell** (1983): Body, bias and behavior: a comparative analysis of reasoning in two areas of biological science. In: Signs. Journal for Women in Culture and Science 9, S. 206-227.

Logorrhöe, Lore. Siehe unter: **Woltersdorff**, Volker.

Lorey, Isabell (1993): Der Körper als Text und das aktuelle Selbst: Butler und Foucault. In: Feministische Studien 11, S. 10-24.

Ludvig, Alice (2006): Intersecting Voices in a Female Narrative. In: European Journal of Women´s Studies 13, S. 245-258.

Luhmann, Niklas (1984): Soziale Systeme. Frankfurt am Main: Suhrkamp.

Luhmann, Niklas (1988): Frauen, Männer und George Spencer Brown. In: Zeitschrift für Soziologie 17, S. 47-71.

Luhmann, Niklas (1997): Die Gesellschaft der Gesellschaft. Frankfurt am Main: Suhrkamp.

Lüpke, Stefanie (2000): Auf der Suche nach Methoden oder wie forschen Gender-ForscherInnen? In: Sabine Wesely (Hrsg.): Gender Studies in den Sozial- und Kulturwissenschaften. Bielefeld: Kleine, S. 117-133.

Lutter, Christina (2001): Feministische Forschung, Gender Studies und Cultural Studies – eine Annäherung. In: Eva Waniek/Silvia Stoller (Hrsg.): Verhandlungen des Geschlechts. Zur Konstruktivismusdebatte in der Gender-Theorie. Wien: Turia + Kant, S. 21-32.

Lutz, Helma (2002): The Long Shadows of the Past. The New Europe at the Crossroad. In: Ilse Lenz/Helma Lutz/Mirjana Morokvasic/Claudia Schöning-Kalender/Helen Schwenken (Hrsg.): Crossing Borders and Shifting Boundaries. Voll. II. Gender, Identities and Networks. Opladen: Leske + Budrich, S. 57-73.

Lutz, Helma (2004): Migrations- und Geschlechterforschung: Zur Genese einer komplizierten Beziehung. In: Ruth Becker/Beate Kortendiek (Hrsg.): Handbuch Frauen- und Geschlechterforschung. Theorie, Methoden, Empirie. Wiesbaden: VS, S. 476-484.

Lutz, Helma/Kathy **Davis** (2005): Geschlechterforschung und Biographieforschung: Intersektionalität als biographische Ressource am Beispiel einer außergewöhnlichen Frau. In: Bettina Völter/Bettina Dausien/Helma Lutz/Gabriele Rosenthal (Hrsg.): Biographieforschung im Diskurs. Wiesbaden: VS, S. 228-247.

Maihofer, Andrea (1995): Geschlecht als Existenzweise. Frankfurt am Main: Ulrike Helmer.

Maihofer, Andrea (2007): *gender in motion.* Gesellschaftliche Transformationsprozesse – Umbrüche in den Geschlechterverhältnissen? Eine Problemskizze. In: Dominique Grisard/Jana Häberlein/Anelis Kaiser/Sibylle Saxer(Hrsg.): Gender in Motion. Zur Konstruktion von Geschlecht in Raum und Erzählungen. Frankfurt am Main: Suhrkamp, S. 281-315.

Matthes, Joachim (1992): The Operation Called „Vergleichen". In: Joachim Matthes (Hrsg.): Zwischen den Kulturen? Die Sozialwissenschaften vor dem Problem des Kulturvergleichs. Soziale Welt, Sonderband 8. Göttingen: Otto Schwartz, S. 75-99.

Maynard, Mary (1995): Das Verschwinden der „Frau". Geschlecht und Hierarchie in feministischen und sozialwissenschaftlichen Diskursen. In: L. Christof Armbruster/Ursula Müller/Marlene Stein-Hilbers (Hrsg.): Neue Horizonte? Sozialwissenschaftliche Forschung über Geschlechter und Geschlechterverhältnisse. Opladen: Leske + Budrich, S. 23-40.

Maynard, Mary (1998): Women's Studies In: Stevi Jackson/Jackie Jones (Hrsg.): Contemporary Feminist Theories. Edinburg: EUP, S. 247-258.

McCall, Leslie (2005): The Complexity of Intersectionality. In: Signs. Journal of Women in Culture and Society 30: 1771-1800, http://www.journals.uchicago.edu/cgi-bin/resolve?id=doi:10.1086/426800, Zugriff am 26.9.2007.

McKee, Alan (1999): „Resistance is hopeless": Assimilating queer theory. In: Social Semiotics 9, S. 235-250.

Mehlmann, Sabine (2006): Unzuverlässige Körper. Zur Diskursgeschichte des Konzepts geschlechtlicher Identität. Königstein/Taunus: Ulrike Helmer.

Meuser, Michael/**Claudia** Neusüß (Hrsg.) (2004): Gender Mainstreaming. Konzepte – Handlungsfelder – Instrumente. Bonn: bpb.

Mies, Maria (1978): Methodische Postulate zur Frauenforschung – dargestellt am Beispiel der Gewalt gegen Frauen. In: Beiträge zur feministischen Theorie und Praxis 1, S. 41-63.

Mies, Maria (1994): Frauenbewegung und 15 Jahre „Methodische Postulate zur Frauenforschung" In: Angelika Diezinger u.a. (Hrsg.): Erfahrung mit Methode. Wege sozialwissenschaftlicher Frauenforschung. Freiburg: Kore, S.105-128.

Miles, Robert (1991): Rassismus. Einführung in die Geschichte und Theorie eines Begriffs. Hamburg: Argument.

Millett, Kate (1973): Das verkaufte Geschlecht: Die Frau zwischen Gesellschaft und Prostitution. Vier Frauenstimmen zum Thema. München/Wien/Basel: Verlag Kurt Desch.

Millett, Kate (1974): Sexus und Herrschaft. München: DTV.

Mohanty, Chandra Talpade (1988): Aus westlicher Sicht: feministische Theorie und koloniale Diskurse. In: Beiträge zur feministischen Theorie und Praxis 11. Heft 4, S. 149-162.

Müller, Cathren (2001): Konstruktion und Rekonstruktion – Judith Butler revisited. In: Eva Waniek/Silvia Stoller (Hrsg.): Verhandlungen des Geschlechts. Zur Konstruktivismusdebatte in der Gender-Theorie. Wien: Turia + Kant, S. 250-262.

Müller, Christa (2004): Parteilichkeit und Betroffenheit: Frauenforschung als politische Praxis. In: Ruth Becker/Beate Kortendiek (Hrsg.): Handbuch Frauen- und Geschlechterforschung. Theorie, Methoden, Empirie. Wiesbaden: VS, S. 294-297.

Müller, Ursula (1984): Gibt es eine „spezielle" Methode in der Frauenforschung? In: Zentraleinrichtung zur Förderung von Frauenstudien und Frauenforschung an der Freien Universität Berlin (Hrsg.): Methoden in der Frauenforschung. Symposium an der FU Berlin vom 30.11.-2.12.83. Frankfurt am Main: R.G.Fischer, S. 29-50.

Müller, Ursula (1994): Feminismus in der empirischen Forschung: eine methodologische Bestandsaufnahme. In: Angelika Diezinger u.a. (Hrsg.): Erfahrung mit Methode. Wege sozialwissenschaftlicher Frauenforschung. Freiburg: Kore, S. 31-68.

Muñoz, José Esteban (2007): Queerness's labor oder die Arbeit der Disidentifikation. In: Renate Lorenz (Hrsg.): Normal Love. Precarious Sex. Precarious Work. Berlin: b_books, S. 34-39.

Münst, Agnes Senganata (2004): Teilnehmende Beobachtung: Erforschung der sozialen Praxis. In: Ruth Becker/Beate Kortendiek (Hrsg.): Handbuch Frauen- und Geschlechterforschung. Theorie, Methoden, Empirie. Wiesbaden: VS, S. 330-335.

Nagl-Docekal, Herta (1999): Feministische Philosophie. Ergebnisse, Probleme, Perspektiven. Frankfurt am Main: Fischer.

Nagl-Docekal, Herta (2001): Feministische Philosophie. Ergebnisse, Probleme, Perspektiven. Frankfurt am Main: Fischer.

Nagle, Jill (Hrsg.) (1997): Whores and Other Feminists. New York/London: Routledge.

Nickel, Hildegard Maria (2000): Sozialwissenschaften. In: Christina von Braun/Inge Stephan (Hrsg.): Gender Studies. Eine Einführung. Stuttgart: Metzler, S.130-141.

O.V. (1980): Gesetz über die Änderung der Vornamen und die Feststellung der Geschlechtszugehörigkeit in besonderen Fällen vom 10. 09. 1980, zuletzt geändert am 04. 05. 1998; veröffentlicht im Bundesgesetzblatt, Jahrgang 1980, Teil 1, S. 1654-1657 (so genanntes Transsexuellengesetz, zitiert als „TSG").

O.V. (2005): Beschluss des Bundesverfassungsgerichts vom 06. 12. 2005. In: http://www.bverfg.de/entscheidungen/ls20051206_1bvl000303.html. Zugriff am 18. 04. 2007. (zitiert als „BVerfG, 1 BvL 3/03 vom 06. 12. 2005, Absatz n").

O.V. (2007): Vorschläge zur Reform des Gesetzes über die Änderung der Vornamen und die Feststellung der Geschlechtszugehörigkeit in besonderen Fällen, ausgearbeitet vom Arbeitskreis Recht des TGNB. In: http://www.tgnb.de/docs/tgnb_tsg_novll.pdf, zugriff am 27. 02. 2007 (zitiert als „Vorschläge 2007")

O'Neill, Maggie (2001): Prostitution & Feminism: Towards a Politics of Feeling. Cambridge/Malden: Polity Press/Blackwell Publishers.

Orland, Barbara/Mechthild **Rössler** (1995): Women in Science. Ansätze feministischer Naturwissenschaftskritik im Überblick. In: Barbara Orland/Elvira Scheich (Hrsg.): Das Geschlecht der Natur. Feministische Beiträge zur Geschichte und Theorie der Naturwissenschaften. Frankfurt am Main: Suhrkamp, S. 13-63.

Ostner, Ilona (1983): Kapitalismus, Patriarchat und die Konstruktion der Besonderheit „Frau". In: Reinhard Kreckel (Hrsg.): Soziale Ungleichheiten. Göttingen: Schwartz & Co, S. 277-197.

Ott, Cornelia (2000): Zum Verhältnis von Geschlecht und Sexualität unter machttheoretischen Gesichtspunkten. In: Christiane Schmerl/Stefanie Soine/Marlene Stein-Hilbers/Birgitta Wrede (Hrsg.): Sexuelle Szenen. Inszenierungen von Geschlecht und Sexualität in modernen Gesellschaften. Nr. 01/03, Queer Studies, GQ_Heteronormativität. Opladen: Leske + Budrich, S. 183-193.

Palm, Kerstin (2004): Was bringt die Genderforschung eigentlich den Naturwissenschaften. In: Sigrid Schmitz/Britta Schinzel (Hrsg.): Grenzgänge. Genderfoschung in Informatik und Naturwissenschaften. Königstein/Taunus: Ulrike Helmer, S.50-64.

Pasero, Ursula (1994): Geschlechterforschung revisited: Konstruktivistische und systemtheoretische Perspektiven. In: Theresa Wobbe/Gesa Lindemann (Hrsg.): Denkachsen. Zur theoretischen und institutionellen Rede vom Geschlecht. Frankfurt am Main: Suhrkamp. S.264-296.

Pasero, Ursula (1995): Dethematisierung von Geschlecht. In: Ursuala Pasero/Friederike Braun (Hrsg.): Konstruktion von Geschlecht. Pfaffenweiler: Centaurus, S.50-66.

Pasero, Ursula (1997): Wird das Geschlecht weniger wichtig? In: Heike Schlottau (Hrsg.): Frauenpolitik: eine Idee am Ende? Bad Segeberg, S. 78-90.

Passig, Kathrin/Ira **Strübel** (2001): Die Wahl der Qual. Handbuch für Sadomasochisten und solche, die es werden wollen. Hamburg: Rowohlt.

Pat-Ex-Autorenkollektiv (2004): Die Ressource der geschlechtlichen Identität. Identitätskritische Perspektiven in Gender Trainings. In: Netzwerk Gender Training (Hrsg.): Geschlechterverhältnisse bewegen. Erfahrungen mit Gender Training. Königstein/Taunus: Ulrike Helmer, S. 71-88.

Pease Allan/Barbara **Pease** (2000): Warum Männer nicht zuhören und Frauen schlecht einparken. München: Ullstein.

Pendleton, Eva (1997): Love for Sale: Queering Heterosexuality. In: Jill Nagle (Hrsg.): Whores and Other Feminists. New York/London: Routledge, S. 73-82.

Perko, Gudrun (2005): Queer-Theorien. Ethische, politische und logische Dimensionen plural-queeren Denkens. Köln: Papy Rossa.

Pfirstinger, Rico (2000): „Boys Don't Cry": Gespräch mit der Golden-Globe-Preisträgerin Hilary Swank. In: Focus Online, 3. Februar. In: http://www.focus.de/D/DF/DFU/DFU08/DFU0861/dfu0861.htm, Zugriff am 9.6.2007.

Pohlmann, Bianca (2003): In Brüssel stießen die Pro & Contras hart aufeinander. In: Alice Schwarzer (Hrsg.): EMMA, Mai/Juni 2003, Nr. 3. Köln: Emma Frauenverlags GmbH, S. 38-41.

Polanyi, Karl (1997): The Great Transformation. Politische und ökonomische Ursprünge von Gesellschaften und Wirtschaftssystemen. Frankfurt am Main: Suhrkamp.

Pollak, Michael (1986) [frz. 1982]: Männliche Homosexualität oder das Glück im Ghetto? In: Philippe Ariès/André Béjin (Hrsg.): Die Masken des Begehrens und die Metamorphosen der Sinnlichkeit. Frankfurt a.M.: Fischer, S. 55-79.

Pollert, Anna (1996): Gender and Class revisited; or, the Poverty of „patriarchy". In: Sociology 30, S. 639-659.

Polymorph (Hrsg.) (2002): (K)ein Geschlecht oder viele? Transgender in politischer Perspektive. Glossar. Berlin: Querverlag, S. 241-244.

Preciado, Beatriz (2003): Kontrasexuelles Manifest. Berlin:b_books.

Prins, Baukje (2006): Narrative Accounts of Origins. A Blind Spot of the Intersectional Approach. In: European Journal of Women´s Studies 13, S. 277-290.

Prosser, Jay (1997): Transgender. In: Andy Medhurst/Sally R. Munt (Hrsg.): Lesbian and Gay Studies. A Critical Introduction. London/Washington: Cassell, S. 309-326.

Prostituiertenprojekt Hydra (Hrsg.) (1989): Beruf: Hure. Hamburg: Galgenberg.

Pühl, Katharina (2004): Neoliberale Paradoxien? Geschlechtsspezifische Veränderungen durch sozialpolitische Reregulierungen als Herausforderung feministischer Theorie. In: Geschlechterstudien 2+3, S. 40-50.

Quaestio (2000): Politische Rechte und gesellschaftliche Teilhabe. In: Quaestio (Hrsg.): Queering Demokratie [Sexuelle Politiken]. Berlin: Querverlag, 9-27.

Queen, Carol (1997): Sex Radical Politics, Sex-Positive Feminist Thought, and Whore Stigma. In: Jill Nagle (Hrsg.): Whores and Other Feminists. New York/London: Routledge, S. 125-135.

Raab, Heike (1998): Foucault und der feministische Poststrukturalismus. Dortmund: Edition Ebersbach.

Räthzel, Nora (2004): Rassismustheorien: Geschlechterverhältnisse und Feminismus. In: Ruth Becker/Beate Kortendiek (Hrsg.): Handbuch Frauen- und Geschlechterforschung. Theorie, Methoden, Empirie. Wiesbaden: VS, S. 248-256.

Reinharz, Shulamit (1992): Feminist Methods in Social Research. New York/Oxford: Oxford UP.

Renz, Tilo (2002): „You mean if *you* was a guy...". Kimberly Pierces Film „Boys Don't Cry", gelesen mit Judith Butlers Konzeption des Körpers. In: Zeitschrift für Germanistik, NF 12.2, S. 334-344.

Rich, Adrienne (1991) [Orig. 1980]: Zwangsheterosexualität und lesbische Existenz. In: Dagmar Schulz (Hrsg.): Macht und Sinnlichkeit. Ausgewählte Texte von Audre Lorde und Adrienne Rich. Berlin: Orlanda Frauenverlag, S. 138-168.

Ritzer, George (1996): Modern sociological theory. New York: McGraw Hill.

Rödig, Andrea (1994): Ding an sich und Erscheinung. Einige Bemerkungen zur theoretischen Dekonstruktion von Geschlecht. In: Feministische Studien 12/94, S. 91-99.

Rommelspacher, Birgit (1995): Dominanzkultur. Texte zu Fremdheit und Macht. Berlin: Orlanda.

Rubin, Gayle (1997): The Traffic in Women. Notes on the „Political Economy" of Sex. In: Linda Nicholson (Hrsg.): The Second Wave. A Reader in Feminist Theory. New York/London: Routledge, S. 27-62. [Orig. 1975 In: Rayna R. Reiter (Hrsg.): Toward an Anthropology of Women. New York/London: Monthly Review Press, S. 157-210].

Rubin, Gayle (2003) [Orig. 1984]: Sex denken: Anmerkungen zu einer radikalen Theorie der sexuellen Politik. In: Andreas Kraß (Hrsg.): Queer Denken: Gegen die Ordnung der Sexualität (Queer Studies). Frankfurt am Main: Suhrkamp, S. 31-79.

Rudolph, Clarissa/Renate **Niekant** (Hrsg.) (2007): Hartz IV: Zwischenbilanz und Perspektiven. Münster: Westfälisches Dampfboot.

Ruenkaew, Pataya (2002): The Transnational Prostitution of Thai Women to Germany: A Variety of Transnational Labour Migration? In: Susanne Thorbek/Bandana Pattanaik (Hrsg.): Transnational Prostitution. London/New York: Zed Books, S. 69-85.

Sandbothe, Mike (2000): Die pragmatische Wende des linguistic turn *In:* Mike Sandbothe (Hrsg.): Die Renaissance des Pragmatismus. Aktuelle Verflechtungen zwischen analytischer und kontinentaler Philosophie. Weilerswist: Velbrück Wissenschaft. In: http://www.sandbothe.net/52.0.html, Zugriff am 21.9.2006.

Schenk, Chris(tian) (2004): Über Frauenpolitik, Gender Mainstreaming und die Notwendigkeit der Weiterentwicklung politischer Theorie und

Praxis. In: Hella Hertzfeld/Katrin Schäfgen/Silke Veth: Geschlechter-Verhältnisse. Analysen aus Wissenschaft, Politik und Praxis. Berlin: Karl Dietz, S. 209-220.

Schenk, Christian (2006): Zu den Ursprüngen des Konzepts des Diversity Management. In: www.christian-schenk.net/, Zugriff am 26.9.2007.

Schimank, Uwe (1996): Theorien sozialer Differenzierung. München: UTB.

Schirmer, Dominique (2005): Konstruktive Widersprüche. Inkonsistenzen als qualitatives Analysewerkzeug am Beispiel von Gruppendiskussionen. In: Freiburger Frauenstudien 17, S. 93-113.

Schlichter, Annette (2003): Gender/Heterosexuality. What's the Difference? Überlegungen zur kritischen Analyse der Heterosexualität im Rahmen *queerer gender studies*. In: Die Philosophin. Forum für feministische Theorie und Philosophie. Intersex und Genderstudies 14, Heft 28, S. 50-66.

Schmidt, Gunter (2006): Sexualwissenschaft, In: Claudia von Braun/ Inge Stephan (Hrsg.): Gender Studien. Eine Einführung. Stuttgart: Metzler, S.174-186.

Schmitz, Sigrid (2006): Geschlechtergrenzen. Geschlechtsentwicklung, Intersex und Transsex im Spannungsfeld zwischen biologischer Determination und kultureller Konstruktion. In: Smilla Ebeling/ Sigrid Schmitz (Hrsg.): Geschlechterforschung und Naturwissenschaften. Einführung in ein komplexes Wechselspiel. VS-Verlag: Wiesbaden, S. 33-56.

Schmitz, Sigrid (2006): Jägerinnen und Sammler... Evolutionsgeschichten zur Menschwerdung. In: Smilla Ebeling/Sigrid Schmitz (Hrsg.): Geschlechterforschung und Naturwissenschaften. Einführung in ein komplexes Wechselspiel. Wiesbaden: VS-Verlag, S. 189-210.

Schock, Flemming (1999-2007): „Willkommen bei den Verrückten". In: filmspiegel.de. http://www.filmspiegel.de/filme/boysdontcry/bosdontcry_1.php, Zugriff am 9.6.2007.

Schönwälder, Tatjana/Katrin **Wille** (2003): Einleitung. In: Tatjana Schönwälder-Kuntze/Sabine Heel/Claudia Wendel/Katrin Wille (Hrsg.): Störfall Gender. Grenzdiskussionen in und zwischen den Wissenschaften. Opladen: WDV, S. 11-23.

Schrader, Kathrin (2006): Die dreifach „Anderen". Betrachtungen zur Wahrnehmung von Beschaffungsprostitution im Kontext ethnischer Konstruktionen. In: Sabine Grenz/Martin Lücke (Hrsg.): Verhandlungen im Zwielicht. Momente der Prostitution in Geschichte und Gegenwart. Bielefeld: transcript, S. 159-176.

Schröter, Susanne (2002): FeMale. Über Grenzverläufe zwischen den Geschlechtern. Frankfurt am Main: Fischer.

Schultz, Dagmar/Carol **Hagemann-White**, unter weiterer Mitarbeit von Leonie Herwartz-Emden und Brigitte Reinberg (1990): Das Geschlecht läuft immer mit... Die Arbeitswelt von Professorinnen und Professoren. Pfaffenweiler: Centaurus.

Schwartz-Cowan, Ruth (1979): From Virginia Dare to Virginia Slims: Women and Technology in American Life. In: Technology and Culture 20, S. 51-63.

Scott, Joan (1994) [Orig. 1986]: Gender: eine nützliche Kategorie der historischen Analyse. In: Nancy Kaiser (Hrsg.): Selbst Bewußt. Frauen in den USA. Leipzig: Reclam. S. 27-75.

Seidman, Steven (1994): Symposium: Queer Theory/Sociology: A Dialogue. In: Sociological Theory 12: 166-177.

Seifert, Ruth (1992): Entwicklungslinien und Probleme der feministischen Theoriebildung. Warum an der Rationalität kein Weg vorbeiführt. In: Gudrun-Axeli Knapp/Angelika Wetterer (Hrsg.): Traditionen Brüche. Entwicklungen feministischer Theorie. Freiburg: Kore, S. 255-285.

Selders, Beate (2003): Das Unbehagen mit der Transgender-Debatte. Von falschen Fragen und merkwürdigen Antworten. In: Claudia Koppert/Beate Selders (Hrsg.): Hand aufs dekonstruierte Herz. Königstein/Taunus.: Ulrike Helmer, S. 62-90.

Sennett, Richard (2005): Die Kultur des neuen Kapitalismus. Berlin: Berlin-Verlag.

Shapiro, Stephen (2004): Marx to the Rescue! Queer Theory and the Crisis of Prestige. In: New Formations 53, S. 77-90.

Shelton, Beth Anne/Ben **Agger** (1993): Shotgun wedding, Unhappy Marriage, No-Fault Divorce? Rethinking the Feminism-Marxism-Relationship. In: Paula England (Hrsg.): Theory on Gender/Feminism on Theory. New York: Aldine de Gruyter, 25-41.

Siemers, Regina/Wera **Pretzsch** (2005): Regina Becker-Schmidt/Gudrun-Axeli Knapp/Beate Schmidt: „Eines ist zuwenig – beides ist zuviel." Erfahrungen von Arbeiterfrauen zwischen Familie und Fabrik. Bonn: Verlag Neue Gesellschaft 1984. In: Martina Löw/Bettina Mathes (Hrsg.): Schlüsselwerke der Geschlechterforschung. Wiesbaden: VS.

Singer, Mona (1997): Fremd. Bestimmung. Zur kulturellen Verortung von Identität. Tübingen: edition diskord.

Singer, Mona (2003): Feministische Epistemologien: Was folgt aus der feministischen „Identitätskrise"? In: Gudrun-Axeli Knapp/Angelika Wetterer (Hrsg.): Achsen der Differenz. Gesellschaftstheorie und feministische Kritik II. Münster: Westfälisches Dampfboot, S. 228-239.

Snitow, Ann/Christine **Stansell**/Sharon **Thompson** (Hrsg.) (1985): Die Politik des Begehrens. Sexualität, Pornographie und neuer Puritanismus in den USA, Berlin: Rotbuch Verlag.

Søndergaard, Dorte Marie (2005): Making Sense of Gender, Age, Power and Disciplinary Position: Intersecting Discourses in the Academy, In: Feminism & Psychology 15, S. 189-208.

Sontag, Susan (1999): Anmerkungen zu >Camp<. In: dies.: Kunst und Antikunst. 24 literarische Analysen. Frankfurt am Main: Fischer, S. 322-341.

Sozialwissenschaftliche Forschung & Praxis für Frauen e.V. (Hrsg.) (2001): beiträge zur feministischen theorie und praxis, 24. Jg., Heft 58:

Prostitution. Köln: Verlag des Vereins Beiträge zur feministischen Theorie und Praxis e.V..

Spivak, Gayatri Chakravorty (1984/1985): Criticism, Feminism, and the Institution. Interview mit Elizabeth Grosz. In: Thesis Eleven 10/11, November/März, S. 157-187.

Spivak, Gayatri Chakravorty (1988): In Other Worlds. London: Routledge.

Stacey, Judith (1988): Can there be a feminist ethnography? In: Women's Studies International Forum 11, S. 21-27.

Stacey, Judith/Barrie **Thorne** (1985): The missing feminist revolution in sociology. In: Social Problems 32, S. 301-316.

Stanley, Liz/Sue **Wise** (1993): Breaking Out Again: Feminist Ontology and Epistemology. London/New York: Routledge and Kegal Paul.

Staunaes, Dorthe (2003): Where have all the subjects gone? Bringing together the concepts of intersectionality and subjectification. In: NORA 11, S. 101-110.

Staunaes, Dorthe (2005): From Culturally Avant-garde to Sexually Promiscuous: Troubling Subjectivities and Intersections in the Social Transition from Childhood into Youth. In: Feminism & Psychology 15, S. 149-167.

Steffens, Marion (2004): Reformierte Geschlechterverhältnisse. Hartz IV und die verschwiegenen Folgen. In: Ihrsinn, S. 36-50.

Stöcker, Mirja (Hrsg.) (2007): Das F-Wort. Feminismus ist sexy. Königstein/Taunus: Ulrike Helmer.

Stoetzler, Marcel/Nira **Yuval-Davis** (2002): Standpoint Theory, Situated Knowledge and the Situated Imagination. In: Feminist Theory 3, S. 315-334.

Stoller, Rober J. (1968): Sex and gender: The development of masculinity and femininity. New York: Aronson.

Sturm, Gabriele (1994): Wie forschen Frauen? Überlegungen zur Entscheidung für qualitatives oder quantifizierendes Vorgehen. In: Angelika Diezinger u.a. (Hrsg.): Erfahrung mit Methode. Wege sozialwissenschaftlicher Frauenforschung. Freiburg: Kore, S. 85-104.

Sturm, Gabriele (2004): Forschungsmethodologie: Vorüberlegungen für eine Evaluation feministischer (Sozial-)Forschung. In: Ruth Becker/Beate Kortendiek (Hrsg.): Handbuch Frauen- und Geschlechterforschung. Theorie, Methoden, Empirie. Wiesbaden: VS, S. 342-349.

Sullivan, Nikki (2003): A Critical Introduction To Queer Theory. New York: NY University Press.

Süß, Stefan (2007): Managementmode – Legitimitätsfassade – Rationalisierungsmythos? Eine kritische Bestandsaufnahme der Verbreitung des Diversity – Managements in Deutschland. In: Iris Koall/Verena Bruchhagen/Friederike Höher (Hrsg.): Diversity Outlooks. Diversity Outlooks. Managing Diversity zwischen Ethik, Profit und Antidiskriminierung. Hamburg: LIT, S. 440-456.

Sycamore, Matt Bernstein (2000): Tricks and Treats: An Introduction. In: Ders. (Hrsg.): Tricks and Treats: Sex Workers Write About Their Clients. New York/London/Oxford: Harrington Park Press.

Sydie, Rosalind Ann (1987): Natural Women, Cultured Men: A Feminist Perspective On Sociological Theory. New York: NY University Press.

Tanner, Nancy (1994): Wie wir Menschen wurden. Der Anteil der Frau an der Entstehung des Menschen. Frankfurt am Main, New York: Campus.

Tanner, Nancy/Adrienne **Zihlman** (1976): Women in evolution. Part I: Innovation and selection in human origins. In: Signs. Journal for Women in Culture and Science 1. 3, S. 585-608.

Teubner, Ulrike (1995): Das Fiktionale der Geschlechterdifferenz. oder: Wie geschlechtsspezifisch ist die Kategorie Geschlecht? In: Angelika Wetterer (Hrsg.): Die soziale Konstruktion von Geschlecht in Professionalisierungsprozessen. Frankfurt am Main: Campus, S. 247-262.

Teubner, Ulrike (2001): Soziale Ungleichheit zwischen den Geschlechtern – kein Thema innerhalb der Systemtheorie? In: Gudrun-Axeli Knapp/Angelika Wetterer (Hrsg.): Soziale Verortung der Geschlechter. Gesellschaftstheorie und feministische Kritik. Münster: Westfälisches Dampfboot, 288-316.

Thiery, Peter (2001): Zivilgesellschaft. In: Dieter Nohlen (Hrsg.): Kleines Lexikon der Politik, München: Verlag C.H. Beck, S.593-595.

Thiessen, Barbara (2004): Feminismus: Differenzen und Kontroversen. In: Ruth Becker/Beate Kortendiek (Hrsg.): Handbuch Frauen- und Geschlechterforschung. Theorie, Methoden, Empirie. Wiesbaden: VS, S. 35-41.

Thomas, Roosevelt R. (2001): Management of Diversity. Neue Personalstrategien für Unternehmen. Wie passen Giraffe und Elefant in ein Haus? Wiesbaden: Gabler.

Thorbek, Susanne/Bandana **Pattanaik** (Hrsg.) (2002): Transnational Prostitution. London/New York: Zed Books.

Thürmer-Rohr, Christina (1983): Aus der Täuschung in der Ent-Täuschung. Zur Mittäterschaft von Frauen. In: Beiträge zur feministischen Theorie und Praxis, Heft 8, S. 11-25.

Thürmer-Rohr, Christina (1987): Aus der Täuschung in die Ent-Täuschung. Zur Mittäterschaft von Frauen. In: Christina Thürmer-Rohr: Vagabundinnen. Feministische Essays. Berlin: Orlanda, S. 38-56.

Thürmer-Rohr, Christina (2004): Mittäterschaft von Frauen: Die Komplizenschaft mit der Unterdrückung. In: Ruth Becker/Beate Kortendiek (Hrsg.): Handbuch Frauen- und Geschlechterforschung. Theorie, Methoden, Empirie. Wiesbaden: VS, S. 85-90.

Tillner, Christiane (1994): Frauen – Rechtsextremismus, Rassimus, Gewalt. Feministische Beiträge. Münster.

Trettin, Käthe (2001): Neuer Ärger mit dem Geschlecht. Kritische Bemerkungen zum Konstruktivismus und Antirealismus in der feministischen Philosophie. In: Eva Waniek/Silvia Stoller (Hrsg.): Verhandlungen des

Geschlechts. Zur Konstruktivismusdebatte in der Gender-Theorie. Wien: Turia + Kant, S. 173-192.

Tyrell, Hartmann (1986): Geschlechtliche Differenzierung und Geschlechterklassifikation. In: Kölner Zeitschrift für Soziologie und Sozialpsychologie 38, S. 450-489.

Vedder, Günther (2003): Vielfältige Personalstrukturen und Diversity Management. In: Hartmut Wächter/Günther Vedder/Meik Führing: Personelle Vielfalt in Organisationen. München und Mering: Rainer Hampp, S. 13-27.

Verloo, Mieke (2006): Multiple Inequalities, Intersectionality and the European Union. In: European Journal of Women´s Studies 13, S. 211-228.

Villa, Paula-Irene (2000): Sexy Bodies. Eine soziologische Reise durch den Geschlechtskörper. Opladen: Leske + Budrich.

Villa, Paula-Irene (2004): (De)Konstruktion und Diskurs-Genealogie: Zur Position und Rezeption von Judith Butler. In: Ruth Becker/Beate Kortendiek (Hrsg.): Handbuch Frauen- und Geschlechterforschung. Theorie, Methoden, Empirie. Wiesbaden: VS, S. 141-152.

Wagner, Hedwig (1998): Theoretische Verkörperungen. Judith Butlers feministische Subversion der Theorie. Frankfurt am Main: Lang.

Wajcman, Judy (2000): Reflections on Gender and Technology Studies: In What State is the Art? In: Social Studies of Science 30, S. 447-464.

Walby, Sylvia (1990):Theorizing Patriarchy. Oxford UK/Cambridge USA: Blackwell.

Walby, Sylvia (1997): Gender Transformations. London/New York: Routledge.

Walby, Sylvia (2001): Against Epistemological Chasms: The Science Question in Feminism Revisited. In: Signs. Journal of Women in Culture and society 26, S. 485-509.

Waniek, Eva/Silvia **Stoller** (Hrsg.) (2001): Verhandlungen des Geschlechts. Zur Konstruktivismusdebatte in der Gender-Theorie. Wien: Turia + Kant.

Wanzek, Ute (2003): Gender Mainstreaming – Ansätze in Sachsen-Anhalt. In: Mechthild Jansen/Angelika Röming/Marianne Rohde (Hrsg.): Gender Mainstreaming. Herausforderung für den Dialog der Geschlechter. München: Olzog, S. 76-93.

Warren, Carol A.B. (1988): Gender Issues in Field Research. Newbury Park/London: Sage.

Wartenpfuhl, Birgit (1996): Destruktion – Konstruktion – Dekonstruktion. Perspektiven für die feministische Theorieentwicklung. In: Ute Luise Fischer (Hrsg.): Kategorie: Geschlecht? Opladen: Leske + Budrich, S. 191-209.

Washburne, Sherwood L./Jane B. **Lancaster** (1968): The evolution of hunting. In: Richard Lee/Irvan DeVore (Hrsg.): Man the Hunter. Chicago: Aldine, S. 293-303.

Weber, Jutta (2003): Hybride Technologien. Technowissenschaftsforschung als transdisziplinäre Übersetzungspolitik. In: Gudrun-Axeli

Knapp/Angelika Wetterer (Hrsg.): Achsen der Differenz. Gesellschaftstheorie und feministische Kritik II. Münster: Westfälisches Dampfboot, S. 198-226.

Weed, Elizabeth (1997): Introduction. In: Elizabeth Weed/Naomi Shor (Hrsg.): Feminism meets Queer Theory. Bloomington/Indianapolis: Indiana University Press.

Weeks, Jeffrey (1985): Sexuality and Its Discontent. Meanings, Myths and Modern Sexualities. London: Routledge.

Weinbach, Christine (2004): Systemtheorie und Gender. Das Geschlecht im Netz der Systeme. Wiesbaden: VS.

Weinbach, Christine/Rudolf **Stichweh** (2001): Die Geschlechterdifferenz in der funktional differenzierten Gesellschaft. In: Bettina Heintz (Hrsg.): Geschlechtersoziologie. Kölner Zeitschrift für Soziologie und Sozialpsychologie, Sonderheft 41. Opladen: WDV, S. 30-52.

West, Candace/Don **Zimmerman** (1987): „Doing Gender". In: Gender & Society 1, S. 125-151.

West, Candace/Sarah **Fenstermaker** (1995): Doing Difference. In: Gender & Society 9, S. 8-37.

Wetterer, Angelika (1995): Das Geschlecht (bei) der Arbeit. Zur Logik der Vergeschlechtlichung von Berufsarbeit. In: Ursula Pasero/Friederike Braun (Hrsg.): Konstruktion von Geschlecht. Pfaffenweiler: Centaurus, S. 199-223.

Wetterer, Angelika (1999): Ausschließende Integration – marginalisierte Integration: Geschlechterkonstruktionen in Professionalisierungsprozessen. In: Ayla Neusel/Angelika Wetterer (Hrsg.): Vielfältige Verschiedenheiten. Geschlechterverhältnisse in Studium, Hochschule und Beruf. Frankfurt am Main: Campus, S. 223-253.

Wetterer, Angelika (2002): Arbeitsteilung und Geschlechterkonstruktion. „Gender at Work" in theoretischer und historischer Perspektive. Konstanz: UVK.

Wetterer, Angelika (2002): Strategien rhetorischer Modernisierung. Gender Mainstreaming, Managing Diversity und die Professionalisierung der Gender-Expertinnen. Zeitschrift für Frauenforschung und Geschlechterstudien. Heft 3, S. 129-148.

Wetterer, Angelika (2003): Rhetorische Modernisierung: Das Verschwinden der Ungleichheit aus dem zeitgenössischen Differenzwissen. In: Gudrun-Axeli Knapp/Angelika Wetterer (Hrsg.): Achsen der Differenz. Gesellschaftstheorie und feministische Kritik II. Münster: Westfälisches Dampfboot, S. 286-319.

Wetterer, Angelika (2004): Konstruktion von Geschlecht: Reproduktionsweisen der Zweigeschlechtlichkeit. In: Ruth Becker/Beate Kortendiek (Hrsg.): Handbuch Frauen- und Geschlechterforschung. Theorie, Methoden, Empirie. Wiesbaden: VS, S. 122-131.

Wetterer, Angelika (2005): Gleichstellungspolitik und Geschlechterwissen – Facetten schwieriger Vermittlung. Vortrag im GenderKompetenzZentrum an der Humboldt-Universität zu Berlin am 14.02.2005.

http://db.genderkompetenz.info/deu/archive/events/gendlectkompetenz/050214glhu/, Zugriff am 19.08.2007.

Wickler, Wolfgang/Ute **Seibt** (1998): Männlich Weiblich. Ein Naturgesetz und seine Folgen. Heidelberg/Berlin: Spektrum.

Wilchins, Riki (2004): Queer Theory, Gender Theory. Los Angeles: Alyson Books.

Wilke, Bettina (2004): Gesellschaftliche Konstruktionen von Geschlecht und Sexualität im Spiegel der Pornografie. In: freidok.ub.uni-freiburg.de/volltexte/1287/, Zugriff am 26.9.2007.

Willis, Ellen (1985): Feminismus, Moralismus und Pornographie, In: Ann Snitow/ Christine Stansell/Sharon Thompson (Hrsg.): Die Politik des Begehrens. Sexualität, Pornographie und neuer Puritanismus in den USA, Berlin: Rotbuch Verlag, S. 179-190.

Willms-Herget, Angelika (1985): Frauenarbeit. Zur Integration von Frauen in den Arbeitsmarkt. Frankfurt am Main: Campus.

Winberg, Margareta (2003): Prostitution ist sexuelle Gewalt! In: Alice Schwarzer (Hrsg.): EMMA, Mai/Juni 2003, Nr. 3. Köln: Emma Frauenverlags GmbH, S. 42 f.

Wobbe, Theresa/Gesa **Lindemann** (Hrsg.) (1994): Denkachsen. Zur theoretischen und institutionellen Rede vom Geschlecht. Frankfurt am Main: Suhrkamp.

Wohlrab-Sahr, Monika (1993a): Biografische Unsicherheit. Formen weiblicher Identität in der „reflexiven Moderne“: Das Beispiel der Zeitarbeiterinnen. Opladen: Leske +Budrich.

Wohlrab-Sahr, Monika (1993b): Empathie als methodisches Prinzip? Entdifferenzierung und Reflexivitätsverlust als problematisches Erbe der „methodischen Postulate zur Frauenforschung“. In: Feministische Studien 11, S. 128-139.

Woltersdorff, Volker [alias Lore Logorrhöe] (2003): Queer Theory und Queer Politics – Einführung und Perspektiven. In: Utopie kreativ 156, S. 914-923.

Woltersdorff, Volker [alias Lore Logorrhöe] (2004): Zwischen Unterwerfung und Befreiung. Konstruktion schwuler Identität im *Coming out*. In: Urte Helduser u.a. (Hrsg.): under construction? Konstruktivistische Perspektiven in feministischer Theorie und Forschungspraxis. Frankfurt am Main/New York: Campus, S. 138-149.

Ziegeler, Beate (1993): Weibliche Ärzte und Krankenkassen. Anfänge ärztlicher Berufstätigkeit von Frauen in Berlin 1893-1935. Weinheim: Deutscher Studienverlag (Ergebnisse der Frauenforschung 31).

Zima, Peter V. (1994): Die Dekonstruktion. Tübingen/Basel: Francke: UTB.

Informationen zu den Autorinnen und Autoren 7.

Andrea **Bronstering**, Jahrgang 1965, Politikwissenschaftlerin, lebt in Berlin.

Nina **Degele**, geb. 1963, seit 2000 Professorin für Soziologie und Gender Studies an der Uni Freiburg. Forschungsschwerpunkte: Soziologie der Geschlechterverhältnisse, Modernisierung, Körper, qualitative Methoden. Zuletzt als Lehrbuch: Modernisierung, eine Einführung (mit Chr. Dries). München: Fink (UTB) 2005.

Eveline **Kilian** ist Professorin für englische Kultur- und Literaturwissenschaft an der Humboldt-Universität zu Berlin. Arbeitsschwerpunkte: Moderne und Postmoderne, Gender Studies, Kultur- und Literaturgeschichte Londons. Neuere Veröffentlichung dazu: GeschlechtSverkehrt: Theoretische und literarische Perspektiven des gender-bending (2004).

Susanne **Koppe** studiert Soziologie, Gender Studies und Spanisch an der Universität Freiburg und in Portland, Oregon, ist besonders interessiert an interdisziplinärem Arbeiten, an Cultural Studies und Queer Studies, und an den trickreichen Verbindungen zwischen Theorie und politischer Praxis.

Claudia **Münzing** lebt, liebt, forscht, lehrt, jobbt, schreibt, denkt, philosophiert, diskutiert, fotografiert, isst, trinkt, schläft, trifft sich, verliert sich, trifft sich wieder und das meistens in Freiburg. Hauptbaustellen: Gender und Queer Theory, poststrukturalistische Philosophie, Kunst, Heterotopie und Politik.

Christian **Schenk**, Jahrgang 1952, Dipl.-Physiker, postgraduale Weiterbildungen im Bereich Soziologie und Gender Studies, Politiker, ehem. Mitglied des Deutschen Bundestages mit den Schwerpunkten Gleichstellungs- und LGBTI-Politik, derzeit als Organisationsberater für Diversity Management und als Diversity-Trainer tätig.

Sigrid **Schmitz** ist habilitierte Biologin, forscht und lehrt seit 1987 zu Gender in den Naturwissenschaften und arbeitet heute als

Hochschuldozentin zur „Mediatisierung der Naturwissenschaften und Genderforschung“ an der Universität Freiburg; seit 2002 leitet sie zusammen mit Prof. Britta Schinzel das Kompetenzforums „Genderforschung in Informatik und Naturwissenschaft [gin]“; Gastprofessuren an der Universität Graz (2003) und der HU Berlin (2008), Gastdozentin am Zentrum Gender Studies der Universität Basel.

Dr. Volker **Woltersdorff** alias Lore Logorrhöe, Jg. 1971, arbeitet seit 1999 am Institut für Allgemeine und Vergleichende Literaturwissenschaft der FU Berlin und im Sonderforschungsbreich „Kulturen des Performativen“. Interessengebiete: Queer Theory, Subkultur- und Geschlechterforschung, Politik und Ästhetik. Laufendes Forschungsprojekt über Sadomasochistische Aufführungen gesellschaftlicher Widersprüche in Kunst, Subkultur und Internet.

Register 8.